KB126263

정본 함께 읽는 바른 한국사

우리 역사에 대해 알고 싶은 모든 것을 총망라한 단 한 권의 책

정본 함께 읽는
바른
한국사

주보돈 감수
김임천 · 김형수 공편저

도서출판 아이옥스

머리말

이 책이 '완벽한 한국사'라고는 말할 수 없다. 이보다 더 훌륭한 한국사 개론서가 얼마든지 있음을 기꺼이 인정한다. 그렇지만 이 책은, 이 땅에 있는 모든 한국사 관련 서적의 강점을 유감없이 취하고 약점을 속속들이 보완하여 적어도 '한 권으로 읽는 한국사'로는 가장 그 내용이 충실하면서 또 가장 읽기 쉬운 책이 되었다고 자부하고 싶다. 그리하여 이 책은 '함께 읽는 바른 한국사'라고 감히 말해도 부끄러움이 없으리라 생각한다.

모쪼록 이 책 '함께 읽는 바른 한국사'가 삶의 터전이고 운명인 이 나라를 사랑하고, 우리 역사를 소중하게 여기는 모든 독자분을 위해 '꼭 필요한 한국사'가 될 수 있기를 희망한다.

국사를 사랑하는 사람들의 모임 김임천(대표) · 김형수

2015년은 광복 70주년을 맞이한 해다. 일본 총리의 담화가 있었지만, 주어가 언급되지 않거나 명확하지 않은 표현으로 나열돼 진정한 사죄는 없었다. 100여 년 전의 일을 두고 일본에 진정한 반성을 촉구하는 까닭은 과거사가 단순히 '지나간 일'이 아니기 때문이다. 일본의 독도 영유권 주장, 역사 교과서 왜곡 문제, 일본해 표기, 각료들의 야스쿠니 신사 참배, 종군 위안부 보상 거부 등이 여전히 현재 진행형이다.

동국통감, 자치통감 등의 예에서 보듯이 옛사람들은 역사책의 이름에 거울 감(鑑) 자를 사용했다. 공자의 "옛것을 앎으로써 새것을 알면 스승이 될 수 있다"는 말처럼, 역사학의 제일 목적을 귀감에서 찾은 것이다. 역사를 통해 과거를 비춰 보며 오늘을 살고 미래를 준비해야 한다는 뜻이다. 역사란 과거와 현재, 그리고 미래를 모두 아우르기 때문이다. 현재에 '만족'하는 자가 아니라 현재를 '변화'시키고자 하는 자라면 누구나 역사를 공부할 필요가 있다.

'역사는 반복된다.'는 말이 더욱 두렵게 느껴지는 시대 상황이다. 그럼에도 역사의 중요성을 무시하는 시류가 점점 확산되고 있다. 이 책이 한국사에 대한 기본 소양을 갖추는 데에 유익한 자료가 될 것임을 믿어 의심치 않는다.

윤무학 교수(동방대학원대학교 문화정보학과)

함께 읽는 바른 한국사의 특장점

- 고대부터 현대에 이르기까지 시대별로 테마(정치, 경제, 사회, 문화)를 분류하였습니다.
- 풍부한 시각 자료를 담았습니다. 당시 사회상을 보여 주는 사진 외에도 문화사 부분의 유적, 유물과 관련해 다양한 사진을 실어 입체적으로 이해할 수 있도록 구성했습니다.
- 역사를 전체적으로 바라보고 이해할 수 있도록 인과 관계를 밝힌 줄거리에 중심을 두었습니다.
- 소단원마다 상세한 용어 해설을 담았습니다. 본문에 포함된 용어와 관련된 심화 내용까지 가능한 한 이 책 한 권으로 해결할 수 있도록 했습니다.
- 뜻글자인 한자를 나란히 표기해 한글 표기시, 동음이어(同音異語)로부터 올 수 있는 혼란을 방지하였습니다.
- 자세한 연표를 실어 주변국의 사건들도 함께 담아 동시대의 상황을 한눈에 알아볼 수 있도록 했습니다.

차례

머리말		004
추천의 말		005

1 한국사의 의미

한국사의 의미와 사관	역사의 의미와 사관	016
	한국사를 바라보는 시각	018
	우리 문화의 보편성과 특수성	023

2 선사 시대

선사 시대의 세계	인류의 기원과 우리 민족의 유래	026
구석기 시대	연대 측정법	028
	구석기 시대의 유물과 유적	029
	구석기 시대의 사회와 생활	031
중석기 시대	중석기 시대의 도구와 생활	032
신석기 시대	신석기 시대의 유물과 유적	034
	신석기 시대의 사회와 생활	036
청동기 시대	청동기 시대의 유물과 유적	040
	청동기 시대의 사회와 생활	043
	철기의 사용과 문화	045
	단군과 고조선 사회	047
	유이민 이주와 위만의 집권	048
	연맹 국가의 성립	050

3 고대 사회

고대의 정치	고대 국가의 성립과 성격	056
	고구려의 전성과 대외 항쟁	057
	백제의 흥망	060
	신라의 성장	063
	삼국의 통치 체제	066
	신라의 삼국 통일	069
	발해의 건국과 흥망	071
	남북국의 통치 체제	073
	후삼국의 정립	076
고대의 경제	삼국의 경제 정책	078
	귀족과 농민의 경제생활	081
	통일 신라의 경제 정책	083
	통일 신라의 귀족과 농민의 경제생활	085
	발해의 경제 발달	086
고대의 사회	삼국의 사회 계층과 신분 제도	088
	삼국의 사회 모습	089
	통일 후 신라 사회의 변화	094
	발해의 사회 구조	095
고대의 문화	삼국과 통일 신라의 학문	098
	고대의 사상과 종교	101
	고대의 과학과 기술	104
	고대인의 예술과 멋	109
	삼국과 통일 신라 문화의 일본 전파	121

4 중세 사회

중세의 정치	동·서양의 중세	126
	고려의 건국과 민족의 재통일	128
	국초의 집권 정책	129
	정치 제도와 군사 조직	133
	관리 등용 제도와 문벌 귀족 사회의 성립	136
	귀족 사회의 동요(이자겸의 난과 서경 천도 운동)	137
	무신 정권의 성립과 전개	140
	고려의 대외 정책	142
	원의 내정 간섭과 권문세족의 집권	146
	공민왕의 개혁 정치와 신진 사대부의 부상	149
중세의 경제	농업 중심의 산업 발전	154
	수취 제도와 제정의 운영	158
	귀족의 경제생활	159
	농민의 경제생활	161
	무역 활동	162
중세의 사회	사회 계급	164
	농민의 공동 조직	166
	사회 시책과 제도	167
	법률과 풍속	169
중세의 문화	유학의 발달과 교육 기관	172
	사서의 편찬	174
	성리학의 전래	176
	불교 정책과 불교 신앙 활동	177
	도교와 풍수지리설	182
	과학 기술의 발달	183
	건축과 예술	186

5 근세 사회

조선 전기의 정치	동 · 서양의 근세	194
	조선 건국과 집권 정책	195
	유교적 통치 체제의 정비	198
	군역 및 군사 제도	202
	조선 초기의 관리 등용 제도	205
	사림의 정계 진출과 붕당 정치	207
	조선 초기의 대외 관계	211
	왜란의 극복	214
	호란과 북벌 운동	217
조선 전기의 경제	과전법의 시행과 수취 제도의 정비	220
	양반과 평민의 경제 활동	224
	상업과 수공업의 발달	226
	수취 제도의 개편	228
조선 전기의 사회	양반 관료 사회의 성립	232
	신분 제도 및 사회 정책	233
	법률 제도 정비	234
	유교 윤리 보급 및 향촌 사회의 발달	235
조선 전기의 문화	한글 창제와 각종 편찬 사업	238
	성리학과 예학의 발달	242
	불교와 민간 신앙의 정비	244
	과학 기술의 발달	246
	문학과 건축 및 예술	249

6 근대 태동기 사회

조선 후기의 정치	정치 구조 및 군사 제도의 변화	256
	붕당의 변질과 탕평 정치	258
	세도 정치의 전개와 폐단	261
	청나라 및 일본과의 관계	263
조선 후기의 경제	농촌 사회의 동요 및 수취 제도의 변화	266
	양반과 지주의 경영 변화	268
	민영 수공업 및 광업의 발달	270
	장시의 발달과 화폐 유통	272
	대외 무역의 발달	274
조선 후기의 사회	신분과 가족 제도의 변화	276
	향촌 사회의 질서 변화	278
	사회 불안 심화 및 예언 사상의 유포	279
	천주교 전파 및 동학 발생	281
	농민 운동의 발발 및 전개	284
조선 후기의 문화	양명학의 수용과 실학의 발생	286
	국학 연구의 확대	289
	과학 기술의 발달	292
	서민 문학의 발달	296
	예술(건축·공예·미술·음악)의 변화	297

7 근대 사회

개항과 국권 피탈	근대 사회의 전개	306
	제국주의 등장과 국내외 정세	306
	흥선 대원군의 정치	307
	개화론과 개항	311
	개화 운동과 척사 운동	313
	갑신정변	316
	열강의 침투와 동학 농민 운동	318
	갑오·을미 개혁	321
	열강의 이권 침탈과 독립협회의 활동	324
	대한제국과 광무개혁	328
	국권 피탈의 과정	329
	항일 의병 전쟁	332
	애국 계몽 운동	334
민족 독립 운동	20세기 전반의 국제 정세	342
	일제의 식민지 정책과 민족의 수난	344
	경제적 수탈	345
	1910년대의 민족 항쟁	347
	무장 독립운동 전개	351
	경제적 민족 운동	355
	사회적 민족 운동	358
	사회주의 운동	360
	대한민국 임시정부	361
	일제의 민족 말살 정책	363
	민족 문화 수호 운동	364

8 현대 사회

현대 사회의 성립	현대 사회의 전개	370
	제2차 세계 대전 이후의 국제 동향	371
민주주의의 발전	해방과 건국 준비	374
	군정과 좌우 대립	375
	남·북한 단독 정부 수립 및 남·남 갈등	378
	한국 전쟁	381
	자유당 독재와 4월 혁명	383
	5.16 군사 정변과 박정희 정부 수립	386
	10월 유신과 민주주의의 왜곡	388
	5.18 민주화 운동과 신군부	390
	6월 민주 항쟁과 민주주의의 진전	392
	통일 정책과 남북한 교류	393
경제와 사회·문화의 발전	경제 성장과 자본주의 발전	396
	사회의 변화와 발전	398
	현대 문화의 동향	400
연표		408

1

한국사의 의미

'역사란 무엇인가?'라는 의문은 한국사를 공부하기에 앞서 반드시 짚고 넘어가야 할 일이다. 역사(歷史)라는 글자는 '지나간 일(過去)'과 그것을 '기록한 문서'를 합한 것이다. '史' 자는 정확함을 뜻하는 '中' 자에다 손을 의미하는 '又' 자가 결합된 글자이고, 사실에 입각하여 치우침 없이 기록해야 하는 사관(史官)을 의미한다. 영어의 'History'는 그리스어 'Historia'와 독일어 'Geschichte'에서 어원(語源)을 찾을 수 있다. 'Historia'는 '탐구' 또는 '탐구를 통해 획득한 지식'을 의미하며, 'Geschichte'는 '과거에 일어난 일'을 뜻한다.

한국사를 보는 시각에는 한국사의 보편성과 특수성 외에도 국권을 상실한 것과 이의 해소, 분단 상황이라는 특수성을 반영한 식민 사관과 민족주의 사관 그리고 실증주의 사관이 있다.

01 한국사의 의미와 사관

01 한국사의 의미와 사관 ▷▮▮▮ ▬▬▬

🌐 역사의 의미와 사관

'역사란 무엇인가?'라는 의문은 한국사를 공부하기에 앞서 반드시 짚고 넘어가야 할 일이다. 역사(歷史)라는 글자는 '지나간 일(過去)'과 그것을 '기록한 문서'를 합한 것이다. '史' 자는 정확함을 뜻하는 '中' 자에다 손을 의미하는 '又' 자가 결합된 글자이고, 사실에 입각하여 치우침 없이 기록하는 사관(史官)을 의미한다. 영어의 'History'는 그리스어 'Historia'와 독일어 'Geschichte'에서 어원(語源)을 찾을 수 있다. 'Historia'는 '탐구' 또는 '탐구를 통해 획득한 지식'을 의미하며, 'Geschichte'는 '과거에 일어난 일'을 뜻한다.

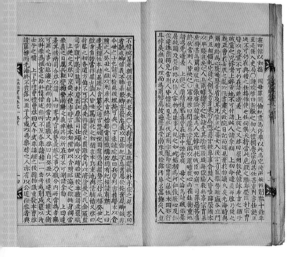

『조선왕조실록』 ▼
조선 태조부터 철종까지의 사실을 각 왕별로 기록한 편년체의 역사서이다.

역사를 바라보는 시각은 크게 '사실(事實)로서의 역사'와 '기록(記錄)으로서의 역사'로 나뉜다. 전자는 수많은 과거 사실(事實)들의 집합체로 보는 관점인데 대표적인 학자가 랑케(L. V. Ranke)이다. 근대 역사학의 아버지로 불리는 그는 과거 사실의 복원과 역사적 사실에 입각한 서술을 강조했다. 후자는 과거의 사실에 입각하여 이를 조사하고 연구하는 역사가의 주관과 가치관에 따라 선택되고 해석되어진다는 입장이다. 대표적인 학자는 카(E. H. Carr)이에서 싹튼 민족의식이 일관되게 흐르는 한국사 연구 경향이다. 20세기에 들어서는 일제의 침략으로부터 국권을 회복하기 위해 의병 활동과 애국 계몽 운동을 활발하게 전개하면서 민족 단결과 자주 의식의 근간을 역사에서 찾았다. 박은식은 『한국 통사(韓國通史)』와 『한국독립운동지혈사(韓國獨立運動之血史)』에서 '국혼(國魂)이 멸하지 않으면 일시적으로 병합된다 하여도 종래에는 분리 독립하게 된다'고 하였다. 신채호는 그의 저서인 『조선 상고사(朝鮮上古史)』에서 역사를 '아(我)와 비아(非我)의 투쟁의 기록'으로 보고, 모순 관계의 상극 투쟁을 통하여 사회가 진보하는 과정을 객관적으로 서술하려 했다. 이러한 관점에서 『삼국사기(三國史記)』와 『위서(魏書)』 등을 비판했다. 특히, 과거의 사대주의 사가들에게는 역사 의식의 결핍과 자기 문화와 전통에 대한 주체적 확신이 없었기 때문에 민족사의 실체를 크게 왜곡시켰다면서 과거 신라 중심의 고대사를 부여·고구려 중심의 역사 인식으로 전환시켰다. 이는 유교적 사가나 식민사관론자들이 강조해 온 한반도 중심의 역사 무대를 만주 및 요동(遼東)과 요서(遼西) 지방으로 확대한 것이었다.

광복 이후에는 통일 민족 국가 건설을 모색하는 방안으로 제기된 신민족주의 사학(新民族主義史學)을 들 수 있다. 대내적으로는 민족주의와 사회주의 이념의 적절한 조합을 통해 좌우 협진(左右協進)·만민 공생(萬民共生)의 길을 찾아 민족적 단합을 도모하는 것이었다. 대외적으로는 국제

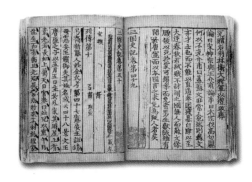

◀ 「삼국사기」

추수주의(國際追隨主義)를 배격하되 배타성은 지양하는 새 민족 국가의 건설이었다. 안재홍, 손진태, 이인영, 조윤제 등이 주창했다. 안재홍의 주장은 진정한 민주주의의 기반 위에서 균등 사회를 추구하고 국제 협력을 유지하면서 민족이 발전하는 것이었다. 손진태는 '민족은 인류 역사를 움직여 온 기본 단위'라며 민족의 고유성을 이론적으로 뒷받침했다. 민족의 형성과 성쇠 외에도 정치 · 경제 행태에 따른 시대 구분을 병행하고자 했다. 민족의 주요 구성 요소로 '민족의식(民族意識)'을 꼽았으며, 통일 신라를 민족 결정기라고 했다.

1970년대에 들어와서는 분단 문제에 적극적으로 대응하는 분위기 속에서 해방 전 민족주의 사관의 정체성론과 타율성론 극복 노력을 현실 속에서 구현하고자 했다. 이기백은 한국사 전개 과정을 민주주의를 지향해가는 발전 과정으로 보았고, 시대 구분 기준을 지배 세력의 확대 과정으로 설명하려 했다. 그가 말한 지배 세력은 정치 운영에의 참여자들이었다. 박은식 등의 민족주의 사학의 흐름을 견지하는 경향도 있었는데 민족 문화의 전통과 대외 항쟁이 주된 관심사였다. 국민주의적 내셔널리즘이 해방이라는 목적을 달성한 뒤에는 민족 내부의 모순을 호도한다든가 분단 체제를 지탱하는 데 동원될 수 있음을 경계하는 경향도 있었다. 민중적 민족사학론은 역사의 원동력을 민중의 민주주의적 민족적 투쟁이라고 했지만 민중의 규정에는 학자들마다 차이를 보이고 있다.

실증주의 사관의 학문 연구 방법은 랑케의 사학을 바탕에 깔고, 문헌적인 고증과 사료 비판에 철저했다. 이들은 역사적 사실에 충실하려고 하는 데서 정체성을 찾았으며, 주관의 개입은 피할 수 없는 일이지만 최소화해야 한다고 주장했다. 실증사학자들은 주로 일제의 고등 교육을 접했기 때문에 일본인 한국사 연구자들의 영향을 많이 받았다. 하지만, 일본인 학자의 연구 결과에 대해서는 민족적 자부심이 깔린 대결 의식이 강했다. 대표적인 인물은 이병도, 이상벽, 이홍직 등이다.

| 한국사를 바라보는 시각

노태돈 : 민족이 그 구성원의 안전과 복지 증진을 보장해주는 최대·최선의 단위… 대외적으로는 통일된 민족 국가의 건설과 발전을 추구하며, 대내적으로는 민족 구성원이 적어도 원론상으로는 동질적인 자격을 지니는 사회를 추구하는 이념. –「해방 후 민족주의 사학론의 전개」

대한자강회 취지문 : 자강의 목적을 관철할라치면 부득불 먼저 그 국민 정신을 배양하여 단군(檀君), 기자(箕子) 이래 4천 년 한국 정신으로 2천만 인의 뇌수에 들이부어 한 호흡이라도 잃지 않은 연후에야 바야흐로 주권 회복의 활기를 지으리라.

대한매일신보 : 애국심을 배양하기에는 본국 사기를 불가불 읽을 것이요, 문명의 연원을 연구하기에는 각국의 사기를 불가불 읽을 것이다. 국가의 흥하고 망하는 이치도 이에 있으며 영웅호걸의 행적도 이에 있으며, … 대개 역사란 자는 만 가지 학의 근원이요 근세 사기란 자는 또, 역사 중에 가장 긴요한 연고니라.

『대한매일신보』

박은식 : 조선이 4300여 년의 역사를 가진 군자의 나라로서 일본에 문화를 파급시켰으며, 일본의 음식, 의복, 궁실과 종교, 학술이 모두 한국에서 간 것이므로 일본이 일찍이 스승의 나라로 섬겼으나 현재는 종으로 삼았다. … 옛사람이 말하기를, 나라는 가히 멸할 수 있으나, 역사는 가히 멸할 수 없으니, 대개 나라는 형(形)이나 역사는 신(神)이기 때문이다. 지금 한국의 형(形)은 훼파되었다고 하나 신(神)은 가히 홀로 존재하지 못하겠는가. –『한국 통사』

대개 나라끼리 경쟁하는 세대에 약자가 강자에게 병합되는 것은 자주 보인다. 만약 그 인종의 자격이 서로 같고, 종교, 역사, 언문, 풍속에 국혼(國魂)이 멸하지 않은 자는 일시적으로 병합된다고 하여도 종래에는 분리 독립하는 것이니, 이것 역시 세계국사(世界國史)에서 많이 보이는 것이다. –『한국독립운동지혈사』

안재홍 : 균등 사회·공영 국가를 지향하는 신민주주의, 즉 진정한 민주주의의 토대 위에 존립되는 전 민족 동일 운명의 민족주의… 신민족주의의 특색은 폭력에 호소하는 계급 투쟁을 지양 청산시키며, … 동포와 조국과 자유 때문에 전 민족이 협동하는 진정한 민주주의 민족 자립 독립국가로서 민족 문화를 앙양·심화하면서 국제 협조의 노선에 병행·쌍진하는 것이다. –「역사와 과학과의 신민족주의」

손진태 : 우리 민족은 유사 이래로 동일한 혈족이 동일한 지역에서 동일한 문화를 가지고 공동한 운명 하에서 공동한 민족 투쟁을 무수히 감행하면서 공동한 역사 생활을 하여 왔음. –『조선 민족사 개론』

민족 태동기(원시 시대), 민족 형성 시초기(부족 국가 시대), 민족 통일 추진기(귀족 국가 확립기, 삼국 내 항쟁 시대), 민족 결정기(통일 신라기), 민족 의식 왕성기(고려), 민족 의식 침체기(조선), 민족 운동 전개기(일제).

이기백 : 처음에는 지배층을 형성한 세력들 중에서 보다 유력한 세력이 독점적으로 세력을 향유하는 방향으로 좁혀

져 갔었다. 그것이 신라 통일기 이후에는 지배 세력 바로 밑의 계층이 새로운 지배 세력으로 등장하곤 하여 점점 지배 세력의 사회적 기반이 확대되어 가는 결과를 초래하였다. - 『한국사 신론』

이생백 : 어떠한 원칙을 실증하고 결론을 단정함에는 정밀한 관찰과 확호한 사실을 전제할 것이요, 독단적 해석과 기계적 적용은 진리를 탐구하는 방도가 아니요, 참으로 과학적 방법이 아닌 것. - 『한국 문화사 연구 논고』

김용섭 : 조선 후기의 농업 생산력 증대에 따른 경영형 부농의 존재를 규명, 이들을 중세 사회 해체를 촉진시킨 변혁 세력으로 파악함으로써 내재적 발전론을 이론적으로 정당화시켰다. - 『조선 후기 농업사 연구』

시라토리 : 한국사의 타율성 강조 - 만선사(滿鮮史)

호시노 : 일선동조론

조선사편수회 : 고조선, 낙랑, 삼국 시대 등으로 구분하고 낙랑을 400년이나 설정하였고, 중국 · 몽골 · 만주 · 일본에 입조(入朝), 입공(入貢)을 강조, 한국사의 주체성 부정 - 『조선사(朝鮮史)』

미시나 : 조선 반도의 역사는 주변적(周邊的)임과 동시에 다린적(多隣的)이었고, 이 두 개의 반대 작용이 혹은, 동시에 혹은 단독으로 미쳐서 아주 복잡다기하게 나타났다. 그리하여 한반도는 동양사의 본류로부터 벗어나 있으면서도 항상 1개 내지는 2개 이상의 제 세력이 영향을 미치고, 때로는 2개 이상 세력의 항쟁 속에서 시달리고, 또 때로는 압도적 세력에 의해 지배되었다.

🌏 우리 문화의 보편성과 특수성

모든 민족의 역사에는 세계사적인 보편성과 그 민족 나름의 특수성이 있다. 역사를 올바로 이해하기 위해서는 양 측면을 아우르는 균형적인 시각이 필요하다. 국가와 민족을 초월한 자유 · 평등 · 박애 · 평화 · 행복 · 사랑 같은 인류 공통의 가치를 세계사적인 보편성이라고 한다면, 터를 잡고 살아가는 해당 지역과 그 지역의 독특한 자연환경에 따라 형성된 고유한 언어, 풍속, 종교, 예술, 제도는 지역적인 특수성이다. 민족의 특수성은 자연환경 외에도 민족에 작용하는 힘이나 압력, 이를 극복하는 과정에서 형성된다.

우리 민족의 보편성이라고 한다면 외부 세계와 접촉하면서 형성된 자유와 평등, 민주와 평화 등 인류 공통의 가치이다. 반면에 반만년 이상의 유구한 역사와 세계사에서 보기 드문 단일민족 국가로서의 전통은 우리 민족의 특수성이다. 국가에 대한 충성과 부모에 대한 효도가 중시되고, 두레 · 계 · 향도와 같은 공동체 조직이 발달한 것도 우리 민족의 특수성이다. 선사 시대에 북방 민족과 연계된 구석기 문화, 신석기 문화, 청동기 문화는 보편성에 해당되고, 독특한 삼국 문화나 한글의 창제는 우리 민족 문화의 특수성이다.

우리나라의 불교는 현세 구복적(求福的)이고, 호국적(護國的)인 성향이 강하며, 유교는 삼강오륜(三綱五倫)의 덕목 중에서 충(忠) · 효(孝) · 의(義)를 강조하고 있다. 우리 조상의 가족 질서에 대한 헌신과 국가 수호, 그리고 사회 정의 실현에 특이한 애정을 보여 주는 배경이다. 신유학인 성리학의 영향을 강하게 받은 조선 시대 유학자들이 비타협적이고 배타적인 경향도 이러한 배경 때문이다. 인(仁)을 중심 개념으로 한 중국의 고전 유학이 사회적 관용을 존중하는 것과 대비된다. 이는 외래 사상의 한국화, 토착화를 보여 주는 사례이다.

2

선사 시대

우리나라의 선사 시대는 도구의 발달에 따라 구석기 시대·중석기 시대·신석기 시대·청동기 시대·철기 시대의 발전 단계를 거쳤다. 도구의 발달은 생활의 변화를 동반했다. 구석기 시대는 뗀석기와 채집 경제를 바탕으로 한 평등 사회였다. 구석기인들을 오늘날 우리의 직접적인 조상으로 여기기는 어렵다. 이후 고아시아족 계통의 신석기인들은 간석기와 토기를 도구로 이용하면서 농경 생활을 영위했다. 채집을 위해 무리를 지어 이동하던 구석기 시대와는 달리 식량 생산 단계로 접어들면서 정착 생활을 했고, 종래의 혈연 관계가 확대된 부족 사회로 발전했다. BC 10세기경에는 알타이 계통의 예맥족(濊貊族)이 민무늬토기와 비파형동검(琵琶形銅劍)을 가져왔다. 이 시기에 빈부의 격차와 함께 지배자인 군장(君長)이 나타나 부족을 통치했다. 고조선(古朝鮮)·부여(夫餘)·고구려(高句麗)·옥저(沃沮)·동예(東濊)·삼한(三韓) 등의 초기 형태가 여기에 해당된다.

01 선사 시대의 세계

02 구석기 시대

03 중석기 시대

04 신석기 시대

05 청동기 시대

01 선사 시대의 세계 ▶||▬▬▬▬▬▬▬▬▬▬

🌏 인류의 기원과 우리 민족의 유래

Referencedata
● 지질학적 지구 역사
● 중석기 시대
● 인류의 화석
● 덕천 승리산 사람 뼈

인류가 지구상에 처음으로 출현한 때는 문화사적으로는 구석기 시대이고, 지질 시대와 대비하면 홍적세가 된다. 지구의 역사를 구분할 때 마지막이 '신생대'인데, 그중에서도 4기 홍적세(Pleistocene Epoch, 180만 년 전)에 인류가 출현했다고 하나, 최근에는 선신세(제3기의 최신세–Pliocene, 500만 년 전)부터 우리의 조상인 화석 인류가 나타나고 있다. 구석기 시대는 기후 변화가 매우 심했던 시기이다. 기후 변화의 가장 큰 원인은 빙하기(氷河期)다. 홍적세(洪績世)에는 4차례의 빙하기와 3차례의 간빙기(間氷期 –interglacil–기온 상승기)가 있었다. 빙하기 중에도 일시적으로 기온이 상승하는 빙온기(氷溫期–interstadial)가 수차례나 있었다. 빙하기와 간빙기는 해수면에 영향을 주게 되고, 육지의 지형을 변화(확대 및 축소)시킨다. 이는 식물 분포와 인류 및 동물의 이동 현상을 가져온다. 유적에서 발견되는 동물 화석과 꽃가루(花粉)를 분석함으로써 확인할 수가 있다.

한반도에는 약 70만 년 전부터 구석기인들이 살았던 것으로 추정되나 아직 화석을 발견하지는 못했다. 현재 가장 오래된 것은 '덕천 승리산 동굴 사람 뼈'와 '단양 상시 동굴 사람 뼈'다. 후기 구석기 시대에 해당하는 '슬기슬기 사람(신인)'의 뼈는 많이 발견되고 있다. 덕천 승리산 동굴의 위층에서 나온 '승리산 사람', 상원군 용곡 동굴에서 나온 '용곡 사람', 청원군 두루봉 '흥수굴 어린이' 등이 대표적이다. 승호 구역 만달 동굴에서 나온 '만달인'은 중석기 시대 사람이다.

구석기 시대 사람이 우리의 직접 조상인가의 여부를 두고 논란이 많다. 구석기 시대 사람들이 한반도에 살았다고 해서, 우리의 직접 조상이라고 단정할 수 없기 때문이다. 석장리 유적에서 발견된 사람의 머리털은 28,000년 전의 것인데, 황색 몽골 인종으로 밝혀졌다. 단양 상시 유적, 청원 두루봉 흥수아이, 평양시 역포 대현동, 승리산, 만달, 용곡 등에서 발견된 뼈도 현대 우리나라 사람과 체질이 비슷하다. 문화사적으로 후기 구석기의 늦은 시기인 단양 수양개, 거창 임불리 유적과 신석기 시대 초기와는 간격이 점점 좁혀지고 있다. 가장 널리 인용되어 온 주장은 '이주설'이다. 신석기 시대에는 빗살무늬토기를 만들어 쓰던 고아시아족이, 청동기 시대에는 민무늬토기를 만들어 쓰던 예맥 퉁구스 족이 오늘날 우리 민족의 뿌리라고 하는 것이다. 또 13,000년 전 빙하기 후반부에 바이칼호 연안에서 이주해 왔다는 설도 있다.

R e f e r e n c e **d a t a**

| 인류의 기원과 우리 민족의 유래

지질학적 지구 역사 : 선캄브리아기(Precambrian) → 시생대 → 원생대 → 고생대 → 중생대 → 신생대 3기(Tertiary) → 신생대 4기(Quaternary : 홍적세 → 충적세)

중석기 시대 : 유럽 위주의 편년관에 따른 것으로 농경의 시작과 더불어 세석기를 이어 만든 결합 도구(composite tool)로 구분지으며, 구석기 시대에서 신석기 시대로 넘어가는 '전환기 시대'이다.

인류의 화석 : • 아르디피테쿠스 라미두스(440만 년 전)
- 오스트랄로피테쿠스(400만~300만 년 전, 간단한 도구 사용)
- 호모하빌리스(250만 년 전, 손 쓰는 사람, 도구 제작, 능인)
- 호모에렉투스(170만 년 전, 곧선사람, 원인, 불 사용, 전기 구석기 시대 담당, 베이징인 · 자바인 · 하이델베르크인)
- 호모 사피엔스(35만 년 전, 인류 종 단계의 고인, 네안데르탈인 · 슬기인, 중기 구석기 시대 담당, 매장 풍습 – 내세관 발달)
- 호모 사피엔스 사피엔스(3만~4만 년 전, 현생 인류 단계의 신인, 후기 구석기 시대 담당, 슬기슬기 사람 · 크로마뇽인 · 그리말디인 · 상동인)

덕천 승리산 사람 뼈 : 승리산 아래층에서 나온 사람 뼈는 어금니 2개와 어깨뼈다. 고인으로 분류되었으며, 덕천 사람으로 명명되었다. 승리산 위층에서는 아래턱 뼈가 나왔는데, 슬기슬기 사람의 특징인 아래턱이 발달되어 있었다.

02 구석기 시대 ▶▮ ▬▬▬▬▬▬▬

🌐 연대 측정법

일반적으로 사용되는 연대 측정법은 방사성 동위 원소의 반감기를 이용한 측정법이 많이 사용된다. 동위 원소 가운데 물리학적으로 불안한 원소는 알파입자(헬륨 핵), 베타입자(전자), 혹은 감마입자를 방출하면서 붕괴하여 안정된 원소로 바뀐다. 붕괴 전의 원소를 '모 원소(parent element)', 붕괴 뒤의 원소를 '딸 원소(daughter element)'라 부른다. 모 원소와 딸 원소의 비율로 물질의 생성 연대를 측정하는 방법이다. 방사능 동위 원소 연대 측정에는 세 가지 가정이 있다. 첫째 붕괴 속도가 일정할 것, 둘째 모 원소의 양을 알 것, 셋째 모 원소와 딸 원소의 외부로의 출입이 처음부터 지금까지 없을 것이라는 가정이 전제된다.

동위 원소란 원자 내의 양성자 수가 같아서 화학적인 성질은 같지만 질량이 다른 원소이다. 동위 원소 가운데 방사성이 있는 원소가 있다면 이 원소는 연대 측정에 사용될 수 있다. 지층의 수십억 년의 연대 측정에는 우라늄, 토륨, 납, 스트론튬, 포타슘 등의 방사성 동위 원소를 사용하고, 5만 년 이하의 짧은 연대 측정에는 탄소를 사용한다. 방사성 탄소 연대 측정법(放射性炭素年代測定法, radiocarbon dating)은 반감기가 5,730년인 탄소 동위 원소($14C$)를 이용한 측정 방법이다. 살아 있는 동물은 먹이사슬을 통해 탄소 동위 원소를 흡수하여 체내에 축적한다. 동물이 죽으면 더 이상의 $14C$(양성자 6, 중성자 8)의 유입과 축적은 일어나지 않고, 붕괴하여 질소 동위 원소($14N$)로 변한다. 따라서 불안정한 $14C$의 양과 안정된

12C의 비율로 유기체가 죽은 연대를 계산하는 것이다.

다음은 칼륨 – 아르곤 연대 측정법(Pottassium-argon dating)이 있다. 칼륨 동위 원소(40K)가 아르곤 동위 원소(40Ar)로 붕괴하는 것에 바탕을 두고 있다. 칼륨 동위 원소의 반감기는 14C에 비해 느리기 때문에 수십만 년 단위의 변화를 측정하는 데 유용하다. 이 방법을 통해 오스트랄로피테 쿠스 아파렌시스인 원인(猿人)인 '루시'의 나이가 약 318만 년이라는 값을 도출했다.

열 발광 측정법(thermoluminescence dating)은 토기나 화산재 등의 연대를 측정하는 데 사용한다. 토기나 화산재는 뜨거운 열이 가해졌을 때 자체 에너지를 모두 방출한다. 이후 이온화된 방사선에 의해 토기나 화산재에 다시 에너지가 축적된다. 토기나 화산재를 장치 속에 넣고 열을 가했을 때 축적된 에너지로부터 나오는 빛으로 계측하는 것이다.

🌀 구석기 시대의 유물과 유적

기원전 70만 년경부터 시작된 구석기 시대는 지질학상으로는 홍적세에 해당하며, 인류사 대부분의 시간을 차지한다. 빙하의 영향으로 해수면이 낮아지면서 중국 대륙과 한반도, 그리고 타이완과 일본 열도가 육지로 연결되어 있었다. 도구 제작의 발전 단계에 따라 전기(70만~10만 년 전)와 중기(10만~4만 년전) 그리고 후기(4만~1만 년 전)로 나눈다. 도구는 용도에 따라 사냥용과 조리용, 공구용으로 분류한다. 구석기 시대의 도구는 뗀석기(打製石器)인데, 전기에는 큰 석기 한 개를 여러 용도로 사용했고, 중기에는 큰 몸돌(石核 – 격지를 떼어내고 남은 돌)에서 떼어낸 격지(flake – 도구를 제작할 목적으로 떼어낸 돌)를 이용하여 작은 석기(몸돌 혹은 격지를 용도에 맞게 가공한 것)를 제작했다. 후기에는 쐐기를 이용하여 모양이 비슷한 여러 개의 돌날격지를 제작하여 사용했다. 전기의 도구로는 찍개, 양날찍개, 주먹도

Reference data
● 찍개
● 밀개
● 긁개
● 슴베찌르개
● 충북 단양 금굴
● 평남 상원 검은모루 동굴
● 경기도 연천 전곡리 유적
● 황해도 웅기 굴포리 유적
● 충북 제천 점말 동굴 유적
● 충남 공주 석장리 유적
● 제주 빌레못 동굴 유적
● 충북 단양 수양개 유적
● 아슐리안형 석기

**구석기 시대 유적 ▲
발굴 모습**

끼 등이 있고, 주요 유적지는 경기도 연천 전곡리 유적과 충북 단양 금굴 그리고 평남 상원 검은모루 동굴 유적이 있다. 중기에 만들어진 도구는 밀개, 긁개, 자르개, 찌르개 등이 있다. 주요 유적지는 함북 웅기 굴포리 유적과 충북 제천 점말 동굴 유적, 충북 청원 두루봉 동굴 유적, 강원도 양구 상무룡리 유적이 있다. 후기의 주요 유적지는 충남 공주 석장리 유적과 제주 빌레못 동굴 유적 그리고 충북 단양 수양개 유적을 꼽는다.

R e f e r e n c e d a t a

| 구석기 시대의 유물과 유적

찍개 : 사냥용 도구로 동물 몸통을 토막 내거나 자르는 데 쓰였다.
밀개 : 조리용 도구로 동물의 살을 저미고 뼈를 깎는 데 쓰였다.
긁개 : 조리용 도구의 하나로 동물의 가죽을 벗기고, 나무와 뼈를 깎는 데 사용했다.
슴베찌르개 : 슴베로 불리는 자루가 달린 찌르개로 창의 기능을 했다.
충북 단양 금굴 : 우리나라 최고(最古)의 유적지로 70만 년 전의 것이다. 구석기 전 시대 유적이며 주먹도끼, 양날찍개, 주먹괭이, 짐승 화석과 뼈 도구가 출토되었다.

슴베찌르개

평남 상원 검은모루 동굴 유적 : 차돌로 만든 주먹도끼, 긁개, 망치 등의 석기가 발견되었고, 포유류 동물의 뼈가 발견되었다.
경기도 연천 전곡리 유적 : 아시아에서 최초로 전기 구석기 시대의 전형적인 주먹도끼인 아슐리안 석기가 발견되었다.
함북 웅기 굴포리 유적 : 박편석기(剝片石器 – 격지석기)와 매머드 화석이 발견되었다.
충북 제천 점말 동굴 유적 : 사람의 얼굴을 새긴 코뿔소의 뼈가 출토되었다.
충남 공주 석장리 유적 : 전기 구석기에서 후기 구석기까지의 유물이 출토되었다.
제주 빌레못 동굴 유적 : 대형 석기의 찍개와 주먹도끼, 긁개, 칼 등이 발견되었다.
충북 단양 수양개 유적 : 주먹도끼와 찍개를 비롯한 좀돌날몸돌과 슴베찌르개가 다량으로 출토되었고, 석기 제작지가 발견되었다.
아슐리안형 석기 : 전기 구석기 시대 유물로 프랑스의 생따슐(St. Acheul) 유적에서 발견된 형태로 석재의 양면을 가공하여 날(blade)을 세운 석기이다. 사냥이나 도살, 나무나 뼈의 가공에 사용한 것으로 추정된다.

구석기 시대의 사회와 생활

구석기 시대는 뗀석기 및 동물의 뼈나 뿔로 만든 도구를 사용했다. 처음에는 주먹도끼와 찍개처럼 하나의 큰 석기를 가지고 다양한 용도 로 사용하다가 점차 제작 기술이 발달하면서 해당 목적에 맞는 도구로변화했다. 당시의 기후 조건이 빙하기(氷河期)였으므로 농사를 짓기는 매우 어려웠을 것이며, 사냥과 채집을 위주로 한 생활이 중심이었다. 효율적인 사냥을 위해 무리를 지어 활동했고, 일정한 주거 없이 사냥감을 따라 이동했다. 주거의 형태는 동굴이나 바위 그늘, 막집과 같은 것이었다. 집터엔 기둥 자리, 담 자리, 불 땐 자리가 있으며, 작게는 3~4명에서 많게는 10명 정도가 생활할 수 있는 규모였다. 이런 흔적은 공주 석장리 유적이나 제천의 창내 유적에서 찾아볼 수 있다. 생산력이 낮기 때문에 공동체적 생활에 머물렀고, 계급이 분화되기 이전이어서 연장자가 무리를 이끌었다. 바위나 돌에 고래와 물고기를 새긴 조각을 남겼는데, 사냥감의 번성을 비는 주술적 의미가 있다. 공주 석장리 유적과 단양 수양개 유적에서는 뼈나 뿔 등을 이용하여 고래, 물고기, 개, 새 따위를 새겨 놓은 조각품이 발견되었다.

◀ 공주 석장리 유적

03 중석기 시대 ▷▶▮▮

🏵 중석기 시대의 도구와 생활

Reference data
- 잔석기
- 활

유럽의 선사 문화 연구자들에게서 제기된 중석기 시대는 이전의 구석기 시대와 이후의 신석기 시대와는 따로 구분 짓기보다 과도기적(transitional period)인 단계로 보는 경향이 짙다. 시기적으로는 B.C. 1만 년에서 B.C. 6000년 대이다. 후빙기가 되면서 털코뿔소와 털코끼리 같은 몸집이 큰 동물이 북방으로 이동하고, 따뜻한 기후에 번성하는 작은 짐승군들과 식물들에 주목하게 되었다. 중기 구석기 시대의 도구 형태는 새로운 먹잇감에 맞춘 세석기(細石器 – 잔석기)가 특징이다. 주요 사용 도구로는 잔석기와 활이 있다. 우리나라의 경우 제주 고산리 유적, 함북 웅기 부포리 유적, 평양 만달리 유적, 경남 통영 상노대도 유적, 경남 거창 임불리 유적, 강원도 홍천 하화계리 유적 등이 과도기적 성격을 보여 주고 있다.

R e f e r e n c e d a t a

| 중석기 시대의 도구와 생활

잔석기 : 한 개 또는 여러 개의 석기를 나무와 뼈에 꽂아서 톱이나 낫처럼 이용한 도구이다.

활 : 큰 짐승 대신에 빠르고 작은 짐승(토끼, 여우, 새 등)을 잡기 위해 사용한 도구이다.

덧무늬토기 파편과 잔석기

제주 화산섬과 용암동굴 (2007년 6월 유네스코 세계자연유산 등재)

제주도에서 세계자연유산으로 지정된 지역은 한라산, 성산일출봉, 거문오름 용암동굴계의 3곳이다.

제주도는 약 180만 년 전부터 역사시대에 걸쳐 일어난 화산 활동으로 만들어졌다. 한라산은 남한에서 가장 높은 산으로서 화산 활동에 의해 생성된 순상 화산체이며 정상부에는 한라산 조면암과 백록담 현무암이 분포하며 한라산 조면암은 높은 점성을 갖고 돔상으로 솟구쳐 있다.

해뜨는오름으로도 불리는 성산일출봉은 약 4만~12만 년 전 얕은 수심의 해저에서 수성화산 분출에 의해 형성된 전형적인 응회구이다. 높이 182m로 제주도 동쪽 해안에서 거대한 고성처럼 자리잡고 있는 이 응회구는 사발 모양의 분화구를 잘 간직하고 있다.

또한, 거문오름 용암동굴계는 지금으로부터 약 10만~30만 년 전에 거문오름에서 분출된 용암으로부터 여러 개의 용암동굴이 만들어진 것이며, 이 동굴계에서 세계자연유산으로 신청된 동굴은 벵뒤굴, 만장굴, 김녕굴, 용천 동굴 그리고 당처물 동굴이다. 세계적인 경관과 가치를 가지고 있는 동굴은 제주도 해안 저지대의 용천 동굴과 당처물 동굴이다. 이들 동굴 내에는 용암동굴 내에서는 흔히 볼 수 없는 석회질 동굴 생성물이 성장하고 있으며, 특히 종유관, 종유석, 석순, 석주, 휴석, 커튼, 동굴산호 등 다양한 동굴 생성물이 잘 보존되어 있다.

세계 유산적 가치 제주도는 수많은 측화산과 세계적인 규모의 용암동굴, 다양한 희귀 생물 및 멸종 위기종의 서식지가 분포하고 있어 지구의 화산 생성 과정 연구와 생태계 연구의 중요한 학술적 가치가 있으며, 한라산 천연 보호 구역의 아름다운 경관과 생물 · 지질 등은 세계적인 자연유산으로서 가치를 지니고 있다.

04 신석기 시대 ▶❚❚

🌀 신석기 시대의 유물과 유적

Reference data
● 원시(이른)민무늬토기
● 돋을무늬토기
● 눌러찍기무늬토기
● 빗살무늬토기
● 부분빗살무늬토기
● 이중아가리토기

우리나라의 신석기 시대는 기원전 8000년경까지 거슬러 올라간다. 이 시대를 특징짓는 유물은 진흙으로 빚어 불에 구워서 만든 토기와 갈아서 만든 간석기(磨製石器)이다. 빗살무늬토기는 신석기 시대의 대표적인 토기인데 이를 공통 분모로 하는 범북방 문화권(凡北方文化圈)에 속한다. 최근 들어 이보다 앞선 시기의 것인 제주 고산리 유적의 민무늬(덧무늬)토기는 동북아에서 발견되는 원시 토기들과 유사성이 많다. 신석기 유적은 대부분 강가와 해안이 중심이고, 한반도 전역에 걸쳐 분포한다. 전기 신석기 시대의 이른민무늬토기, 덧무늬토기 그리고 눌러찍기무

신석기 시대의 암사동 ▶
유적지

늬토기는 동해안을 따라 분포하는데, 주요 유적지는 강원도 양양 오산리, 평북 만포진, 부산 조도, 부산 동삼동, 함북 웅기 굴포리, 제주 고산리다. 중기 신석기 시대의 것인 빗살무늬(혹은 기하문)토기는 어골문이 새겨진 타원형의 회색 토기로 내몽골, 시베리아, 연해주, 한반도에 분포하며, 일본 조몬토기와도 연결된다. 서울 암사동, 경기 미사리, 부산 동삼동, 함북 웅기 굴포리, 평남 청호리, 경남 김해 수가리 유적에서 발견되었다. 이것들은 V자 형이 일반적이다. 후기에는 중국 채도 문화의 영향을 받아 밑바닥이 평평하고 U자 형인 평저즐문토기(變形櫛文土器), 번개무늬토기(雷文土器), 물결무늬토기(波狀文土器)가 사용되었다. 탄화된 조, 피, 수수가 출토된 황해도 봉산 지탑리와 서울 암사동, 평남 온천 궁산리, 부산 다대동, 경기도 부천 시도, 강원도 춘천 교동 유적이 대표적이다. 토기와 석기 이외의 신석기 시대 유물은 실을 뽑는 데 사용하는 가락바퀴(紡錘車)와 옷을 깁는 뼈바늘(骨針)이 있다.

R e f e r e n c e   d a t a

| 신석기 시대의 유물과 유적

신석기 시대 토기의 편년

원시(이른)민무늬토기(原始無文土器) : B.C. 6000년 이전, 제주 고산리 유적

돋을무늬토기(隆起文土器) : B.C. 6000~B.C. 5000년, 울산 우봉리 유적

눌러찍기무늬토기(押印文土器) : B.C. 5000~B.C. 4000년, 양양 오산리 유적

빗살무늬토기(櫛文土器) : B.C. 4000~B.C. 3000년, 부산 동삼동 유적

부분빗살무늬토기(部分櫛目文土器) : B.C. 3000~B.C. 2000년, 울주 봉계리 유적

이중아가리토기(二重口緣土器) : B.C. 2000~B.C. 1500년, 부산 율리 유적, 청동기 시대 시작

빗살무늬토기

신석기 시대의 사회와 생활

Reference data
● 애니미즘
● 영혼 숭배, 조상 숭배
● 샤머니즘
● 토테미즘

농경이 시작된 신석기 시대에는 돌괭이, 돌삽, 돌보습, 돌낫, 뒤지개(掘地具) 등 돌로 만든 농기구를 제작했다. 조와 피, 수수 같은 잡곡류를 재배하였으나 농업 생산력이 미미했기 때문에 수렵(狩獵)과 어로(漁撈)를 병행하였고, 활, 창, 그물, 작살, 돌이나 뼈로 만든 낚시 같은 것을 사용했다. 후기에 가서는 개나 돼지 같은 동물을 가축으로 기르기 시작했다.

농경과 목축 그리고 정착 생활을 통한 공동 작업은 생산력 증대로 이어졌고, 사회적 관계가 분화하는 등 생활 전반에 변화와 발전을 가져왔다. 주로 강가나 바닷가에 움집을 짓고 살았는데, 원형이거나 모서리가 둥글게 바닥

▶ 신석기 시대의 유물(위)
▶ 신석기 시대의 치레걸이

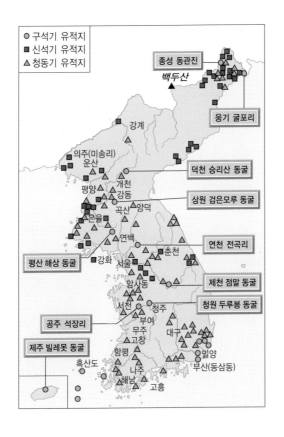

구석기 유적지
신석기 유적지
청동기 유적지

종성 동관진
백두산
웅기 굴포리
강계
의주(미송리)
운산
덕천 승리산 동굴
평양
개천
강동
상원 검은모루 동굴
곡산
양덕
은율
연천 전곡리
연백
춘천
평산 해상 동굴
강화
서울
암사동
제천 점말 동굴
서천
청주
청원 두루봉 동굴
공주 석장리
부여
무주
대구
제주 빌레못 동굴
고창
함평
밀양
흑산도
나주
부산(동삼동)
해남
고흥

◀ 신석기 시대의
주요 유적지

▼ 조개 가면

을 파고 다진 뒤 기둥을 세웠으며, 그 위에다 서까래를 얹은 다음 지붕을 덮었다. 가운데에 취사와 난방을 겸한 화덕이 있었다. 움집의 크기는 4~5명 정도가 생활할 수 있는 정도였다. 토기를 만들거나 베를 짜는 등 경제생활 전반에 걸쳐 여성의 역할이 중요하였다.

신석기 시대 인류는 원시 무리에서 발전하여 모계 중심의 씨족 공동체를 이루었다. 점차 씨족을 통합한 지연 중심의 부족 사회가 나타났으나, 아직 지배와 피지배의 관계는 발생하지 않았다. 신석기 시대 후기에 와서는 출산과 육아의 부담을 진 여성보다는 남성이 농사일을 더 많이 하게 되었고, 생산이 늘어나면서 씨족 사회도 변하게 되었다. 또한, 자연환경과 밀접한 농경 생활을 통해 원시 신앙이 발생했다. 원시 신앙은 예술 활동으로 나타나기도 했는데, 흙으로 빚어 구운 얼굴 모습, 동물을 새긴 조각품, 조개 가면, 치레걸이 등이 있다.

R e f e r e n c e   d a t a

| 신석기 시대의 사회와 생활

애니미즘 : 태양이나 산, 하천 같은 자연물에 정령이 있다고 믿는 물신숭배(物神崇拜) 신앙이다. 풍요로운 생산을 기원하였으며, 태양과 물에 대한 숭배가 으뜸이었다. 부여의 해부루 설화, 고려의 동명왕 설화는 영혼불멸 사상과 태양신 숭배의 흔적이다.

영혼 숭배, 조상 숭배 : 사람이 죽어도 영혼은 없어지지 않는다고 여겼으며, 조상의 영혼이 후손에게 영향을 준다고 믿었다. 이는 매장 풍습의 토대가 되었다. 신석기 시대의 주요 묘제(墓制)는 구덩이를 얕게 파고 묻는 토광묘(土壙墓)다. 특히, 상노대도(上老大島)의 상등패총에서는 동침신전앙와장(東枕伸展仰臥葬)으로 하여 태양 숭배를 보여 준다.

샤머니즘 : 영혼이나 하늘을 인간과 연결시켜 주는 무당(巫堂)의 존재와 그 주술을 믿는 신앙으로, 무당이 길흉화복(吉凶禍福)을 예언하거나 병을 치료하고 영혼을 인도한다고 믿었다.

토테미즘 : 부족의 기원을 특정한 동식물과 연결시켜 그것을 숭배하는 신앙으로, 단군신화에 등장하는 곰과 호랑이가 그 예다.

고창 · 화순 · 강화 고인돌 유적 (2000년 12월 유네스코 세계문화유산 등재)

우리나라 청동기 시대의 대표적인 무덤인 고인돌은 전국적으로 약 3만여 기에 가깝게 분포하고 있는 것으로 알려져 있는데 그중 세계문화유산으로 등록된 고창 · 화순 · 강화 고인돌 유적은 밀집 분포도, 형식의 다양성으로 고인돌의 형성과 발전 과정을 규명하는 중요한 유적이다.

이를 통해 선사 시대 문화상을 파악할 수 있고 나아가 사회 구조, 정치 체계는 물론 당시인들의 정신세계를 엿볼 수 있다는 점에서 선사 시대 연구의 중요한 자료가 되는 보존 가치가 높은 유적이다.

고창 고인돌 유적은 전라북도 고창군 고창읍 죽림리 · 도산리, 아산면 상갑리 일대의 유적지로 10톤 미만에서 300톤에 이르는 다양한 크기의 고인돌이 분포하고 있으며 탁자식 · 바둑판식 · 지상석곽형 등 다양한 형식의 고인돌이 공존하고 있다.

또한, 화순 고인돌 유적은 전라남도 화순군 도곡면 효산리와 춘양면 대신리 일대의 계곡을 따라 약 10km에 걸쳐 500여 기의 고인돌이 군집을 이루어 집중 분포하고 있으며, 고인돌 축조 과정을 보여 주는 채석장이 발견되어 당시의 석재를 다루는 기술, 축조와 운반 방법 등을 확인할 수 있는 유적으로 평가된다.

강화 고인돌 유적은 인천광역시 강화군 부근리 · 삼거리 · 오상리 등의 지역에 고려산 기슭을 따라 150여 기의 고인돌이 분포하고 있다. 이곳에는 길이 6.4m, 높이 2.5m의 우리나라 최대의 탁자식 고인돌이 있으며, 우리나라 고인돌의 평균 고도보다 높은 해발 100~200m까지 고인돌이 분포하고 있다.

세계 유산적 가치 고창, 화순, 강화의 선사 유적들은 거대한 석조로 만들어진 2,000~3,000년 전의 무덤과 장례 의식 기념물로, 선사 시대 문화가 가장 집중적으로 분포되어 있으며 당시의 기술과 사회 현상을 가장 생생하게 보여 주는 유적이다.

05 청동기 시대

청동기 시대의 유물과 유적

Reference data

● 거친무늬거울
● 농경문청동기
● 바퀴날도끼
● 홈자귀
● 민무늬토기
● 미송리식 토기
● 붉은간토기
● 고인돌
● 돌무지무덤
● 돌널무덤
● 선돌

민무늬토기 ▶

기원전 2000~기원전 1500년경에 시작된 청동기 시대의 전형적인 유물로는 반달돌칼과 바퀴날도끼 같은 석기와 비파형동검, 거친무늬거울, 화살촉 등의 청동기가 있고, 미송리식 토기와 민무늬토기가 있다. 이것들은 고인돌이나 돌무지무덤, 돌널무덤 등에서 발견되고 있다. 석기류는 농기구나 부장품에 주로 사용되었고, 청동기류는 무기, 장신구, 제기(祭器)가 많다. 북방 시베리아 계통의 청동 문화에 속하는 비파형동검은 세형동검으로 발전하였는데, 랴오닝

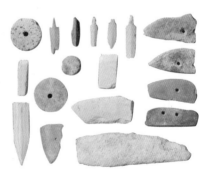

세형검(좌) ▶
청동기 시대에 사용된 ▶
석기들(우)

성과 지린성을 포함한 중국 동북부로부터 한반도 전역에 걸쳐 분포하고 있어, 이 지역이 독자적이고도 동일한 청동기 문화권임과 고조선의 영역을 구분짓는 데 중요한 근거가 된다. 청동기 시대의 대표적인 토기인 민무늬토기는 지역에 따라 밑바닥이 좁은 팽이형과 밑바닥이 편평한 원통 모양의 화분형이 있다. 빛깔은 적갈색이다. 청동기 시대의 사회 구조가 계급 사회임을 보여 주는 고인돌은 권력을 가진 족장의 무덤으로서 거석 문화(巨石文化)의 상징이며, 한반도 전역에 분포하고, 형태에 따라 북방식(탁자식)과 남방식(바둑판식) 그리고 개석식으로 나눈다.

◀ 바둑판식 고인돌
청동기 시대 지배층의 무덤이다.

◀   탁자식 고인돌
청동기 시대의 무덤으로
계급 사회임을 보여 준다.

| 청동기 시대의 유물과 유적

거친무늬거울(多鈕粗紋鏡) : 뒷면의 문양이 거칠고 선이 굵은 청동 거울로 청동기 시대 전기에 사용되었다. 거친무늬거울 중 가장 오래된 형식은 랴오닝성(遼寧省)의 차오양(朝陽) 십이대영자(十二臺營子)에서 비파형동검(琵琶形銅劍)과 함께 출토된 것이다. 문양이 정교한 잔무늬거울이 여러 유적에서 세형동검(細形銅劍)과 함께 나와 거친무늬거울이 잔무늬거울보다 시기적으로 앞서는 것으로 추정한다.

농경문청동기(農耕文靑銅器) : 청동기 시대의 의기(儀器)로, 밭을 가는 문양이 새겨져 있다. 대전광역시에서 출토된 것으로 전한다. 하반부가 떨어져 나갔는데, 앞면에는 줄무늬 띠와 격자무늬(格文) 띠로 구분된 좌우의 표면에 두 마리의 새가 나뭇가지에서 서로 마주보고 앉아 있다. 뒷면도 좌우 두 부분으로 나누어졌고, 왼쪽은 손을 내밀고 있으며, 그 앞에 빗살문살무늬(빗살격자무늬) 항아리가 있다. 오른쪽에는 머리채가 긴 사람이 두 손으로 따비(땅을 일구는 농기구)를 잡고 한 발로 힘 있게 밟고 있는 모습이 보인다. 따비 밑에는 밭고랑으로 보이는 가는 선을 그어 놓았다.

농경문청동기

바퀴날도끼(環狀石斧) : 달도끼로도 불리며, 가운데의 구멍은 자루를 끼우기 위함이다. 중부 이남에서는 흔하지 않으나, 뤼다(旅大) 쌍타자, 용천 신암리, 송림 석탄리, 강계 공귀리, 시중 심귀리 유적 등 북쪽 지방의 B.C. 1000년대 유적에서 주로 보인다.

홈자귀(有溝石斧) : 주로 민무늬토기와 함께 발견되며, 중국 화남 지방 또는 한반도 서북 지방의 턱자귀(有段石斧)에서 기원했다는 설과 간돌검(磨製石劍)의 분포와 일치하여 남한 지역 자체의 돌자귀가 변화한 것으로 보는 견해가 있는데, 용도는 목제 농기구를 제작하는 가공구(加工具) 또는 땅을 파는 굴지구(掘地具)로 추정된다.

민무늬토기(無文土器) : 알타이 계통의 예맥족이 기원이며, 고아시아족이 기원인 빗살무늬토기에 비해 대체로 태토가 정선되지 못하고, 기벽이 두터우며, 노천에서 낮은 온도로 구워졌기 때문에 흔히 적갈색을 띠고 있다. 기형(器形)은 밑바닥이 편평한 원통 모양의 화분형과 밑바닥이 좁은 팽이형이 기본이다. 민무늬토기는 일본의 야요이토기 제작에 영향을 미쳤다. 압록강 하류 유역의 미송리(美松里)식 토기, 압록강 중류 유역의 공귀리(公貴里)식 토기, 두만강 유역의 공렬토기(孔列土器), 청천강 이남의 평안도와 황해도 지역의 팽이형 토기, 한강 유역의 가락(可樂)식 토기, 충남 일원의 송국리(松菊里)식 토기 등으로 구분된다.

미송리식 토기 : 한반도의 서 · 중 · 남부 지구, 중국 길림 · 장춘 지구, 요녕 동부 지구, 요서 지구, 요동반도 일대에 분포한다. 1959년 평북 의주군(義州郡) 미송리 동굴 유적의 윗층인 민무늬토기 문화층에서 전형적인 단지 모양의 토기가 발견되었다. 평북 용천군(龍川郡) 신암리(新岩里), 압록강 상류의 자강도(慈江道), 중강군(中江郡) 장성리(長城里) 및 토성리(土城里), 청천강 유역의 세죽리(細竹里)와 구룡리(九龍里), 대동강과 재령강 유역에서도 발견되었다.

붉은간토기(紅陶, 丹塗磨研土器) : 토기의 표면에 산화철(酸化鐵:丹)을 바르고 반들거리게 문질러서 구운 토기로 생활용은 함북 무산 범의 구석(虎谷) 집자리, 경기 여주군 흔암리, 충남 서산군 해미면 휴암리, 충남 부여군 송국리, 전북 부안 소산리 등에서 출토되었다. 기형(器形)으로는 목이 짧은 항아리(短頸壺), 바닥이 얕은 바리(淺鉢), 접시(碗), 두형토기(豆形土器) 등 소형이 많다. 껴묻거리용(副葬品)은 고인돌 안에서 간석기들과 함께 발견되는데 주머니 모양의 '짧은목단지'나 '납작밑 대접'이 주류다.

고인돌(支石墓) : 족장의 무덤인 고인돌은 형태에 따라 북방식(탁자식)과 남방식(바둑판식) 그리고 개석식으로 분류한다. 북방식은 4개의 받침돌로 직사각형의 돌방을 만들고, 그 위에다 뚜껑돌을 얹어 놓은 형식이다. 평안남도와 황해도 일대(대동강 · 재령강 · 황주천 유역)에 분포한다. 남방식은 기반식 고인돌이라고 부르며, 깬돌(割石)과 냇돌 등으로 지하에 돌방을 만들고, 그 위에 3~4개의 받침돌(支石)을 괸 것이다. 전라도와 경상도 등 한강 이남에 분포한다. 개석식 고인돌은 지하 돌방 위에 받침돌 없이 직접 덮은 형태다. 돌방 주위에 얇고 납작한 돌을 깔아 놓았으며, 전국에 걸쳐 분포한다. 2000년 12월, 유네스코 세계 위원회가 고창, 강화, 화순 고인돌 유적을 세계문화유산으로 지정했다.

돌무지무덤(積石塚) : 지배 계급이 사용하던 형태로, 무덤 위에 큰 돌을 불규칙적으로 쌓아 놓았다.

돌널무덤(石棺墓) : 바둑판형 지석묘의 하부 구조 형태다. 일반인도 사용하였다.

선돌(立石) : 길쭉한 자연석이나 그 일부를 가공한 큰 돌을 어떤 믿음의 대상물(수호신, 신앙 목적)이나 특수 목적(경계석 등)을 가지고 세운 돌기둥인데, 지석묘와 함께 있는 것은 족장의 무덤이 있는 곳을 신성한 지역으로 정한 표석이다.

🌀 청동기 시대의 사회와 생활

청동기 시대에는 밭농사가 중심이었고, 주요 농작물은 조, 피, 기장, 수수였다. 일부 저습지에서는 벼농사가 행해졌다. 평양시 남경 36호 집터와 여주 흔암리 12호 집터 등에서 탄화미가 출토되었고, 무안 가흥리에서 벼의 꽃가루가 나왔다. B.C. 1000년경에는 전국에 걸쳐 벼농사가 행해졌는데, 벼농사의 전래는 양쯔강 중류로부터 황해를 건너왔다는 설과 화북 지역 및 만주 지역을 경유했다는 설이 있다. 이 시대에는 사냥과 고기잡이의 비중은 줄어들고, 돼지, 소, 말, 개 등 가축 사육이 늘었다. 당시의 생활상은 바위에 새겨 놓은 그림들에서 엿볼 수 있다. 청동기 사용은 생산 도구의 발달을 촉진시켰고, 경제생활의 향상으로 이어

Reference data
● 엘만 서비스의 모델
● 바위그림

졌다. 다양한 종류의 거푸집과 유물의 발견을 통해 금속을 다루는 전문 수공업자의 존재와 생산된 도구를 먼 지역으로 보급하는 교역이 있었음을 알 수 있다. 주거지도 하천과 들판을 앞에 둔, 농사짓기에 편리한 야산의 중턱이나 나지막한 구릉 지대에 자리를 잡았다. 주거 형태는 땅을 파고 기둥을 세워 만든 움집 형태에서 벗어나 지상에다 주춧돌을 놓고 기둥을 세운 집을 지었다. 농사에서의 남성 역할 증대는 부권 향상으로 이어졌고, 아버지를 중심으로 하는 가부장적 가족이 나타나게 되었다. 생산물도 종래의 공동 생산, 공동 관리의 형태에서 벗어나 가족 단위로 소유하게 되었으며, 부계를 따라 자식들에게 상속되었다. 평등했던 원시 공동체 사회가 무너지면서 사유 재산의 정도에 따라 빈부의 격차가 생겨났고, 이는 계급의 분화로 이어졌다. 주거지 주위에 설치한 환호(環壕)는 방어 시설로 계급 사회임을 입증한다. 특히, 청동제 무기의 발달과, 집단 사이에서의 세력 불균형은 잦은 전쟁의 원인이 되었고, 포로는 노예가 되었다.

| 청동기 시대의 사회와 생활

엘만 서비스(E. Service)의 모델 : 인류학에서의 사회 발달 진화 이론으로서 사회 발달 단계를 군집 사회(band society), 부족 사회(tribe society), 족장 사회(chiefdom society), 국가(state)로 설정했다. 청동기 시대는 국가의 전 단계인 족장 사회이며, 잉여 생산을 바탕으로 한 어느 정도의 전문화된 세습 지위들로 구성된 위계 사회이다. 경제 활동에 있어서는 재분배 체계를 갖추고 있고, 혈연에 기초한 지역 공동체의 개념을 기반으로 한다.

바위그림(岩刻畵) : 구석기 시대부터 그려지긴 했지만 두드러진 것은 신석기 시대부터였고, 청동기 시대에 가장 많은 제작이 이루어졌다. 당시의 신앙과 생활 모습을 생생하게 표현했으며, 주로 풍요로운 생산을 기원하는 주술적인 내용이 많다. 물감을 이용해 그리기도 하고, 돌이나 금속을 사용하는 기법이 있는데, 물감을 이용한 그림은 아직 한국에서는 발견되지 않았다. 유럽에서는 주로 구석기 시대의 동굴 벽화에서 많이 나타나고 있다. 그림의 소재는 수렵, 어로, 목축이 많지만 기하학적인 도형이나 문자도 있다.

울산 반구대 암각화

우리나라의 대표적인 바위그림은 울산 반구대 암각화(국보 제285호), 울주 천전리 각석(국보 제147호), 고령 양전동 암각화(보물 제605호) 등이 있다. 울산 반구대 암각화에는 여러 가지 동물과 물고기, 사람의 형상과 고래 잡는 모습, 사냥하는 광경 등이 사실적으로 묘사되어 있고, 울주 천전리와 고령 양전동 암각화에는 추상적인 기하학적 문양(동심원, 십자형, 가면 모양)이 새겨져 있다. 이 밖에도 영일 칠포리, 경주 석장동 금장대, 남원 봉황대 등과 같이 산과 물, 옛 무덤과 어우러진 바위그림이 여러 곳에 분포되어 있다.

고령 양정동 암각화

🌐 철기의 사용과 문화

B.C. 5세기부터 철기가 사용되기 시작했다. 이로 인해 종래 사용하던 청동기는 점차 의기화(儀器化)되었다. 철제 농기구의 사용으로 농업이 발달했고, 경제 기반이 향상되었다. 인구 부양력이 늘어나면서 인구가 증가하기 시작했다. 또한 우수한 철제 무기를 바탕으로 한 정복 전쟁은 영역 국가들이 나타나는 계기가 되었다. 경제력이나 정치 권력에서 우세한 부족들은 스스로 하늘의 자손이라며 선민 사상으로 무장했고, 약

R e f e r e n c e **d a t a**
● 시대별 주거지와
  주거 형태
● 명도전
● 오수전
● 독무덤

한 부족을 통합하여 지배하거나 공납을 요구했다. 중국 연나라 화폐인 명도전(明刀錢)과 오수전(五銖錢)의 사용으로 보아 이 시기에는 교역이 활발했음을 알 수 있다. 경남 창원의 다호리 유적에서 발견된 붓은 한자를 사용했다는 증거이다. 대부분의 예술품들은 주술적인 의미를 담고 있는데, 종교나 정치적인 요구와 관계된다. 말과 호랑이가 조각된 칼, 거울, 방패 등 청동 제품과 흙으로 빚은 토우가 대표적이다.

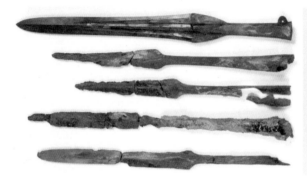 

▶ 다호리에서 출토된 청동
투겁창과 철투겁창(좌)
다호리에서 출토된 붓(우) ▶

Reference data

| 철기의 사용과 문화

시대별 주거지와 주거 형태 : 주거지와 주거는 생업의 행태와 밀접하다. 구석기 시대에는 사냥과 채집이 주요 생활 수단이었기 때문에 사냥감이나 먹잇감을 따라 이동했으며, 임시 거처에 가까운 막집이나 동굴에서 생활했다. 신석기 시대에 와서는 해안이나 강가에서 어로 행위나 경작을 하였으므로 동굴이나 움집을 짓고 살았다. 청동기 시대에는 본격적인 농경이 이루어졌으므로 농사짓기에 편리한 야산이나 높지 않은 구릉 지대에 움집 또는 지상 가옥을 짓고 살았다. 철기 시대에는 산이 둘러싸여 바람을 막아 주고, 햇살이 바른 배산임수(背山臨水) 지역에 취락을 이루었다. 본격적인 지상 가옥을 짓고, 전쟁을 대비해 산성을 구축했다.

명도전 : 중국 전국 시대(戰國時代)의 연나라 화폐다. 칼 모양의 돈으로 언도(匽刀) 또는 이도(易刀)라고도 한다. 첨수도(尖首刀)에서 진화된 것이며, 표면에 '명

명도전

(明)' 자 비슷한 표지가 주출(鑄出)되어 있어 붙여진 이름이다. 자루에는 3줄의 직선 무늬가 있고, 끝은 고리 모양이다. 자강도 위원군 용연동에서 출토되었다. 당시 한국의 서북 지역이 중국과의 무역 관계가 활발했음을 알 수 있다.

오수전 : 오수(五銖)의 두 글자가 표시된 동전 모양의 한나라 화폐. 낙랑 고분에서 다수 출토되었을 뿐 아니라 황해도 은율 운성리, 황주 선봉리 1호분 및 흑교리 등의 널무덤에서도 약간 보이는데, 특히 흑교리에서는 전한 후기로 비정된 천상횡문오수전이 출토되었다. 제주도 산지항(山地港)에서는 화천(貨泉), 화포(貨布) 등이 왕망전(王莽錢)과 함께 발견되었고, 경남 창원의 성산(成山) 조개더미에서도 김해식 토기와 함께 출토되었다. 약간 후대의 것이지만 무령왕릉(武寧王陵)의 왕비 지석(誌石) 위에서도 약 90개분의 오수전이 발견되었는데, 이는 철제(鐵製)로서 523년에 주조된 것으로 보여진다. 한 대의 오수전은 한국의 청동기 후기 또는 말기의 중요한 유물로, 이 시기의 연대 결정에 중요한 자료로 평가된다.

독무덤(甕棺墓) : 항아리나 독 두 개를 맞붙여서 관으로 쓰는 무덤 양식이다. 중국에서는 허베이성(河北省) 역현(易縣)과 랴오닝성(遼寧省) 랴오양(遼陽) 지방 그리고 쓰촨성(四川省) 시안(西安) 반포(半坡) 등지에서 발견되고 있고, 한국에서는 청동기 시대부터 사용되었는데, 청동기 시대와 초기 철기 시대의 유적으로는 평남 강서 태성리(台城里), 황해도 안악 복사리(伏獅里) · 은율 운성리(雲城里) · 신천 명사리(明沙里), 충남 공주 남산리, 광주(光州) 신창동(新昌洞), 경남 김해 회현리 지내동, 부산 낙민동 동래 패총 등의 유적이 있다. 독무덤이 역사시대에 이르면 하나의 고분 형식으로 조성된다.

단군과 고조선 사회

B.C. 2333년, 청동 무기를 사용하는 강력한 부족 세력의 군장이 주변의 부족들을 정복하거나 통합하면서 최초의 군장 국가를 건설하였으니 바로 고조선(古朝鮮)이다. 고조선은 요령 지방을 중심으로 성장하였으며, 한반도의 대동강 유역까지 세력이 미쳤다. B.C. 3세기경에는 부왕(否王)과 준왕(準王) 같은 강력한 왕이 등장하여 왕위를 세습했다. 랴오허 강을 경계로 하여 전국 7웅(戰國七雄)의 하나인 연(燕)과 대립할 만큼 강성하였다. 왕 아래에는 박사(博士), 비왕(裨王), 상(相), 경(卿), 대부(大夫), 장군(將軍) 등의 관직을 두었다.

Reference data
● 고조선 위치 논쟁
● 단군신화
● 기자 동래설

| 단군과 고조선 사회

고조선 위치 논쟁 : 고조선의 위치에 대해서는 대체로 3가지 주장이 있다. 대동강 중심설과 요동 중심설, 그리고 이 두 주장을 절충한 이동설이다. 『삼국유사』에서 일연은 단군왕검이 평양성에 도읍하여 조선을 건국하였다는 기록(古記)을 인용했다. 그리고 평양을 서경이라고 주석을 달았다. 고조선의 중심을 한반도 내로 인식했음을 보여 주는데, 조선 후기의 정약용과 한치윤 등 실학파 사학자들에게 이어졌다. 한편 권람은 『응제시주』에서 낙랑의 위치가 평양이 아닌 압록강 이북으로 보고, 기자가 건국한 기자 조선을 요동과 요서라고 함으로써 고조선의 중심을 요동 지방으로 설정했다. 이는 17~18세기 때 남인 학자를 거쳐, 20세기에 이르러 신채호와 최남선, 정인보 등에게 이어졌다. 이동설은 고조선의 중심이 요동 지방에 있다가 대동강 유역으로 옮겨 왔다는 견해이다.

단군신화(檀君神話) : 단군신화는 농경 사회가 배경이며, 오랜 세월을 거치면서 전승되어 오던 이야기가 기록으로 남겨진 것이다. 단군신화는 고대 국가인 고조선이 성립되는 과정을 상징적으로 묘사했다. 이주해 온 환웅(桓雄) 집단은 하늘의 자손임을 내세우고는 태백산(太白山)의 신시(神市)를 중심으로 세력을 형성했다. 환인천제(桓因天帝)의 아들 환웅은 풍백(風伯), 우사(雨師), 운사(雲師)를 거느리고 있고, 곡식·생명·형벌·선악 등 인간 사회의 생활 전반을 다스렸다고 하여 지배 계급으로서 생산과 사회생활 모두를 관장했다. 환웅이 받은 천부인(天符印)은 지배자의 권위를 상징하는 장식물이거나 무속의 도구를 나타낸 것이다. 곰과 범은 환웅 집단이 이주해 오기 전에 거주하고 있던 토착 집단의 토템으로 여겨진다. 환웅이 지배하는 과정에서 곰 부족과는 혼인 관계를 통해 연합했으나, 범 부족은 배제되었음을 나타낸다. 고조선의 지배자인 단군왕검(檀君王儉)은 제정일치(祭政一致)의 군장이었다. 통치 이념은 홍익인간(弘益人間)으로 재세이화(在世理化), 이도여치(以道與治), 광명이세(光明理世)로 계승되어 우리 민족정신의 근간이 되었다. 단군신화가 수록된 문헌은 고려 충렬왕 때 일연이 쓴 『삼국유사』와 이승휴의 『제왕운기』, 조선 단종 때의 『세종실록지리지』, 세종 때 권람이 쓴 『응제시주』, 성종 때 노사신의 『동국여지승람』, 서거정의 『동국통감』이 있다.

기자 동래설 : 중국 사서인 『사기』와 『한서지리지』에 '주(周)나라 무왕(武王)이 혈족인 기자(箕子)를 조선에 봉하였다'라고 나와 있는 것이 논란의 배경이다. 연대는 B.C. 12세기 말로 추정된다. 그러나 선진(先秦) 시대에는 '기자'와 '조선'을 별개로 취급했다가 진·한 대 이후에 다시 양쪽을 관련시킨 동래설(東來說)이 등장하는 것에 의문을 제기하고 있다. 즉 한나라가 위만 조선을 칠 때, 고조선에 대한 고대 중국의 연고권을 주장하면서 명분으로 내세운 것이 아니냐는 주장이다. 이에 반해 기자 조선은 조선인의 토착 왕조라는 주장과 동이족의 이동 과정에서 기자로 상징되는 부족이 권력을 잡은 것이라는 견해가 있다.

유이민 이주와 위만의 집권

Reference**data**
● 8조법
● 한사군

영역을 확장하면서 발전하던 고조선은 연(燕)의 침략으로 한때 위기를 맞기도 했다. 중국이 전국 시대(戰國時代) 이후로 큰 혼란에 휩싸이자 연 지방에 살던 많은 유이민들이 고조선으로 넘어왔다. 한(漢)나라가 일어나 중국을 통일하자 연왕(燕王) 노관이 반기를 들고 흉노족(匈奴族)에 망명하는 것이 계기였다. 위만(衛滿)도 그들 중의 하나였는데 1,000명의 무리를 이끌고 왔으며, 조선인의 복장을 했다고 전해진다.(『삼국지』「위략」, 『사기』「조선전」) 고조선의 준왕은 위만의 제안을 받아들여 그로 하여금 서쪽 변경을 지키게 했다. 위만은 유망민 중심으로 세력을 키운 다음 준왕을 몰아내고 고조선의 왕이 되었다. 철기 문화를 본격적으로 수용하여 농업과 무기 생산을 중심으로 한 수공업을 발전시켰으며, 지리적인 이점을 활용하여 동쪽의 예와 남쪽의 진국(辰國)이 중국과 직접 교역하는 것을 막고, 중개 무역을 독점했다. 고조선의 성장과 중개 무역을 못마땅하게 여긴 한무제(漢武帝)는 수륙 양면으로 대규모의 공격을 강행했고, 고조선은 이에 대항하여 한 차례 크게 물리친 바 있으나, 1년 뒤인 B.C. 108년, 장기간의 전쟁으로 지배층이 분열함에 따라 수도 왕검성이 함락되고 말았다.

R e f e r e n c e **d a t a**

| 유이민 이주와 위만의 집권

8조법 : 고조선의 법으로 8조목 중 3조목만 『한서지리지』에 남아 있는데, 이를 통해 당시의 사회상을 파악할 수 있다. '① 사람을 죽인 자는 즉시 사형에 처한다.(相殺以當時償殺) ② 남에게 상처를 입힌 자는 곡식으로 갚는다.(相傷以穀償) ③ 남의 물건을 훔치는 자로서 남자는 노(奴)로 여자는 비(婢)로 삼는다. 속죄하려면 한 사람당 돈 50만 전을 내야 한다.(相盜者男沒人爲其家奴女子爲婢欲自贖者人五十萬)'가 그것이다. 공동체의 질서를 유지하고, 지배층의 권리를 보호하기 위한 것으로 개인의 생명과 사유 재산을 소중히 여겼으며, 노동력을 경제적 가치로 환산한 것이 주목된다. 또한, 노비가 존재했다는 사실에서 계급이 분화되었음을 알 수 있다. 비록 용서를 받는다 해도 부끄러움을 씻지 못하여 결혼을 하려 해도 짝을 구할 수 없다는 것과 여자의 정절을 강조한 것은 가부장적 제도가 확립된 것으로 보여진다. 한사군이 설치된 뒤 상업이 발달하면서 사회가 거칠어지고, 풍속이 문란해짐에 따라 60여 조목으로 늘어나게 된다.
한사군(漢四郡) : 한나라는 고조선을 멸망시킨 뒤 4개의 군현(郡縣)을 설치하여 직접 통치했다. 대동강 유역에는 낙랑군을, 자비령 이남과 한강 이북에는 진번군을, 한강 남부와 원산만 일대의 동해안 지역에는 임둔군을, 압록강 중류와 동가강 유역에는 현도군을 두었다. 그러나 고조선인들의 지속적인 저항에 밀려 B.C. 82년에 진번군은 낙랑군에, 임둔군은 현도군에 병합되어 2개의 군현이 남게 되었다. B.C. 75년에는 현도군이 퉁구에서 만주의 홍경으로 옮겨 갔고, 그 자리에 고구려가 성장했다. 중국에서는 전한(前漢)에서 신(新 – 왕망)으로 다시 후한(後漢)으로의 왕조 교체가 일어났다. 이 혼란기를 틈타 옥저와 동예가 자립했고, 강성해진 고구려의 태조왕 때는 현도군이 푸순으로 쫓겨났다. 마침내 고구려 미천왕 대에 들어 진번 옛 땅에 두었던 대방군과 함께 낙랑군은 소멸되었다. 가장 오래 존속했던 낙랑에 의해 고도의 철기 문화와 정치 제도가 유입되었다. 한문의 광범위한 사용에 따라 한 문화의 영향을 받았고, 반한(反漢) 운동을 통해 민족의식이 싹텄으며, 사대 의식도 생겨났다. 이 시기의 유물로는 최고(最古)의 비석인 점제현 신사비(A.D. 85), 목곽분과 전축분, 와당, 봉니(封泥), 박산로(博山爐), 용호문(龍虎文) 청동 거울, 채화칠협(彩畫漆篋), 오수전, 화천(貨泉) 등이 있다.

🌐 연맹 국가의 성립

Reference data
● 부여
● 고구려
● 옥저와 동예
● 삼한

고조선에 이어 만주와 한반도 지역에는 여러 소국이 등장했다. 철제 농기구의 사용으로 농업 생산력이 크게 증대되었고, 목축과 어로가 발달하였다. 잉여 생산물은 교역과 함께 문화적 접촉을 촉진시켰다. 우수한 철제 무기로 무장하여 활발한 정복 전쟁을 벌였으며, 이 과정에서 무력과 경제력을 가진 강력한 지배층이 형성되었다. 유력한 군장들이 왕을 선출하는 연맹 형태의 지배 구조였는데, 송화강 평야 지대의 부여와 졸본 지방의 고구려, 함경도 동해안의 옥저, 강원 북부 동해안의 동예, 한강 이남 지역의 삼한이 성장했다.

부여는 A.D. 1세기경에 이미 왕호를 사용했고, 왕 아래에 가(加)들이 있어 각기 사출도를 다스렸으며, 이들이 왕을 선출하기도 했다. 한때는 중국과 외교 관계를 맺으면서 발전했으나, A.D. 3세기 말에 선비족의 침입을 받아 쇠퇴하다가 새롭게 부상하는 물길(勿吉)의 위협을 받으면서 고구려에 투항했다. 부여 계통의 고구려는 건국 초기(B.C. 37)부터 주변의 소국들을 정복했고, 집안(퉁구)으로 옮겨 오면서 5부족 연맹을 이루고는 고대 국가로 발전하였다. 왕 아래에는 대가들이 있는데 각기 사자, 조의, 선인 등의 관리를 거느리면서 독립적인 세력을 유지했다.

옥저와 동예는 동해안에 치우쳐 있어 선진 문화의 수용이 늦었다. 따라서 주위의 압박과 수탈에 의해 연맹 국가로 성장하지 못했다. 각 마을에는 읍군이나 삼로라는 군장이 있어 부족을 다스렸다. 한강 이남 지역에는 일찍부터 진(辰)이 성장하여 여러 족장 사회의 중심이 되었다. 진은 고조선의 변동에 따른 영향으로 마한, 진한, 변한이라는 연맹체들이 생겨났다. 삼한 가운데서는 마한의 세력이 가장 우세했고, 그 가운데 하나인 목지국의 지배자가 마한왕 또는 진왕으로 추대되어 삼한을 영도했다.

◀ 여러 나라의 성장 지도

| 연맹 국가의 성립

부여

① 중앙은 왕이 직접 통치하였으며, 왕 아래 가(加), 대사자(大使者), 사자(使者) 등의 관리를 두었다. 지방은 마가(馬加), 우가(牛加), 저가(猪加), 구가(狗加)라 불리는 족장들이 각기 가, 대사자, 사자를 두고 사출도(四出道)를 다스렸으며 중앙과 더불어 5부제를 이루었다. 이들 족장들이 모여 국가 중대사를 결정하는 제가회의가 있고, 왕은 가(加)들이 추대했으며, 왕권은 미약했다.

② 경제생활은 농경과 목축을 중심으로 하는 반농반목의 형태였고, 말 · 주옥 · 모피가 특산물이다.

③ 지배 계급으로는 왕, 제가, 관리 및 호민이 있으며, 피지배 계급은 양인 농민인 하호(下戶)와 천민인 노비 등이 있다.

④ 매장 풍습에는 사람을 함께 묻는 순장(殉葬), 쓰던 물건을 같이 묻는 후장(厚葬), 죽은 후 5개월이 지나서야 장례를 치르는 정장(停葬)이 있다. 정장 시에는 시체의 부패를 막기 위해 얼음을 사용했다. 우제점법(牛蹄占法), 형사취수(兄死娶嫂) 제도가 있으며, 12월에는 영고(迎鼓)라는 제천 의식이 행해졌다. 은력(殷曆)을 사용하며, 사회 규범으로는 『삼국지』「위지동이전」에 4조목이 전한다. '살인자는 사형에 처하며, 가족은 노비로 삼고, 절도한 자는 12배의 배상을 물린다. 간음한 자는 사형에 처하고, 질투한 자도 사형에 처하되 산 위에 버린다. 시체를 가져가려면 소와 말을 바쳐야 한다.'가 그것이다.

고구려

① 고구려는 소노부(消奴部), 계루부(桂婁部), 절노부(絕奴部), 순노부(順奴部), 관노부(灌奴部)의 5부족 연맹체이다. 계루부는 왕족, 절노부는 왕비족이다. 소노부는 계루부 이전의 왕족이었다. 소노부와 절노부에게는 적통대인(嫡統大人) 또는 고추가(古鄒加)라는 칭호를 붙였다. 중앙은 왕 아래 상가(相加), 대로(對盧), 패자(沛者)라고 하여 부여의 가(加)에 해당하는 독립적인 족장의 대가들이 있었다. 대가가 다스리는 지방에도 사자(使者), 조의(皂衣), 선인(仙人) 같은 관리들을 두었다. 귀족들의 모임인 제가 회의에서 왕을 선출하거나 국가 중대사를 논의했다.

② 좌식 계급(坐食階級)으로 불리는 지배 계급은 왕족과 각 부의 대가들이며, 피지배 계급은 생산을 담당하는 하호, 노비 등이다.

③ 10월에 추수 감사제인 동맹이 있고, 결혼 풍습에는 서옥제(婿屋制 – 데릴사위제)가 있는데 『삼국지』「위지동이전」에 전한다. 주몽과 유화 부인에 대한 제사는 국가적인 행사였다.

옥저와 동예

① 함흥 평야 일대에 위치한 옥저는 토지가 비옥하여 농사가 잘 되었다. 어물, 소금 등이 풍부하였으나 고구려에 공납으로 바쳤다. 옥저의 풍속에는 일종의 매매혼인 민며느리제(豫婦制)가 있고, 사람이 죽으면 시체를 가매장했다가 뼈만 추려서 가족 공동 무덤에 안치하는 세골장(洗骨葬)이 있다.

② 동예는 스스로 고구려와 같은 종족으로 여겼으며, 옥저처럼 농사가 잘 되었고, 해산물이 풍부했다. 누에를 쳐서 비단을 짜거나 삼베를 짜는 기술이 발달했다. 단궁(檀弓), 반어피(班魚皮), 과하마(果下馬) 등이 특산물이다. 10월에 무천(舞天)이라는 제천 행사를 열었다. '족외혼'이라는 결혼 풍습을 갖고 있으며, 영역을 침범하면 책화(責禍)라고 하여 노비, 소, 말 등으로 변상하는 풍습이 있다.

삼한

① 마한은 천안, 익산, 나주 지역을 중심으로 발전하였고, 54개의 소국으로 구성되어 10만여 호 가량 되었다. 변한은 김해와 마산이 중심이었으며, 진한은 대구와 경주가 중심이었다. 변한과 진한은 각기 12개의 소국으로 이루어졌으며 각 소국의 규모는 4만~5만 호 정도였다. 삼한은 군장 국가로서 신지(臣智), 견지(遣支－대군장), 부례(不例), 읍차(邑借－소군장)가 있었다.

② 제정 분리 사회로 각각의 별읍마다 제사장인 천군(天君)이 있어 농경과 종교에 관한 의례를 주관했다. 그가 관장하는 소도(蘇塗)는 신성한 지역으로 정치적 지배자인 군장의 세력이 미치지 못했다.

③ 변한은 철의 생산이 활발하여 화폐처럼 사용되었고, 낙랑이나 일본 등지에 수출했다. 마산 성산동과 진해 등지에서 야철지가 발견되었다. 특히, 철기(괭이·보습·따비·낫·도끼·호미 등)를 바탕으로 한 수전 농업이 발달했다. 김제의 벽골제, 의성 대제지, 상주 공검지, 밀양 수산제, 제천 의림지 같은 저수지가 수전 농업을 뒷받침했다.

④ 제천 행사로는 5월의 수릿날(단오로 발전)과 10월의 계절제(상달로 바뀜)가 있다. 장례 풍습으로는 큰 새의 날개를 사용하여 후장(厚葬)을 치렀으며, 널무덤(土壙墓)과 독무덤(甕棺墓)이 유행했다. 초가 지붕의 반움집과 귀틀집을 짓고 살았다. 공동 노동을 위한 두레가 존재했으며, 예술로는 토우와 암각화가 남아 있다.

쌍따비

3

고대 사회

청동기 시대의 군장 국가는 대체로 철기를 사용하면서부터 우세한 군장들이 주위의 여러 소국을 병합하여 초기 국가 형태를 이루었다. 고조선·부여·고구려가 먼저 형성되었고, 이어서 백제(百濟)·신라(新羅)가 나타났다. 옥저·동예는 고대 국가로 성장하지 못했다. 고조선이 한나라에 멸망하고, 부여가 고구려에 병합된 뒤에는 고구려·백제·신라가 고대 국가로 발전했다. 이때는 독립적이었던 대가(大加)들이 중앙 조직에 편입되면서 국왕의 권한이 강화되었다. 삼국은 농업을 기반으로 서로 경쟁하면서 발전했다. 4세기 무렵에는 백제가, 5세기에는 고구려가, 6세기에는 신라가 각각 주도권을 잡았는데 결국 신라에 의해 통일되면서 민족 국가로 발전했다. 비록 북쪽 고구려 영토의 대부분을 상실했지만, 발해가 고구려의 전통을 계승하면서 남북국 체제를 이어갔다. 신라는 왕권의 전제화가 이루어지고, 당과 인도·이슬람과 교류하면서 찬란한 민족 문화를 꽃피웠다. 그러나 골품제로 인한 모순으로 무너져 갔고, 민족 구성이 취약했던 발해가 거란에 의해 멸망하면서 민족의 활동 무대가 한반도로 좁혀졌다.

01 고대의 정치
02 고대의 경제
03 고대의 사회
04 고대의 문화

01 고대의 정치 ▶||

🔰 고대 국가의 성립과 성격

Reference data
● 율·령·격·식
● 5호 16국 시대
● 남북조 시대

한국 고대 국가의 흥망에 직간접적으로 영향을 미친 중국의 역사적 시기는 위(魏)·진(晉)과 5호 16국 시대 및 남북조 시대(南北朝時代)를 거쳐 수(隋)와 당(唐)에 이르는 기간에 해당된다. 고구려, 백제, 신라 삼국은 중국의 세력과 대립하거나 혹은 수교하면서 고대 국가로 성장했다. 대체로 군장 세력을 정치 체제에 편입시키는 중앙 집권화 과정을 진행했다. 왕경에 사는 중앙 귀족과 병합된 족장 세력을 하나의 관등 조직에 편입시켰다. 지방은 군사적 조직으로 편제하여 정복 전쟁이 활발한 시기에 대응했다. 군장 세력은 종래의 독립적인 위치를 상실한 대신 왕권과 결합하여 귀족 신분의 특권을 누렸다.

삼국 초기의 정치 구조는 대체로 부(部) 체제였다. 고구려의 5부, 신라의 6부 그리고 부여와 고구려계 이주민 집단으로 구성된 백제의 부가 그것이다. 부의 주민은 귀족으로부터 빈민에 이르기까지 계급적으로 분화되어 있었으며, 정복하거나 복속된 지역의 주민에 대해서는 우월한 지위에 있었다. 고구려에서는 3세기 전반까지만 해도 소노부가 자체의 종묘와 사직에 제사를 지낼 정도였다. 대외 교섭권만 박탈당했다뿐이지, 관리를 운영하는 등 독자성을 유지하고 있었다. 정복지의 주민들은 병합될 때의 읍락(邑落) 단위 그대로 중앙 정부에 예속되었다. 공납과 군사적 협조는 하되 기존의 공동체적 유제는 그대로 남아 있었다. 중앙 정부의 지배력이 읍락에까지 미칠 수 없었기 때문에, 중앙의 지배 집단인 5부나 6부 아래 소속시키는 누층적 통합 구조였다.

국왕 중심의 중앙 집권 체제 확립에 기여한 것은 율령의 반포다. 율령은 왕족과 귀족 등 지배층이 정치 · 경제 · 사회적 특권을 독점하기 위한 장치였다. 고구려는 373년(소수림왕 3)에 반포되었고, 백제는 3세기 중엽(고이왕)에 관료 체제 유지를 위한 법령 공포가 있었다. 신라는 520년(법흥왕 7)에 신라 율령을 반포했다.

R e f e r e n c e **d a t a**

| 고대 국가의 성립과 성격

율(律) · 령(令) · 격(格) · 식(式) : 형(刑), 관등, 조세, 학(學), 악(樂) 등에 이르는 정치와 경제, 사회 생활 전반을 규정하는 성문법전(成文法典)인데 율은 형벌 법규이고, 령은 행정 법규이며, 격과 식은 시행 세칙이다. 율과 령은 진 · 한 시대 때부터 있었으나 수 · 당 대에 들어와 격과 식이 갖추어졌다. 신라는 통일을 전후하여 4가지 모두를 갖추게 되었다.

5호 16국 시대 : 304년 유연(劉淵)의 건국에서부터 439년 북위(北魏)의 통일까지 중국 화북(華北)에서 흥하고 망한 5호(胡)와 한인(漢人)의 나라 및 그 시대다. 5호는 흉노(匈奴), 저(氐), 강(羌), 갈(羯), 선비(鮮卑)를 말한다.

남북조 시대(南北朝時代) : 남조는 한족(漢族) 왕조인 송(宋)나라 문제(文帝, 420)에서 시작하여 제(齊) · 양(梁) · 진(陳)의 4왕조를 거쳐 589년 진이 수의 문제(文帝)에게 멸망될 때까지의 기간이다. 북조는 5호 16국(五胡十六國)의 혼란을 수습한 북위(北魏)의 태무제(太武帝, 386) 때부터 시작하여 북주가 외척 양견(楊堅:文帝)에게 양위하여 된 수(隋)가 중국 천하를 통일한 때(589)까지이다. 북위는 동위(東魏)와 서위(西魏)로 분열한 뒤 동위는 북제(北齊)로, 서위는 북주(北周)로 교체되었다. 북주는 한때 북제를 멸망시키고 화북 지역을 통일한 바가 있다.

고구려의 전성과 대외 항쟁

부여 계통의 유이민 세력인 시조 동명왕(B.C.37~B.C.19)은 건국 초기부터 비류국과 행인국, 북옥저를 정복하고, 선비족과 말갈족을 물리치는 등 정복 사업을 시작했다. 태조왕(53~146) 때는 요동과 현도군을 공략하였다. 또한, 압록강과 동가강 유역을 완전히 점령하는 한편, 북옥저와 동

R e f e r e n c e **d a t a**
● 살수대첩
● 광개토대왕비
● 중원고구려비
● 동북공정

옥저를 정벌하여 후방 기지를 확보했다. 내적으로는 계루부(고씨)에 의한 왕위 세습권을 확립했다. 고국천왕(179~197) 대에는 왕위 계승권을 형제 상속에서 부자 상속으로 바꾸면서 중앙 집권화를 시도했다. 4세기경, 내부 정비를 통해 국력을 다진 고구려는 중국 5호 16국 시대의 혼란을 틈타 대외적으로 팽창하기 시작했다. 미천왕(300~331) 대에 이르러 북방 민족들의 침입으로 진(晉)이 약화된 틈을 이용, 요충지인 서안평을 점령한 뒤 낙랑군을 몰아내고, 요동 지방 쟁탈전에 돌입했다.

풍부한 철의 매장지이며 전략적 요충지인 요동 진출은 흥기하는 북방 민족들과의 경쟁에서 이겨야 가능했다. 화북 지방에 왕조를 연 모용씨, 단씨, 우문씨 및 한족 세력과도 각축을 벌여야 했다. 고구려는 이 과정에서 국력이 약해지기도 했다. 동천왕(227~248) 대에는 위나라 관구검의 침입으로 국내성이 함락된 바 있고, 고국원왕(331~371) 대에는 전연(모용씨)의 침입으로 환도성이 함락되는 수모를 겪은 데다, 백제 근초고왕 부자에 의해 고국원왕이 전사하는 등 위기를 맞았다.

고국원왕의 뒤를 이은 소수림왕(371~384)은 내부적으로 힘이 분산된 부족적 결합의 한계를 극복하기 위해 국가 체제를 정비했다. 전진의 부견(符堅)으로부터 불교를 도입하여(372) 수교를 통한 국경을 안정시키는 한편, 호국 사상을 함양했고, 율령을 반포하였으며(373), 태학(太學)을 설치하여(372) 유교적 정치 이념에 충실한 인재를 양성했다. 이를 바탕으로 광개토대왕(391~412)은 백제를 공격하여, 한강 이북을 차지했다. 또한, 숙신을 정벌하였으며, 후연을 쳐서 요동 지방을 확보했다.

5세기 고구려 전성기의 ▼
세력 판도 지도

→ 고구려의 진출 방향
--- 장수왕 말의 남쪽 경계

부여
부여성
거란
동부여
후연
백두산
현도성
광개토대왕비
국내성
고 구 려
서안평
평양성
동예
동 해
한성
중원고구려비
황 해
웅진
신라
백제
금성
대가야
가야 금관
가야
탐라
왜

광개토대왕은 '영락'이라는 우리나라 최초의 연호를 사용했다. 이는 장수왕(412~491)과 문자왕(491~519) 대에 이어져 최대의 전성기를 구가했으며, 동북아의 패자로 군림했다. 영양왕(590~618) 때에는 300년 만에 중국을 통일한 수나라의 침입을 을지문덕이 살수에서 대파했다(612, 영양왕 23). 이듬해 수나라는 멸망했고, 당이 대신했다. 고구려는 당나라의 침입에 대비해 천리장성을 쌓았다(631~647). 마침내 644년, 당나라 태종은 수륙양면으로 대규모의 침입을 해왔다. 처음에는 수적 열세에 밀려 고전했던 고구려는 성주 양만춘이 안시성을 끝까지 지켜냄으로써 당군을 물리쳤다. 그러나 긴 전쟁으로 인한 피해와 지도층의 내분으로 약해진 고구려는 668년(보장왕 27), 나당 연합군의 공격으로 멸망했다.

◀　　광개토대왕비

R e f e r e n c e　d a t a

| 고구려의 전성과 대외 항쟁

살수대첩 : 고구려는 수의 세력을 견제하기 위해 돌궐(突厥)과 상통(相通)했는데, 이것이 수를 자극했다. 수양제는 612년 1월 113만여 명의 대군을 거느리고 고구려를 침공했다. 수군(水軍)이 바다를 건너 대동강(大同江)으로 쳐들어와 평양성을 공격하였으나, 건무의 고구려군에게 대패(大敗)했고, 양제가 직접 지휘한 육군의 1개 부대는 고구려의 요동성(遼東城)을 포위 · 공격하였으나 성공하지 못했다. 초조해진 수군(隋軍)은 별동대(別動隊) 30만 5,000명을 압록강 서쪽에 집결시켜 평양성을 공격했지만, 을지문덕(乙支文德)의 유도 작전에 말려들어 살수(薩水 : 淸川江)에서 크게 패하여 살아 돌아간 자가 수천에 불과했다.

광개토대왕비 : 고구려 19대 왕인 광개토대왕(374~412)은 18세 때(391) 즉위하여 활발한 정복 활동을 벌였다. 왕 사후 414년, 아들 장수왕이 국내성(길림성 집안현) 동북쪽 4.5km 지점에 세웠다. 고구려 건국 이래 왕들의 계보와 광개토대

왕의 영토 확장 내용, 국경 지대의 통치권 확인 및 330호나 되는 묘지기에 대한 기록이 있다. '임나일본부'설로 논란이 있었던 기사(百殘新羅舊是屬民由來朝貢而倭以辛卯年來渡破百殘??新羅以爲臣民)가 주목을 받았다. 전체 주어를 '왜'로 보아 "왜가 신묘년(391)에 바다를 건너와 백제, 가야, 신라를 격파하여 신민으로 삼았다."로 해석하는 입장이 있고, 앞부분의 주어를 '왜'로, 뒷부분의 주어를 '고구려'로 하여 "왜가 신묘년에 오니, 고구려가 바다를 건너 백제(또는 왜)를 격파하고 신라를 신민으로 삼았다."로 해석하기도 한다.

중원고구려비(中原高句麗碑) : 장수왕이 남한강 유역의 여러 성을 공략하여 개척한 후 세운 것으로 추측된다. 돌기둥 모양의 자연석을 이용하여 4면에 모두 글을 새겼는데, 그 형태가 광개토대왕비와 비슷하다. '고려대왕(高麗大王)'이라는 글자와 '전부대사자(前部大使者)', '제위(諸位)', '사자(使者)' 등 고구려 관직명과 광개토대왕비문에서처럼 '고모루성(古牟婁城)' 등의 글자가 보이고, '모인삼백(募人三百)', '신라토내(新羅土內)' 등 고구려가 신라를 불렀던 말들이 쓰여 있다. 고구려 영토의 경계를 나타낸 비로, 백제의 수도인 한성을 함락하고 한반도의 중부 지역까지 장악하여 그 영토가 충주 지역에까지 확장되었음을 말해 준다. 역사적으로 고구려와 신라, 백제 3국의 관계를 밝혀주는 귀중한 자료로서, 우리나라에 남아 있는 유일한 고구려비이다.

동북공정 : 중국 사회과학원의 '소수 변강사 연구 중심'이 주관이 되어 추진한 프로젝트(2002~2006)로서 중국의 국경 안에서 전개된 모든 역사는 중국 역사에 편입시키는 것이 골자다. 한반도 통일 후 동북 지역(고구려, 발해의 강역)에서 야기될 영토 분쟁에 미리 대비하고자 하는 의도가 있다.

🌏 백제의 흥망

Referencedata
● 백제 초기의 수도
● 요서 진출
● 산둥 진출
● 칠지도 명문

일찍이 한반도의 요지인 한강 유역에서 기반을 마련한 백제는 주변의 소국들을 병합하며 마한의 전 지역으로 세력을 넓혔다. 시조 온조왕(B.C.18~A.D.28) 대부터 북으로는 예성강 유역, 동으로는 춘천, 남으로는 공주에까지 영역이 미쳤다. 고이왕(234~286) 대에 이르러 넓어진 영토와 새로 편입된 백성들을 효과적으로 다스리기 위해 통치 조직을 정비했다. 왕위의 형제 상속권을 확립하고, 군사권을 담당하는 좌장(左將)과 귀족 회의인 남당(南堂)을 설치했다. 또한, 6좌평과 16관등의 조직 체계를 마련하여 지방의 유력한 세력을 중앙 귀족으로 편입시켰다. 아울러 백관의 공복(公服)을 제정하고 율령을 반포하는 한편, 서진(西晉)과의 교류를 통해 선진 문물을 받아들여 고대 국가로서의 면모를 갖추었다.

이를 바탕으로 근초고왕(346~375)은 대대적인 정복 사업을 펼치면서 왕권을 강화했다. 왕위 계승을 부자 상속으로 했고, 재위 26년(371)에는 고구려의 평양까지 쳐들어가서 고국원왕을 전사시켰다. 근초고왕 시대에 최대의 전성기를 이룩했는데, 영역은 북으로는 옛 대방(자비령 이남의 황해도와 한강 이북의 경기도) 지역을 차지했고, 남으로는 마한 지역 전부를 병합했다. 따라서 전라도와 낙동강 중류 지역 및 강원도 북부 지역까지 영역이 확대되었다. 이를 기반으로 중국의 요서 지방을 점령하기도 했으며, 산동 지방과 일본에까지 진출, 고대 상업권을 형성했다.

백제는 4세기 후반부터 전열을 재정비한 고구려의 남하 정책에 밀려 위기를 맞게 되었다. 475년, 고구려 장수왕의 침입을 받아 개로왕이 죽고, 한성에서 웅진(공주)으로 도읍을 옮겼다. 그러나 한성에서 내려온 구귀족들의 분열과 금강 유역에 기반을 둔 신진 세력의 성장으로 정

▲ 칠지도
4세기 후반 백제와 왜의 교류를 보여 주는 유물로, 제철 기술의 우수함을 알 수 있다.

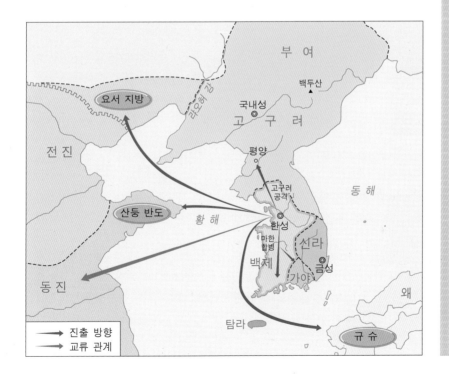

◀ 4세기 백제의 발전

계가 불안했다. 백제의 부흥을 시도한 동성왕 대에는 중국 남제와 수교하고(484), 고구려의 침략에 대응하기 위해 신라와 친선 관계를 강화했다. 493년에는 신라의 소지왕과 결혼 동맹을 맺었다. 동성왕은 점점 강해지는 신진 세력을 견제하려다 피살되고 말았다. 뒤이어 왕위에 오른 무령왕(501~523)은 반란 세력을 진압한 후 지배 세력을 재편함과 아울러 왕족을 담로로 파견하여 지방 세력에 대한 통제를 강화했다. 성왕(523~554) 대에는 사비로 천도하여 중흥을 위해 더욱 노력했다. 남조의 양나라와 수교하고, 일본과도 우의를 다졌다. 그런데 신라와 함께 고구려를 물리치고 한강 유역을 회복하긴 했지만 신라의 진흥왕에게 도로 빼앗기고 말았다. 백제는 잦은 전쟁과 사치로 국력이 쇠하여 나당 연합군에 의해 사비성이 함락되면서 멸망했다(660, 의자왕 20).

R e f e r e n c e d a t a

| 백제의 흥망

백제 초기의 수도 : 한성이라 불리기도 한 위례성은 475년 공주로 수도를 옮기기 전까지 백제의 수도였다. 송파구 석촌동에 있는 고구려식 돌무지무덤과 몽촌토성, 풍납토성을 통해 대략적인 위치가 확인되고 있다. 현재 풍납토성이 가장 유력하다.

요서 진출 : 백제국은 본래 고려와 함께 요동의 동쪽 1,000여 리에 있었다. 고려가 요동을 차지하니 백제는 요서를 차지했다. 백제가 통치한 곳은 진평군(진평현)이라 한다. – 『송서』

백제는 고려와 더불어 요동의 동쪽에 있었다. 진(晉) 대에 고려가 이미 요동을 차지하니 백제 역시 요서와 진평 두 땅을 차지하고 스스로 백제군을 두었다. – 『양서』

산둥 진출 : 북위의 효문제(471~499)가 기병 수십만을 동원, 백제의 국경을 넘어 공격했다. 백제의 동성왕(479~501)은 사법명, 찬수류, 해례곤, 목간나 등 장군을 보내 위의 대군을 크게 물리쳤다. 이때의 국경은 중국에 있는 백제의 영토로 판단된다. – 『남제서』

칠지도(七支刀) 명문(銘文) : (앞면)태화 4년(근초고왕 24, 372) 5월 16일 병오일 정오에 무쇠를 백 번이나 두들겨서 칠지도를 만든다. 이 칼은 百病을 피할 수 있다. 마땅히 侯王에게 줄 만하다. (뒷면)先世 이래로 아무도 이런 칼을 가진 이가 없는데, 백제 왕세자는 세세로 寄生聖音하므로 왜왕旨를 위하여 만든다. 후세에 길이 전할 것이다. ☞ 백제왕이 왜왕에게 하사한 것으로 양국의 친교를 알 수 있다. 백제왕과 왜왕 간의 '하사' 또는 '상납'이라고 하는 논란이 있다. 부여 군수리 사지(扶餘軍守里寺址)에서 칠지도 일부로 보이는 유물이 발견되기도 했다.

🎯 신라의 성장

신라는 삼국 중 가장 늦게 국가 체제를
갖추었다. 진한 12개 소국 중의 하나인
사로국에서 시작되었는데, 고조선 멸망
후 이주해 온 집단이 토착 6부족을 지배
하면서 국가를 형성했다(B.C. 57). 그리고
동해안 지역과 낙동강 유역의 주변 소국
들을 차례로 정복했다. 초기의 신라는
박, 석, 김 세 부족이 왕인 이사금(尼師今)
을 선출했으며, 독특한 신분 제도인 골품
제를 마련하여 지배층의 권위를 보장했
다. 국가 중대사는 귀족들의 회의인 화백
(和白)에서 결정했다.

　17대 내물왕(356~402)부터는 고대 국가
로 성장하였다. 김씨가 계속 왕위에 올랐
으며, 부자 왕위 계승 제도를 확립했다.
이 시기, 신라 해안에 나타나던 왜의 세
력을 물리치는 과정에서 고구려 광개토
대왕의 군대가 신라 영토 내에 머물기도
했다. 지증왕(500~514) 대에는 순장을 금했
다. 나라 이름을 신라로 정했으며(503), 처
음으로 왕호를 사용하는 등 적극적인 한
화 정책을 추구했다. 법흥왕(514~540)은 병
부를 설치하여(517) 병권을 장악했고, 520
년에는 17관등과 골품제를 포함한 율령
을 반포하여 왕을 정점으로 하는 중앙 집

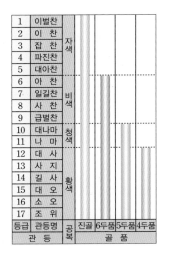

등급	관등명	공복	진골	6두품	5두품	4두품
1	이벌찬	자색				
2	이 찬					
3	잡 찬					
4	파진찬					
5	대아찬					
6	아 찬	비색				
7	일길찬					
8	사 찬					
9	급벌찬					
10	대나마	청색				
11	나 마					
12	대 사	황색				
13	사 지					
14	길 사					
15	대 오					
16	소 오					
17	조 위					
	관등			골품		

R e f e r e n c e d a t a
● 신라의 왕호 변천
● 신라의 기념비
● 가야 연맹
● 6가야
● 스에키 토기

◀ 신라의 골품과 관등표

▼ 신라 진흥왕 때의
　영토 확장

- ⚑ 진흥왕 순수비(척경비)
- ■ 백제 성왕 전사지
- → 신라의 진출 방향
- ▨ 신라의 최대 영역

백두산

고 구 려
국내성

마운령비
⚑(568)

황초령비(568)

진흥왕 때 진출하였다
상실한 영토

평양

비열홀

동 해

신 라

진흥왕 때의 영토

북한산비
⚑(555)

하슬라
실직

우산

당항성

단양 적성비
⚑(551)

황 해

웅진

관산성

사비

금성

탐라

백 제

창녕비(561)

구차례

금관O

진흥왕 이전의 영토

권적 국가 체제를 확립했다. 또한, 527년에는 이차돈의 순교를 계기로
귀족들의 반대를 물리치고 불교를 공인했다.

대내외적으로 체제를 정비한 신라는 6세기 진흥왕(540~576) 대에 이르
러 활발한 정복 사업을 벌였다. 가야 전 지역을 정복하여 낙동강 유역
을 차지하는가 하면, 고구려를 공략하여 한강 상류 지역과 함경도 동해
안 일대를 빼앗았다. 백제로부터는 한강 하류 지역을 탈취했다. 진흥왕
은 스스로 제왕 또는 짐이라 칭하며, '개국'이라는 연호를 사용했다. 또

한, 15~16세 나이의 귀족 자제들 중 뛰어난 인물들을 뽑아 화랑이라 하여 심신을 단련하는 청소년 단체를 조직했다. 이들은 훗날 신라가 삼국을 통일하는 사업에 앞장섰다.

Reference data

| 신라의 성장

신라의 왕호 변천 : 제정 일치 시대에서 정치적 군장과 제사장이 분리되어 가는 과정을 알 수 있다. ① 거서간(신령한 대인 – 1대 박혁거세) ② 차차웅(제주, 무당 – 2대 남해) ③ 이사금(연장자, 계승자 – 3대 유리) ④ 마립간(대군장, 통치자 – 17대 내물) ⑤ 왕(초월적 권력자 – 지증), 법흥은 불교식 왕명이며, 무열은 중국식 시호다.

신라의 기념비

- 포항 중성리비(浦項中城里碑) : 비문의 신사(辛巳)라는 간지에서 지증왕 때인 501년(지증왕 2) 혹은 그 이전으로 추정되는 신라 최고(最古)의 비다. 첫 줄에 보이는 '○折盧'가 『삼국사기』와 『삼국유사』에 나타난 지증왕의 다른 이름인 '지철로(智哲老)' 등과 같은 표기인 것으로 보고 있다. 내용은 재산과 관련한 소송의 판결문으로 되어 있다.

- 영일 냉수리신라비(迎日冷水里新羅碑) : 503년(지증왕 4)에 건립된 신라의 비다. 중국 문서에서 발견되는 신라의 옛 국명인 사라(斯羅)가 최초로 나오고, 지증왕의 본명이 '지도로'라는 이름으로 나타났다. 훼부(喙部), 사훼부(沙喙部) 등 신라의 옛 지명과 아간지(阿干支), 나마(奈麻) 등의 관등명이 나타나 신라 상대(上代) 연구의 귀중한 자료로 평가된다. 왕교(王敎)를 받은 중신 회의(重臣會議)가 지도로 갈문왕에 의해 주재된 것으로 되어 있는데, 이것을 화백인 것으로 간주하여 갈문왕이 화백회의 의장이라는 추론을 하기도 한다.

- 울진 봉평신라비(蔚珍鳳坪新羅碑) : 삼국 시대 신라의 비석으로, 울진 지방이 신라의 영토로 들어가면서 주민들의 항쟁이 일어나자, 육부(六部) 회의를 열어 대인(大人)을 보내 징벌하고, 재발을 막기 위해 세운 비다. 법흥왕 11년(524)에 세워진 것으로 추정되며, 신라 사회 전반에 걸쳐 다양한 측면들을 조명해 볼 수 있는 중요한 역사적 자료다. 또한, 법흥왕 때의 율령 반포와 육부제의 실시, 왕권의 실태 등을 파악할 수 있는 실마리를 제공한다.

- 진흥왕 순수비 : (ㄱ) 단양 적성비(丹陽新羅赤城碑, 550년 전후) – 이사부(伊史夫–異斯夫)를 비롯한 여러 명의 신라 장군이 왕명을 받고 출정, 고구려 지역이었던 적성을 공략하고 난 뒤, 그들을 도와 공을 세운 적성 출신의 야이차(也尒次)와 가족 등 주변 인물을 포상하고, 적성 지역의 백성들을 위로할 목적에서 세운 비이다. (ㄴ) 북한산비(北漢山碑, 555) – 전반부는 순수(巡狩)의 사적(事蹟)에 관한 것이고, 후반은 수행한 인명(人名)을 열기(列記)한 것으로 판단된다. 비석 측면에는 1816년(순조 16)과 그 다음 해에 완당(阮堂) 김정희(金正喜)가 실사내독(實査來讀)한 사실이 "此新羅眞興大王巡狩之碑丙子七月金正喜金敬淵來讀,己未八月三十日李濟鉉龍仁人,丁丑六月八日金正喜趙寅永同來審定殘字 六十八字"로 기록되어 있다. (ㄷ) 창녕비(昌寧新羅眞興王拓境碑, 561) – 빛벌가야(창녕)를 신라 영토로 편입하고, 순수(巡狩)하며 민심을 살핀 후 세운 비이다. 후반부에 왕을 수행하던 신하들의 명단이 직관, 직위, 소속의 순서대로 나열되어 있다. 당시 지방 행정 조직, 신분제 및 사회 조직을 파악하는 자료가 된다. (ㄹ) 황초령비

(黃草嶺新羅眞興王巡狩碑, 568) – 변경 지역을 순수한 사실과 정복지에 대한 왕도 정치를 실현하려는 의지와 수행자들의 이름이 관직과 함께 새겨져 있다. 당시 신라의 국경, 관직, 제도, 지명 등을 밝혀 주는 고대사 연구의 귀중한 금석문이다. ㈐ 마운령비(摩雲嶺眞興王巡狩碑, 568) – 왕이 568년 8월 21일 신하들을 거느리고 국경 지대를 순시하여 민심을 살핀 사실과 비를 세우게 된 내력이 기록되어 있고, 수행한 사람들의 이름과 관직이 뒷면에 새겨져 있다.

- 남산신성비(南山新城碑) : 591년(진평왕 13) 경주 남산(南山)에 신성(新城)을 축조하고 세운 비이다. 축성에 참여한 인물들의 출신지, 이름, 관계(官階) 등을 열거하고, 앞에는 "이 성을 법대로 쌓을 것이며, 쌓은 후 3년 이내에 붕괴될 때에는 죄를 받을 것을 서약한다"는 내용이 이두로 새겨져 있다.
- 임신서기명석(壬申誓記名石) : "임신년 6월 16일에 두 사람이 함께 맹세하여 기록한다. 하느님 앞에 맹세한다. 지금으로부터 3년 이후에 충도(忠道)를 지키고 허물이 없기를 맹세한다. 만일 이 서약을 어기면 하느님께 큰 죄를 짓는 것이라고 맹세한다. 만일 나라가 평안하지 않고, 세상이 크게 어지러우면 '충도'를 행할 것을 맹세한다. 또한, 따로 앞서 신미년 7월 22일에 크게 맹세하였다. 곧 『시경(詩經)』·『상서(尚書)』·『예기(禮記)』·『춘추전(春秋傳)』을 차례로 3년 동안 습득하기로 맹세하였다." 향찰식(鄕札式) 표기, 한문식(漢文式) 표기 외에 훈석식(訓釋式) 표기가 있었음을 증명해 주는 유일한 금석문이다. 세속 5계 중 '교우이신(交友以信)', 즉 신라 젊은이들의 신서(信誓) 관념의 표상물(表象物)이고, 우리 민족의 고대 신앙 중 '천(天)'의 성격을 시사하는 자료이다. 명문의 임신년(壬申年)은 552년(진흥왕 13) 또는 612년(진평왕 34)의 어느 한 해일 것으로 보여진다.

가야 연맹 : 낙동강 하류 지역의 변한 12개국이 우수한 철기 문화를 바탕으로 새로운 연맹 왕국을 성립시켰다. 3세기경에는 김수로에 의해 건국된 금관가야(金官伽倻)가 중심이었다. 그러나 철의 주요 수출 상대국이자 중국 문물의 창구인 낙랑과 대방이 고구려에 의해 축출되자 가야 문명의 중심은 내륙으로 이동했다. 이때부터 대가야(大伽倻)가 맹주 자리를 대신했다. 그러나 백제와 신라 사이에서 명맥을 유지하다가 532년에는 금관가야가 신라 법흥왕에게 투항했고, 562년에는 대가야가 신라 진흥왕 때 병합되었다.

6가야 : 성산가야(성주), 대가야(고령), 아라가야(함안), 고령가야(함창), 금관가야(김해), 소가야(고성)를 말한다.

스에키 토기[須惠器土器] : 삼국 시대 토기(특히 가야 토기)의 영향을 받아 만들어진 일본의 회색 경질 토기이다.

 삼국의 통치 체제

Reference data
● 각국의 귀족 합의체
● 고구려의 제가 회의
● 6좌평 제도

삼국 초기에 고구려와 백제는 중앙에 5부를 두었고, 신라는 6부를 두었다. 각 부는 중앙에 예속되어 있었으나 부의 귀족들은 독자적으로 관리를 거느리고 자신의 영역을 지배했으며, 귀족 협의체에서 국가의 중대사를 결정하는 등 영향력을 행사했다. 그러나 중앙 집권적인 통치 체제를 정비하는 과정에서 국왕을 정점으로 하는 일원화된 관등 조직에 편입되었다. 지방 조직은 중앙에서 파견한 관리들이 다스렸는데, 군사 조직적 성격이 강했다.

고구려는 국가 성립 초기의 상가(相加)를 비롯한 10개의 관등이 고대 국가로 발전하면서 보다 조직화된 관등 체제로 편제되었다(『周書』 13관등, 『隋書』 12관등, 『翰苑』 14관등). 고구려의 관등은 '형(兄)'과 '사자(使者)' 계열로 분화되었다. '형'은 연장자 내지는 족장의 뜻을 지녔는데, 이전의 족장 세력이 왕권 아래 통합되면서 족적 기반에 따라 개편된 것이다. '사자'는 조세를 거두어들이는 행정 관리 출신들이 지위에 따라 계층화된 것이다. 1등계 대대로, 2등계 태대형, 3등계 울절, 4등계 태대사자, 5등계 조의두대형까지는 최고 귀족들이 차지했고, 이들로 구성된 제가 회의에서 수상이 선출되었다. 고구려는 전국을 동·서·남·북·내의 5부로 나누고, 각 부에는 지방 장관인 욕살(褥薩)이 큰 성에 머물면서 다스렸으며, 휘하의 성(城)에는 처려근지(處閭近支) 또는 도사(道士)라고 불리는 성주에 의해 통치되었다. 이들의 임무는 행정과 군사를 겸한 것이었다. 특수 행정 구역인 3경(평양성·국내성·한성)이 있었다.

중국과의 교역을 통해 일찍부터 선진 제도를 수입할 수 있었던 백제는 삼국 중 가장 먼저 정치 조직을 정비했다. 260년 고이왕은 6좌평 16관등을 제정했는데, 좌평 및 달솔까지의 '솔(率)', 장덕에서 대덕까지의 '덕(德)', 문덕 이하의 '무명(武名)'이라는 3계열로 나뉜다. 복색도 각각 자색, 비색, 청색으로 정해졌다. 이는 신분의 차별을 뜻하며, 12등계의 문독과 13등계의 무독을 보건데 문무의 구별도 있었다. 중앙의 정치 기구로는 6좌평 외에 내관 12부, 외관 10부가 설치되었고, 왕경에는 상·전·중·하·후의 5부가 있어 500명씩 군대를 배치했다. 5부 밑에는 25항(巷)을 두었다. 지방은 전국을 5방(方)으로 나누었고, 각 방에는 방성(方城)이 있는데 달솔로서 임명된 방령(方領)이 각각 700~1,200명의 군대를 통솔했다. 각 방 아래에는 6~10개 가량의 군이 있고, 각 군은 덕솔로 임명된 군장 3인이 다스렸다.

신라의 관등 조직은 6세기 초 법흥왕 때 완성되었는데 '찬(湌)', '사(舍)', '지(知)'는 족장들을 편입한 흔적이다. 신라의 17관등은 신분 제도와 관련하여 몇 개의 부류로 나뉜다. 진골은 제1관등인 이벌찬까지 승진할 수 있었고, 6두품은 6위인 아찬까지, 그리고 5두품은 10위 대나마까지 오를 수 있었다. 4두품은 12위인 대사 밖에는 오를 수가 없었는데, 이에 따른 불만을 해소하기 위해 중위(重位) 제도를 두었다. 4중 아찬, 9중 나마가 그것이다. 중앙의 기구로는 516년(법흥왕 18)에 설치한 병부와 531년에 설치한 상대등이 있었다. 526년(진흥왕 26)에는 정무의 중심 기관으로 품주(稟主)가 설치되었다. 진평왕 대에는 위화부(인사)와 조부(부세) 그리고 예부(의례)가 설치되었고, 651년(진덕여왕 5)에는 기존의 품주가 기밀 사무를 맡은 집사부(執事部)와 재정을 관장하는 창부(倉部)로 분화되었다. 집사부의 장관인 중시(中侍)는 왕권을 대행했다. 왕경에는 급량·사량·본피·모량·한지·습비의 6부를 두었다. 왕경인은 신분에 따라 17관등의 경위(京位)를 가졌다. 전국에는 2소경(중원경·동원경)을 두고 사신이 다스렸으며, 그 외에 주·군·촌의 단계가 있었다. 주의 장관은 군주(軍主)이며, 군에는 당주(幢主)가, 촌에는 도사(道士)가 파견되었다.

R e f e r e n c e   d a t a

| 삼국의 통치 체제

각국의 귀족 합의체 : 귀족 합의체는 국왕 중심의 귀족 정치 상징이다. 왕권이 강화되면서 점점 약화되거나 유명무실해졌는데, 나라와 시대별로 특색이 있다. 고구려의 '제가 회의', 백제의 '정사암', 신라의 '화백', 발해의 '정당성', 고려 전기의 '도병마사', 고려 후기의 '도평의사사', 조선 전기의 '의정부', 조선 후기의 '비변사'가 있다. 백제는 정사암에서 수상을 선출했고, 신라의 화백은 만장 일치제이다.

고구려의 제가 회의 : 죄인이 있으면 모든 가(加)들이 의논하여 죽이고, 그의 가족을 노비로 만든다. 백고(신대왕)의 맏아들인 발기가 변변치 못하여 나라 사람들이 둘째 아들 이이모를 왕으로 내세웠다. – 『삼국지』「위서 동이전」

6좌평 제도 : 내신좌평(수상–왕명 출납), 내두좌평(재무), 내법좌평(제사·교육), 위사좌평(숙위), 조정좌평(법무), 병관좌평(국방)을 이른다.

🌐 신라의 삼국 통일

왕성한 세력을 떨치던 신라는 고구려의 견제와 백제의 위협에 위기감
이 팽배했다. 고구려가 중국의 거대한 세력(수·당)과 대결하고 있을 때,
신라는 내외의 어려움에 직면해 있었다. 내부적으로는 마지막 성골인
진성여왕 이후를 놓고 진골들 간의 왕위 쟁탈전이 격화되었다. 외부적
으로는 신라에 대해 공격의 고삐를 죄는 백제에 시달렸다. 백제 의자왕
은 신라의 40여 성을 빼앗고, 고구려와 연합하여 당항성을 공격하여 신
라의 중국 통로를 차단하려 했다. 김춘추의 사위 품석이 성주로 있던
대야성이 함락되면서 존립의 위협을 느낀 신라는 먼저 당에 군사 지원
을 요청했다. 하지만 동북아 전체를 지배하려는 당은 오히려 무리한 조
건을 내세웠고, 신라 조정의 내분을 획책했다. 차선책으로 신라는 고구

Referencedata
● 9서당
● 남북국

려와의 화친을 선택했다. 645년 김춘추가 고
구려를 방문했다. 그러나 실권자인 연개소문
의 정치적 입장과 신라를 견제하려는 고구려
의 전략에 따라 협상은 결렬되었다. 신라는
재차 당에 제안했고, 마침내 단독으로는 고
구려가 버거웠던 당은 신라를 이용할 필요가
있어 나당 연합군이 결성되었다.

660년, 잦은 전쟁과 정치 질서 문란, 지배
층의 사치와 향락으로 일체감을 상실한 백제
는 김유신이 이끄는 신라군과 소정방이 이끄
는 당군의 공격으로 사비성이 함락되면서 종
말을 고했다. 동북아의 패자로 군림하던 고
구려도 거듭된 전쟁으로 인한 국력 소모와
연개소문 사후(666) 지배층의 내분과 이적 행
위로 668년 나당 연합군에 의해 멸망하고 말

▼ **나당 전쟁의 전개**

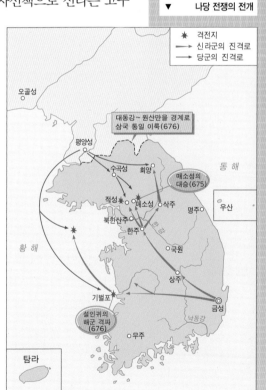

았다. 고구려·백제 양국이 멸망하자 속셈을 드러낸 당은 옛 백제의 땅에 웅진 도독부를, 옛 고구려 땅에는 안동 도호부를 설치하였으며, 신라 땅까지 넘보려 했다. 고구려와 백제의 옛 땅에는 유민들의 부흥 운동이 활발하게 전개되었다. 신라는 고구려 부흥 운동(고연무·검모잠)을 적극적으로 후원하는 한편, 당에 협력한 부여 융과 신라에 적대적인 백제군은 단호하게 격파했다. 후방을 안정시키고, 전력을 당과의 전선에 집중해야 했다. 신라는 사비성을 함락시킨 다음, 그곳에 '소부리주(所夫里州)'를 설치했다. 당의 침입에 대항한 신라는 675년(문무왕 15) 매초성 전투에서 이근행의 20만 대군을 무찌르고, 676년 기벌포 해전에서 설인귀의 함선을 격파한 뒤, 7년간의 나당 전쟁을 마무리했다.

　외세를 끌어들인 전쟁은 고구려 영토의 대부분(대동강과 원산만 연결선 이북)을 당에 내주게 되어, 민족의 활동 무대를 대폭 축소시킨 반쪽 통일이라는 부정적 측면도 있다. 반면에 혈통, 언어, 관습 등 동질성이 강한 민족이 서로 반목하거나 대립하지 않고, 하나로 융합되어 발전할 수 있는 계기를 마련했다는 긍정적인 의미가 있다. 통일 후 가장 중시한 삼한일통(三韓一統) 의식은 민족의식에 바탕한 민족 융합 정책으로 이어졌다. 통일 과정에서도 신라는 백제와 고구려 유민들을 적극적으로 포섭·회유하였다. 660년(무열왕 7)에는 투항한 백제 지배층 인사들에게 이전의 지위에 따라 신라의 관등을 부여하고, 지배층으로 흡수했다. 고구려 왕족인 안승도 고구려왕(674)으로 삼고, 함께 당과의 전투에 나섰다. 673년(문무왕 13) 백제에서 온 사람들에게 본국의 관직에 따라 신라의 관직과 관등(5두품까지)을 부여했다. 686년(신문왕 6)에는 고구려에서 온 사람들에게도 백제 유민처럼 대우했다(6두품까지). 또한, 지방 행정 조직을 개편할 때는 삼국의 옛 땅에 골고루 3주씩을 설치했고, 중앙 군단인 9서당(誓幢)에 구고구려인, 구백제인, 말갈인을 망라했다.

R e f e r e n c e d a t a

| 신라의 삼국 통일

9서당 : 통일 전 신라의 가장 중요한 군사 조직은 부족적인 전통을 계승한 6정(六停)이었다. 통일과 함께 그 기능과 전통을 계속 이어나갈 수 없게 되어, 변화된 정치·사회적 환경에 맞춰 새로운 군사 조직을 설치하였는데, 대표적인 것이 중앙군인 9서당(九誓幢)과 지방군인 10정(十停)이었다. 9서당은 가장 중요하고도 규모가 큰 중앙 군단으로, 왕경에 주둔했다. 군복의 색깔(衿色)에 의해 구별되는 획일적인 부대 명칭을 가지고 있었는데, 이러한 통일성은 삼국 통일 이전의 귀족적 전통을 부인하는 것이고, 국왕에게 직속된 부대임을 보여 주는 증거다. 따라서 9서당은 통일 신라의 전제 왕권을 뒷받침하는 군사 조직이었다. 신라인(녹금서당·자금서당·비금서당), 고구려인(황금서당), 백제인(백금서당·청금서당), 보덕국인(적금서당·벽금서당), 말갈인(흑금서당)으로 구분된다.

남북국 : 남북국 시대란 남쪽에는 신라, 북쪽에는 발해가 있던 시대라는 뜻이다. 발해가 고구려의 계승자임을 전제로 유득공은 『발해고』 서문에서 '남북사'란 용어를 사용했고, 김정호는 『대동지지』에서 '남북국'이란 용어를 사용했다. 신라인들조차 발해를 '북국'이라 불렀다. 이는 발해가 우리 민족의 역사인 만큼, 신라의 삼국 통일은 불완전한 통일임을 주장하는 근거로 사용된다.

🎯 발해의 건국과 흥망

당은 옛 고구려 땅에 9도독부, 42주, 100현을 설치하여 직접 지배를 시도했다. 그러나 고구려 유민의 저항이 완강하여 평양에 설치했던 안동도호부와 당군은 요동으로 물러났다. 무력 사용이 먹히지 않자 요동 및 만주 지역의 저항 세력들을 영주(조양)로 이주시켜 당의 감시하에 두었다. 이주 지역에서도 저항은 끊이지 않았고, 696년에는 거란 장수 이진충이 반란을 일으켰다. 이진충은 영주성을 점령한 후 스스로 거란 왕임을 선포했다. 697년 이진충은 당과 연합한 돌궐의 공격으로 멸망했다. 고구려 장수 대조영(大祚榮)도 고구려 유민을 이끌고, 걸사비우(乞四比羽)의 말갈인들과 함께 영주를 탈출했다. 걸사비우의 말갈은 당군의 추격으로 격파당했다. 698년 대조영은 당군을 청문령 전투에서 물리치고는 모란강 상류의 동모산(길림성 돈화시)으로 이동, 진국(震國)을 열었다.

당시 동만주는 고구려 유민들의 저항이 활발한 지역으로 당의 지배

Referencedata
● 대조영 집단
● 신라도

력이 미치지 못했다. 자연스럽게 진국은 이 지역의 구심점이 되었고, 고구려 유민과 말갈인들이 통합되면서 옛 고구려 영토의 상당 부분을 회복했다. 713년, 당은 대조영의 현실적인 세력을 인정하여 발해군왕으로 봉하면서 유화책을 썼다. 발해는 초기에 신라와도 우호 관계를 유지했는데, 대조영이 신라왕으로부터 관등(대아찬~5품)을 받은 것이 그 예다. 대조영의 뒤를 이은 무왕이 북만주 일대를 장악하자 신라는 경계를 강화했고, 흑수부 말갈은 당과 붙으려 했다. 그러자 발해는 장문휴의 수군으로 하여금 당의 산둥 지방 등주를 공격하여 발해관을 설치하고, 돌궐과 일본을 연결하는 세력을 결성했다. 무왕은 '인안'이라는 연호를 사용했다.

문왕 때에는 당과 화친하면서 적극적으로 문물을 받아들여 체제를 정비했다. 수도를 중경에서 상경으로 옮긴 것은 지배 체제 정비의 일환이었다. 신라와도 교통로를 개설하는 등 관계 개선을 시도했다. 문왕은 '대흥'이라는 연호를 사용하면서 중국과 대등한 지위를 과시했다. 9세기 전반 해동성국(海東盛國)이라 불리며 전성 시대를 구가하던 선왕 때에는 말갈족 대부분을 복속시키면서 요동으로 진출했다. 그러나 926년 부족을 통일한 거란의 침략과 귀족들의 권력 투쟁이 겹쳐 멸망하게 되었다.

R e f e r e n c e d a t a

| 발해의 건국과 흥망

대조영 집단 : 대조영은 원래 속말수(粟末水) 유역에 거주하던 속말말갈인이었다. 6세기 말 전후 고구려에 정착하면서 동화되었다. 고구려 멸망 시에도 고구려 지배층으로 분류되어, 영주로 이주당했다. 발해 건국 후에도 스스로 고구려의 계승자임을 자처했다. 『속일본기』에 따르면 759년 문왕이 일본에 사신을 보내면서 스스로 고려국왕 대흠무라고 불렀다. 일본에서도 발해를 가리켜 자주 '고려'라고 불렀다.

渤海靺鞨大祚榮者, 本高麗別種也, 高麗旣滅, 祚榮率家屬徒居營州, … 祚榮遂率其衆東保桂婁之故地,據東牟山, 築城以居之. 祚榮驍勇善用兵, 靺鞨之衆及高麗餘燼, 稍稍歸之『舊唐書』「列傳」'北狄渤海靺鞨'(발해 말갈의 대조영은

본래 고구려의 별종이다. 고구려가 망하자 대조영은 그 무리를 이끌고 영주로 이사했다. … 대조영은 드디어 그 무리를 이끌고 동쪽 계루의 옛 땅으로 들어가 동모산을 거점으로 성을 쌓고 거주했다. 대조영은 용맹하고 병사 다루기를 잘했으므로 말갈의 무리와 고구려의 남은 무리들이 점점 그에게 들어갔다.)

신라도(新羅道) : 8세기 전반에 개설된 것으로 추정되며, 발해의 상경 용천부를 출발, 동경 용원부와 남경 남해부를 거쳐 동해안을 따라 신라에 이르던 교통로이다.

🌐 남북국의 통치 체제

무열왕 대와 신문왕 대는 전제 왕권의 확립 시기이다. 통일 전쟁을 주도한 무열왕은 직계 자손의 왕위 세습을 확립하고, 집사부의 장관인 중시의 권한을 강화하여, 귀족 세력의 대변자인 상대등의 세력을 억제했다. 또한 왕제에게 주던 갈문왕 제도를 폐지했다. 이전의 불교식 왕호도 폐지하고 유교식으로 고쳤다. 신문왕은 장인 김흠돌의 난을 평정하면서 대대적으로 귀족 세력을 숙청했다. 그리고 유교적 정치 이념에 입각한 인재 양성을 위해 국학을 설립했다. 문무 관료에게는 관료전을 지급하고, 귀족의 경제 기반이었던 녹읍을 폐지했다. 685년에는 각 관부에 사지(행정실무 담당)를 두었다. 이리하여 5단계 관직 제도(영·경·대사·사지·사)가 완성되었다. 또한 지방 통치를 강화하기 위해 9주 5소경을 두었다. 소경은 군사적 행정적 요충지이며, 금성(경주)의 지역적 편중을 보완한 것이다.

지방은 행정 단위의 9주로 나누고, 그 아래 군·현을 정비했다. 주의 우두머리는 군주에서 총관으로 불리다가 도독으로 바뀌었다. 군과 현에는 태수와 현령을 파견했다. 가장 작은 행정 구역인 촌은 지방관의 통제하에 토착민 중 유력자를 촌주(村主)로 삼았다. 각 주에는 지방군인 10정(停)을 고루 배치했는데, 북쪽의 한산주만 2정을 배치했다. 왕권이 전제화되면서 집사부의 권한은 강화되고 상대등의 권한은 약화되었

Referencedata
● 통일 신라의 통치 조직
● 9주 5소경
● 감찰 기관
● 향·소·부곡
● 발해의 5경
● 상수리 제도

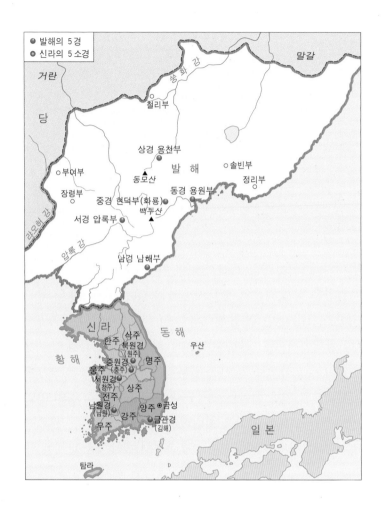

● 발해의 5경
● 신라의 5소경

다. 747년(경덕왕 6)에는 중시를 시중으로 격상시켰고, 829년(흥덕왕 4)에는 집사부가 집사성으로 승격되면서 여러 행정 부서를 총괄했다.

골품제의 폐쇄적인 신분 제도에 불만을 품은 6두품 계급은 스스로의 한계를 극복하기 위해 종교에 귀의하거나 학문을 통해 관직에 진출했다. 원광과 원효 같은 종교인과 강수, 설총, 최치원 같은 학자들이 대표적이다. 국학이나 독서 삼품과는 6두품이 관직에 진출하는 중요한 수단이었다. 그러나 신라 하대에 가서는 도당 유학을 통해 출세하려는 경향이 늘어났다. 또한, 선종과 함께 지방 호족과 결탁하여 반신라적 경향을 보이기도 했다. 이들은 아예 골품제 자체를 타파하려 했고, 새로운 사회 건설의 사상적 기반을 제공했다. 호족들은 중앙의 혼란을 틈타 성장하고 있었는데, 자신을 보호하기 위해 사병을 거느리면서 성주 혹은 장군이라 칭했다. 토착 세력인 촌주, 지방의 이(吏), 해상 세력, 군진 세력, 부유 자영농, 탈락한 진골 귀족, 지방관 출신 관리들이 주류였으며, 후에 변혁기의 주축이 된다.

▲ 신라의 9주 5소경

발해의 관제는 당의 3성 6부제를 모방했다. 3성(정당성·선조성·중대성)이 있는데, 장관은 각각 대내상, 좌상과 우상이 있었다. 정당성의 대내상이 최고 실권자였다. 정당성 아래에는 좌사정과 우사정이 있는데, 좌사정 아래에는 충(이)·인(호)·의(예)부가 있으며, 우사정 아래에는 지(병)·의(형)·신(공)부가 있다. 관청으로는 감찰 기구인 중정대(어사대), 도서를 관리하는 문적원(비서성), 교육기관인 주자감(국자감) 등이 있었다. 이는 전제주의에 입각하여 유교적인 체제를 정비한 것으로, 발해의 독자적인 성격을 말해 준다. 지방 행정 조직은 전략적 요충지에 둔 5경이 있고, 행정의 중심에 15부를 두었다. 그 아래에 62주가 있었다. 주 아래의 현에는 주와 함께 지방관을 파견하였다. 수도를 경비하는 중앙군은 10위가 있으며, 지방군은 행정 조직에 따라 편성되어 지방관이 통솔했다.

R e f e r e n c e d a t a

| 남북국의 통치 체제

통일 신라의 통치 조직 : 집사부를 중심으로 하는 14부(4개 部, 10개 府) 체제이다. 부족적 전통을 지닌 부(部)는 병부·집사부·창부·예부이다. 순수 행정 기관인 부(府)보다 한 단계 지위가 높다. 각 행정 부처의 장·차관은 복수제이며, 최고 관직자가 겸직한다. 통일 신라는 부족적 전통의 상대등, 왕권 대리자인 시중, 군사적 실권자인 병부령이

이해 관계에 따라 얽혀 있었다.

9주 5소경 : 9주는 양주 · 강주 · 무주 · 전주 · 상주 · 웅주 · 명주 · 삭주 · 한주이며, 5소경은 북원경(원주) · 중원경(충주) · 서원경(청주) · 남원경(남원) · 금관경(김해)이다.

감찰 기관 : 신라는 관리들의 비리를 감시하기 위해 사정부를 두었는데 지방에도 외사정이라 하여 감찰관을 파견했다.

향(鄕) · 소(所) · 부곡(部曲) : 신라 시대부터 조선 초기까지 있었던 특수한 지방의 하급 행정 구획이다. 향 · 소 · 부곡의 사람들은 신분이 노비와 천민에 유사한 열등계급(劣等階級)의 지위에 있었다. 소(所)는 국가에서 필요로 하는 금 · 은 · 동 · 철 · 실 · 종이 · 도기(陶器) · 먹 등을 만들기 위하여 두었던 특수 기관으로, 여기서 일하는 공장(工匠)은 죄인 또는 천민이었다. 일반적인 행정 구획과 향 · 소 · 부곡을 구별하는 기준은 호구(戶口)의 많고 적음과는 관계가 없다. 예를 들면 부곡은 현(縣)보다 큰 호구를 갖기도 하며, 경우에 따라서는 현에서 부곡으로 강등되는 수도 있었다. 망이(亡伊) · 망소이(亡所伊)의 난(亂)과 같이 주민이 저항하면 일반 군, 현으로 승격되기도 하였다.

발해의 5경 : 상경 용천부 · 중경 현덕부 · 동경 용원부 · 서경 압록부 · 남경 남해부가 있다.

상수리 제도 : 지방의 호족 세력을 통제하기 위해 아들들을 일정 기간 서울에 와서 거주하게 했던 것으로, 상수리들은 중앙과 지방의 연락 사무, 공물, 연료 등을 중앙에 조달하는 임무를 띠고 있었다. 이는 고려 시대의 기인 제도로 이어졌다.

🌏 후삼국의 정립

Referencedata
● 태봉의 관제

진골 귀족들의 권력 다툼으로 기강이 느슨해졌고, 과도한 수취로 인해 초적이 된 세력들과 농민들의 조직적 반란이 일어났다. 북원(원주)의 양길, 죽주(죽산)의 기훤 등이 대표적이다. 이러한 혼란을 틈타 스스로 성주 또는 장군이라 부르는 호족들이 성장하고 있었다. 이들은 관반(官班)이라는 통치 조직을 형성하고, 중앙 정부의 가혹한 수탈과 초적의 위협으로부터 자신을 보호하기 위해 사병을 거느리면서 행정적 · 경제적 실권을 장악했다. 6두품 세력은 호족 세력, 사원 세력과 결탁하여 개혁을 추구했다. 사원도 승군을 보유하는 등 상당한 경제력과 인력을 기반으로 지방 세력화하였다. 특히, 송악(개성)의 왕건은 경제력과 군사력을 기반으로 패강진, 혈구진 등의 군진 세력과 해상 세력을 아우른 대표적인 호족이었다.

견훤은 상주 출신으로 아자개의 아들이었으며, 후에 장군이 되었다. 그는 전라도 지방의 군사력과 호족 세력을 토대로 완산주(전주)에 도읍을 정하고는 후백제를 세웠다(892). 후백제는 차령 이남의 충청도와 전라도 지역을 확보하여 우세한 경제력을 기반으로 군사적 우위를 차지했다. 대야성(합천)을 함락하고(920), 경애왕을 살해하는(927) 등 신라에는 적대적이었다. 중국과 외교 관계를 맺는 등 국제적 감각을 갖추었으나, 지나친 조세 수취로 민심을 얻지 못했고, 호족 포섭에도 실패하는 한계를 보였다.

901년, 후고구려를 세운 궁예는 신라 왕족 출신(47대 헌안왕 의정의 서자)이었다고 전하는데, 처음에는 승려(법명:선종)였으나 북원(원주)의 도적 무리인 양길의 부하로 들어갔다. 무리에서 신망을 얻어 세력을 키운 궁예는 강원도와 경기도 일대의 중부 지방을 차지했다. 세력이 커질 즈음 개성으로 도읍을 옮겼다. 광평성을 설치하여 국정을 총괄하고, 9관등제를 실시했다. 도읍을 철원으로 옮기면서 국호를 마진(후에 태봉)으로 바꿨다. 골품제를 대신할 새로운 신분제를 모색하였으나, 궁예 역시 지나친 조세 수취와 실정으로 신하와 백성들로부터 원망을 사게 되었다.

R e f e r e n c e **d a t a**

| 후삼국의 정립

태봉의 관제 : 최고 관청으로 광평성(장관은 시중 또는 광치나)이 있고, 그 아래에는 병부(군사) · 대룡부(창부 - 재정) · 수춘부(예부) · 봉빈부(외교) · 의형대(병부 - 법률) · 원봉성(한림원 - 문서 작성) 등 19개 관청이 있다.

02 고대의 경제 ▶❙❙

삼국의 경제 정책

Reference data
● 조·용·조
● 식읍
● 녹읍
● 관료전
● 시전

삼국은 주변의 소국들을 정복하면서 공물을 수취했으며, 전쟁 포로는 귀족과 군인들에게 노비로 지급했다. 공을 세운 자와 귀순한 왕족에게는 일정한 지역의 토지와 농민을 식읍으로 지급했다. 반면에 농민은 전쟁에 필요한 물자를 공급하는 한편, 군사로 동원되거나 축성과 제방 건설에 요역을 제공했으며, 과도한 수취로 인해 생활이 피폐했다.

삼국의 수취 체제는 토지를 기본으로 한 호(戶)가 기준이었다. 토지는 기본적으로 왕토 사상(王土思想)에 입각한 국유제가 원칙이었다. 고구려는 조(租)의 수취를 위해 토지보다는 재산의 정도를 기준으로 호의 크기를 나눴다. 상호(上戶)는 상류 계층으로 한 섬을 부담했고, 중호(中戶)는 중간 계층으로 7말(斗)을, 하호(下戶)는 평민으로 5말을 부담했다. 세(稅-인두세)는 포목 5필(匹)과 곡식 5석(石)이었다. 공신에게는 식읍과 사전이 주어졌고, 평민은 구분전이나 민전(丁田)을 부여받았다. 토지 측량 단위는 경무법이었다. 백제는 공신에게 식읍과 사전을 주었고, 평민에게는 구분전을 지급했다. 조(租)는 쌀로 거두었고, 세(稅)는 쌀과 명주 또는 베로 납부하게 했는데, 풍흉(豊凶)에 따라 차등을 두었다. 토지 측량 단위는 두락제다. 신라의 조세 체제는 조(租)·용(庸)·조(調)이다. 공신이나 귀족에게는 식읍이나 녹읍 그리고 사전이 지급되었다. 토지 측량 단위로는 결부법이 사용되었다.

삼국은 철제 농기구를 보급하고 우경을 장려하는 등 생산력 향상을

추구했다. 황무지를 개간하여 경작지
를 확대하고, 저수지를 축조하여 수
리 환경을 개선했다. 또한 농민 생활
안정을 위한 구휼 제도를 실시했다.
고구려에서는 194년 고국천왕이 국
상(國相) 을파소의 건의에 따라 진대법
(賑貸法)을 실시했는데, 흉년에 기아민
(飢餓民)에게 곡식을 나누어 주거나 봄
(3~7월)에 양곡을 대여하고, 가을 추수
후(10월)에 거두어들이는 형식이었다.
이는 귀족들의 고리대금업으로 인해
주요 세수원인 농민의 노비화를 방지
하려는 목적도 있었다. 그러나 근본
적으로 생산력 향상이 따라주지 못하
여 미봉책에 그쳤다.

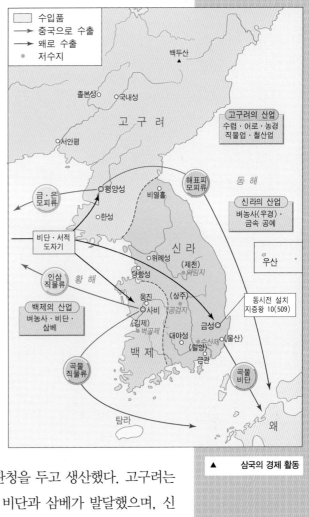

▲   삼국의 경제 활동

초기에는 국가가 필요한 물품(무기·
장신구 등) 생산을 위해 기술이 뛰어난
노비를 활용했다. 국가 체제가 정비
된 후에는 별도로 수공업을 관장하는 관청을 두고 생산했다. 고구려는
직물업과 철 산업이 발달했고, 백제는 비단과 삼베가 발달했으며, 신
라는 금속 공예가 발달했다. 수공업 및 농업의 잉여 생산물이 생겨나자
수도와 같은 도시에서 시장이 열리게 했다. 신라는 5세기 말 경주에 시
장을 설치하고, 6세기에는 감독 관청인 동시전(東市典)을 두었다. 무역은
왕실과 귀족의 필요에 따라 공무역(貢貿易) 형태로 이루어졌는데, 조공의
형식인 국가 간 물물교환이었다. 후기에는 정부에서 발행한 증명서(書
契)를 지닌 자에 한해 교역이 이루어졌다. 고구려는 남북조와 북방 유목
민들과 교류를 하면서 외교 관계가 형성되었고, 백제는 남중국과 왜와

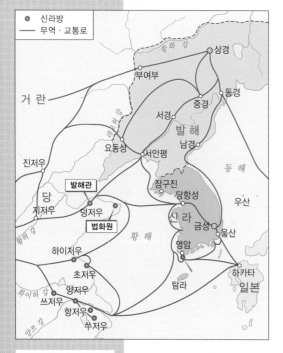

● 신라방
── 무역·교통로

거란

상경

부여부

동경

중경

서경

발해

요동성   남경

서안평

진저우

발해관

당   지저우   덩저우

법화원

하이저우

초저우

양저우

쓰저우

항저우

쑤저우

동해

우산

장구진

당항성

신라

금성

울산

영암

탐라

하카타

일본

황해

**남북국 시대의
주요 무역로** ▲

의 교역을 활발하게 했다. 신라는 한강 유역을 확보하기 이전에는 고구려와 백제를 통해 중국과 무역했으나, 한강 진출 이후에는 당항성을 통해 중국과 직접 무역을 했다. 중국에 대한 수출품을 보면 고구려는 금, 은, 모피류가 많았고, 백제는 인삼과 직물류가 중심이었다. 신라는 어아주와 소하주를 수출했다. 일본에 대한 수출로는 고구려의 경우 해표피와 모피류가, 백제의 경우는 곡물과 직물류가, 신라는 곡물과 비단이 많았다. 중국으로부터의 수입품은 주로 비단, 서적, 도자기, 약재, 장식품이었다.

R e f e r e n c e   **d a t a**

| 삼국의 경제 정책

조(租)·용(庸)·조(調) : 위(魏)·진(晉) 시대부터 시행하여 수(隋)·당(唐) 때 완성된 조세 체제로, 우리나라에서는 율령 제도가 도입된 삼국 시대에 시행된 것으로 보이며, 이후 고려와 조선 시대의 징세 원칙이 되었다. 조(租)는 토지에 부과하여 곡물로 징수했고, 용(庸)은 사람에게 부과한 역역(力役 또는 그 代納物)이며, 조(調)는 호(戶)에 부과된 공물(貢物) 토산품이다.

식읍(食邑) : 중국과 우리나라의 역대 왕조에서 왕족이나 공신, 봉작자 등에게 일정한 지역을 주었는데, 중국에서는 수조권(收租權)만 부여했다. 우리나라에서는 법흥왕 때 기부한 금관가야의 김구해에게 예민(隸民)과 함께 식읍을 준 기록이 있다. 신라의 식읍은 수조권뿐만 아니라 채읍의 지배권까지 인정된 것으로 보인다. 이후 조선 세조 때 폐지되었다.

녹읍(祿邑) : 귀족 관료에게 직무의 대가로 지급한 토지이다. 수조권뿐만 아니라 그 토지에 딸린 노동력과 공물(貢物)을 모두 수취했다. 신문왕 때 관료전으로 대체되었다가 경덕왕 때 부활했는데, 장원 발생과 호족 성장의 기반이 되어 국가의 존립을 위협했다. 이후 고려 초에 폐지되었다.

관료전(官僚田) : 신라 시대의 관리들에게 녹봉(祿俸) 대신에 지급한 토지였는데, 계급에 따라 결수(結數)에 차등이 있었고, 수조권(收租權)만 인정되었다. 687년(신문왕 7)에 녹읍제(祿邑制) 대신 관료전을 실시했다가 757년(경덕왕 16)에 폐지되고, 다시 녹읍제가 부활되었다.

시전(市典) : 신라 때 시전(市廛)에 설치한 관청이다. 490년(소지왕 12)에 경주에서 경사시(京師市)가 열렸다. 508년(지증왕 9)에 동시(東市)를 개설, 동시전(東市典)을 두고 시장과 시전을 감독했다. 695년(효소왕 4)에는 서시(西市)와 남시(南市)를 개설하면서 서시전과 남시전을 설치, 관원을 두었다.

귀족과 농민의 경제생활

전쟁에 참가한 귀족은 자기 소유의 토지와 노비 외에도 국가로부터 식읍이나 녹읍 그리고 노비를 지급받았다. 또한 고리대를 통해 재산을 증식했다. 귀족들은 대부분 비옥한 토지를 차지했고, 철제 농기구와 소를 보유하여 일반 농민보다 생산력이 우월했다. 게다가 노비와 자신의 지배하에 있는 농민을 동원하여 농사를 지어 수확량의 대부분을 수탈했다. 따라서 귀족들의 생활은 풍족하고 화려했다. 기와집과 창고, 마구간, 우물, 주방 등을 갖춘 대저택에서 살았으며, 중국에서 수입한 비단옷을 입고, 금과 은으로 된 장신구로 치장했다.

R e f e r e n c e d a t a
● 민전

◀ **철제 농기구**
철제 보습 · 호미 · 따비

농민은 자기 소유지를 경작하는 자영농과 부유한 자의 토지를 빌려 경작하는 소작농으로 구분되었는데, 자영농이라 해도 보유한 토지가 척박한 경우가 많고, 소작농은 수확량의 절반을 납부해야 했다. 초기에는 시비법이 발달되지 않아 휴경을 해야 했고, 연속 경작을 할 수 없으므로 소득 증대에 한계가 있었다. 초기의 농기구는 돌이나 나무로 만든 것과 일부분을 철로 보완한 것을 사용했는데, 4~5세기경에는 철제 농기구가 보급되었고, 6세기경에 이르러 보편화되었다. 이 시기에는 우경이 확대되어 전반적으로 농업 생산력이 향상되었다.

고구려에서는 일찍부터 쟁기갈이가 시작되어 4세기경부터 지형과 풍토에 맞는 보습을 사용했다. 백제는 4~5세기경에 수리 시설을 만들고, 논농사를 발전시켰다. 신라는 5~6세기경에 소를 이용한 농사가 본격적으로 시작되었다.

농민은 국가와 귀족에게 곡물, 삼베, 과실 등을 바쳤고, 축성이나 제방 축조 및 삼밭과 뽕나무 밭 경작에 동원되었다. 전쟁이 일어나면 전쟁물자 보급과 잡역을 도맡았고, 군사로도 참여했다. 스스로 경작지를 확대하기 위해 계곡의 물가나 산비탈을 개간하곤 했지만, 자연재해와 고리대에 의해 몰락하면서 노비 또는 유랑민이 되거나 도적이 되었다.

고구려 귀족 생활 ▶
중국 길림성 집안 각저총

R e f e r e n c e **d a t a**

| 귀족과 농민의 경제생활

민전(民田) : 조상 대대로 경작하는 사유지이다. 넓게는 양반, 서리, 향리, 군인, 노비 등 모든 계층이 보유한 사유지를 말하지만, 일반적으로는 관직이나 직역과 관련이 없는 농민층이 경작하는 사유지를 말한다. 통일 신라 시대의 촌락 문서에 등장하는 연수유답전(烟受有畓田)이 민전의 성격으로 보이지만, '민전'이라는 용어의 기록 자체는 고려 이후에 등장한다. 국가에서는 세수(稅收)를 확보하기 위해 양전(量田)을 통한 양안(量案)을 관리했다. 민전은 수조권 측면에서는 공전(公田)이지만 소유권 측면에서는 사전(私田)이 된다. 민전주들은 전조(田租)로 생산량의 1/10을 국가에 납부했다.

🌏 통일 신라의 경제 정책

삼국을 통일한 신라는 이전보다 훨씬 넓은 토지와 많은 농민을 확보했다. 따라서 피정복민과의 갈등을 해소하고, 민족을 통합할 수 있는 정책이 필요했다. 수취 제도에 있어서는 당의 조 · 용 · 조 체제를 도입했다. 토지에 부과한 조세는 생산량의 1/10을 수취함으로서 통일 이전보다 완화됐다. 지역의 특산물을 징수하는 공물은 촌락 단위로 부과했다. 요역(徭役)과 군역(軍役)은 16세부터 60세의 남자를 대상으로 했다. 조세와 요역 부과의 기준을 마련하기 위해 3년마다 자연촌 단위로 경제 및 인구 실태를 파악했다.(신라 장적 참고) 혈연 집단이 거주하는 자연촌은 3~4개를 합쳐 촌주가 지배했는데, 국가는 촌주에게 촌주위답(村主位畓)이라는 직전(職田)을 부여했다.

R e f e r e n c e **d a t a**
● 신라장적
● 신라방
● 신라소
● 신라관
● 신라원

농민은 대부분 자영농으로서 정전(丁田)인 연수유답을 경작하는 한편 촌주위답, 내시령답(관료전), 관모답(관청의 경비 마련용), 마전(麻田) 등을 공동 경작하는 역역(力役)을 부담했다. 민정 문서에 나타난 사실들을 보면 일반 농민은 대부분 영세한 하하호(下下戸)였고, 촌락의 정남 수는 감소하고 있었다. 또한 하나의 호를 이루지 못하고 기식하는 사람도 존재했다. 통일 신라의 토지 제도는 시기에 따라 3단계로 나누어진다. 귀족 세력이 강하던 통일 전에는 녹읍제가 시행되었지만 통일 후 왕권이 전제화되면서 녹읍 대신 관료전을 지급했다. 그러나 경덕왕 이후 귀족 세력이 강화되면서 녹읍제가 다시 부활되었다. 이는 농민이 몰락하면서 신라가 붕괴되는 중요한 원인이 되었다.

통일 후에는 농업과 함께 목축업이 발달했다. 828년(흥덕왕 3)에는 당에서 차 재배법이 전래(김대렴)되어 지리산에서 재배가 성행했다. 견직과 마직의 방직 기술, 금·은 세공 및 나전칠기 등 공예품 기술이 발달했다. 농업 생산력이 증대되고, 경주에 인구가 증가하면서 시장이 형성되었다. 대외 무역도 활발하여 당과는 공·사무역이 발달했다. 산둥 반도와 양쯔강 하류에는 신라방, 신라소, 신라관, 신라원이 설치되었다.

8세기 이후부터는 일본과도 무역이 성행했다. 쓰시마와 규슈에 신라 무역소를 설치했고, 울산항이 주요 창구였다. 일본도 신라와의 교역을 위해 쓰시마 섬에 신라 역어소를 설치하여 통역관을 양성했다. 828년(흥덕왕 3)에는 장보고가 청해진을 설치하여 해적을 소탕하고, 남해와 황해의 해상 무역권을 장악하여 중개 무역을 했으며, 대당 무역을 주도(견당매물사·교관선)하였다.

R e f e r e n c e d a t a

| 통일 신라의 경제 정책

신라장적(新羅帳籍) : 755년경 것으로 1950년대에 일본 도다이지(東大寺) 쇼소인(正倉院)에서 화엄경론(華嚴經論)의 질(帙) 속에서 발견되었으며, 당시 신라의 민정문서로 촌락의 경제와 국가의 조세 제도를 알 수 있는 자료다. 서소원경(西小原京, 淸州地方)의 4개 촌락에 대하여 촌락별로 마을 크기를 재는 보수(步數), 호구 수(戶口數), 전답(田畓), 마전(麻田), 과실나무 수, 가축의 수를 적고, 호구별로는 소자(小子 – 10세 이하), 추자(追子 – 14세 이하), 조자(助子 – 15세 이상 19세 이하로 정남을 도울 남자), 정남(丁男 – 20세 이상으로 口分田을 받고 요역에 참가함), 제공(除公 – 요역을 면제받은 60세 이상), 노공(老公 – 70세 이상의 노인), 제모(除母), 노모(老母) 등 연령과 성별에 따라 세분했다. 호의 기준은 인정(人丁)의 다소에 따라 상상(上上)에서 하하(下下)까지 9등급으로 나누었다.

신라방(新羅坊) : 중국 덩저우(登州), 추저우(楚州), 양저우(揚州), 롄쉬이(連水) 현 등에 있던 신라인의 집단 거주지다. 신라방의 거류민은 상인과 선원이 대부분이었다.

신라소(新羅所) : 당에 거주하는 신라들을 다스리는 자치 행정 관서(官署)다. 총관(摠管), 압아(押衙), 역어(譯語),

공목관(孔目官) 등의 직원이 있었다.
신라관(新羅館) : 당에 왕래하는 신라의 사신, 유학생, 구법승 등이 머물던 숙소다.
신라원(新羅院) : 신라방 내에 세워진 절로 신라인이 종교 생활을 하던 곳이다. 장보고가 적산(赤山)에 사비를 들여 세운 법화원(法華院)은 일본에까지 알려졌다.

🌐 통일 신라의 귀족과 농민의 경제생활

Reference data
● 금입택
● 사절유택

통일 후 귀족들은 식읍이 폐지되고 관료전으로 대체되는 등 특권을 제약받았지만, 국가로부터 지급받은 토지와 곡물 외에도 물려받은 토지와 노비 그리고 목장, 섬 등으로 여전히 호화로운 생활을 영위했다. 당이나 아라비아에서 수입한 비단, 양탄자, 유리그릇, 향료, 귀금속 등 사치품을 사용했고, 당의 유행에 맞춰 옷을 입기도 했다. 또한 경주 근처에 호화로운 별장을 짓고 살았다. 금입택과 사절유택이 이를 반증한다.

경작법이 발달하여 생산력은 늘어났으나, 농민들의 생활은 여전히 곤궁했다. 휴경으로 토지 이용 효율이 떨어졌다. 비옥한 토지는 왕실이나 귀족 그리고 사원 세력의 소유였고, 농민의 것은 척박하여 생산량이 부족했다. 또한 소작농은 토지 소유자에게 수확량의 1/2을 바쳐야 했다. 통일 전보다 조세 부담은 줄었으나, 귀족이나 촌주 등 세력가들의 수탈은 줄지 않았다. 8세기 후반 들어 귀족이나 호족들이 토지를 늘려감에 따라 농민의 토지는 줄어들었고, 토지를 잃은 농민은 소작을 하거나 노비 또는 유랑민이 되었다. 수공업이나 어업, 목축업에 종사하는 향 또는 부곡민의 생활도 일반 농민과 다르지 않았다. 오히려 공물 부담으로 인해 더 어려운 처지에 있었다.

| 통일 신라의 귀족과 농민의 경제생활

금입택(金入宅) : 신라 전성기의 경주는 17만 8,936호(戶), 1,360방(坊), 55리(里)에 39개의 금입택이 있었다. 남택 ·
북택 · 우비소택(于比所宅) · 본피택(本彼宅) · 양택(梁宅) · 지상택(池上宅:本彼部) · 재매정택(財買井宅:庾信公의 祖
宗) · 북유택(北維宅) · 남유택(南維宅:反香寺 下坊) · 대택(隊宅) · 빈지택(賓支宅:反香寺 북쪽) · 장사택(長沙宅) · 상
앵택(上櫻宅) · 하앵택(下櫻宅) · 수망택(水望宅) · 천택(泉宅) · 양상택(楊上宅:梁部 남쪽) · 한기택(漢岐宅:法流寺 남
쪽) · 비혈택(鼻穴宅:法流寺 남쪽) · 판적택(板積宅:芬皇寺 上坊) · 별교택(別敎宅:내의 북쪽) · 아남택(衙南宅) · 김양
종택(金楊宗宅:梁官寺 남쪽) · 곡수택(曲水宅:내의 북쪽) · 유야택(柳也宅) · 사하택(寺下宅) · 사량택(沙梁宅) · 정상택
(井上宅) · 이남택(里南宅:于所宅) · 사내곡택(思內曲宅) · 지택(池宅) · 사상택(寺上宅:大宿宅) · 임상택(林上宅:靑龍
寺의 동쪽으로 못이 있음)¨ · 교남택(橋南宅) · 항질택(巷叱宅:本彼部) · 누상택(樓上宅) · 이상택(里上宅) · 명남택(榆南
宅) · 정하택(井下宅)이다.

사절유택(四節遊宅) : 통일 신라 시대의 귀족들이 철 따라 찾아가 놀던 집이다. 봄에는 동아택(東野宅), 여름에는 곡
량택(谷良宅), 가을에는 구지택(仇知宅), 겨울에는 가이택(加伊宅)을 찾았다.

발해의 경제 발달

R e f e r e n c e **d a t a**
● 발해의 주요 교통로

발해의 수취 제도는 조 · 콩 · 보리 등 곡물을 거두는 조세와 베 · 명
주 · 가죽 같은 특산물을 거두는 공물이 있고, 궁궐이나 관청, 성곽 축
조 등 공사에 동원되는 부역이 있었다. 신라와 마찬가지로 귀족은 대토
지를 소유했으며, 당과의 무역을 통한 비단의 서적 등 수입품으로 화려
한 생활을 했다.

  기후 조건으로 인해 밭농사가 대부분이며, 일부 지방에서만 철제 농
기구 보급 및 수리 시설 확충으로 벼농사가 이루어졌다. 농사 외에는
수렵과 목축이 발달하여 돼지, 말, 소, 양 등을 길렀는데, 솔빈부(率賓府
– 러시아 연해주 일대로 추정)의 말은 수출을 했다. 모피, 녹용, 사향도 많이 생
산되어 수출되었다. 금속 가공업, 직물업, 도자기업 등이 발달했고, 특
히 철 생산량이 풍부하였으며, 구리 제련 기술이 발달했다. 도시와 교
통 요충지에는 상품 매매가 활발했고, 현물 화폐와 외국 화폐가 함께

통용되었다.

　당, 신라, 거란, 일본과는 교통로를 통해 교역이 이루어졌는데, 사신과 더불어 상인들이 동행했다. 왕실 간의 공무역이 중심이었으나, 민간무역도 존재했다. 당은 산둥 반도와 덩저우(登州)에 발해관을 설치하고, 발해인들이 이용하게 했다. 수출품은 모피, 인삼, 불상, 자기 같은 수공품이 주류였고, 비단, 책, 문구류 같은 귀족들이 선호하는 물품들을 수입했다. 신라에 대한 견제의 일환으로 일본과의 무역을 유지했는데 무역의 규모가 컸다.

R e f e r e n c e   d a t a

| 발해의 경제 발달

발해의 주요 교통로

- 영주도 : 당으로 가는 육로(상경 → 영주 → 북경 → 장안)
- 조공도 : 당으로 가는 해로(상경 → 환도 → 등주 → 장안)
- 신라도 : 신라로 가는 육로(상경 → 동경 → 남경 → 경주)
- 일본도 : 상경 → 동경 → 연해주의 염주 → 동해
- 거란도 : 상경 → 길림 지방 → 서요하 상류
- 담비의 길 : 남부 시베리아 및 중앙 아시아와 연결

03 고대의 사회 ▶▮▮

삼국의 사회 계층과 신분 제도

Referencedata
● 가 · 대가

청동기 시대부터 나타난 신분의 차별은 철제 무기 발달에 따라 활발해진 정복 전쟁을 통해 사회 계층의 분화로 이어졌다. 정복과 복속으로 부족이 통합되면서 서열이 정해지고, 부족 간 위계 질서가 형성되었다. 부여와 초기 고구려, 삼한의 읍락에는 부유한 호민과 그 아래에 하호가 있었고, 최하층민은 노비였다. 고대 국가로 성장하면서 귀족과 평민 그리고 천민의 신분 구조가 확립되었다. 귀족들은 특권을 유지하기 위해 율령을 도입, 반포하면서 신분의 구별을 법제화했다. 왕족을 포함한 옛 부족장 세력은 중앙 귀족으로 재편성되어 정치 권력과 사회 · 경제적인 특권을 독점했다.

▶ 통일 신라 시대의 토용

평민층은 대부분 농민이었다. 자유민 신분이었지만 나라에서 부과하는 조세를 납부하고, 전쟁이 나면 전쟁 물자 조달과 부역에 동원되었다. 평민도 경제적인 이유나 범죄 등으로 노비가 되었다. 노비는 왕실과 귀족 그리고 관청에 예속되어 신분이 자유롭지 않았다. 삼국이 군사적으로 대립할 때는 전쟁 노비가 많았으나, 통일 이후에는 점점 줄어들었다.

고대 사회는 계층상의 차이가 분명했고, 친족 간 유대가 강한 혈연적 기질이 두드러졌다. 따라서 개인의 신분보다는 자신이 속한 친족의 사회적인 위치에 따라 지위가 결정되었다. 귀족들은 가문의 등급에 따라 관등과 승진의 정도가 정해졌다. 신라의 골품 제도는 고대 국가 형성기에 족장 세력을 흡수하여 편제하는 과정에서 성립된 폐쇄적인 신분 체제였다.

Reference data

| 삼국의 사회 계층과 신분 제도

가(加)·대가(大加) : 고구려의 지배층인 족장으로서 부유한 지배 계급인 호민을 통해 읍락을 지배했다. 이들은 관리와 군사를 보유했으며, 중앙 집권 국가로의 성립 과정에서 귀족화되었다.

삼국의 사회 모습

고구려는 식량이 충분치 않는 산간 지역에서 성장한 국가였기 때문에 백성의 기질이 호협하고 싸움을 잘했다. 절을 할 때도 한쪽 다리를 꿇고 다른 쪽 다리는 펴서 언제든 일어나 싸울 태세가 되어 있었다. 걸음이 빨랐고, 행동이 날랬다. 고구려의 형법은 엄격하여 반역을 꾀하거나

Reference data
● 형사취수제
● 백제의 8성
● 양직공도

고구려 고분 벽화 ▶
고구려 당시의 문화와
풍습을 알 수 있다.

▲ 고구려(위)·백제(가운데)·신라(아래)의 수막새

반란을 일으킨 자는 사형에 처했으며 그 가족들을 노비로 삼았다. 적에게 항복하거나 패한 자도 사형에 처했으며, 도둑질한 자에게는 12배를 배상하게 했다. 지배층은 왕족인 계루부(고씨)를 비롯한 5부족 출신의 귀족들인데 대대로 지위를 세습하면서 국정에 참여했다. 관등 조직을 보면 '형' 계열의 족장 출신과 '사자' 계열의 행정관리 출신으로 분류된다. 이들은 전쟁이 나면 솔선하여 싸웠다. 자신들의 권력과 경제 기반을 지키기 위한 대응이었

▲ 고구려 귀족 저택의 부엌

다. 대부분이 자영농인 평민은 국가에 조세를 바치고, 병역 의무를 지거나 토목 공사에 동원되었다. 흉년이 들거나 빚을 갚지 못해 노비로 전락하는 등 생활이 불안정했다. 고국천왕 때에는 진대법을 실시하여

이들의 노비화를 막았다. 결혼 제도를 보면 지배층에는 형사취수제와 서옥제가 있었고, 일반 평민들은 통혼이 자유로웠는데 예물을 따로 주지 않고 간소하게 치렀다.

　백제의 언어나 풍속 그리고 의복은 고구려와 비슷했다. 상무적인 기풍이 있어 말타기와 활쏘기를 즐겼다. 일찍이 중국의 선진 문물을 받아들여 용모와 차림이 세련되었다. 형법이 엄격했는데, 반역자나 도둑질한 자는 귀향을 보냄과 동시에 2배를 물게 했다. 반역자 및 전쟁에서 퇴각한 군사와 살인자는 참형에 처했다. 관리가 뇌물을 받거나 횡령을 했을 때는 3배를 배상하게 했고 종신토록 금고형에 처했다. 남성 중심의 가족 윤리가 강해서 간통을 저지른 여인은 남편의 노비로 삼았다. 지배층은 왕족(부여씨)과 8성으로 이루어진 귀족들이었다. 이들은 고전과 사서를 읽었으며, 행정 실무에 밝았고, 투호나 장기, 바둑 등의 놀이를 즐겼다.

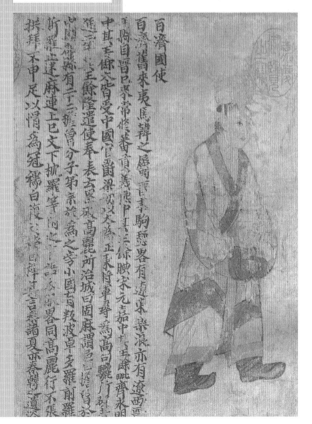
▼ 양직공도의 '백제국사'에 나타난 백제 사신의 모습

　지리적인 입지로 인해 삼국 중 가장 늦게 발전한 신라는 부족의 대표들이 모여 정치를 운영했다. 만장 일치제가 특징인 화백은 귀족의 대표들로 구성되었으며, 국왕을 추대하거나 폐위시킬 정도로 영향력을 발휘했다. 신라는 법흥왕 때 골품제라는 독특한 신분 제도를 확립했다. 6부족 연맹체가 고대 국가로 발전하는 과정에서 각 족장 세력을 통합하여 서열화한 것이다. 골품에 따라 관직과 복색, 주거, 수레 등 정치와 사회 생활 전반이 엄격하게 규제되었다. 5관등인 대아찬 이상과 각부의 장관인 영(슈)은 진골에게만 허용되었고, 대족장이 편입되면서 받은 6두품은 득난(得難)이라고도 하여 6등급인 아찬까지만 허용되었다. 말단 지배층은 군소 족장들로서 5두품과 4두품에 해당되었다. 내위와 외위로 구분되었던 골품은 674년(문무왕 14)에 단일 관등 체계로 통합되었다. 원시사회의 청소년 집단에서 유래된 화랑도는 진흥왕 때 국가적 조직으로 확대되었는데, 인재를 양성함과 아울러 계층 간의 일체감과 단결을 도모하려는 목적도 있었다.

R e f e r e n c e d a t a

| 삼국의 사회 모습

형사취수제(兄死娶嫂制) : 형사취수혼(兄死娶嫂婚)이라고도 하며, 형이 죽으면 동생이 형수와 결혼하는 제도다. 고구려 외에도 부여, 흉노, 선비 등에서 이런 풍습이 있었다. 근·현대까지 이 제도를 유지한 사회로는 시베리아의 척치(Chukchee)족이 있다. 죽은 사람의 부인과 남은 자녀를 돌보기 위한 방편인 것으로 이해된다. 고구려의 형사취수혼은 『삼국지(三國志)』 「동이전(東夷傳)」에 소개되어 있으며, 『삼국사기(三國史記)』에는 고국천왕이 죽은 뒤 왕비인 우씨(于氏)가 고국천왕의 아래 동생인 발기(發岐)를 제쳐두고, 막냇동생인 연우(延優)와 혼인함으로써 연우(山上王)가 왕위에 올랐다는 이야기가 있다. 또, 우씨가 죽은 뒤 고국천왕이 아닌 산상왕(197~227)의 무덤 옆자리에 묻히자 고국천왕이 무당의 꿈에 나타나 '우씨와 싸웠다'고 말했다는 전설도 있는데, 3세기 무렵 고구려에서 형사취수혼과 같은 혼인 관습에 변화가 생긴 사실을 상징적으로 나타낸 이야기다.

백제의 8성 : 진씨·해씨·연씨·백씨·사씨·목씨·협씨·국씨로서 초기 한성시대에는 왕족을 중심으로 진씨와 해씨가 세력을 떨쳤고, 웅진 시대에는 연씨와 백씨가, 사비 시대에는 사씨와 목씨가 각각 중심이 되어 귀족 정치를 행했다.

양직공도 : 6세기 양(梁)나라 때 중국을 찾은 외국 사신들의 모습과 각국의 풍속을 담은 화첩인데 '백제국사'라고 명명된 백제 사신이 묘사되어 있다. 당시 백제가 남조와 활발하게 교류했던 사실과 그들의 복식, 장신구 등을 알 수 있다.

✤ 통일 후 신라 사회의 변화

Reference data
● 영천 청제비

통일 신라의 귀족들이 ▶
술자리에서 놀이용으로
사용한 주사위

통일 전, 삼국이 각축을 벌였지만 혈연적·문화적 공통성은 많았다. 신라의 적극적인 포섭 정책으로 민족의식이 싹텄고, 민족 문화가 발전하는 계기가 되었다. 통일을 주도한 신라의 지배층은 자부심과 자신감을 갖고 왕권을 강화했다. 진골 귀족을 견제하기 위해 학문적 식견과 실무 능력이 있는 6두품 출신으로 하여금 왕을 보좌하게 했다. 그러나 6두품 출신은 중앙 관청의 우두머리나 지방의 장관자리에 오를 수 없는 신분적 제약을 극복하지 못했다. 왕권의 강화로 비록 세력이 약해지긴 했지만 진골 귀족의 비중은 여전히 컸다. 하대에는 다시 세력을 떨치기 시작하면서 왕권 경쟁이 치열하게 전개되었다.

경주는 정치와 문화의 중심지가 되어 조세와 특산물 및 무역품이 집결했다. 따라서 거대한 소비 도시로 번성했다. 지방 문화의 거점인 5소경에도 백제, 고구려, 가야의 지배층과 경주에서 이주한 신라의 귀족들이 거주했다. 경주의 시가지는 바둑판처럼 반듯하게 구획되어 궁궐, 관청, 사원, 저택, 민가로 구성되었다. 밥 지을 때 숯을 사용할 정도였으며, 귀족들은 금입택이라 불리는 화려한 저택에서 많은 노비와 사병을 거느리면서 권력과 부를 과시했다. 귀족들은 지방에 소유한 대토지와 목장에서 나오는 수입, 서민을 상대로 한 고리대업으로 막대한 부를 축적했고, 불교를 적극 후원했다. 아라비아와의 무역을 통해 입수한 각종 장식품과 사치품으로 호화 생활을 누렸다. 급기야 834년(흥덕왕 9) 사치를 금하는 조치를 취했지만 사회 기강은 급속도로 무너져갔다.

농민들은 주로 자연촌에 거주했다. 촌 주변의 야산에는 토성 또는 석성이 축조되어 있었는데, 농사를 짓다가 외적이 침입하면 이곳으로 올라가 방어하였다. 벼슬길이 막힌 이들은 자신의 토지를 경작하거나 귀족들의 토지를 소작하면서 근근이 생계를 이어 갔으며, 귀족에게 진 빚을 갚지 못하면 노비가 되거나 초적(草賊)이 되었다. 이들과 달리 지방의 토착 세력과 사원들은 대토지를 소유하면서 유력한 신흥 세력으로 부상했다. 중앙 정부의 통치력이 약하여 납세를 거부했고, 그 부담은 고스란히 농민에게 돌아갔다. 세수가 모자란 중앙 정부의 강압적인 조세 징수에 농민들이 반발하자 국가에서는 수리 시설을 정비하거나, 자연 재해가 심한 지역에는 조세를 면제해 주는 등 구휼 정책을 실시했다. 하지만 큰 효과를 거두지 못했고, 상주에서 일어난 '원종 · 애노의 난'을 시작으로 농민 봉기는 전국적으로 확산되었다.

R e f e r e n c e d a t a

| 통일 후 신라 사회의 변화

영천 청제비(永川菁堤碑) : 경상북도 영천시 도남동(道南洞)에 있는 신라 시대의 농업 수리 관계비(農業水利關係碑)이다. 비면에는 육조해서체(六朝楷書體)의 글씨가 새겨져 있고, 문체는 이두(吏讀)를 넣은 속한문체(俗漢文體)이다. 536년(법흥왕 23)과 596년(진평왕 18)에 걸친 6세기 때의 것으로 추정된다. 비를 세운 목적, 규모, 동원된 인원, 담당자의 관등, 인명(人名) 등이 적혀 있다. 원비에서 5m 정도 떨어진 곳에 중립비(重立碑)가 있는데, 1688년(조선 숙종 14)에 세운 것으로 되어 있다. 중립비에는 1653년(효종 4) 신라 때 만들어진 비가 절단되어 흙 속에 묻힌 것을 고적(古跡) 애호인들이 다시 세웠다는 내용이 있다. 신라 시대의 수리 사업과 당시 사회상을 알 수 있는 중요한 자료이다.

발해의 사회 구조

왕족인 대씨와 귀족인 고씨 등 고구려계 사람들이 지배층을 이루고 있었다. 대씨와 고씨 외에 유력한 가문은 장씨, 양씨, 두씨, 오씨, 이씨 등이었다. 이들은 중앙과 지방의 요직을 독점했으며, 노비와 예속민을 거느렸다. 이들 밑에는 '백성'으로 불리는 양민층이 있었다. 양민층은 주로

Reference data
● 유취국사
● 유취국사 수속부발해

말갈인들이며, 고구려 전성기 때부터 편입되어 고구려에 동화된 종족들이다. 말갈인 중 일부는 지배층에 흡수되거나 지방의 우두머리가 되어 국가 행정을 보조했다. 지배층의 예속민들은 부곡민과 노비 그리고 성이 없는 천민들이었다. 이처럼 소수의 지배층과 다수의 피지배층으로 구성된 사회 구조가 발해의 취약점이며, 멸망의 원인으로 작용했다.

상층 사회는 당의 제도와 문물을 수용했고, 유학생을 파견했다. 당의 외국인 대상으로 실시한 빈공과에서는 발해인과 신라인이 수석을 다투기도 했다. 하층민들은 고구려나 말갈 사회의 전통을 유지했다.

R e f e r e n c e   d a t a

| 발해의 사회 구조

유취국사 : 일본 헤이안 시대 초기의 역사서로, 892년 관원도진(管原道眞)이 완성했다.

유취국사 수속부발해 : 그 나라(발해)는 사방 2천 리이며, 주현(州縣)이나 관역(館驛)이 없고, 곳곳에 촌리(村里)가 있는데 모두 말갈 부락이다. 백성에는 말갈이 많고 토인(土人)은 적다. 모두 토인이 촌장(村長)을 하는데, 대촌에는 도독(都督)이라 부른다. 땅은 매우 추워 수전(水田)에 맞지 않는다. 습속에 자못 글을 알며 고구려 때부터 조공을 끊이지 않는다.

한국의 세계유산

WORLD
HERITAGE

경주역사유적지구 (2000년 12월 유네스코 세계문화유산 등재)

경주역사유적지구에는 신라 천년(B.C 57~A.D 935)의 고도(古都)인 경주의 역사와 문화를 고스란히 담고 있는 불교 유적, 왕경(王京) 유적이 잘 보존되어 있다. 이는 유적의 성격에 따라 모두 5개 지구로 나누어지는데, 불교 미술의 보고인 남산 지구, 천년 왕조의 궁궐터인 월성 지구, 신라왕을 비롯한 고분군 분포 지역인 대능원 지구, 신라 불교의 정수인 황룡사 지구, 왕경 방어 시설의 핵심인 산성 지구로 구분되며 52개의 지정 문화재를 보유하고 있다.

경주 남산은 야외 박물관이라고 할 만큼 신라의 숨결이 살아 숨쉬는 곳으로 신라 건국 설화에 나타나는 나정(蘿井), 신라 왕조의 종말을 맞게 했던 포석정(鮑石亭)과 미륵곡 석불좌상, 칠불암 마애석불 등 수많은 불교 유적이 산재해 있다. 월성 지구에는 신라 왕궁이 자리하고 있던 월성, 신라 김씨 왕조의 시조인 김알지가 태어난 계림(鷄林), 신라 통일기에 조영한 임해전지, 그리고 동양 최고(最古)의 천문 시설인 첨성대(瞻星臺) 등이 있다. 대릉원 지구에는 신라왕, 왕비, 귀족 등 높은 신분 계층의 무덤들이 있고, 구획에 따라 황남리 고분군, 노동리 고분군, 노서리 고분군 등으로 부르고 있다. 무덤의 발굴 조사에서 신라 문화의 정수를 보여 주는 금관, 천마도, 유리잔, 각종 토기 등 당시의 생활상을 파악할 수 있는 귀중한 유물들이 출토되었다. 황룡사 지구에는 황룡사지와 분황사가 있으며, 황룡사는 몽골의 침입으로 소실되었다. 한편, 이곳에서 출토된 4만여 점의 유물은 신라 시대사 연구의 귀중한 자료가 되고 있다. 산성 지구에는 A.D. 400년 이전에 쌓은 것으로 추정되는 명활 산성이 있는데 신라의 축성술은 일본에까지 전해져 영향을 끼쳤다.

세계 유산적 가치 경주역사유적지구는 한반도를 천 년 이상 지배한 신라 왕조의 수도로, 남산을 포함한 경주 주변에 한국의 건축물과 불교 발달에 있어 중요한 많은 유적과 기념물을 보유하고 있다.

04 고대의 문화 ▶▌▌▌▌

삼국과 통일 신라의 학문

Reference data
● 경당
● 4·6 변려체
● 빈공과
● 도당 유학생
● 이두

중국 대륙과 접한 우리나라는 고조선과 한 군현 시대에 한문화가 전래되었으며, 한자도 이때부터 사용되었다. 삼국 시대에는 한학이 일어나고, 유학이 발달했다. 고구려는 372년(소수림왕 2)에 고급 유학 교육 기관인 태학(太學)을 설립했으며, 이후 지방 각처에 청소년 수련 기관인 경당(扃堂)이 생겨났다. 경당에서는 여러 전적을 익히고, 무예를 닦았다. 광개토대왕비와 중원고구려비는 당시의 뛰어난 한문 수준을 보여 준다. 한문의 능력은 역사서 편찬으로 이어져 국초부터의 『유기(留記)』 100권을, 600년(영양왕 11)에 태학박사 이문진이 『신집(新集)』 5권으로 개수했다.

백제도 일찍부터 한학이 발달했다. 5경박사, 의박사, 역박사를 두었고, 이들이 유교 경전과 기술 교육을 담당했다. 『구당서』에는 백제에서 5경과 자(子), 사(史) 등의 서적이 널리 읽혔음이 기록되었다. 근초고왕(346~375) 때에는 박사 고흥이 국사인 『서기(書記)』를 편찬했다. 『일본서기』에도 백제의 여러 사서가 등장하고 있다. 왕인 박사가 일본에 한학을 전했으며, 개로왕이 북위에 보낸 국서의 문장이 유려하고, 사택지적비에는 노장 사상이 세련된 4·6 변려체(4·6 駢儷體)의 문장으로 담겨 있는데 이를 통해 백제의 높은 한문학 수준을 알 수 있다.

임신서기명석 ▲

고구려나 백제에 비해 늦긴 했지만, 신라는 지증왕 때부터 한문이 확산되어 중국식 왕호와 국호를 칭했고, 상복제와 주군의 이름을 정했다. 진흥왕의 단양적성비를 비롯한 4개의 순수비는 신라인의 한문 실력을 보여 준다. 경주 석장사 뒤에서 발견된 임신서기명석을 통해 신라의 젊은이들에게 유교 경전이 널리 읽혔음을 알 수 있다. 545년(진흥왕 6)에는 거칠부가 『국사』를 편찬했다. 특히 한자의 음(音)과 훈(訓)을 빌어 우리말을 이두(吏讀)로 표기한 것은 신라인들의 한자 사용 능력을 보여 준다.

통일 신라는 확대된 사회적 기반과 경제적 안정에 따라 고구려와 백제의 문화를 융합하여 민족 문화를 확립했다. 성당(盛唐) 등 외래 문화도 적극 수용하고 가미하여 다양하고 세련된 문화로 발전시켰다. 682년(신문왕 2)에는 유학 교육 기관인 국학(國學)을 설립하여, 대사(12등급에 해당) 이하의 하급 귀족에게 입학 자격을 주었다. 경덕왕 때에는 태학감(太學監)으로 고치고, 박사와 조교를 두어 본격적인 유학 교육을 했다. 필수 과목은 『논어』와 『효경』이고, 그 외 선택 과목으로 5경과 『문선』 등이 있었다. 수업 연한은 9년이었으나, 재주와 가능성이 있으면 학업을 계속할 수 있었다. 788년(원성왕 4)에는 독서삼품과(讀書三品科)라는 관리채용 시험 제도를 두었는데, 유교 경전의 이해 수준에 따라 3등급으로 나누었다. 신라 중대의 대표적인 유학자는 문장에 뛰어난 강수와 유교 경전에 조예가 깊은 설총이다. 신라 하대에는 도당 유학이 활발했으며, 당의 빈공과에 합격하여 그곳에서 관리로 임명된 사람이 많았다.

발해는 고구려 문화를 바탕으로 하여 당의 문화를 받아들였다. 왕족과 귀족의 자제들은 주자감(胄子監)에서 교육받았다. 주자감은 당의 국자감에 해당되는 교육 기관이다. 『상서』, 『춘추』, 『좌전』, 『시경』, 『예기』, 『논어』 등 유교의 경전과 사서를 가르쳤다. 정부 기관인 6부의 명칭도 충·인·의·지·예·신을 사용했으며, 당에 유학생을 파견하였고, 당의 빈공과에서 신라 학생들과 수석을 다투기도 했다. 문왕의 딸인 정혜공주와 정효공주의 묘비문에 4·6 변려체의 문장으로 유교 경전을 인용하는 등 뛰어난 한문 실력을 보여 주고 있다.

R e f e r e n c e   d a t a

| 삼국과 통일 신라의 학문

경당 : 『구당서(舊唐書)』「열전(列傳)」-'고려(高麗)'에 고구려 사람들은 "책을 좋아하여 거리마다 큰 집을 지어 경당이라 부르며, 자제가 결혼하기 전에는 밤낮으로 이곳에서 책을 읽고 활쏘기를 익힌다."고 하였다. 『신당서(新唐書)』에도 같은 내용이 나오는데 평민층의 미혼 남자들에게 글과 활쏘기를 가르치는 사설 교육 기관이었음을 알 수 있다. 처음 설립된 시기를 알 수는 없으나 촌락 사회 이래의 미성년자 집단 교육의 전통을 이은 것으로 보인다. 이곳에서 5경과 『사기』, 『한서』, 『후한서』, 『삼국지』, 『옥편』, 『춘추』, 『자통』, 『자림』, 『문선』이 읽혔다.

4·6 변려체 : 변려체(騈儷體), 사륙문(四六文), 사륙변려문(四六騈儷文)이라고도 한다. 문장이 4자와 6자를 기본으로 한 대구(對句)로 이루어져 수사적(修辭的)으로 미감(美感)을 주는 문체이다. 후한(後漢) 중·말기(中末期)에 시작되어 위(魏)·진(晋)·남북조(南北朝)를 거쳐 당(唐)나라 중기까지 유행했다. 변려문이라는 명칭은 당송(唐宋) 8대가의 한 사람인 유종원(柳宗元)의 『걸교문(乞巧文)』 중 "변사려륙금심수구(騈四儷六錦心繡口)"라는 구절에서 유래한다.

빈공과(賓貢科) : 중국에서 외국인을 상대로 실시한 과거다. 당나라 때 처음 실시했으며, 원나라 때 제과(制科)로 변경되었다. 빈공과 응시자를 빈공이라고 하며, 신라 말에 당나라 유학생이 늘어나면서 합격자가 많아졌다. 6두품 출신으로 최치원, 최승우, 최언위 등이 이에 해당한다. 최치원은 벼슬에 대한 뜻을 꺾었고, 최승우는 견훤을 섬겼으며, 최언위는 고려 태조를 도왔다.

도당 유학생 : 견당 유학생(遣唐留學生)이라고도 하며, 신라에서 당나라의 국자감(國子監)에 파견했다. 640년(선덕여왕 9), 당이 중국을 통일한 후 융성한 문화의 과시 및 기미책의 일환으로 외국인에게 국자감 입학의 문호를 개방했고, 신라는 당의 문물을 받아들이려는 문화적 욕구와 함께 삼국 항쟁기에 당의 힘을 빌리고자 하는 외교적 목적이 있었다. 당시에는 신라뿐 아니라 고구려와 백제에서도 자제를 파견했으나, 통일 이후의 신라인들이 대부분이었다. 관비(官費) 유학생인 숙위학생(宿衛學生)과, 사비(私費) 유학생이 있는데, 유학에 필요한 숙식과 의복은 당의 홍려시에서 지급했고, 서적 구입에 필요한 비용은 숙위학생에 한해 신라가 지불했다.

이두(吏讀) : 넓은 의미로는 한자 차용표기법(漢字借用表記法) 전체를 가리킨다. 향찰(鄕札), 구결(口訣) 및 삼국 시대 고유 명사 표기 등을 총칭하여 향찰식 이두 또는 구결식 이두 등의 말로 쓰인다. 좁은 의미로는 한자를 한국어의 문장 구성법에 따라 고치고(통칭 誓記體表記라고 함), 이에 토를 붙인 것에 한정한다. 이두는 신라 초기부터 발달(유리왕 때의 辛熱樂, 탈해왕 때의 突阿樂 등)한 것으로 추측된다. 의미부(意味部)는 한자의 훈을 취하고 형태부(形態部)는 음을 취하여 특히 곡용(曲用)이나 활용(活用)에 나타나는 조사나 어미를 표기하였다. 이와 같은 방식의 표기는 한국어 문장 전체를 표기하게 되는 향찰에 와서 난숙기를 이룬다.

🌐 고대의 사상과 종교

불교는 전제 왕권이 강화되던 시기에 왕실 주도로 도입되었다. 그동안 신인(神人)의 지위에 있던 왕의 권위는 사람들의 지혜가 발달하면서 받아들어지지 않았다. 이때, 새로운 권위 부여를 위해 불교가 필요했다. 신라의 경우 '왕은 곧 부처'라고 하여 왕족을 혈통상 '진종(眞宗)'으로 성화시켰다. 또한, '현세의 불평등은 전생의 업보'라는 윤회사상이 귀족들의 입장과 맞아떨어졌다. 고구려는 372년(소수림왕 2)에 전진(前秦) 왕 부견(符堅)이 순도(順道)를 통해 불상과 경전을 보내왔고, 2년 후에는 아도(阿道)가 들어와 활동했다. 백제에는 384년(침류왕 원년)에 동진(東晉)의 호승 마라난타(摩羅難陀)에 의해 전래되었다. 신라에는 417년(눌지왕 원년)에 고구려의 묵호자(墨胡子)가 전했으나, 이차돈(異次頓)의 순교가 있은 직후인 527년(법흥왕 14)에 공식적으로 인정되었다.

고구려의 승려 승랑은 유무(有無)를 초월한 '공(空)'을 핵심으로 한 중국의 '삼론종'을 발전시켰다. 불교 탄압에 반발하여 고구려를 떠난 보덕은 백제에 열반종을 전했다. 남조 불교의 영향을 많이 받은 백제는 인도 구법승인 겸익에 의해 소승적 해탈을 강조하는 계율종이 발전했으며, 성왕 때 노리사치계가 일본에 불교를 전했다. 신라의 진흥왕은 정법을 퍼뜨리는 위대한 정복 군주인 전륜성왕으로 불렸으며, 진덕여왕까지 불교식 왕호를 사용했다. 진평왕은 스스로 석가의 부친인 '백정'을, 왕비는 석가의 모친인 '마야 부인'으로 칭해 석가 집안의 환생이라는 진종설(眞宗說)을 강하게 표현했다. 고대 국가의 불교는 새로운 국가 정신 확립에 기여했고, 왕권 강화를 이념적으로 뒷받침했다. 또한, 인간 사회의 모순과 갈등을 차원 높은 수준에서 바라보는 인식의 토대를 제공했다. 신라에서는 미륵불 신앙이 화랑도의 정신적 기반이 되었고, 화랑도는 통일 전쟁에 기여했다. 전래 과정에서의 토착 신앙 포섭은 본래의 종지에서 벗어나 샤머니즘적이고 현세구복으로 보이게도 했다.

Referencedata
● 5교 9산

통일 신라기를 대표하는 승려인 원효(617~686)는 당시의 모든 불교 사상을 폭넓게 수용하여 『대승기신론소』, 『금강삼매경론』 등을 저술했다. 『십문화쟁론』은 일심에 근거하여 종파 간의 사상적 대립을 극복하려는 시도였으며, 정토 신앙을 널리 전파하여 불교 대중화에 기여했다. 의상(625~702)은 법계연 기설을 바탕으로 『화엄일승법계도』를 저술하여 화엄 사상을 일목요연하게 체계화했다. 또한, 아미타 신앙과 함께 현세의 고통을 구제받고자 하는 관음신앙을 전파했다. 원측(613~696)은 당의 현장으로부터 마음을 심리학적으로 분석하는 유식 사상을 배웠고, 이를 독자적으로 발전시켰다. 현장의 또 다른 제자인 규기의 자은학파에 대비한 서명학파를 형성했다. 『해심밀경소』와 『인왕경소』 등 저서가 있고, 그의 학설은 중국을 비롯하여 우리나라와 일본 학자들이 많이 채택했다. 혜초(704~787)는 인도와 중앙 아시아를 순례하면서 기행문인 『왕오천축국전』을 남겼다.

귀족 불교였던 교종의 위세에 눌려 관심을 끌지 못했던 선종은 귀족 세력의 분열과 지방 세력의 흥기에 맞춰 기반을 확대했다. 교종의 경전을 통한 깨달음에 비해 선종은 '불립문자', '견성오도', '직지인심', '즉시성불'이라는 직관적인 인식 방법과 실천을 강조했다. 참선을 통해 참마음을 깨닫는 선종의 혁신적인 수행 방식은 불교계 내부의 개혁 요구에 부합했고, 지방의 호족들로부터 환영받았다. 선종은 지방에 근거지를 두고 활동했는데, 9산 선문으로 불리는 9개의 선종 사찰이 있었다. 도의가 개창한 가지산문이 최초이다. 신라 말기에는 동리산문의 개조 혜철의 제자 도선에 의해 풍수지리설이 들어왔는데, 도참 사상과 결합되어 지방 중심의 국토 재편성을 주장했다. 도선은 『도선비기』, 『송악명당기』 등을 저술했다.

624년, 고구려의 영류왕 때 연개소문의 상소에 의해 도교가 들어왔다. 당은 도사(道士) 숙달 등 8인과 함께 『도덕경』을 보내왔고, 귀족 사회에 널리 보급되었다. 보장왕 때 연개소문은 왕실과 연결된 불교를 견제

◀ 「왕오천축국전」

하기 위해 도교를 적극 장려하였다. 불교 사원을 도관으로 바꾸기도 했다. 강서대묘의 사신도는 도교의 방위신이고, 백제의 산수무늬벽돌은 자연과 더불어 살고자 하는 염원을 담고 있으며, 금동대향로에는 신선들의 세계가 묘사되었다. 이 밖에 사후 세계의 문서격인 무령왕릉 지석(誌石)과 매지권(買地券)이 있고, 사택지적비에서는 노장 사상이 잘 표현되었다. 신라에는 시조 박혁거세를 선인(仙人)으로 간주했으며, 화랑도의 수장을 국선(國仙) 또는 풍월주(風月主)라고 했다.

R e f e r e n c e d a t a

| 고대의 사상과 종교

5교 9산 : 학문적 불교인 교종은 귀족이 주도했으며, 보수적인 경향을 띠었다. 신라 통일기에 들어오면서 고승들에 의해 본격적인 주석이 가해졌고, 철학적인 이해가 깊어졌다. 보덕의 '열반종', 자장의 '계율종', 원효의 '법성종', 의상의 '화엄종', 진표의 '법상종'이 5교이다. 신라 하대에 활동한 선종의 개조자들은 대개 지방의 호족이나 6두품 출신이다. 범일이나 무염의 경우는 진골이었으나 6두품으로 강등된 경우였다. 도의의 '가지산문(장흥 보림사)', 홍척의 '실상산문(남원 실상사)', 혜철의 '동리산문(곡성 태안사)', 범일의 '사굴산문(강릉 굴산사)', 현욱의 '봉림산문(창원 봉림사)', 도윤의 '사자산문(영월 흥녕사)', 도헌의 '희양산문(문경 봉암사)', 무염의 '성주산문(보령 성주사)', 이엄의 '수미산문(해주 광조사)'이 바로 9산 선문이다.

고대의 과학과 기술

Reference data
● 농업 관계 기록

해와 달은 고구려의 정체성과 연관되어 있다. 해는 원륜 안에 삼족오가 그려지고, 달에는 두꺼비·옥토끼·계수나무 등이 묘사되었다. 고분 벽화에는 동서남북을 가리키는 해와 달 그리고 북두칠성과 남두육성이 그려졌다. 이 외에도 여러 천체들이 사실적이고 정확하게 표시되었는데, 해가 움직이는 길을 따라 배정된 28개의 별자리에 속하는 것들이다. 신라에는 별자리를 관측한 것으로 보이는 천문대가 남아 있는데, 첨성대로 불리는 이것은 7세기경 선덕여왕 대에 건축된 것으로 세계에서 가장 오래되었다. 『삼국사기』에는 일식, 혜성의 출현, 이상한 행성의 운동 등이 기록되어 있다. 당시에 천문은 농사와 밀접한 관계가 있었고, 왕실의 길흉을 알아보려는 점성술과도 연관이 있었다.

삼국 시대에는 관리 중에 전문적인 수학자가 있었다. 통일 신라에서는 산학박사를 두고 국학에서 수학을 가르쳤다. 중국의 것으로 보이는 『철경』, 『삼개』, 『구장』, 『육장』 등을 교재로 사용했다. 『철경』은 중국 수학자 조충의 『철술』로 여겨지는데, 원주율 계산은 오늘날의 것과 비교해도 매우 정확하다. 고구려 고분 석실의 천장 구조, 백제의 정림사지 5층 석탑, 신라의 황룡사 9층 목탑, 석굴암 등에 수학 지식이 응용되었다. 705년과 751년 사이에 제작된 『무구정광대다라니경』은 닥나무로 만든 종이에 인쇄된 세계 최고의 목판 인쇄물이다. 『대방광불화엄경』 권 제38 '대화령국장'은 8~9세기 발해의 유물로서, 현존하는 가장 오래된 대장경이다. 주사(朱砂)로 괘선을 긋고 황마지를 사용한 것이 중국과 다르며, 발해의 높은 문화 수준을 보여준다. 고구려의 유물 중 평안북도의 노남리, 토성리 등 유적에서 발견된 철제품은 규소와 망간의 함유량이 높아 고온의 열로 제련된 것으로 해석된다. 백제가 왜왕에게 보낸 칠지

황룡사의 모형도 ▲

◀   가야의 금관

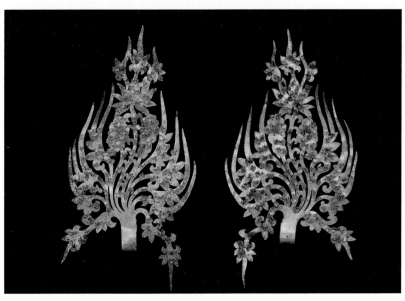

◀   백제의 금제관식

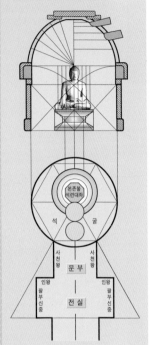

無垢淨光大陀羅尼経

佛説已歡喜奉行
羅尼法時諸大衆聞
固守護住持智慧
善哉安芹乃能堅
如佛減後言是善哉
有壊減佛言善哉
報如来大恩咸共守護
令廣流通尊重恭敬
獄及諸悪趣我芹為
生悪得聞知不堕地
故於後時於令彼衆
供養為護一切諸衆
守衛住持讀誦書寫

본존불
(석련대좌)

석 굴

사천왕

사천왕

인왕
팔부신중

문 부

인왕
팔부신중

전 실

석굴암 배치도(좌) ▲
『무구정광대다라니경』(우) ▶

도와 표면에 새긴 금 상감 글씨는 우수한 제칠 기술을 말해 준다. 이 외에도 부여 능산리에서 발견된 금동대향로는 밀랍 거푸집 사용과 아말감 수은법으로 금도금이 뛰어나고 정교한 작품이다. 고분에서 발견되는 왕관과 장식물도 뛰어난 세공 기술을 보여 준다. 한국의 청동기는 중국의 것과 구분되는 특징이 있다. 중국이 납을 많이 사용했다면 한국은 아연의 비율이 높다. 12만 근의 구리가 들어간 성덕대왕신종은 아름다운 비천상과 고운 음색으로 유명한 신라 중대의 걸작이다.

　백제는 삼국 가운데서 가장 비옥한 땅을 차지하고 있었다. 그 때문에 일찍부터 농사 기술이 발달했다.『삼국사기』에는 1세기 초 다루왕 때 벼농사를 시작했다는 기록이 있다. 330년에는 용수 확보를 위해 김제의 벽골제를 축조했는데, 현재의 수준 측정법에 의한 만수 수위가 1,120만 평이나 되어 당시 농업과 관련한 토목 기술이 고도로 발달하였음을 알 수 있다. 백제인들은 소가 쟁기를 끄는 방법을 이용했으며, 철제 보습과 쟁기 그리고 호미와 낫 등을 실정에 알맞게 개량했다.

R e f e r e n c e **d a t a**

| 고대의 과학과 기술

농업 관계 기록

• 다루왕 6년(33) 2월에 나라 남쪽의 주·군에 영을 내려 처음으로 논을 만들게 했다.
• 구수왕 9년(222) 2월에 담당 관청에 명하여 제방을 수축하게 하였다.
• 지증 마립간 3년(502) 3월에 주·군의 책임자에게 각각 명하여 농사를 관장케 하고, 처음으로 소를 부려 논밭갈이를 했다.
　　－『삼국사기』

고대인의 예술과 멋

(1) 분묘

고구려의 묘제는 초기 돌무지무덤에서 돌방무덤으로 바뀌었다. 돌방무덤은 백제와 신라에도 영향을 미쳤다. 광개토대왕비 근처에 있는 장군총은 돌무지돌방무덤과 계단식 돌무지무덤이 합쳐진 형태다. 5세기경부터 점차 벽화 장식이 가능한 돌방을 갖춘 봉토분으로 바뀌었다. 5세기 말에서 6세기 전반이 되면 옆방이 없어지고, 길이가 짧아져 여(呂)자 모양이 된다. 6세기 후반부터 7세기 전반에는 외방무덤이 대부분이다. 초기의 벽화는 묘주의 생활상과 행렬도가 중심이었는데, 점차 방위신인 사신도와 전래의 신들로 채워졌고, 도교의 영향이 강한 후기에는 사신도 일색이었다.

백제의 한성 시대에는 간단한 널무덤 외에 고구려식 돌무지무덤과 돌방무덤이 축조되었다. 서울 석촌동의 무덤은 계단식 돌무지무덤이며, 가락동과 방이동의 무덤은 고구려식 널길이 딸린

R e f e r e n c e **d a t a**
● 고구려 고분과 벽화

◀　백제금동대향로

돌방무덤이다. 웅진 시대에는 돌무지무덤이 소멸되었으며, 화려한 문양의 벽돌로 만든 무령왕릉은 남조의 묘제를 따르고 있다. 사비 시대의 것으로는 능산리고분이 대표적이다. 장방형의 돌방에 문과 널길이 딸렸으며, 천장에 사신도를 그린 것도 있다. 신라의 고분은 긴 네모꼴의 돌덧널무덤이 전통이었으나, 상류층에서는 상자형 돌방무덤이 등장했다. 돌무지덧널무덤은 점차 줄어들고, 6세기 말에는 고구려·백제식의 돌방무덤이 나타났다. 발해의 고분은 5경 주위에 밀집되어 있는데, 육정산 고분군에 있는 정혜공주 묘지와 용두산 고분군 안의 정효공주 묘지는 초기 고분의 형식이며 봉토 위에 건축물이나 탑을 조성한 것이 특

▶ 발해 정혜공주 묘 앞의
돌사자상

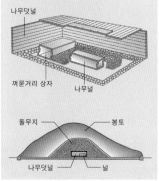

나무덧널
껴묻거리 상자   나무널
돌무지   봉토
나무덧널   널

▶ 돌무지 덧널무덤(좌)
▶ 계단식 돌무지무덤(우)

징이다. 모줄임 천장 구조인 정혜공주 무덤은 고구려식이고, 벽돌무덤인 정효공주 무덤은 당의 문화에 영향받았다.

(2) 가람

전북 익산의 백제 미륵사는 1금당 1탑 가람을 동서축 선상에 3원으로 배치한 가람이다. 동원과 서원에는 석탑을 두었고, 중원에는 목탑을 두었다. 동탑과 서탑은 규모가 비슷한 9층일 것으로 추정된다. 신라의 황룡사는 진골 귀족 출신만이 주지가 될 수 있는 핵심 사찰로 553년(진흥왕 14)에 짓기 시작하여 566년에야 전각들이 완성되었다. 645년에는 9층 목탑이 완성되었는데, 가람 배치가 정연한 비례 체계 아래 기획되었다. 8세기 후반 시중이었던 김대성이 현세의 부모를 위해 지었다고 전하는 불국사는 토함산 기슭의 경사지에 쌓은 석축과 그 위에 지은 건물의 조화가 빼어나다. 정토교의 아미타불과 화엄종의 비로자나불 및 민간 신앙으로 유행했던 관세음보살이 한곳에 모셔져 있으며, 좌우 쌍탑이 완전히 다른 모양을 지닌 가람 배치가 특이하다. 인도에서 발생한 석굴 건축이 중국을 거쳐 신라에 전해졌는데, 인도·중국의 것이 자연 석굴인데 비해 석굴암은 자연 암반을 뚫어 만든 인공 석굴이다. 본존불의 신비로움, 정치한 돔 천장, 11면 관음상과 사천왕상 등이 완벽한 통일과 조화를 이루고 있어 당시의 높은 수학적 지식을 짐작케 한다.

(3) 석탑

한국은 석탑의 나라라고 할 만큼 석탑이 발달했는데, 고구려의 탑은 목탑이었을 것으로 추정되나 남아 있는 것이 없다. 백제의 것은 미륵사지 탑과 정림사지 탑이 있다. 둘 다 목탑 형식을 본뜬 것이며, 정림사지 탑은 기단이 낮고 좁지만 옥개석을 판석으로 만들어 전체적으로 우아하다. 신라에는 벽돌 모양의 돌을 쌓아 만든 분황사 탑이 3층까지만 남아 있고, 의성 탑리 5층 석탑은 여러 석탑 형식이 융합된 것이다. 기단과 탑신 및 경사진 옥개석은 백제의 목탑계 석탑 양식을 지녔으면서도 신라의 전탑계 석탑 형식을 함께 갖추었다. 2층 기단에 3층 탑이라는 통일 신라 탑의 전형은 감은사지 3층 석탑과 고선사지 3층 석탑에서 볼 수 있다. 통일 초기의 강건한 사회적 기풍이 반영되었고, 불국사 3층 석탑에서 완성이 된다. 하대에는 탑신에 불상을 조성하는 등 다양한 변화가 있는데, 진전사지 3층 석탑, 실상사 3층 석탑, 화엄사 4사자 3층 석탑 등이 있다.

◀ **상경 용천부 석등(좌)**
현존하는 발해 시대의 유일한 석등으로 통일 신라 시대 석등 양식의 영향을 받았다.

◀ **쌍봉사 철감선사 승탑(우)**
화려하고 정밀한 조각과 비례미가 돋보이는 통일 신라 시대 승탑 중 최고의 작품에 속한다.

◀ **미륵사지 석탑(좌)**
◀ **불국사 3층 석탑(우)**

고선사지 3층 석탑(좌) ▶
진전사지 3층 석탑(우) ▶

다보탑(좌) ▶
실상사 백장암 ▶
3층 석탑(우)

⑷ 궁성

가장 규모가 큰 고구려의 안학궁은 평양 천도 후 160년간 이용되었다. 안학궁 주변은 한 변의 길이가 622m나 되는 궁성이 둘러쳐져 있고, 총 면적 38만m² 안에 21동의 중심 건물들을 좌우 대칭으로 배치하여 장엄한 느낌을 줌과 동시에 주변 건물은 비대칭으로 배치하여 변화를 주었다. 발해의 상경용천부는 발해 시대의 가장 큰 중심 도성이자 계획 도시였다. 고구려의 도시 건설법과 당의 도시 건설 방식을 가미했다. 기본 축이 남북축에 연결되었으며, 도시의 영역은 내성과 외성으로 구분된다. 장안성을 모방한 주작대로, 궁궐의 온돌 장치, 사원 건축 등이 발달했다. 안압지는 건물과 호수가 잘 조화를 이룬 유적지로서 신라의 조경술이 돋보인다. 인공 호수이지만 연못과 구릉, 그리고 건물이 자연스럽게 배치되어 있다. 입구로 들어온 물이 배수구에 도달하기 전에 3개의 섬을 끼고 돌도록 설계되어 있는 것도 주목할 만하다.

▶ 고구려 연주성

(5) 불상

4세기경 불교가 전래되면서 불상도 함께 들어왔다. 삼국이 불상을 자체 제작한 것은 6세기경부터다. 초기의 불상은 중국의 영향을 받았지만 점차 우리 고유의 특징이 나타났다. 6세기에 제작된 '연가7년명 금동여래입상'을 비롯한 금동불상이 북위의 것과 형태는 유사하지만 단순한 모습과 친근한 미소는 우리 고유의 특징이다. 6~7세기에 유행한 미륵보살반가상은 인자하고 친근한 미소와 고운 자태가 세계적인 작품이다. 백제의 서산 마애삼존불, 신라의 경주 배리 삼존불은 후덕한 몸매와 부드러운 옷자락, 온화한 미소가 압권이다. 통일 신라의 불상은 인도와 중국의 영향을 받아 매우 사실적이다. 중대의 것에는 고차원의 미소와 당당한 신체가 범접하기 어려운 위엄이 있다. 수인도 항마촉지인과 지권인 등 다양해졌다. 지배층의 강한 자신감이 반영된 것으로 보인다. 신라 말기에는 중대의 사실성과 균형감은 떨어지지만 젊은 표정과 다양한 모습에서 새로운 사회에 대한 열망이 반영된 것으로 볼 수 있다.

석굴암 11면
관음보살상 부조 ▼

(6) 한문학과 향가

한자 사용에 따라 한시가 등장했는데, 고구려에는 유리왕의 '황조가'와 을지문덕의 '오언시' 등이 있다. 발해에선 4·6 변려체(정혜공주·정효공주 묘)가 유행했고, 양태사의 '야청도의성'이 『경국집』에 실려 있다. 무속과 관련된 '구지가'나 노동

금동미륵보살반가상

과 관련된 '회소곡', 그 밖의 '정읍사' 등은 민중 사이에서 불렀다. '에밀 래종 설화', '설씨녀 이야기', '지은 이야기' 같은 설화도 민중들 사이에서 회자되었다.

향찰로 표기한 향가는 신라 전기에서부터 고려 전기까지 창작된 시가이다. 대체로 민간 전승의 민요를 비롯하여 구복을 위한 불찬과 순수한 서정시까지 다양하게 포함되어 있는데, 종교 문학으로 규정할 정도로 불교적인 소재가 주류를 이룬다. 총 25수가 전해지는데, 『삼국유사』에 14수, 『균여전』에 11수가 실려 있다. 9세기 후반(진성여왕)에 각간 위홍과 승려 대구가 향가를 모아 『삼대목』을 편찬했으나 전해지지는 않는다.

(7) 글씨 · 그림 · 음악

고구려 광개토대왕비문은 예서체로 된 웅건한 필치가 돋보인다. 통일 신라에서는 왕희지체의 김생과 구양순체의 요극일이 명필로 유명하다. 특히 김생은 질박하고 굳센 기풍의 독자적인 신라 서체를 보여 주었다. 천마총의 말 옆 가리개에 그린 '천마도'는 화풍이 매우 힘차며, 솔거가 황룡사의 벽에 그린 '노송도'는 사실적으로 묘사한 작품이다. 종교와 노동과 밀접한 음악과 무용에 관한 그림은 고구려 고분 벽화에서 볼 수 있다. 신라의 화랑들도 노래와 춤을 즐겼다고 하는데 삼국의 음악가로는 신라의 백결 선생, 고구려의 왕산악, 가야의 우륵이 있다. 백결 선생은 '방아타령'으로 유명하고, 왕산악은 진의 칠현금을 개조하여 거문고를 만들고, 우륵은 가야금을 만들어 12악곡을 지었다.

◀ '현무도'

◀ '일월신선도'

◀ 거문고 타는 모습

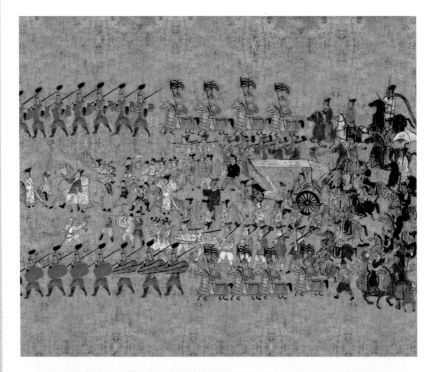

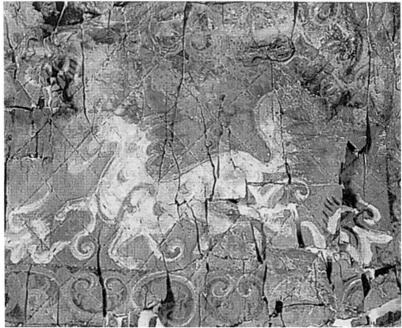

| 고대인의 예술과 멋

고구려 고분과 벽화

- 무용총 : 모줄임천장, 접객도(승려·시동), 무
  용도와 수렵도, 기마도, 연화 장식문, 사신도
- 각저총 : 평민들의 씨름도 및 별자리 그림,
  삼족오가 있는 해, 두꺼비가 있는 달
- 안악 3호분 : 지배층의 모습과 가옥(부엌·
  고깃간·우물가 등), 남자(동수)와 여자 주
  인공
- 쌍영총 : 팔각형의 돌기둥 한 쌍(쌍영), 기사
  도 및 풍속도, 남녀 거마도
- 강서 대묘 : 사신도

'청룡도'

삼국과 통일 신라 문화의 일본 전파

삼국의 문화는 일본 고대 문화의 성립과 발전에 큰 영향을 주었다. 삼국 중에서 일본과 가장 가까웠던 백제가 가장 크게 기여하였다. 4세기에 아직기는 일본 태자의 스승이 되었으며, 왕인 박사는 천자문과 논어를 전했다. 6세기경 노리사치계는 불경과 불상을 전했고, 광륭사(고류지) 미륵반가사유상, 법륭사(호류지) 백제 관음상, 가람 양식 등에 영향을 주었다.

7세기 초 고구려의 담징은 종이와 먹 제조법을 전하고, 법륭사의 금당 벽화를 그렸다. 혜자는 쇼토쿠 태자의 스승이 되었고, 혜관은 불교를 전했다. 고구려 수산리 고분 벽화의 영향을 받은 일본의 다카마쓰 고분벽화에는 여인도·성좌도·사신도 등이 발견되었는데, 기마 민족 문화의 영향을 뒷받침해 주는 근거다. 신라는 조선술과 한인의 연못이라는 축제술 그리고 도자기 제조술과 불상을 전했다.

통일 신라의 문화는 일본에서 온 사신을 통해서 전파되었다. 원효의

R e f e r e n c e **d a t a**
- 고대 문화의 일본 전파
- 아스카 문화
- 하쿠호 문화

불교 문화, 강수와 설총의 유교 문화가 전해졌고, 심상의 화엄 사상은 일본 화엄종 부흥에 큰 영향을 주었다. 우리나라 문화의 영향을 받던 일본은 8세기 말 헤이안 천도 이후 국풍 운동이 일어나면서 독자적인 문화를 형성하려고 했다.

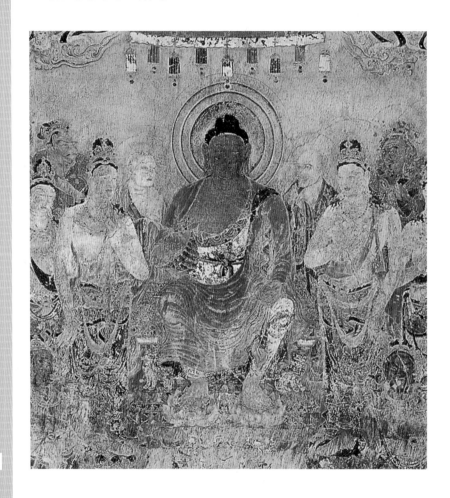

법륭사 금당 벽화 ▶

| 삼국과 통일 신라 문화의 일본 전파

고대 문화의 일본 전파

• 신석기 시대 : 빗살무늬토기가 일본 조몬 토기 문화를 성립시켰다.

• 청동기 문화 : 일본 야요이 문화를 성립시켰으며, 벼농사와 금 · 은 장신구를 전했다.

• 삼국 문화 : 일본 아스카 문화를 성립시키고, 중앙 집권 국가로 발전하게 했다. 백제는 유학(아직기 · 왕인), 학문(고 안무 · 단양이), 불교(노리사치계), 그림(아좌 태자), 음악, 역학, 의학, 농업을 전했으며, 고구려는 담징이 종이, 붓, 먹, 벼루, 그림을 전했고, 혜자는 쇼토쿠 태자의 스승이 되었다. 그리고 혜관은 삼론종의 시조가 되었으며, 도현은 『일본세기』를 저술했다. 신라는 조선술과 축제술을 전했고, 가야 토기는 스에키 토기로 이어졌다.

아스카 문화 : 율령 국가의 터전을 닦고, 불교 문화의 토착화가 시작된 쇼토쿠 태자 시대의 문화로, 당시 일본의 수도 였던 아스카(飛鳥)의 이름에서 비롯했다. 한반도 불교 문화는 고대 왕권 강화에 이용되었고, 사원 건축, 불상 조각, 회 화, 공예 등이 발달하여 일본 불교 미술의 기초가 되었다.

하쿠호 문화 : 7세기 후반에 불상, 가람 배치, 탑파와 율령에서 신라 불교와 유교의 영향이 계기가 되었다. 야쿠시지 (藥師寺)의 삼중탑과 약사삼존상, 성관음상이 대표적인 유물이다.

가야 고분에서 출토된 뿔잔

4

중세 사회

진골 중심의 폐쇄적인 신라 사회는 하대에 이르러 선종과 유교를 사상적 기반으로 한 6두품과 호족 세력이 대두하여 개혁을 추구했다. 이 시기는 농업 생산력의 증대와 자영 농민의 성장으로 농민의 의식이 향상되었다. 이들을 기반으로 고려 왕조가 성립되었다. 고려는 취민유도(取民有度)의 합리적인 수취 제도를 실시했다. 중앙 집권화 정책에 따라 지방에 할거하던 호족 세력들이 중앙 정치에 참여하면서 문벌 귀족이 되어 고려 사회를 주도했다. 또한 과거제 실시 등 보다 개방적이고 합리성이 강화되는 방향으로 정비되었다. 그러나 권력 독점이 심화되면서 드러난 모순은 무신의 난을 초래했고, 이는 신분 체제가 허물어지는 계기가 되었다. 무신 시대가 막을 내린 몽골 간섭기에는 권문세족들이 새로운 지배 세력으로 등장했다. 이들에 대항하여 신진 사대부 계층이 형성되어 사회 변혁의 주체가 되었다. 많은 외침 속에서도 중세의 예술은 우아하고 세련되었다. 청자와 인쇄술은 세계적인 수준을 자랑했고, 그림과 문학에서도 품격과 멋이 한층 세련되었다.

01 중세의 정치
02 중세의 경제
03 중세의 사회
04 중세의 문화

01 중세의 정치 ▶▮▮━━━━━━

🌏 동 · 서양의 중세

Reference data
● 비잔틴 문화
● 굽타 왕조

서양의 중세는 로마 멸망 이후 비잔틴 제국이 멸망한 때까지의 시기이다. 서양 중세의 특징은 장원을 매개로 하여 봉주(封主-君主)와 봉신(封臣-領主) 간의 주종적인 신분 관계에 봉토(封土)의 수수라는 물권 관계가 결합된 형태이다. 장원은 영주와 농노가 지배 · 예속 관계로 이루어진 자족적인 경제이며, 게르만의 종사 제도와 로마의 은대지 제도가 합쳐진 것이다. 중국은 당 멸망 후(10세기 초)의 5대 10국 시대부터 송과 원을 거쳐 명이 건국된 시기까지가 중세로 분류된다. 북방 민족들의 활동이 왕성했던 당 말에는 귀족 사회가 무너지고, 신흥 지주층이 대두하여 사회를 이끌었다. 일본에는 9세기 중엽부터 국왕권이 약화되면서 지방 호족이 장원을 소유하고 무사를 고용하면서 봉건 제도(封建制度)가 성립되었다. 중앙의 통제력이 약화되어 지방 세력이 독자적으로 지배권을 행사했다는 점이 서양과 다르다.

이 시기의 서양은 3대 문화권으로 구분되는데, 로마 가톨릭 중심의 '서유럽 문화권'과 그리스 정교 중심의 '비잔틴 문화권', 그리고 '이슬람 문화권'이다. 기독교 중심의 서유럽 세계는 게르만족의 이동으로 프랑크 왕국이 발전했다가 9세기에 이르러 독일, 프랑스, 이탈리아로 분열되었다. 비잔틴 제국은 서로마 제국이 멸망한 뒤에도 약 1,000년 동안 지속되었고, 8세기경 아프리카 북부와 이베리아 반도를 지배하던 이슬람 제국은 북부의 기독교 세력에 의해 유럽에서 밀려났다. 중세의 봉건 사회는 십자군 원정 이후 왕권 강화와 중앙 집권화, 도시 및 화폐 경제의 발달, 농노 해방과 교황권의 쇠퇴 등으로 해체되었다.

고려 왕조가 발전하던 시기의 중국은 당 멸망 후 5대 10국을 거쳐 송으로 교체되면서 문벌 귀족이 몰락하고, 신흥 지주층(형세호)이 대두했다. 중국을 재통일한 송은 경제가 흥성하고 문화가 발달했다. 과거 제도를 완성하여 문치주의가 확립되었으나 문약(文弱)으로 흘러 북방의 여진족이 침입하면서 북송이 멸망하고(12세기 초) 남송이 성립되었다. 13세기경에는 중국 대륙을 차지한 몽골족이 세계 제국을 건설하면서 동서 문화 교류가 촉진되었다. 인도는 굽타 왕조가 붕괴된 이후 정치적 혼란이 지속되었고, 이슬람 세력의 침투가 이어졌다.

R e f e r e n c e **d a t a**

| 동 · 서양의 중세

비잔틴 문화 : 그리스 고전 문화의 전통 위에 그리스도교적 요소가 더해진 것이 특징이며, 6세기 중엽에서 9~10세기, 14세기에 융성했다. 보수적이고 신비적인 색채가 짙으며, 미(美)라는 것을 외면적(外面的)·가시적(可視的)인 시각보다도 오히려 정신적인 가치를 바탕으로 의식했다. 미술은 궁정과 교회에서 발전했다. 이스탄불의 '하기아 소피아 교회'에서 특징을 볼 수 있고, 회화에서는 초기·중기에 모자이크가 시공되었는데, 라벤나의 산비탈레 성당의 '유스티니아누스 1세'와 그리스의 다프니 수도원에 있는 '그리스도' 등이 대표적인 작품이다. 말기에는 모자이크 대신 프레스코 벽화와 이콘이 성행했다. 7세기에 막시무스 콘페소르가 주장한 신비 사상이 비잔틴 사상계의 한 조류(潮流)를 이루었다. 비잔틴 문화는 그리스 고전 문화를 계승하여 중세를 통하여 유지되었고, 근세 유럽에 그리스 정신을 전했다. 발칸과 러시아에 거주하는 슬라브계(系) 민족의 문화적 수준을 향상시키는 데도 기여했다.

굽타 왕조(Gupta dynasty) : 320년부터 550년경까지 북(北)인도를 통일·지배한 왕조로, 이 시기는 고전(古典) 인도 문화의 최성기에 해당한다. 찬드라굽타 1세는 갠지스강 중류 지역으로 세력을 확장하였고, 스스로 '모든 왕의 정복자'라고 호언한 사무드라굽타가 북인도 통일의 대업을 이루었다. 그 뒤를 이어 찬드라굽타 2세는 그자라트와 사우라슈트라를 지배하던 샤카족(族)의 서방 크샤트라파를 쫓아내어 그 지방을 확보하였고, 벵골과 신드를 병합하였다. 이리하여 굽타 왕조는 동쪽 벵골로부터 서쪽 사우라슈트라까지와 북쪽 네팔 국경으로부터 나르마다강에 이르는 광대한 지역을 지배하였다. 쿠마라굽타 1세의 만년부터 굽타 왕조의 세력은 쇠퇴하기 시작하였다. 그것은 북서방에서 침입한 에프탈족이 점차 서부 영역을 잠식하였고, 굽타 왕조에 종속해 있던 지방 지배자가 세력을 확대하여 독립한 데에 기인한다. 이후 6세기 중엽에 멸망하였으며, 그리하여 북인도는 여러 지방 지배자가 할거하였다.

🌐 고려의 건국과 민족의 재통일

Referencedata
● 삼국사기
● 동명왕편

송악의 호족 출신인 왕건은 후고구려를 건국한(901) 궁예의 부하였다. 왕건은 918년에 궁예의 실정에 반발한 지지 세력의 추대에 의해 새 왕조를 열고는 국호를 고려라 하여 고구려의 계승자임을 내세웠다. 이는 고구려의 부흥을 주창했던 궁예의 입장을 계승한 것이었다. 고려의 지배층에 구신라의 세력이 대거 유입될 때는 신라를 정통 왕조로 여기는 『삼국사기』 이중성이 나타났지만, 거란 침입 때 서희는 담판에서 고구려의 계승자임을 주장했다. 무신 정권 수립 후 구신라 세력이 몰락하면서부터 대내외적으로 고구려의 계승자라는 일원적인 역사 의식을 갖게 되었다.

고려의 민족 재통일 ▼

태조는 연호를 천수(天授)라 하고, 자신의 지지 기반인 송악을 도읍으로 정했다. 그는 국가의 기초를 다지기 위해 사회적 분열의 주된 원인인 골품 제도를 부정했으며, 민심 수습책의 일환으로 가혹한 수취 체제를 개편하여 세율을 1/10로 경감했다. 빈민 구제책인 흑창(黑倉-성종 5년에 의창이 됨)을 설치하는 한편, 원래 양민이었다가 노비가 된 자들을 해방시켜 주었다. 대외적으로는 친신라 정책을 폈으며, 후량과 후당 등 중국 5대의 여러 나라들과 교류했다. 이와 동시에 전라도 남해안을 점령하여 후백제와 일본의 통로를 차단했다. 935년에는 통치력을 상실한 신라의 경순왕이 고려에 투항했고, 마침내 936년에는 지배층의 내분으로 약해진 후백제를 선산과 황산 전투에서 격파하면서 후삼국을 통일했다. 북쪽으로는 거란에 의해 멸망한(926) 발해의 왕자 대광현을 포함한 유민들을 적극 포섭하여 민족 융합 정책을 추진했다. 거란에 대해서는 강경책을 유지했으며, 북진 정책을 강행하여 서북으로는 청천강까지, 동북으로는 영흥까지 국경을 확장했다.

R e f e r e n c e   d a t a

| 고려의 건국과 민족의 재통일

삼국사기(三國史記) : 1145년(인종 23)경 김부식의 주도하에 신라, 고구려, 백제 3국의 정치적인 흥망과 변천을 중심으로 편찬한 역사서이다. 고려 건국 후 200여 년이 흐른 이 시기는 문벌 귀족 문화가 절정에 이르렀으며, 유교와 불교가 어우러져 고려 왕조가 안정되어 있었다. 거란을 물리친 자신감과 여진의 위협에 대한 국가 의식이 고조되었으며, 문벌 귀족 간의 갈등과 대립에 대한 현실 비판과 역사의 교훈을 후세에 알리고자 하는 목적이 어우러진 결과였다. 사료가 가장 미약한 삼국 시대를 다룬, 현존하는 우리나라 최고(最古)의 관찬 사서이다.

동명왕편(東明王篇) : 원작자와 연대는 미상이다. 오언 장편 282구(句) 운문체(韻文體)의 한시로 되어 있으며, 시가 섬세하고 화려하여 기사체(記事體) 문학의 선구가 되었다. 무신 시대의 문인인 이규보(李奎報)가 지은 문집『동국이상국집(東國李相國集)』에 수록되어 전한다. 당시 중화 중심의 역사 의식에서 탈피하여『구삼국사(舊三國史)』에서 소재를 취했고, 고려가 위대한 고구려를 계승했다는 고려인의 자부심을 천추만대에 전하겠다는 의도에서 씌어졌다. 작자의 국가관과 민족에 대한 자부심 그리고 외적에 대한 항거 정신이 잘 나타나 있다.

🛡 국초의 집권 정책

Reference data
● 혼인 정책
● 기인 제도
● 사심관 제도
● 정계 · 계백료서
● 훈요10조
● 노비안검법
● 시무28조
● 문신월과제

고려가 후삼국을 통일하였으나 중앙의 정치력이 전국에 미치지는 못했다. 지방에는 통일 전과 다름없이 독자적인 무력과 경제적 기반을 가진 호족들이 분립하고 있었다. 태조가 초기에 치중한 정책은 이들 각 세력을 하나의 조직으로 통합하는 작업이었다. 그 일환으로 지방의 호족들에게 사절을 보내 '중폐 비사(重幣卑辭)'로써 친화의 뜻을 전달하는 한편, 귀부하여 오는 호족들에게는 딸을 왕비로 맞아들이는 혼인 정책(婚姻政策)을 취한다거나 관계(官階)를 수여했고, 본관제(本貫制)에 입각하여 토성(土姓)을 분정(分定)했다. 명주장군 김순식(金順式) 같은 경우 왕씨(王氏)를 사성(賜姓)하였는데, 유력한 호족과는 한집안인 것처럼 관계를 맺었다. 한편으론 태봉의 관제를 본떠 광평성을 비롯한 정부 기구를 설치하여, 밖에서 정치 권력을 행사하던 개국 공신 계열과 지방의 호족 세력을 등용하여 관료화시켰다. 태조 23년(940)에는 역분전(役分田)을 나눠 줌으로써 토지를 매개로 공신과 호족들을 고려의 위계 체계 안으로 끌어들였다. 동시에 지방 호족의 자제들을 뽑아 왕경에 머물게 하는 기인 제도(其人制度)를 실시했다. 또한, 경순왕 김부(金傅)를 경주 지역의 사심관(事審官)에 임명하여 해당 지역의 치안 통제를 맡겼다.

태조의 노력에도 불구하고 국초의 왕권은 여전히 불안했다. 혜종 2년(945)에는 왕위 계승을 둘러싸고 왕규의 난이 일어났다. 외척인 왕규는 태조의 16비에게서 난 광주원군(廣州院君)을 왕으로 옹립하고자 했다. 정종(945~949) 때에는 개국 공신과 외척들의 세력 기반인 개경을 벗어나기 위해 서경 천도를 추진한 바 있다. 광종(949~975)은 즉위 초에 호족 세력을 무마하면서 왕권의 안정을 도모했으나, 어느 정도 기반을 잡은 956년(광종 7)에는 노비안검법(奴婢按檢法)을 실시하여 본래 양인이었던 노비를 방양케 함으로써 호족들의 경제와 무력 기반을 약화시켰다. 958년(광종 9)에는 후주(後周)의 귀화인 쌍기(雙冀)의 건의로 과거 제도를 실시하여 신진 관리를 채용했다. 960년(광종 11)에는 공복을 제정, 등급에 따라 복색(紫·丹·緋·綠)을 달리하는 등 왕권의 상징인 관계주의를 실시했다. 또한 내군(內軍)을 장위부(掌衛部)로 개편하고, 시위군(侍衛軍)을 강화한 뒤 훈신(勳臣)들을 숙청했다. 광종은 독자적으로 광덕(光德)과 준풍(峻豊)이라는 연호를 사용했고, 고승인 균여로 하여금 귀법사(歸法寺)를 창건하여 화엄종을 통합케 했다. 법안종(法眼宗)과 천태학(天台學)을 통한 교(敎)·선(禪)의 통합도 모색하여 집권적인 왕권 강화를 도모하고, 귀법사를 배경으로 개혁 정책의 지지 세력을 결집했다.

집권 정치의 완성은 성종(981~997) 대에 이루어졌다. 성종은 982년 최승로가 올린 시무28조를 채택하여 유교 정치에 따른 국가 기반을 정립했다. 성종 원년에는 당제를 본받아 중앙 관제를 제정하여 2성 6부(二省六部)를 두었으며, 송의 관제인 중추원과 삼사를 수용했고, 고려의 독자적 기구인 도병마사(都兵馬使)와 식목도감(式目都監)을 설치했다. 983년(성종 2)에는 전국에 12목(牧)을 설치하여 외관을 파견함으로써 지방의 자치적인 호족을 통제했다. 이어서 향직을 개편하여 당대등(堂大等)은 호장(戶長)으로 바꾸었고, 병부(兵部)가 사병(司兵)으로, 창부(倉部)가 사창(司倉)으로 각각 개정되면서 호족들은 외관의 보좌역인 향리로 격하되었다.

R e f e r e n c e **d a t a**

| 국초의 집권 정책

혼인 정책(婚姻政策) : 태조가 호족들과 유대를 강화하기 위해 20여 호족들과 통혼(通婚)을 했는데 '정주 유씨(柳氏)', '평산 박씨(朴氏)', '청주 유씨(劉氏)' 등이다. 모두 29명의 왕비가 있었다.

기인 제도(其人制度) : 신라의 상수리(上守吏)에서 유래했고, 향리의 세력을 회유·억제하기 위한 수단이었는데, 향리(鄕吏)의 자제를 뽑아 서울에 데려와서 볼모로 삼는 한편, 출신 지방 사정에 관한 고문으로 활용했다. 몽골의 침입 때에는 부역에 동원하기도 했다.

사심관 제도(事審官制度) : 태조 18년(935), 신라의 경순왕을 경주 사심관으로 삼았고, 여러 공신을 각각 출신 주(州)의 사심관으로 임명하여 부호장(副戶長) 이하의 향직(鄕職)을 다스리게 했다. 신분의 구별, 부역의 공평, 풍속의 교정(矯正) 등이 임무였다. 민심 수습과 권력층의 회유를 목적으로 한 이 제도는 정원이 없었으나, 고려의 기반이 공고해짐에 따라 성종 때는 5백 정(丁) 이하의 주(州)는 4명, 3백 정 이하의 주는 3명, 그 이하는 2명으로 정했다. 사심관 제도는 민폐(民弊)도 많아 문종(文宗) 이후로는 그 임면(任免)을 맡는 사심주장사(事審主掌使)를 두어 통제했다. 충렬왕 9년(1283)에 폐지했으나 권력 있는 호족들이 스스로 사심관이 되어 극심한 폐단을 가져왔고, 점점 토호화(土豪化)되어 중앙 집권 체제를 훼손했다.

정계(政誡)·계백료서(誡百寮書) : 태조 19년(936)인 삼한 통일 직후에 신하들의 예절을 밝히기 위해 반포했다고 하나 전해지지 않는다. 『정계』와 『계백료서』의 내용이 서로 비슷하지만, 전자가 이념적 정리에 치중했다면 후자는 실천적인 내용일 것으로 본다.

훈요10조(訓要十條) : 신서10조(信書十條) 또는 십훈(十訓)이라고도 한다. 태조가 총신(寵臣)인 박술희(朴述熙)를 불러 전했다고 하며,『고려사』와『고려사절요(高麗史節要)』에 기록되었다. ① 국가의 대업이 제불(諸佛)의 호위와 지덕(地德)에 힘입었으니 불교를 잘 위할 것 ② 사사(寺社)의 쟁탈 · 남조(濫造)를 금할 것 ③ 왕위 계승은 적자적손(嫡者嫡孫)을 원칙으로 하되 장자가 불초(不肖)할 때에는 인망 있는 자가 대통을 이을 것 ④ 거란과 같은 야만국의 풍속을 배격할 것 ⑤ 서경(西京)을 중시할 것 ⑥ 연등회(燃燈會) · 팔관회(八關會) 등 중요한 행사를 소홀히 다루지 말 것 ⑦ 왕이 된 자는 공평하게 일을 처리하여 민심을 얻을 것 ⑧ 차현(車峴) 이남의 금강(錦江) 밖은 산형지세(山形地勢)가 배역(背逆)하니, 그 지방의 사람을 등용하지 말 것 ⑨ 백관의 기록을 공평히 정해 줄 것 ⑩ 널리 경사(經史)를 보아 지금을 경계할 것 등이다.

노비안검법(奴婢按檢法) : 고려 초기 호족은 전쟁 포로가 되었거나 빚을 갚지 못하는 등 이유로 양인에서 노비가 된 사람들을 많이 소유했다. 노비는 토지와 함께 호족들의 경제적 · 군사적 기반이었다. 국가의 입장에서는 왕권을 위협했으므로 제한해야 했다. 918년에 태조는 노비가 된 양인 가운데 1,200명을 방면시키는 등 노력을 기울였지만, 호족의 반발로 성과가 미미했다. 956년 광종은 억울하게 노비가 된 양인을 회복시켰는데, 역시 호족들이 강력하게 반발했다. 마침내 987년(성종 6)에는 최승로(崔承老)의 건의에 따라 이를 되돌리는 노비환천법(奴婢還賤法)을 실시하기에 이르렀다.

시무28조(時務二十八條) : 최승로가 성종에게 건의한 28조의 시무책(時務策)으로써 성종이 경관 5품 이상으로 하여금 각기 시정의 득실을 논해 봉사를 올리도록 하자, 최승로는 자신의 정치적인 이상을 반영한 시무책을 올렸다. 태조의 정치를 이상으로 삼고, 광종의 과격한 왕권 강화책을 반성하면서 새로운 고려 사회를 건설하고자 함이 골자다.

- 국방 관계(1) : 북쪽의 국경을 확정하여 그에 대한 방비책을 강구할 것.(국방 강화)
- 불교 관계(8) : 공덕재(功德齋)를 왕이 직접 베풀지 말 것. 왕이 직접 길에서 보시하는 의식을 폐지할 것. 사찰의 고리대업을 금지할 것. 승려 여철을 궁궐에서 내보낼 것. 승려가 역관에 유숙하는 것을 금지할 것. 사찰을 마구 짓지 못하게 할 것. 불상에 금 · 은을 입히지 못하게 할 것. 불교는 몸을 닦는 근본이고, 유교는 나라를 다스리는 근원이므로 불교 의식인 공덕과 유교 통치 행위인 정사를 균형있게 할 것.(불교 억제)
- 사회 문제(7) : 지방관을 파견할 것. 신분에 맞추어 복식을 입게 할 것. 섬 사람들의 공역을 줄여 줄 것. 궁궐에서 일하는 노비 수를 줄일 것. 신분에 따라 가옥의 규모를 맞추게 할 것. 삼한 공신의 자손에게 벼슬을 줄 것. 노비의 신분을 엄격히 규제할 것.(음서, 지방관 파견, 신분제 강화)
- 왕실 관계(2) : 왕실을 호위하는 군졸 수를 줄일 것. 왕은 신하를 예로써 대우할 것.
- 중국 관계(2) : 중국과의 사사로운 무역을 금지할 것. 예악(禮樂)을 비롯한 유교의 도리는 중국 문물을 본받아도 의복 등은 고려 풍속에 따를 것.(사무역 억제, 고려의 자주성)
- 토착 신앙 관계(2) : 연등회 · 팔관회의 규모를 줄이고, 의식에 사용하는 인형을 만들지 못하게 할 것. 음사(淫祀)를 제한할 것.(토착 신앙 억제)

문신월과제(文臣月課制) : 성종 대에 유학 진흥과 관리의 자질 향상을 위해 문신들에게 매월 시부(詩賦)를 바치게 한 제도이다.

정치 제도와 군사 조직

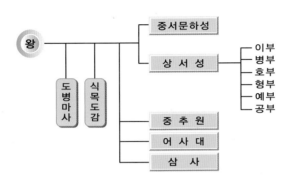

Reference data
● 군현 제도
● 중방

◀ 고려의 중앙 관제

건국 초부터 성종 초에 이르기까지는 태봉의 관제를 답습하여 최고의 정무 기관인 광평성(廣評省), 왕명을 받들어 실행하는 내봉성(內奉省), 병마를 통수하는 순군부(徇軍部), 단순한 군사 행정의 병부(兵部), 유교적 고문과 문한(文翰) 역할의 내의성(內議省)이 근간이었으나, 성종 대에는 2성 6부를 설치하고, 중추원(中樞院 —樞密院)과 삼사(三司)를 두었다. 여기에 합좌 기구인 도병마사와 식목도감이 더해졌다. 당의 3성은 중서성(中書省—內史省)과 문하성(門下省) 및 상서성(尙書省)을 말하지만, 고려에서는 중서성과 문하성을 합쳐 중서문하성이라는 단일 기구가 되었다. 재부(宰府)라 불리는 이 기구의 장관은 문하시중이며 수상이다. 중서문하성은 2품 이상의 재신(宰臣)과 3품 이하의 낭사(郎舍—諫官)로 구분되었다. 상서성에는 6부가 예속되어 있었지만, 실질적으로는 6부의 판사를 겸하고 있는 중서문하

▼ 고려의 5도 양계

성의 통솔을 받았다. 추부(樞府)라고 불리는 중추원은 2품 이상의 추밀(樞密-樞臣)이 군기(軍機)를 관장하고, 3품의 승선(承宣)은 왕명을 출납하는 일을 맡았다. 삼사(三司)는 실권이 없는 재정 회계 기관에 불과했다. 재추들이 모여 국가 중대사를 협의하거나 의결하는 기관은 도병마사와 식목도감이다. 도병마사는 후기에 도당(都堂)이라 불리는 도평의사사(都評議使司)로 개칭되어 중서문하성의 기능을 대신했다. 어사대(御史臺)는 중서문하성의 낭사와 함께 서경(署經), 봉박(封駁), 간쟁(諫爭)의 기능을 수행했다.

　고려의 지방 제도는 군현 제도를 근간으로 했고, 중앙에서 외관을 파견하는 중앙 집권적 체제였다. 건국 초기에는 조세를 관장하는 사자(使者-今有·租藏)만 두었는데, 983년(성종 2)에 12목을 설치하여 지방관을 파견했다. 이후 여러 차례 치폐를 거듭하다 1018년(현종 9)에는 4도호(都護), 8목(牧), 56지주군사(知州郡事), 28진장(鎭將), 20현령(縣令)으로 개편되었다. 하지만 500여 개의 군현 중 외관이 파견된 곳은 130여 개에 불과했다. 나머지 군현들은 수령이 있는 주현에 예속되어 간접 지배를 받았다. 이러한 취약점을 보완하기 위해 감무(監務)를 증치했는데, 많은 주현을 효과적으로 통제하기 위해 몇 개의 큰 군현을 계수관(界首官)으로 삼아 중간 기구의 역할을 하게 했다. 계수관은 향공(鄕貢)의 선상이나 외옥수(外獄囚)의 추검을 맡았다. 이 또한 허술하여 정부와 군현 사이의 중간 기구로서 남부의 5도(道)와 북부의 양계(兩界)를 설치하여, 양계에는 병마사(兵馬使)를, 5도에는 안찰사(按察使)를 각각 파견했다. 고려에서는 주·부·군·현과 별도로 향(鄕)·소(所)·부곡(部曲) 등의 특수 행정 조직을 두었다. 향과 부곡에는 농민들이 거주했고, 고려에 들어와 생겨난 '소'에는 금·은·동·철·종이·먹·도자기 등을 만들어 바치는 공장들이 집단으로 거주했다. 이들은 후기에 갈수록 점점 소멸되었다. 향촌의 지배 세력은 호장(戶長) 등 토착적인 장리층(長吏層)이었다. 수령의 파견에 의해 지위가 떨어지긴 했어도 지역 사회에서는 큰 세력을 유지했다.

　고려 초기에 지방의 호족이 보유한 사병은 집권 체제의 확립에 따라 중앙 정부 직속으로 편입되었다. 중앙군은 2군과 6위로 편성했다. 2군은 국왕의 친위대인 응양군(鷹揚軍)과 용호군(龍虎軍)으로서 근장(近仗)이라 부르며 6위보다 우위에 있었다. 6위는 좌우위(左右衛), 신호위(神虎衛), 흥위위(興威衛), 금오위(金吾衛), 천오위(千牛衛), 감문위(監門衛)를 말하는데, 앞의 3개는 개경의 경비뿐만 아니라 국경을 방어하는 주력 부대다. 8개의 부대에는 1,000명씩으로 편성된 45개의 영(領)이 딸려 있다. 2군 6위의 부대장은 정3품의 상장군이며, 서열이 가장 높은 응양군의 상장군은 반주(班主)가 되어 상장군과 대장군(종3품)으로 구성된 중방(重房-무신 합좌 기구)의 의장이다. 아래는 차례로 장군, 낭장(郞將), 오위(伍尉-校尉)와 대정(隊正)이라는 지휘관이 있다. 2군 6위의 경군은 군반씨족(軍班氏族)에서 충당된 전문적인 직업 군인과 번상 복역하는 농민군으로 이루어졌다. 군반씨족이 군인전을 받는 것과 달리 농민군은 자기 경작지에 대해 면세 혜택을 받았다. 양계에는 방수군이 상비적으로 있었지만 지방의 주현군은 농경에 종사하면서 방수와 군사 훈련에 임하는 예비군의 성격이었다.

R e f e r e n c e d a t a

| 정치 제도와 군사 조직

군현 제도(郡縣制度) : 중앙 집권적인 지방 통치 체제다. 춘추 시대 말기에는 각국 간에 다툼이 격화되어 일반 서민에게도 군역(軍役)의 부과와 징발(徵發), 징세(徵稅)가 필요했다. 이를 강행하기 위해 현을 재편성하고, 직할지화하여 중앙에서 관리를 파견했다. BC 350년 진(秦)나라 효공(孝公)이 상앙(商鞅)의 건의에 따라 국내의 작은 촌락을 합쳐 41현을 설치한 것이 예다. 군(郡)도 마찬가지 경로로 설치했다. 군과 현 사이에는 본래 통속 관계가 없었지만 통할지역이 넓어 군 안에 몇 개의 현이 설치되면서 통속 관계가 발생했다. BC 221년에 진나라 시황제(始皇帝)가 전국을 통일한 뒤 전 영역에 현을 설치하고, 전국을 36군으로 구획하여 통치한 것이 중국 군현제의 시초다. 이와 같은 지방 통치의 개념은 청대(淸代)까지 거의 2000년 동안 존속했다.

중방(重房) : 중앙군인 2군(軍) 6위(衛)의 정·부지휘관인 상장군(上將軍, 정3품)과 대장군(大將軍, 종3품)을 포함한 총 16명의 합좌 기구로 1167년(의종 21)에 처음 등장했다. 중방 아래에는 각각 장군방(將軍房), 낭장방(郞將房), 산원방(散員房) 등이 있어 하위 직급에도 합의 기구가 존재했다. 중방은 무신들의 최고 기구로서 문신들의 합좌 기관인 도병마사(都兵馬使-후의 都堂)와 대조적인 위치에 있었지만, 문치주의를 표방한 고려 전기에는 권력이 미약했다. 그러나 1170년(의종 24)에 일어난 무신 난에 의해 위상은 크게 달라졌다. 무신 집권기에는 무신들의 집단 지도 체제로 운영되었는데, 군사는 물론 경찰, 형옥, 백관의 임면(任免) 등 모든 정무에 간여했다. 무신 집정의 지위가 확고하지 못하여 집권 무신들의 전횡을 억제하는 자기 조절 기능도 수행했다. 무신 정권이 최충헌의 단독 집권으로 안정화된 이후에는 교정도감(教定都監)이라는 새로운 집권 기구가 설치되면서 중방의 권력은 크게 약화되었다.

🌀 관리 등용 제도와 문벌 귀족 사회의 성립

Referencedata
● 향학

교육과 과거 제도는 고려 지배 체제의 인적 자원 공급 수단이었다. 태조 때는 유교 교육을 받은 관리를 양성하기 위해 개경과 서경에 학교를 세운 바 있고, 992년(성종 11)에는 당제를 채용한 국자감(國子監)을 설치하여 교육 제도의 기초를 만들었다. 국자감은 국자학(國子學), 태학(太學), 사문학(四門學), 율학(律學), 서학(書學), 산학(算學)으로 구성되었다. 국자학은 문무관 3품 이상, 태학은 5품 이상, 사문학은 7품 이상의 자제에게 입학 자격이 주어졌다. 모두 유학을 교육했고, 정원은 300명씩이었다. 율·서·산학의 잡학(雜學)에는 8품 이하와 서인의 자제들이 입학했다. 987년(성종 6)에는 지방 자제들의 교육을 위해 12목에 경학박사와 의학박사를 각 1명씩 파견했다. 1127년(인종 5) 각 주에 세워진 향학(鄕學)은 지방 교육의 중심이 되었다. 지방 호족들의 자제를 중앙 관료로 편입시키기 위한 목적도 있었다. 고려의 과거는 제술업(製述科)과 명경업(明經科) 및 잡업(雜科)의 3과로 나누어졌다. 가장 중시되고 우대했던 제술업은 문학인 시(詩)·부(賦)·송(頌)·책(策)을 시험했고, 명경업은 시(詩)·서(書)·역(易)·춘(春)·추(秋) 등 유교 경전이 시험 과목이었다. 초기에는 국자감생과 향공(鄕貢-계수관시 통과자)이 직접 시험을 치렀으나, 점차 예비 시험인 국자감시(國子監試-司馬試 또는 進士試)를 거쳐 본시험인 예부시(禮部試-東堂

試)를 치르도록 했다. 과거 합격 후에도 문벌적 배경이 중요했고, 5품 이상 고관의 자제가 관직에 나아갈 수 있는 음서(蔭敍)에서 고위 관료가 많이 배출되었다. 이는 공음전시과와 함께 고려가 귀족 사회임을 규정하는 중요한 근거이다.

R e f e r e n c e d a t a

| 관리 등용 제도와 문벌 귀족 사회의 성립

향학(鄉學) : 고려 시대 지방에 설치한 교육 기관으로 조선 시대의 향교와 비슷하다. 중앙에는 국학(國學=國子監)을, 지방에는 국학을 축소한 형태의 향학을 두어 지방 청소년의 교육과 문화 향상에 기여토록 했다. 992년에는 주(州)와 군(郡)에 주학(州學)을 세워 학업을 권장했다. 1127년(인종 5)에는 향학이 각 주에 설립되었다. 향학은 서인(庶人)에게도 입학 자격이 주어졌다.

귀족 사회의 동요(이자겸의 난과 서경 천도 운동)

문종(1046~1083) 대에 전성기를 이룬 귀족 사회는 숙종(1095~1105)과 예종(1105~1122) 대에 절정에 달했다. 호문(好文)의 왕 숙종은 국자감에 서적포(書籍鋪)를 두고 책을 출판했으며, 불교의 진흥에도 힘써 대각국사(大覺國師) 의천(義天)의 천태종(天台宗)을 후원, 인주 이씨와 연결된 법상종을 누르고 불교계를 통합하려 했다. 예종도 여진 정벌에 힘쓰는 한편, 문화 발전에 열정을 쏟았다. 사학에 밀리는 관학을 활성화시키기 위해 국학에 7재를 설치하는 한편 양현고를 두어 재정을 뒷받침했다. 궁내에는 청연각과 보문각을 설치하여 경사와 고전을 연구토록 하여 문풍을 진작시켰다. 1113년(예종 8)에는 예의상정소(禮儀詳定所)를 설치, 예의와 격식 등 유교적인 제도를 정했으며, 백성들의 조세를 감면하는 한

Referencedata
● 천태종
● 법안종
● 법상종
● 서적포
● 구제도감
● 혜민국

편, 진전 개간 등 권농과 진휼에 힘썼다. 인종(1122~1146) 대에는 중앙에 경사 6학의 제도를 마련, 국자감의 내용을 보완하고, 지방의 각 주현에 향학을 세워 지방 교육을 담당케 했으며, 김부식으로 하여금 『삼국사기』를 편찬케 했다. 그러나 과중한 토목 공사로 백성들의 반발을 샀고, 의종(1146~1170) 대에 이르러 실정은 극에 달했다.

귀족 정치의 전개는 귀족 내부의 모순을 누적시켰다. 문벌 귀족들은 과거와 음서를 통해 관직을 독점했으며 정치 권력을 장악했다. 관직에 따른 전시과나 공음전 외에 사전(賜田)을 받고, 불법적인 토지탈점으로 막대한 사전을 겸병했다. 이들과 신진 관료 세력들의 대립과 갈등은 결국 인종 때 이자겸(李資謙)의 난과 묘청(妙淸)의 난으로 나타났다. 예종의 외구(外舅) 이자겸은 실권을 장악한 뒤 한안인(韓安仁) 등 정적을 제거했으며, 인종을 폐하고 왕위를 넘보는 등 갖은 횡포를 부리다가 척준경에 의해 죽임을 당했다. 이자겸의 난으로 궁궐이 불타는 어수선함에 더해 대외적으로는 금에 사대의 예를 취하게 되자 백성들의 실망은 컸다. 이때 개경의 문벌 귀족을 넘어뜨리고, 자주적이고도 혁신적인 정치를 도모했던 세력이 묘청, 정지상(鄭知常), 백수한(白壽翰) 등이었다. 이들은 개경의 문벌 정치를 벗어나기 위해 서경 천도론을 주장했다가 좌절되자 서경에서 반란을 일으켜(1135, 인종 12) 국호를 대위(大爲), 연호를 천개(天開)라 하고, 스스로 천견충의군(天遺忠義軍)이라 칭했다. 결국 1년 만에 김부식에 의해 진압되었지만, 고려 전기의 귀족 사회는 근저에서부터 붕괴되기 시작했다.

| 귀족 사회의 동요(이자겸의 난과 서경 천도 운동)

천태종(天台宗) : 후난성(湖南省) 남부 화룽현(華容縣)의 지의는 광주(光州) 대소산(大蘇山) 혜사(慧思)에게서 선관(禪觀)을 닦고 『법화경(法華經)』의 진수를 터득한 뒤, 38세(575년) 때 저장성(浙江省)의 천태산(天台山)에서 전불교를 체계화한 『법화현의(法華玄義)』 및 천태의 관법(觀法)인 지관(止觀)의 실수(實修)를 사상적으로 정립한 『마하지관(摩訶止觀)』, 『법화경』을 독자적으로 해석한 『법화삼대부경(三大部經)』을 편찬했다. 이것은 중국·한국·일본을 일관하는 천태교학의 지침서가 되었고, 인도 불교를 중국 불교로 재편하는 계기가 되었다. 지의는 일상심(日常心)의 일념 가운데 지옥으로부터 부처의 경지가 내재한다는 일념삼천(一念三千)의 사상과 일체가 원융(圓融)한 실상(實相)임을 주장했다. 신라의 현광(玄光)은 지의에게 법을 전한 혜사(慧思)에게서 법화삼매(法華三昧)를 배웠으며, 신라의 연광(緣光), 고구려의 파약(波若) 등은 직접 지의 문하에서 공부했다.

법안종(法眼宗) : 당나라 때에 융성했던 선종은 6조(祖) 혜능(慧能)의 남종(南宗) 계통에서 오가칠종(五家七宗)이 성립되었다. 그 중 법안종은 송(宋)나라 초기 성저우(昇州;江蘇省)의 청량원(淸凉院)에서 오월왕(吳越王) 전씨(錢氏) 일족의 귀의를 받아 크게 선풍을 불러일으킨 법안선사인 문익(文益)에 의해 개창되었다. 『경덕전등록(景德傳燈錄)』에 법안종은 공안염롱(公案拈弄)이 특색이라고 되어 있다. 2조 덕소는 천태(天台)의 교학과 선을 융합하였으며, 3조 연수(延壽)는 염불정토(念佛淨土) 사상과 선의 일치를 주장했고, 『종경록(宗鏡錄)』을 지어 제종을 체계화했다. 북송(北宋) 때에 이르러, 운문종(雲門宗)의 대두와 그 융합적 성격으로 쇠퇴하였으나, 특징이었던 공안염롱은 운문종과 임제종(臨濟宗)에 의해 계승되었다.

법상종(法相宗) : 유식 사상(唯識思想)과 미륵 신앙(彌勒信仰)을 기반으로 하여 성립되었다. 유식 사상은 중관파(中觀派)와 함께 인도 대승 불교의 2대 학파를 이루는 유가행파(瑜伽行派)의 교학(敎學)이다. 중국에서는 현장(玄奘)이 소개하고 그의 제자 규기(窺基)가 종파로 성립시켰다. 인식의 대상이 되는 일체법의 사상(事相)에 대한 고찰·분류·해명을 연구의 중심으로 삼았다. 한국에서는 현장의 제자였던 원측(圓測)을 중심으로 연구되었다. 고려 시대에서는 화엄종(華嚴宗)과 함께 교종(敎宗)의 2대 종파가 되었다. 보수적인 귀족 세력과 연결되어 교리면에서 관념화되고 불교 의식 등의 형식적인 면을 강조하였다. 고려 중기에는 인주 이씨(仁州李氏)의 후원을 받아 왕실 및 기타 귀족들의 후원을 받은 화엄종과 대립했다.

서적포(書籍鋪) : 1101년(숙종 6) 국립 대학인 국자감 안에 서적포를 설치하고, 비서성에 소장되어 있던 모든 책판(冊板)을 이곳에 옮겨 인쇄·보급하게 하였다. 서적포를 설치한 것은 비서성의 책판이 훼손되고, 사학(私學)에 대해 상대적으로 위축된 관학(官學)을 진작시키기 위해서였다.

구제도감(救濟都監) : 필요에 따라 임시적으로 설치된 기관으로 병자의 치료와 빈민 구제가 목적이었다. 유사한 기구로 예종 원년(1106)에 설치한 동서제위도감(東西濟危都監)과 충목왕 4년(1348)에 설치한 진제도감(賑濟都監), 공민왕 3년에 설치한 진제색(賑濟色)이 있다.

혜민국(惠民局) : 1112년(예종 7)에 설치, 충선왕 때 사의서(司醫署)에 예속되었다가, 1391년(공양왕 3)에 혜민전약국(惠民典藥局)으로 이름이 바뀌었고, 조선 시대에는 혜민서(惠民署)로 고쳤다.

무신 정권의 성립과 전개

Reference data
● 무신 정권의 지배 기구
● 삼별초

귀족 사이에 치열한 자기 항쟁이 전개되면서 모순을 노출했던 고려의 귀족 사회는 1170년(의종 24)에 일어난 무신의 난으로 붕괴되었다. 무신 난의 직접적인 동기는 숭문(崇文) 천무(賤武)의 정책에 따른 무반(武班) 차별이었다. 군대를 지휘·통솔하는 병마권까지 문반직(文班職)이 장악했다. 한편, 무신들은 엄연히 양반이라는 법제적인 지위가 있었고, 거란과 여진과의 전쟁을 통해 현실적인 힘을 키우고 있었다. 고려의 군인들은 대부분 농민층에서 충당되었는데, 문신 귀족들의 토지 겸병에 의해 생활이 곤궁해졌고, 여러 잡역에 동원되어 혹사당하고 있었다. 이는 무신들이 귀족 정권을 타도하는 거사에 동원되도록 하는 배경이 되었다.

정중부 등 무신들은 초월적인 권력을 가진 무신집정(武臣執政)을 정점으로 정부의 요직을 차지했다. 무신 정권은 특징에 따라 형성기, 확립기, 붕괴기로 나눌 수 있다. 형성기는 무신 난으로부터 최충헌(崔忠獻)이 이의민(李義旼)을 제거하고 집권할 때까지이다. 이 시기에 정치는 무신 세력의 집합체인 중방을 중심으로 이루어졌으며, 문신 세력의 반항, 교종 승려의 반란, 무신 상호 간의 다툼 등으로 매우 불안정했다. 1173년(명종 3)에는 동북면병마사 김보당(金甫當)의 의종 복위 운동이 있었고, 이듬해에는 서경유수 조위총(趙位寵)이 정중부 정권의 타도를 부르짖었다. 그 이듬해에는 귀법사 승려들이 무신 정권에 반발했다. 무신 상호 간에도 쟁탈이 치열하여 이의방이 이고를, 정중부가 이의방을, 경대승이 정중부를 잇달아 제거하는 칼부림이 연출되었다. 경대승 사후에 집권한 이의민은 최충헌에 의해 숙청되었다. 최충헌부터 최우(崔瑀→崔怡)·최항(崔沆)·최의(崔竩)에 이르는 4대 62년간은 최씨 정권이 계속되었는데, 이 기간이 무신 정권 확립기이다. 최씨 정권은 교정도감(教定都監)이라는 독자적인 정치 기구를 만들고, 막대한 사병을 조직하여 권력의 기반으로 삼는 등 무신 정권 체제의 전형을 갖췄다. 초기의 무인집정이 정부의 공식적인 권위와 기구를 통했던 것과 다른 점이다. 최충헌은 무신 정권에 위협이 되는 무인들을 제거하는 대신 무력한 문인들을 등용하여 행정적인 공백을 보완했다. 이규보도 이때 발탁되었다. 최충헌은 빈발했던 민란을 진압하고 사원 세력의 반발을 억압하면서, 교종을 대신하여 선종과의 연결을 도모했다.

1258년(고종 45)에 최의가 김준(金俊)과 임연 등에 의해 제거되면서 최씨 정권이 무너지고, 무신 정권은 붕괴기로 접어들었다. 1268년(원종 9)에 임연은 김준으로부터 정권을 빼앗았고, 다시 그의 아들 임유무(林惟茂)에게 전해졌다. 이미 무신 정권은 독자적인 집정 기구와 사병 집단 및 이를 유지하기 위한 경제적 기반이 약화되었으며, 몽골은 항몽의 주동자인 무신 정권을 무너뜨리려 했다. 1270년(원종 11) 몽골 세력을 등에 업은 국왕이 개경 환도를 시도했으나, 임유무가 듣지 않자 홍문규(洪文奎)와 송송례(宋松禮)가 임유무를 제거했다. 이리하여 무신 난 이후 100년 만에 왕정이 복구되었다.

명종과 신종 대의 30년 동안은 농민과 천민의 봉기가 집중됐다. 정권을 잡은 무인들의 토지 겸병과 지방 관리의 가렴주구 등 사회적·경제적인 모순이 복합적으로 작용했다. 1172년(명종 2)에는 서북계의 창주, 성주, 철주 세 곳의 주민들이 수령의 탐학과 주구에 반발하여 민란을 일으켰고, 1176년(명종 6)에는 공주 명학소(鳴鶴所)에서 일어난 망이(亡伊)·망소이(亡所伊)의 난은 농민 반란에다 부곡 천민들의 신분 해방 운동이 결합된 형태였다. 가장 대대적인 민란은 1193년(명종 23)에 시작된 경상도 일대의 남적이었다. 김사미(金沙彌)는 운문(雲門-청도)에서, 효심(孝心)은 초전(草田-울산)에서 각각 반란을 일으켜 서로 연합했으나, 밀양 싸움에서 정부군에 패했다. 대표적인 천민 반란으로는 1198년(신종 1)에 개경에서 발생한 최충헌의 사노 만적(萬積)의 난이었다. 그는 "무신 난 이후 공경대부가 천인에서 많이 나왔으므로, 우리들도 최충헌과 주인들을 죽이고 천인에서 해방되면 공경·장상이 될 수 있다."고 외쳤다. 이 같은 농민과 천민의 반란은 고려 신분 사회의 변화에 큰 영향을 끼쳤다.

R e f e r e n c e d a t a

| 무신 정권의 성립과 전개

무신 정권의 지배 기구 : 무신 난 이후 정부의 공식 기구인 2성과 6부는 그대로 존속했지만 형식적일 뿐이었다. 무신들이 정권을 행사한 곳은 중방이었다. 이는 무신 정권의 일인자가 확고한 지배력을 갖지 못했기 때문이다. 최충헌은 희종에 의해 진강후(晋康侯)에 책봉되고 흥녕부(興寧府)를 세웠는데, 무인 정치의 형식적인 공인이었다. 최씨 정권의 실질적인 최고 집정부는 교정도감이었다. 교정도감은 내외의 주요 국사를 관장하고 조세를 징수하며 관리를 감찰하는 등 막강한 권력을 행사했다. 최씨 정권은 교정도감 외에 독자적으로 정방을 설치하여 인사권을 행사했다.

삼별초(三別抄) : 무신 정권 때의 특수 부대로 1219년(고종 6) 최우(崔瑀)가 치안 유지를 위해 설치한 야별초(夜別抄)에서 비롯되었다. 별초란 '용사들로 조직된 선발군'이라는 뜻이다. 야별초에 소속된 군대가 증가하자 이를 좌별초와 우별초로 나누었고, 몽골과의 싸움에서 포로가 되었다가 탈출한 병사들로 조직된 신의군(神義軍)이 합쳐져 삼별초가 되었다. 삼별초는 무신 정권의 전위(前衛)로서 사병적(私兵的)인 요소가 많았다. 항몽전(抗蒙戰)에서는 선두에서 유격 전술로 몽골군을 괴롭혔으며, 무신 정권이 무너지고 몽골과의 강화(講和)가 성립되자 개경 정부 및 몽골에 대항하여 항쟁을 계속했다.

고려의 대외 정책

R e f e r e n c e d a t a
- 별무반
- 강동 6주
- 다루가치

고려 시대는 이민족의 침입을 많이 받았다. 고려가 건국된 10세기 초부터 14세기 후반 멸망할 때까지 대륙에서는 북방의 유목 민족들이 차례로 일어나 세력을 떨쳤다. 건국 이후 고려는 5대(五代)로부터 송에 이르기까지 친선 관계를 유지했다. 특히, 송과는 경제적·문화적으로 관계가 밀접했다. 북방 민족인 거란(契丹)이나 여진(女眞), 몽골에 대해서는 야만시했고, 대립 정책을 고수했다. 이러한 정책은 한인 왕조인 송이 건재했을 때는 문제가 없었으나, 송이 밀리면서 균형이 깨어지자 큰 차질을 빚게 되었다. 북방 민족의 압력에 대한 고려의 대응은 지배층의 성격에 따라 양상을 달리했다.

10세기 초엽 중국에서는 5대의 혼란이 송에 의해 수습되었고, 북쪽에서는 거란에 의해 발해가 멸망했다. 고려는 중국의 연운 16주(燕雲十六州)를 침범하고, 발해를 멸망시켰으며, 고려에 압력을 가하는 거란을 배척했다. 942년(태조 25)에 거란이 사신을 보내 낙타 50필을 바쳤지만, 사신은 섬으로 유배시키고 낙타는 개경의 만부교(萬夫橋) 밑에서 굶어 죽게 했다. 동시에 북진 정책을 강행하여 청천강까지 국경을 확대했다. 정종은 광군사(光軍司)를 설치하여 군사력을 확충하고, 청천강에서 압록강 사이에 성(城)과 진(鎭)을 구축했다. 마침내 993년(성종 12)에는 거란의 동경 유수 소손녕(蕭遜寧)이 침입해 왔다. 서희(徐熙)의 담판으로 송과의 관계를 끊고, 적대하지 않는다는 조건으로 물러갔다. 이때 고려는 압록강 동쪽 여진의 옛 땅을 차지할 수 있는 권리를 얻었다. 고려는 이곳에다 강동 6주를 설치했다. 거란의 2차 침입은 1010년(현종 1)에 있었다. 고려의 강동 6주 할양 거부와 강조의 정변을 구실로 거란의 성종이 직접 쳐들어왔다. 이때는 개경이 함락되고 왕이 나주까지 피난했으나 친조를 조건으로 물러났다. 1018년(현종 9)에도 강동 6주에 대한 반환 요구를 계속 거절하자 소배압이 10만 대군을 이끌고 쳐들어왔다. 강감찬이 귀주에서 거란군을 섬멸하면서 전쟁의 종지부를 찍었다. 고려는 강감찬의 건의에 따라 1029년(현종 20) 개경에 나성을 축조했고, 1033년(덕종 2)에는 천리장성을 완공했다.

11세기 후반부터 북만주의 여진족 완안부(完顔部)가 여러 부족을 통합한 뒤 고려에 압력을 가해 왔다. 1104년(숙종 9)에는 고려에 복속했던 여진족을 토벌하여 함흥을 아우르고 정주관(定州關)에 이르렀다. 고려에서는 임한과 윤관이 나갔으나 여진의 기병을 당해내지 못했다. 고려는 윤관의 건의에 따라 별무반(別武班)을 조직하여 여진과의 싸움에 대비했다. 1107년(예종 2)에는 대대적으로 여진 정벌에 나서 윤관이 함흥 평야 일대에 9성을 쌓았다. 이리하여 고려의 국경은 북쪽으로 나아가게 되었다.

'척경입비도' ▲
윤관이 여진을 정벌하고
동북 9성을 개척한 사실을
담은 그림이다.

그러나 실지 회복을 위한 여진의 빈번한 침입과 끈질긴 애원에 따라 1109년에 도로 내주고 말았다. 여진은 1115년에 아구타(阿骨打)가 금(金)을 건국하고, 요(遼)를 멸망시키면서(1126) 고려에 대해서도 사대의 예를 요구했다. 고려는 1126년(인조 4)에 권신 이자겸이 권력 유지를 위해 중신들의 반대를 무릅쓰고 상표(上表) 칭신(稱臣)을 결정하게 되었다.

송과의 친선 관계는 거란과 여진의 흥기로 방해받았다. 문종 때 거란이 약해졌을 때는 송과의 국교가 재개되었는데 고려로서는 송의 발달된 문물이 필요했고, 송은 거란을 견제하는 데에 고려의 군사력이 요구되었다. 12세기 초 거란이 망하고 금이 일어나면서 관계는 다시 변모했다. 송은 금과 손잡고 요를 멸망시키는 데는 성공했으나 도리어 금의 침공을 받아 수도 변경(汴京)이 함락되면서 강남으로 쫓겨가 남송을 세웠다. 금의 침공을 받은 송이 고려에 원군을 청했지만 고려는 철저히 중립을 지켰다. 그러면서도 고려는 송에 사신과 학생 그리고 승려를 파견하여 유학 · 불교 · 예술 등을 받아들이는 데 힘썼다. 고려의 유학과 불교가 심화되고, 송 판본(板本)의 전래로 인쇄술이 발달했으며, 송자기의 영향을 받아 고려자기가 탄생한 것은 이 무렵이다.

최씨 정권 때는 몽골의 침입으로 유래 없는 큰 시련을 겪게 되었다. 1206년, 몽골에서는 테무친(鐵木眞)이 여러 부족을 통일하고, 칸(汗)의 지위에 올랐다. 그가 칭기즈칸(成吉思汗)이다. 고려가 몽골과 처음으로 대면한 것은 1219년(고종 6) 강동성에 운집한 거란족을 몽골과 함께 공략하면서다. 몽골은 거란을 토멸한 뒤 고려에 대해 과도한 공물을 요구했다. 1221년(고종 8)에 사신으로 온 제구유(著古與)는 태도가 오만불손하여 군신들의 분노를 샀고, 1225년에 돌아가던 중 압록강 부근에서 살해되었다. 이를 빌미로 몽골의 장군 살리타(撤禮塔)가 대군을 이끌고 쳐들어왔다. 항전하던 고려는 개경이 포위되자 화의를 청했고, 몽골군은 서북면에 다루가치(達魯花赤)를 설치한 후 철수했다. 몽골이 무리한 조공을 요구하자 최우 정권은 항전을 결의한 뒤 1232년(고종 19)에 도읍을 강화도로 옮겼다. 몽골은 2차 침입을 단행하여 한강 남쪽까지 공략하였으나 살리타가 처인성(處仁城-용인)에서 김윤후(金允侯)에게 사살되자 철군했다. 이후 여러 차례 몽골의 침입이 계속되었지만, 고려인은 끈질기게 항전했다. 마침내 최씨 정권이 몰락하자 강화파 문신들의 주장에 따라 몽골과의 화의가 성립되었다. 김준을 살해하고 교정별감이 된 임연과 임유무 부자가 항몽 정책을 고수했지만 반대파에 의해 피살되었고, 삼별초는 개경 환도 후 1273년(원종 14)까지 항전을 계속했다.

Reference data

| 고려의 대외 정책

별무반(別武班) : 발해의 지배 아래 있던 여진(女眞)은 발해가 망하자 고려와 거란을 상국(上國)으로 섬겼다. 특히, 고려를 '부모의 나라'라고 부르면서 식량, 포목, 철제 농기구, 철제 무기 등 경제 · 문화적 수요를 충족시켰다. 여진인들 가운데에는 고려에 의탁하는 향화인(向化人)이 많았고, 고려로 이주하는 투화인(投化人)도 적지 않았다. 여진과의 관계는 북만주에 위치해 있던 완엔부(完顔部)가 세력을 두만강 유역까지 확장하면서 긴장 관계로 변했다. 1104년(숙종 9)에는 고려에 투화해 오던 여진인들을 추격하여 정주(定州)의 장성(長城) 부근까지 진출했다. 숙종은 임간(林幹)을 보냈으나 여진과의 전투에서 패배했다. 다시 윤관(尹瓘)을 보내 여진과의 전투에 임했지만 그 역시 패하고 말았다. 여진군의 주력이 기병(騎兵)이었던 데에 반해 고려군은 주로 보병(步兵)이었으며, 중앙의 상비군인 6위(六衛)도 약화되어 있었다. 윤관은 숙종에게 패전의 원인을 설명하고 별무반(別武班)이라는 새로운 군사조직을 편성했다. 기병인 신기군(神騎軍)과 보병인 신보군(神步軍), 승병(僧兵)으로 구성된 항마군(降魔軍), 그리고 도탕(跳盪) · 경궁(梗弓) · 정노(精弩) · 발화군(發火軍) 등 특수군으로 구성했다. 신기군은 문무 산관(文武散官)과 서리(胥吏)에서부터 상인(商人) · 노비(奴婢) · 양인 농민(白丁)에 이르기까지 말을 가진 자들로 구성되었다.

강동 6주 : 994년(고려 성종 13) 평북 해안지방에 설치한 흥화(興化:義州), 용주(龍州:龍川), 통주(通州:宣川), 철주(鐵
州:鐵山), 구주(龜州:龜城), 곽주(郭州:郭山)를 말한다. 건국 초 고려의 영토는 청천강과 박천강(博川江)에 머물렀고,
그 이북의 압록강까지는 여진족이 거주하였으므로 고려의 북방 진출에 장애가 되었다. 거란의 소손녕(蕭遜寧)은 고
려 측의 서희(徐熙)와 강화하여, 고려왕의 입조(入朝)와 거란 연호의 사용을 조건으로 압록강 동쪽 여진의 거주 지역
을 넘겨준 채 철수했다. 이에 고려는 994년 강동(압록강 동쪽)의 여진 부락을 소탕하고는 6주를 설치하였다. 후삼국
이후 처음으로 압록강 연안에 진출했고, 군사 및 교통상의 요지를 확보함으로써 압록강을 경계로 하는 국경선 확장
의 길을 트게 되었다.

다루가치(達魯花赤) : 원나라는 중앙의 하급 관부와 지방의 노(路) · 부(府) · 주(州) · 현(縣) 및 복속 국가에 대한 통치
방식으로 다루가치를 설치했다. 1231년(고종 18) 고려는 살리타(撒禮塔)가 이끄는 몽골군에게 개경이 함락될 위험에 처
하자 화친을 제의했는데, 이때 몽골군은 철군하는 대신 서경을 비롯한 서북면 지역에 72명의 다루가치를 두었으며, 다
음 해 도단(都旦)을 개경에 파견하여 내성을 간섭했다. 1259년 고려가 몽골에 항복하기 위해 보냈던 태자(후의 元宗)가
돌아올 때 세조 쿠빌라이(忽必烈)는 다루가치를 함께 보냈으며, 1273년(원종 14) 삼별초의 난이 진압된 후 제주에 설치
한 탐라총관부(耽羅摠管府)에도 다루가치가 배치되었다. 이후 충렬왕이 원나라 세조의 부마가 되면서 다루가치의 간
섭을 견제할 수 있었다. 1278년(충렬왕 4) 원나라에 친조(親朝)하여 폐지를 약속받은 뒤엔 완전히 철수했다.

🌏 원의 내정 간섭과 권문세족의 집권

Reference data
● 정동행성
● 고려양
● 응방
● 녹과전

1270년(원종 11) 무신 정권이 붕괴되면서 고려 사회는 큰 전환점을 맞았
다. 몽골 세력의 옹호로 왕권을 회복하면서 몽골의 간섭을 받게 되었
다. 고려는 원(元, 1271)의 강요에 의해 1274년(충렬왕 원년)과 1281년 두 차
례에 걸쳐 일본 정벌에 동원되었다. 필요한 군량을 공급하고 군선을 건
조했을 뿐 아니라 군사까지 지원해야 했다.

  1280년(충렬왕 6)에는 일본 정벌을 위해 정동행성(征東行省)을 설치했고,
일본 정벌을 단념한 뒤에도 계속 존속시켜 고려 통치의 관부로 삼았다.
정동행성의 장관인 승상(丞相)은 고려왕이 겸했으며, 그 밑의 관원들도
고려인으로 채워졌기에 실상은 형식적인 존재에 불과했다. 그러나 부
속 기구인 이문소(理文所)가 원의 세력을 등에 업고 불법적인 사법권을
행사하면서 폐해가 많았다. 지방에도 원의 관부가 설치되어 영토의 일

부에 대한 지배권을 상실하게 되었다. 이미 1258년(고종 45)에는 화주(和州-영흥)에 쌍성총관부(雙城總管府)를 설치하여 철령 이북의 땅을 빼앗는가 하면 1270년(원종 11)에는 서경에 동녕부(東寧府)를 설치하여 자비령 이북의 땅을 다스리기도 했다. 삼별초의 난을 평정한 1273년(원종 14)에는 제주도에 탐라총관부(耽羅總管府)를 두어 일본 정벌을 위한 목마장을 관장케 했다.

원은 고려의 제도가 상국인 자신들의 관제를 닮았다 하여 격하시켰다. 1275년(충렬왕 1)에 중서문하성과 상서성을 합쳐 첨의부(僉議府)로 단일화했다. 6부는 전리사(典理司), 군부사(軍簿司), 판도사(版圖司), 전법사(典法司)의 4사(四司)로 축소되었다. 추밀원은 밀직사(密直司)로, 어사대는 감찰사(監察司)로, 한림원은 문한서(文翰署)로 각각 바꾸었다. 부마국(駙馬國)으로서 왕실의 용어도 격을 낮췄다. 조(祖)와 종(宗)이라 했던 왕의 묘호를 왕(王)으로 고치고, 짐(朕)은 고(孤)로, 폐하(陛下)는 전하(殿下)로, 태자(太子)는 세자(世子)로 각각 개칭했다. 이 외에도 각종 경제적 수탈을 일삼았다. 금·은·포 등 공물을 강요했고, 인삼과 잣·약재·매 등 특산물을 징구했다. 심지어 동녀(童女)와 환관(宦官)까지 요구했으며, 법속도 원의 것을 따르게 했다. 왕실과 상류층에서는 몽골식 이름과 복식 그리고 변발이 유행했다. 반대로 고려의 풍속이 원에서 유행했는데, 이를 고려양(高麗樣)이라 불렀다.

100년간의 무신 정권과 대원 관계가 지속되는 가운데 권문세족이라는 새로운 지배층이 형성됐다. 무신 정권기에 새로 성장한 무신 세력으로는 김취려(金就礪)의 언양 김씨와 채송년(蔡松年)의 평강 채씨가 대표적이다. 원과의 관계를 통해 대두한 가문인 조인규(趙仁規)의 평양 조씨는 몽골인의 역인(譯人)으로 성장했다. 응방(鷹坊)을 통해 진출한 윤수(尹秀)의 칠원 윤씨와, 삼별초의 난과 일본 정벌에 공을 세운 김방경(金方慶)의 안동 김씨도 원과의 관계에서 대두한 가문이다. 충선왕 즉위년의 하교에는 왕실과 혼인할 수 있는 '재상지종(帝相之宗)'에 15개의 가문이 열거되었는데, 전통적인 문벌 귀족도 포함되었다. 권문세족들은 제신이나 추신이 되어 도평의사사에서 국정을 보았다. 이들이 도당에 앉아 주요 국사를 결정하는 권한을 가짐에 따라 왕권의 약화를 초래했다. 권문세족들은 녹과전(祿科田)이나 녹봉보다도 불법적으로 토지를 축적하여 대토지 소유자가 되었다. 이들은 문화적 소양과는 거리가 멀었고, 관직을 통해 정치 권력을 행사했으며, 대체로 친원적이었다. 이로써 고려의 지배 세력은 가문 위주의 문벌 귀족에서 관료적 성향이 짙은 권문세족으로 변모되었다.

R e f e r e n c e d a t a

| 원의 내정 간섭과 권문세족의 집권

정동행성(征東行省) : 정동행중서성(征東行中書省)이라고도 하며, 1280년(충렬왕 6) 원나라 세조가 일본 정벌을 위해 처음 설치했다. 일본 정벌의 의미인 정동과 중서성의 지방 기구라는 뜻의 행중서성이 결합된 것이다. 세조가 죽은 뒤 일본 정벌이 중단되면서 원나라에 하정사(賀正使)를 파견하는 등 의례적인 기구로 바뀌었다. 원나라의 내지(內地)에 설치된 다른 행성과 같은 지위로 개편하여 고려의 독립을 말살하려는 시도가 있었지만 이제현(李齊賢) 등 고려 정치 세력의 반발로 성취하지 못했다. 비록 형식적이긴 했지만 원나라의 제도였기 때문에 관리들이 권력을 마음대로 전횡했으며, 원 황실이나 원나라에 항거하는 죄인을 투옥했는데, 실제 처벌은 고려 정부에 넘기거나 원나라로 보내 처리하는 경우가 많았다. 속관(屬官)으로 이문소(理問所), 유학제거사(儒學提擧司), 의학제거사(醫學提擧司), 조마소(照磨所), 도진무사(都鎭撫司), 권농사(勸農使) 등이 있었다. 특히, 이문소는 여·원 관계와 관련된 범죄를 단속했는데 차츰 부원 세력(附元勢力)의 이익을 대변하는 기구로 변했다. 1356년 공민왕의 반원(反元) 정책에 의해 폐지되었다.

고려양(高麗樣) : 원나라에서 유행한 고려의 복식(의복·신발·모자), 음식(만두·떡) 등의 생활 양식을 말한다. 원은 고려를 부마국(駙馬國)으로 삼았다. 충렬왕 이후 고려의 역대 왕들은 왕세자 때 원나라에 살면서 원나라 공주와 혼인했고, 이때 물물 교류 및 정치·사회·문화의 교류가 활발했다. 원이 고려에 미친 영향이 컸지만, 원나라보다 문화 수준이 높은 고려가 원의 문화에 미친 영향도 상당했다. 원나라에 머물던 고려 세자궁의 생활 양식, 충렬왕 때부터 공녀(貢女)로 간 수많은 고려 여인들, 원나라에서 벼슬한 고려인들, 고려에서 건너간 공물(貢物) 등이 매개가 되었다.

응방(鷹坊) : 몽골이 조공품(朝貢品)으로 요구하는 해동청(海東靑-사냥매)을 잡아 길러서 보내기 위해 설치했다. 응방은 1275년(충렬왕 1)에 처음 보이는데, 개경(開京)을 중심으로 지방의 역(驛)과 외군(外郡)에 설치했다. 응방을 경영하기 위해 몽골의 기술자인 응방자(鷹坊子:鷹坊人)를 불러오고, 지방에는 응방심검별감(鷹坊審檢別監) 등 관리를 파견했다. 몽골에서는 매를 빨리 보낼 것을 독촉하는 착응사(捉鷹使)를 보내기도 했다. 고려는 몽골에서 매를 보내라는 요구가 잦자, 1283년(충렬왕 9)에는 응방을 관장하는 응방도감을 두었다. 응방에서 길들인 매는 몽골뿐만 아니라 고려의 왕에게도 바쳐져 매의 수요는 늘어났고, 응방에 속한 관원들은 왕의 권력을 배경으로 횡포가 극심했다. 조선에서도 응방을 두고 매의 진상을 돕게 했는데, 태종 때 응방을 16정으로 줄였다가 성종 때 폐지하기도 했다. 연산군 때는 좌응방·우응방으로 나눠 설치하고, 정병(正兵) 등 500명을 두고 매를 잡게 하여 그 폐단은 여전했다.

녹과전(祿科田) : 고려 중기 이후 관리에게 주는 녹봉(祿俸)을 보충하기 위해 나누어준 토지다. 몽골의 침입으로 국고가 탕진되자, 1257년(고종 44) 경기(京畿)의 땅을 관리에게 녹봉 대신 등급에 따라 나눠 주었다. 사전(私田)의 하나로, 소유자는 경작자에게서 전조(田租)만 받았다.

공민왕의 개혁 정치와 신진 사대부의 부상

신진 사대부는 최씨 정권 때 정권을 유지하기 위한 수단으로 학문과 행정적 능력을 갖춘 문인(能文能吏)을 기용하면서 태동했다. 신진 사대부는 권문세족과 달리 가문이 한미했으며, 지방의 향리 출신이 많았다. 이들은 후기의 사회적·경제적 변동을 겪으면서 중소 지주로 성장했고, 학문적 소양을 쌓은 자제들이 과거를 통해 관리로 진출했으며, 중앙 정계에서 보수적 세력 기반을 갖춘 권문세족과 대립하게 되었다. 그런데 강력한 정치 권력과 광대한 농장을 소유한 데다 원의 세력과 결탁한 권문세족에게는 역부족이었다. 1298년(충렬왕 24)에 즉위한 충선왕은 신진 사대부를 등용하여 관제 개혁을 단행하고 정방을 폐지하였으며 사림원(詞林院)을 설치하는 등 개혁 정치를 수행했지만, 원과 결탁한 권문세족들의 반발로 실패했고, 충선왕 자신도 퇴위되고 말았다.

신진 사대부가 참여한 개혁 정치는 공민왕(1351~1374) 때에 이르러 본격화되었다. 당시의 대륙은 한족(漢族)의 흥기와 원의 쇠퇴가 맞물려 있었고, 신진 사대부 역시 이전과 달리 세력을 형성하는 등 분위기가 성숙했다. 공민왕은 부원 세력의 축출과 권문세족을 억압하는 쪽으로 개혁의 가닥을 잡았다. 기철(奇轍) 등 부원배들을 제거하고, 폐단이 극심했던

Reference data
● 정방
● 홍건적
● 왜구
● 쌍성위
● 과전법

이문소를 혁파했다. 또한 쌍성총관부를 공격하여 철령 이북의 땅을 회복하는 한편 명에 사신을 파견하고, 명의 연호를 사용하는 등 친명 정책을 취했다. 이어서 원의 간섭으로 변형된 관제를 복구했으며, 권문세족의 중심 기관인 정방을 폐지했다. 특히 승려 신돈을 등용하여 누적된 폐단을 시정하려 했다. 권신들을 축출하고 문벌이 낮은 사대부를 등용했으며, 전민변정도감(田民辨正都監)을 설치하여 권문세족들이 빼앗은 전민을 원래 주인에게 돌려주고 양민이 되고자 하는 노비를 해방시켰다. 이러한 사대부들의 개혁 의지는 세력 기반이 무너지는 것을 두려워한 권문세족들에 의해 신돈이 제거되고 공민왕이 시해되면서 좌절되었다. 고려후기에는 내외의 우환이 겹쳤다. 내부적으로는 권문세족과 신진 사대부의 대립이 격화되었고, 밖으로는 홍건적(紅巾賊)과 왜구(倭寇)의 침입이 있었다. 특히, 왜구에 의한 피해가 극심하여 전국 각지에 걸쳐 이들의 약탈이 자행되었고, 조운이 끊겨 국가 재정이 곤란해지기까지 했다. 일본 정부와 교섭을 벌였지만 일본 정부 자체가 왜구에 대한 통제력이 없어 효과를 거두지 못했다. 고려는 국방력을 강화하여 적극적으로 왜구 토벌에 나섰다. 중국 상인에게 화약 제조법을 배운 최무선(崔茂宣)은 1377년(우왕 3)에 화통도감(火㷁都監)을 설치하고, 화포(火砲)를 만들어 진포에 정박한 왜선 500척을 불태웠다. 이성계(李成桂)는 황산(荒山)에서 왜구의 주력 부대를 크게 무찔렀다. 1389년(창왕 1)에는 박위(朴葳)가 전함 100척을 이끌고 대마도를 정벌했다.

공민왕의 뒤를 이은 우왕 때는 명과 원 양쪽과 통교했는데 명의 불만이 컸다. 명은 고려가 북원과 통하는 것을 힐책하면서 무리한 공물을 요구하는가 하면, 고려 사신을 유배보내는 등 고압적인 자세로 나왔다. 1388년(우왕 14)에는 원의 쌍성총관부 관할하에 있던 철령 이북의 땅을 명의 직속령으로 삼겠다고 하자, 실권자 최영(崔瑩)은 요동 정벌을 단행했다. 최영이 8도 도통사가 되고, 조민수가 좌군 도통사, 이성계가 우군 도통사가 되어 출병했다. 그러나 현실성이 부족하다는 이유로 반대했던 이성계가 위화도에서 회군하여 최영을 제거하고 우왕을 축출했다. 이후 권문세족이면서 회군 공신이던 조민수가 축출되면서 정치적 실권은 완전히 신진 사대부로 넘어갔다. 이는 토지 개혁인 과전법(科田法)을 실시하면서 완성되었다.

R e f e r e n c e d a t a

| 공민왕의 개혁 정치와 신진 사대부의 부상

정방(政房) : 1225년(고종 12)에 최우가 자기 집에 설치하여 문무백관의 인사 행정을 취급했던 기관이다. 정방은 최우 때 설치되었지만, 이미 최충헌 때부터 문무백관의 인사 행정을 마음대로 했다. 백관의 승강(昇降), 임면, 이동에 관한 전정(銓政)의 대권을 장악함에 따라 국왕은 정방에서 하는 일을 승인하는 허수아비가 되었다. 최우의 막료로서 왕에게 상주하는 직책인 정색승선(政色丞宣)을 두었고, 그 아래에는 서기직의 정색서제(政色書題)가 있었다. 문사(文士)들에게는 필도치(必闍赤)라는 직책을 주고 사무를 보게 했다. 3품관과 4품관이 소속되어 있는 것은 국가의 관료들을 정방에서 마음대로 이용했음을 보여 준다. 정방은 무신 정권이 몰락한 뒤에 국가 기관이 되었다.

홍건적(紅巾賊) : 중국 중원(中原)에서 이민족 왕조인 원(元)을 타도하고, 한(漢)민족 왕조인 명(明)이 성립되는 데 계기가 된 농민 반란이다. 원나라의 사회 계급은 몽골인, 색목인(色目人), 한인(漢人), 남인(南人)으로 분류되었으며, 몽골인이 대부분의 권력을 장악했다. 색목인은 몽골족을 보좌하는 차관급을 담당했고, 한인과 남인은 천대를 받았다. 원나라 황제는 라마교를 숭배했는데, 라마교의 승려들은 많은 재물을 요구하여 백성들의 노여움을 샀다. 또한 몽골 귀족들의 전횡이 점점 심각해져 조세와 부역 등으로 백성들의 생활은 궁핍했다. 이런 배경으로 한족의 불만이 커져 저항 무리가 생겨났다. 홍건적의 중심 세력은 백련교(白蓮敎)와 미륵교(彌勒敎) 신자들로서 붉은 천 조각으로 머리를 싸매어 표시로 삼았기에 홍건적이라고 했다. 비밀 종교 결사인 백련교회의 두령 한산동(韓山童)은 일찍부터 미륵불하생(彌勒佛下生)의 설을 가지고 포교 활동을 하였다. 때마침 1351년 대범람을 일으킨 황하의 수리를 위해 수많은 농민과 노동자가 징발됐는데, 그로 인해 생긴 민심의 동요를 틈타서 반란을 일으켰다. 한산동이 전사한 후 교도들은 송국(宋國)을 세우고 원의 타도를 외쳤다. 이를 계기로 주원장(朱元璋)을 비

공민왕의 영토 수복

롯해 허난 지방의 농민들이 잇달아 반란을 일으켰다. 홍건적의 세력은 한때 화북(華北)·화중(華中) 일대에 미쳤으나, 내부 분열로 통일 정권을 이룩하지 못한 채 원군(元軍)에게 쫓기고, 또 만주로 진출하여 2차에 걸쳐 고려를 침략했다. 이들 중 주원장만이 천하를 평정하는 데 성공했다.

왜구(倭寇) : 13~16세기에 걸쳐 한국과 중국의 연안에 수시로 침입하여 인명을 해치고 재산을 약탈하던 일본의 해적 집단이다. 한반도에서의 왜구 침입은 삼국 시대부터 있었지만, 극성을 부리기 시작한 것은 여(麗)·원(元) 연합군이 일본 원정에 실패한 이후부터다. 1350년대를 전후한 충정왕 때는 규모가 100척 이상으로 확대되어 경상, 전라, 충청, 경기의 연안에까지 활동 무대를 넓혔으며, 때로는 황해도와 평안도에서도 노략질을 했다. 왜구의 구성원은 일본의 전락한 지방 호족(豪族), 무사(武士), 연해(沿海) 거주의 빈민 또는 밀무역 집단이었고, 약탈 대상물은 주로 식량이었다. 지방에서 조세(租稅)를 거두어 서울로 운반하던 조선(漕船 – 곡물 운반선)을 주로 노렸고, 육지에서 재물은 물론 사람까지 잡아다 노예로 팔아넘기는 등 만행도 일삼았다. 뿐만 아니라 왕릉을 도굴하여 문화재를 훔쳐가는 등 약탈 대상물이 다양했다. 조선 시대에도 왜구의 침입은 그치지 않았다. 강온 양면 정책에 따라 동래의 부산포 등을 개항하여 왜선의 정박지로 정하고, 이들 개항장에 왜관(倭館)을 설치하여 무역 거래를 하도록 조치하기도 했다. 그럼에도 왜구가 근절되지 않자, 1419년(세종 1)에는 대규모 원정군을 파견하여 쓰시마를 정벌하고, 개항장인 3포(浦)를 폐쇄하기도 했다. 그러나 그들의 간청으로 부산포, 웅천(熊川)의 내이포(乃而浦:薺浦), 울산의 염포(鹽浦) 등 3포를 개항하기에 이르렀다.

철령위(鐵嶺衛) : 중국 명나라가 설치하려던 70개소의 병참 군영이며, 1388년(우왕 14)에 함경도 철령에서 중국 라오양(遼陽)에 이르는 곳에 설치하려고 했다.

과전법(科田法) : 문종 때 공음전시과(功蔭田柴科)와 경정전시과(更定田柴科)의 제정 실시 후 사전의 확대와 과점(過占)의 모순을 자아냈다. 무신의 난 이후에는 원칙적으로 불허되었던 불수조(不輸組 – 免稅地) 특권을 지닌 농장 확대와 사원전(寺院田)의 팽창으로 국가 경제의 파탄과 농민들의 생활고가 극심했고, 관료들에게 분급할 전지마저 부족했다. 이를 시정하기 위해 고종 때 급전도감(給田都監), 충선왕 때 전민추쇄도감(田民推刷都監), 공민왕 때 전민변정도감(田民辨正都監)을 각각 설치하여, 권문세족들의 토지 겸병 억제와 농장 몰수를 시도했으나 실패했다. 1388년 위화도 회군으로 정권을 장악한 이성계(李成桂)는 사전 개혁에 주력했다. 1390년(공양왕 2)에 조준(趙浚), 정도전(鄭道傳) 등이 종래의 공사전적(公私田籍)을 모두 불살랐고, 1391년에는 새로운 전제(田制)의 기준이 되는 과전법을 공포했다. 이는 귀족에 대한 경제적 파괴이며, 신진 사대부에 의한 새 왕조 개창의 경제적 초석이 되었다. 과전법의 특색은 전시과의 기본 원칙에 환원하여 관료 지배 체제를 확립하는 것이었다. 전국의 토지를 국가 수조지로 편성한 후 수조권(收租權)을 정부 각처와 양반 직역자에게 분급한 것으로, 귀속 여하에 따라 사전과 공전으로 구분되었다. 사전은 경기도에 한하여 직산자(職散者)의 고하에 따라(18등급) 제1과 150결에서 제18과 10결까지의 땅을 지급하되, 당대에 한하였다. 공전은 경기도를 제외한 전국의 토지로서 수조권이 국가에 소속되었고, 사전인 경우는 수조권이 개인이나 관아에 속했다. 고려의 전시과와는 달리 시지(柴地)를 지급하지 않았으며, 전호(佃戶)가 전주(田主)에게 50%의 조(租)를 바치던 병작반수제가 금지되고, 수확의 1/10(1결당 30두)를 징수했다. 경자유전(耕者有田)에 의한 균등 분배가 아니고, 수조권의 재분급에 불과하여 토지 소유의 불균등과 빈부의 차에서 발생하는 모순, 그리고 토지 세습의 여지를 남겼다.

불국사 <small>(사적·명승 제1호, 1995년 12월 유네스코 세계문화유산 등재)</small>

불국사는 석굴암과 같은 서기 751년 신라 경덕왕 때 김대성이 창건하여 서기 774년 신라 혜공왕 때 완공됐다.

불국사는 신라인이 그린 불국, 이상적인 피안의 세계를 지상에 옮겨 놓은 것으로 법화경에 근거한 석가모니불의 사바세계와 무량수경에 근거한 아미타불의 극락세계 및 화엄경에 근거한 비로자나불의 연화장세계를 형상화한 것이다.

한편, 불국사를 전면에서 바라볼 때 보이는 장대하고 독특한 석조 구조는 창건 당시인 8세기 유물이고, 그 위의 목조 건물은 병화로 소실되어 18세기에 중창한 것이며, 회랑은 1960년대에 복원한 것이다.

불국사의 높이 8.2m의 3층 석탑인 석가탑은 각 부분의 비례와 전체의 균형이 알맞아 간결하고 장중한 멋이 있다. 높이 10.4m의 다보탑은 정사각형 기단 위에 여러 가지 석재를 정교하게 다듬은 뒤 목재 건축처럼 짜맞추어 만든 것으로, 복잡하고 화려한 장엄미, 독특한 구조와 독창적인 표현력 등 뛰어난 예술성을 지니고 있다.

불국사 내 주요 문화재로는 다보탑(국보 제20호), 석가탑(국보 제21호), 청운교와 백운교(국보 제23호), 연화교와 칠보교(국보 제22호), 금동아미타여래좌상(국보 제27호), 비로자나불(국보 제26호) 등이 있으며, 불국사는 1995년 12월 석굴암과 함께 세계문화유산으로 공동 등록되었다.

세계 유산적 가치 불국사는 불교 교리가 사찰 건축물을 통해 잘 형상화된 대표적인 사례로 아시아에서도 그 유례를 찾기 어려운 독특한 건축미를 지니고 있다.

02 중세의 경제

농업 중심의 산업 발전

Reference data
- 의창
- 진전
- 농상집요
- 제민요술
- 문익점
- 저화
- 관영 수공업을 맡아보던 기관

농업을 근간으로 하는 자급자족적인 중세의 경제는 재정의 기반인 세수의 원천으로써 식량과 토지를 중시했다. 따라서 토지를 넓히기 위해 개간을 장려했다. 개간한 땅은 일정 기간 세금을 면제해 주거나, 묵혀 둔 진전을 개간하면 경작한 사람에게 사전인 경우 첫해의 수확을 모두 갖도록 했다. 농번기에는 잡역 동원을 금함으로써 농업에 집중토록 했다. 재해가 발생했을 때는 세금을 감면해 주었고, 고리대의 이자를 제한했으며, 의창제를 실시하여 빈민을 구제했다. 통치 기반을 위해 수조지를 확대하고, 이를 경작하는 농민들의 생활을 안정시켜야 했다. 농업 기술을 발전시켜 고려 후기에는 소를 이용한 심경법과 시비법의 시행에 따른 상경법(常耕法-연작)이 진전되면서 생산량이 증가했다.『농상집요』,『제민요술』,『범승지서』같은 중국의 농서를 보급했다. 5곡과 채소류가 중요한 작물이며, 문익점이 목면을 들여와 재배함으로써 마(麻) 중심이었던 의생활에 변화를 일으켰다.

고려 시대에는 관영 수공업을 더욱 발전시켰다. 개경과 그 주변에는 관수품 조달을 위한 관공장(官工匠)을, 지방에는 외공장(外工匠)을 두었다. 관공장은 무기를 총괄하는 군기시(軍器寺), 건축과 토목 공사를 맡아보던 선공시(繕工寺), 철기와 금속류를 담당하는 장야서(匠冶署) 등 부문별로 여러 관청이 있었다. 외공장은 필공(筆工)·묵척(墨尺)·지호(紙戶)·철호(鐵戶) 등의 명칭으로 일정 기간 서울의 관설 공업장에서 종사하거나 독립 생

산자로서의 권한을 부여받는 대신
매년 일정한 제품을 공물로 바쳤다.
금소(金所)·은소(銀所)·자기소(磁器所)
같은 소(所)는 전업적 수공업 집단으
로서 생산품을 공물로 납부했는데,
고려 말과 조선 초에는 군·현에 흡
수되어 독자성을 잃으면서 대부분
사라졌다. 고려 후기에는 유통 경제
가 발전하면서 민간에서도 수공업
품의 수요가 증가했다. 사원에서는
승려와 노비가 삼베·모시·기와·
술·소금 등을 생산하여 사원 경제
의 중요한 축이 되었다. 농촌에서
삼베·모시·명주 등을 생산하던
민간수공업이 관청 수공업에서 만
들던 것을 대부분 생산하게 되었다.
놋그릇·도자기·죽제품·종이 등이었다.

▲ 고려의 교통로와
산업 중심지

919년(태조 2)에는 개성에 관허 상점인 시전(市廛)을 설치하여 도시민들
의 생활용품, 관청의 수요품 및 왕실과 귀족들의 생활용품을 공급했다.
이를 보호 감독하는 기관으로 경시서(京市署)가 있었는데, 물가 조절(가격
평가 및 허가), 상품의 종류 통제(유통 물목 허가) 및 국역 부과의 일을 맡았다.
영(令-정7품), 승(丞-정8품) 2명의 관원을 두었다. 개경, 서경, 동경 등 대도
시에는 관공장에서 생산한 상품을 판매하는 서적점·주점·다점 등 관
영 상점이 운영되었다. 숭불 정책으로 인해 경제 기반이 탄탄했던 사원
을 중심으로 한 상업 활동이 활발했다. 이 외에도 비정기적인 시장이
형성되어 일용품 매매와 물물 교환이 이루어졌다. 거래를 돕기 위해 건
원중보(996, 성종 15), 삼한통보(1102, 숙종 7), 해동통보(1102, 숙종 7), 해동중보

삼한통보(좌) ▲
해동통보(중)
은병(우)

(1103, 숙종 8) 같은 화폐를 주조하여 유통시켰다. 1101년(숙종 6)에는 법정 화폐로서 은병이 처음 제작되었다. 고려의 지도를 본땄으며, 병의 입이 넓어 활구(闊口)라고 불렸다. 위조 은병이 나돌아 가치가 떨어지자 고려 말에 와서는 거의 유통되지 않았다. 또한 특정 사업을 운영하기 위한 기금(基金)인 보(寶)가 발달했다. 대표적인 것으로는 제위보(濟危寶), 경보(經寶), 학보(學寶), 팔관보(八關寶) 등이 있었는데, 나중에는 고리대금 기관으로 바뀌어 민간 수탈을 일삼았다. 개경과 가까운 벽란도는 국제 무역 항구로서 송나라, 일본, 남양, 서역의 상인들이 왕래했다.

Reference data

| 농업 중심의 산업 발전

의창(義倉) : 중국 수나라에서 시작되었으며, 고구려의 진대법과 흡사한 기능을 했다. 국초에는 태조가 흑창을 운영했고, 986년(성종 5)에는 흑창의 진대곡에 1만 석을 추가하여 의창이라 했다. 1023년(현종 14)에는 연호미(煙戶米)라 하여 일과 공전 일결(一科公田一結)에는 조(租) 3두(斗), 이과(二科) 및 사원전(寺院田)·양반전(兩班田)에서는 조 2두, 삼과(三科) 및 군호(軍戶)·기인(其人)에게서는 조 1두를 거두어 주(州)·현(縣)의 의창에 충당했다. 충렬왕과 우왕 때에도 연호미를 거두어 의창의 재원으로 했다. 무신(武臣) 집권과 몽골의 침략 등으로 쇠퇴하여 충렬왕 전에 의창이 폐지되었다가, 창왕 때 양광도(楊廣道)의 주현에 다시 설치하여 수재와 한해에 대비했다. 1391년(공양왕 3)에는 개성의 5부(部)에도 의창을 설치했다.

진전(陳田) : 고려와 조선 시대 때 전안(田案-土地臺帳)에는 기재되어 있으나, 경작되지 않고 황무지로 묵힌 땅을 말한다. 진탈전(陳奪田) 또는 영진전(永陳田)이라고도 하며, 1년 묵은 것은 금진전(今陳田), 2년 이상 묵은 것은 구진전(舊陳田)이라고 했다. 전란으로 백성이 죽거나 흩어져서 버려지게 된 토지, 수해·한해 등 천재를 입어 정부가 진전으로 규정한 경우가 있는데, 양전(量田)을 할 때는 소유자의 유무에 따라 유주(有主) 또는 무주(無主) 진전으로 구분했다. 광종 때는 진전의 개간을 장려하여 유주 진전을 다른 사람이 개간하면 첫해는 수확량의 전부를 차지하고, 2년째부터는 땅 주인과 반으로 나눴다. 공전(公田)의 경우에는 개간자가 3년간 수확의 전부를 차지했고, 4년째부터는 납세를 한다는 법규가 마련되었다. 조선 시대에는 진전을 개간하면 2년 또는 3년을 면세하고, 무주 진전의 경우에는 개간자가 소유주가 되어 일정 기간 면세 혜택을 받았다.

농상집요(農桑輯要) : 중국 원(元)나라 때 대사농(大司農)에서 편찬한 농서이며, 실제 저자는 맹기(孟祺), 창사문(暢師文), 묘호겸(苗好謙) 등으로 알려져 있다. 권 1은 전훈(典訓)·경간(耕墾), 권 2는 파종(播種), 권 3은 재상(栽桑), 권 4는 양잠(養蠶), 권 5는 과채(瓜菜), 권 6은 죽목(竹木)·약초(藥草), 권 7은 자축(孳畜), 끝에는 세용잡사(歲用雜事)를 수록했다. 원나라의 생산 수준과 경제 특징을 반영했고, 잠상(蠶桑)과 면화 그리고 저마(苧麻)의 생산과 장려는 유럽과 아시아 간에 내륙 교통이 열린 뒤 잠사(蠶絲) 수요의 증가에 따른 것이다. 농서에 깔려 있는 농본사상(農本思想)은 유목 민족인 원나라의 통치가 유목 중시에서 농업 중시로 바뀌고 있음을 보여 준다. 또한 농서에서는 재배 작물의 한계를 극복하고 있다. 저마는 동남 아시아의 작물이고 목면은 서역의 작물이지만, 중국 허난성(河南省)과 산시성(陝西省)에서도 수확이 본토와 차이가 없었다. 우리나라에는 고려 시대에 이암(1297~1364)이 수입했다.

제민요술(齊民要術) : 중국에 현존하는 가장 오래된 종합 농업 기술서로서 북위(北魏)의 북양태수(北陽太守)였던 가사협(賈思勰)이 저술하였으며, 6세기 전반에 간행했다. 제민은 서민을 말하며, 오곡·야채·과수·향목(香木)·상마(桑麻)의 종식법(種植法), 가축의 사육법, 술·간장의 양조법 그리고 가공·판매·조리의 과정에 이르기까지 상세히 기술하고 있다.

문익점(文益漸, 1329~1398) : 고려 시대의 학자요 문신이며, 공민왕 때 좌정언으로 서장관이 되어 이공수를 따라 원나라에 갔다가 돌아오면서 붓대 속에 목화씨를 감추어 가져왔다. 장인 정천익과 함께 재배에 성공했다.

저화(楮貨) : 1391년(공양왕 3)에 종래의 철전(鐵錢)과 은전(銀錢) 등의 주화가 원료 부족으로 유통의 감소를 초래하자 자섬저화고(資贍楮貨庫)를 설치, 남송(南宋)의 회자(會子)와 명나라의 보초(寶鈔)를 참고하여 저화를 인조(印造)하여 유통코자 했으나, 고려의 멸망으로 저화는 회수되고 인판(印板)도 소각했다. 조선의 태종은 1401년에 사섬서(司贍署)를 설치하고, 이듬해부터 저화를 발행했다.

관영 수공업을 맡아보던 기관 : ① 선공시(繕工寺) – 토공·석공·금속공 ② 군기시(軍器寺) – 피갑공(皮甲工)·장도장(長刀匠)·각궁(角弓)·칠장(漆匠)·연장(鍊匠)·전장(箭匠)·전두장(箭頭匠)·궁대장(弓袋匠)·노통장(弩筒匠) ③ 공조서(供造署) – 조각장(彫刻匠)·나전장(螺鈿匠)·소장(梳匠)·주렴장(珠簾匠)·지장(紙匠)·화장(花匠)·황단장(黃丹匠)·마장(磨匠)·어개장(御蓋匠) ④ 장야서(掌冶署) – 은장(銀匠)·백동장(白銅匠)·적동장(赤銅匠)·생철장(生鐵匠)·경장(鏡匠) ⑤ 도교서(都校署, 雜作局) – 석공·목공·조각공·장복장(粧覆匠)·이장(泥匠) ⑥ 장복서(掌服署, 尚衣局) – 수장(繡匠)·복두장(幞頭匠)·화장(靴匠)·대장(帶匠)·피혜장(皮鞋匠)·홀대장(笏袋匠) ⑦ 도염서(都染署) – 염료공·염색공 ⑧ 잡직서(雜織署) – 금장(錦匠)·나장(羅匠)·능장(綾匠)·견장(絹匠) ⑨ 액정국(掖庭局) – 직공(織工) ⑩ 봉거서(奉車署) – 어용(御用) 거마(車馬)의 안장·고삐

🌐 수취 제도와 제정의 운영

Reference data
● 역분전
● 전시과 제도
● 주전관
● 각염법

일반 농민이 부담하는 조세(租稅)와 공물(貢物) 그리고 역(役)이 국가 재정의 근간이었다. 토지는 논과 밭으로 나누고, 비옥함의 정도(3등급)에 따라 세액을 달리하는 결부제(結負制)를 시행했다. 사유지(民田)는 국가에 수확량의 1/10을 전조(田租)로 바쳤다. 공해전과 둔전은 1/4을 국가에 바쳤고, 사전(私田)은 수확의 1/2을 전주(田主)에게 바쳤다. 조세는 농민에 의해 조창(漕倉)으로 옮겨진 다음, 조운(漕運)을 통해 개경에 있는 경창(좌·우창)에 보관했다. 조세와 함께 중요한 국가 수입의 하나인 공물은 농민에게 매우 큰 부담이었다. 특산물을 현물로 납부하는 공물은 호구를 기준으로 부과했는데, 매년 정기적으로 징수하는 상공과 필요시 수시로 징수하는 별공으로 나눴다. 역은 정남(16~60세의 양인 남자)의 노동력을 징발하는 것이며, 군역(軍役)과 요역(徭役)이 있다. 기타 특수 분야에 부과하는 잡세로 어·염세, 선박세, 상세 등이 있다. 특히 염은 각염법(榷鹽法)을 실시하여 국가에서 전매(專賣)했다.

토지는 공전(公田)과 사전(私田)으로 구분되는데, 각각 소유권(所有權)과 수조권(收租權)에 의해 나누어진다. 국가가 소유한 공전에는 내장전(內莊田), 공해전(公廨田), 둔전(屯田)이 있고, 개인이 소유한 민전과 귀족의 농장은 사전이다. 수조권 측면의 공전은 세금이 국가나 관청에 귀속되었고, 사전은 관리에게 직역에 대한 보수로 지급되었으며, 전시과와 영업전이 있었다. 사전을 구체적으로 살펴보면 문무 관리의 등급에 따라 분급되는 과전, 5품 이상 관리에게 지급하는 공음전, 6품 이상 관리의 자제 중 관직이 없는 자에게 지급하는 한인전, 군역의 대가인 군인전, 하급 관리 및 군인의 유가족에게 지급하는 구분전, 향리에게 분급하는 외역전, 승려나 풍수지리업자에게 분급하는 별사전, 사원에 지급되는 사원전, 악공과 공장 등에 지급되는 별정전이 있다. 이 중 사원전은 면역 및 면세이다.

R e f e r e n c e **d a t a**

| 수취 제도와 제정의 운영

역분전(役分田) : 940년(태조 23) 후삼국(後三國) 통일에 공을 세운 조신(朝臣)과 군사(軍士) 등에게 관계(官階)의 고하에 관계없이, 인품과 공로에 기준을 두고 지급한 수조지(收租地)를 말한다. 전시과(田柴科) 제도가 마련될 때까지 존속했다.

전시과 제도(田柴科制度) : 976(경종 원년)에 마련된 토지 제도(始定田柴科)로, 관직이나 직역을 담당한 이들에게 직위와 역할에 따라 전지와 시지를 차등 있게 나누어 주었다. 전(田)은 농지, 시(柴)는 임야, 과(科)는 관리의 등급이다. 그러나 지급 기준이 관직의 고하와 함께 인품의 반영이라는 한계가 있었다. 관직만을 기준으로 해서 하나의 체계로 정비된 것은 목종 원년(998)에 마련된 개정전시과(改定田柴科)다. 문무 관리로부터 국역을 담당한 군인, 한인에 이르기까지 18등급으로 나누어 전지와 시지를 주었는데, 토지에 대한 수조권(收租權)을 지급한 것이다. 죽거나 관직에서 물러날 때는 토지를 반납해야 했다. 현종 15년(1024)에는 자식이 없는 군인의 처에게 구분전(口分田)이 지급되었고, 문종 3년(1049)에는 양반 공음 전시법(兩班功蔭田柴法)이 제정되어 5품 이상의 문벌 귀족에게는 공음전이 지급되었는데, 세습이 가능하여 음서제와 더불어 귀족의 신분을 뒷받침했다. 한인전은 하급 관리의 자제로서 관직에 오르지 못한 사람에게 지급되었는데, 이것 역시 관인 신분의 세습을 위해 마련한 것이었다. 군인전은 군역의 대가로 주었고, 군역이 세습되면서 자손에게 이어졌다. 마침내 문종 30년(1076)에는 현직 관리에게만 지급하는 경정전시과(更定田柴科)가 채택되었다. 경정전시과의 특징은 한외과(限外科)의 소멸이다. 18과에 속하지 못하고 토지를 받던 계층이 모두 과내로 흡수되었다. 또한 산관이 분급 대상에서 제외되었으며, 무관과의 차별 대우도 사라졌다. 또 다른 특징은 개정전시과에서 볼 수 없던 향직(鄕職)이 분급 대상에 포함되었다는 점이다. 향직은 중국식의 당풍(唐風)에 대한 국풍(國風)·향풍(鄕風)을 의미하는 고려식의 독자적인 질서 체계. 국왕 및 왕실에 대한 공로자나 70세 이상의 관직없는 노인, 여진의 추장 등에게 주어졌다. 비록 명예적인 칭호였으나 대상(大相)·좌승(佐丞)·원보(元甫) 등 향직을 보유한 자들에게는 12~14과의 토지가 분급되었다.

주전관(鑄錢官) : 고려 시대에 주전도감에 속하여 돈을 주조하는 일을 맡아보던 벼슬아치다.

각염법(榷鹽法) : 1039년(충선왕 1)에 세수를 늘리고 문란(紊亂)했던 염정(鹽政)을 바로잡고자 소금을 전매(專賣)하던 법이다. 충선왕(忠宣王)은 전지(傳旨)를 내려, 내고(內庫)·상적창(常積倉)·도염원(都鹽院) 및 여러 궁원(宮院)·내외(內外) 사사(寺社)의 소유(所有)인 염분(鹽盆)을 모두 관(官)에 바치게 하고, 의염창(義鹽倉)에서 팔게 하였다. 군(郡)·현(縣)에는 염호(鹽戶)와 염창(鹽倉)을 두었고, 암거래를 금(禁)했다. 은 1근에 소금 64섬, 은 1냥에 4섬, 베 1필에 2섬씩이었다.

🌀 귀족의 경제생활

R e f e r e n c e **d a t a**
● 농장
● 녹봉
● 사패

고려의 귀족들은 상속받은 토지와 노비에다 과전과 녹봉, 공음전, 공신전 등 여러 가지 경제적 기반을 갖고 있었다. 과전에서는 생산량의 1/10을 징수했으며, 공음전과 공신전에서는 수확량의 1/2을 징수했다. 또한 자기 소유지인 민전을 소작으로 주었을 경우, 생산량의 1/2을 수취했다. 직역의 대가로 과전 대신 녹봉에 해당되면 곡식과 베, 비단 등을 받았다. 또한 외거노비로부터는 매년 베나 곡식으로 신공을 수취했다. 귀족들은 권력이나 고리대를 통해 농민으로부터 토지를 탈점하거나 헐값에 사들여 농장을 확대했는데, 토지는 물론 전호까지 불법적인 면세 및 면역의 혜택을 누림으로써 세수 감소에 따른 국가 재정의 궁핍을 초래했다. 이는 전호의 노비화를 촉진시켜 사회적 모순과 분열의 원인이 되었다. 문벌 귀족이나 권문세족들은 막대한 부를 독점하면서 큰 누각을 짓고 지방에 별장을 소유하는 등 호화롭고 사치스러운 생활을 했다. 외출 시 남녀 시종을 거느렸고, 다방에서 수입차를 즐겼으며, 비단 옷을 입었다.

R e f e r e n c e **d a t a**

| 귀족의 경제생활

농장(農莊) : 양반 관리와 사원(寺院) 등이 소유한 사전(私田)으로 신라 때도 귀족 · 사원 등은 장(莊) · 처(處)와 같은 대토지를 소유했다. 그러나 대규모의 토지 소유는 고려 이후부터다. 12세기 초 이자겸(李資謙)의 집권을 계기로 전시과가 붕괴되어, 12세기 후반 무신 집권 성립 뒤에는 농장의 형태를 띠었다. 무신 집권자, 토호, 승려에 의해 진행된 사유지 확대는 왕과 왕실, 권력 기관, 관료, 부원배(附元輩), 사원(寺院)에 의해 본격화되었다. 충렬왕은 내방고(內房庫)라 하는 어고(御庫)를 따로 두고 많은 토지를 겸병했다. 주로 약탈, 강점, 기진(寄進), 사패(賜牌), 투탁(投託), 고리대, 개간과 같은 방법으로 이루어졌다. 농장의 규모는 30~40결(結)로부터 3,000결에 이르기까지 다양했다. 왕실에서는 내장택(內莊宅)을 설치하고, 이에 소속된 국왕의 장처(莊處) 360곳을 두고 장민(莊民)이 경작하도록 하였다. 장원의 경계는 '산과 내로 표시할 정도로 넓었다(標以山川, 跨州包郡)'. 농장은 노비 · 전호(佃戶 : 處干) 등에 의해 경작되었고, 전호는 농장주에게 조(租) · 용(庸) · 조(調)를 바치고, 조로는 수확량의 반을 바쳤다. 장원의 확대는 국가 재정을 고갈시켜 재상(宰相)이 전답 300결(結)에다 녹(祿) 360석(石)을 받아야 하는데도, 토지는 1결도 못 받고 녹 20석으로 대신할 정도였다.

녹봉(祿俸) : 국가가 관리에게 봉급(俸給)으로 준 중미(中米), 조미(糙米:현미), 황두(黃豆), 소맥(小麥), 명주(明紬), 정포(正布), 저화(楮貨) 등을 말한다. 신라에서는 관리에게 녹읍(祿邑) 또는 식읍(食邑)을 주어 관리의 봉급 또는 상여금(賞與金)의 구실을 했으나, 후기에 관료전 제도를 만들어 지급하였다. 고려 초기인 940년 역분전(役分田) 제도를 만들어 관리의 녹봉으로 지급했다. 976년(경종 1)에는 전시과(田柴科)를 제정하여 문무(文武) 18등급으로 나누어 녹봉을 지급했다. 1076년(문종 30)에 녹과(祿科)를 제정했는데, 그해 쌀, 보리, 조 등 총 13만 9,736석 13두를 연액(年額)에서 녹봉으로 지급한 기록이 있다. 전시과에 의한 관리의 녹봉제는 고려 말기에 문란해져, 고종 때부터 녹과전제(祿科田制)를 시행, 제도적 정비를 위해 노력했으며, 1391년 문란해진 전시과를 재정비하여 과전법(科田法)을 제정하기에 이르렀다.

사패(賜牌) : 왕족이나 공신에게 전지(田地)나 노비를 하사할 때 내려 주던 문서이며, 토지나 노비의 소유 기한 등을 규정했다. 이를 딸려 하사한 토지가 사패전(賜牌田) 또는 사전(賜田)이며, 노비는 사패 노비라 했다. 수조권(收租權)을 지급한 사패전의 소유권은 1대한(一代限)과 3대 세습의 2종류가 있다. 사패에 '가전영세(可傳永世)'라는 문구가 있으면 3대 세습이고, 없으면 1대 후에 국가에 반환해야 했다. 그러나 이 규정은 고려 이후 지켜지지 않았다. 조선 시대의 사패는 이조(吏曹)에 속한 문선사(文選司)에서 관장했다. 중기 이후 공신들에게 지급할 토지가 없어 사패만 발급하고 토지는 추후에 지급하기도 했는데, 만일 당대(當代) 친공신(親功臣)의 생전에 받지 못하면 사패의 실효가 상실되었다. 전공(戰功)을 세운 향리(鄕吏)에게도 내려 그 자손의 향리역이 면역(免役)되기도 했다.

🏠 농민의 경제생활

농민들은 조상이 물려준 자기 소유의 민전과 국공유지나 타인의 소유지를 경작했다. 또한 품팔이를 하거나 삼베나 모시, 비단 짜는 일 등으로 생계를 유지했다. 농민들은 소득 향상을 위해 적극적으로 황무지를 개간하여 경작지를 확대했다. 특히, 무신 집권기에 강화도에서는 수도가 옮겨오고 인구가 집중됨에 따라 부족한 식량을 해결하기 위한 간척작업을 실시했다. 12세기 이후에는 해안의 저습지에서도 간척 작업이 이루어졌다. 또한 농업 기술의 발달로 인해 단위 면적당 소출이 향상되었다. 농기구와 종자를 개량하는 한편 우경을 통한 심경법과 시비법 및 제초법의 보급으로 연작이 가능했다. 고려 후기에 이암은 원의 농서인 『농상집요』를 소개하면서 화북 지방의 농사법을 보급했다. 공민왕 때 문익점이 들여온 목화는 의생활에 큰 변화를 일으켰다. 그러나 권문세

Reference data
● 시비법

족의 토지 약탈과 지나친 조세 수취로 인해 농민들의 생활이 피폐해졌고, 소작화와 노비화를 초래했다. 이는 고려 사회의 기초를 흔드는 원인이 되었다.

R e f e r e n c e   d a t a

| 농민의 경제생활

시비법(施肥法) : 토양이나 작물에 비료 성분을 공급하여 농작물의 생육을 촉진시키는 농작법이다. 옛날부터 시행되어 오던 시비는 고려 시대에 들어와 더욱 발전되면서 농업 기술의 향상에 크게 기여했다. 12세기 이후에는 수리 시설의 발전, 다양한 볍씨의 도입 및 종자 개량과 더불어 두엄 등을 거름으로 사용하는 시비법이 개발되었다. 두엄 외에 전통적인 거름으로는 생초분(生草糞), 구비분(廏肥糞), 잠사분(蠶沙糞), 인분(人糞) 등이 있다. 시비법에는 기비법(基肥法)과 추비법(追肥法)이 있고, 추비법은 다시 경비(莖肥), 수비(穗肥), 지비(止肥)로 나눈다. 밑거름이라고도 하는 기비법은 파종 전후 시기에 비료를 주는 것이고, 웃거름(중거름)이라고도 하는 추비법은 파종 후 작물이 자라는 동안에 비료를 주는 방법이다. 경비는 화곡류의 줄기 성장을 위한 비료이고, 이삭거름이라고도 하는 수비는 이삭의 충실한 결실을 위해 주는 비료이며, 지비는 추수를 하기 전 마지막으로 주는 비료이다.

🌐 무역 활동

Reference**data**
● 벽란도

시전의 경우와 마찬가지로 통일 신라 시대부터 호족들을 중심으로 사무역이 발달했지만, 고려 시대에는 국가 주도의 공무역 중심으로 바뀌었다. 예성강 어귀의 벽란도는 송, 왜, 아라비아 상인들이 왕래하는 국제 무역항으로 번성했다. 광종 때를 전후하여 본격적으로 시작된 대송 교역은 해외 무역의 가장 큰 비중을 차지했는데, 고려는 송의 발달된 경제와 문화를 받아들이는 입장이었고, 송은 거란과 여진을 견제하기 위한 정치적·외교적 필요에 의해서 진행되었다. 수출품은 주로 금, 은, 인삼, 종이, 붓, 먹, 부채, 화문석, 나전칠기 등이었고, 수입품은 서적, 비단, 약재, 악기, 차, 향료 등 왕실과 귀족들이 필요로 하는 물품이었다. 특히 송으로부터 받아들인 유학, 불교, 예술, 인쇄술, 도자기, 대성악 등은 고려 문화의 발달에 크게 기여했다. 당시의 주요 무역항은 고려의 벽란도 외에 고려판(무역소)이 설치된 중국의 덩저우와 밍저우였다. 거란과 여진족으로부터는 은을 수입하였고, 농기구와 식량을 수출했다. 일본과는 11세기 후반부터 왕래가 있었지만 그다지 활발하진 않았다. 아라비아 상인으로부터는 은, 산호, 향료 등을 수입했다. 원 간섭기에는 공무역 외에 사무역도 성행했는데 금, 은, 소, 말의 유출로 사회적인 물의를 빚기도 했다.

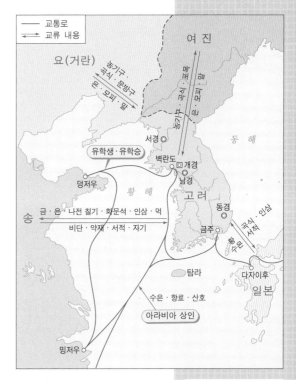

— 교통로
⟷ 교류 내용

여진
요 (거란)
농기구 · 곡식 · 문방구
은 · 모피 · 말
공기구 · 곡식 · 농피 · 머리 · 말

서경
동해
벽란도
유학생 · 유학승
개경
덩저우
남경
황해
고려
금 · 은 · 나전 칠기 · 화문석 · 인삼 · 먹
송
비단 · 약재 · 서적 · 자기
동경
금주
곡식 · 인삼 · 서적

탐라
수은 · 향료 · 산호
아라비아 상인
다자이후
일본

밍저우

▲ 고려 전기의 대외 무역

R e f e r e n c e **d a t a**

| 무역 활동

벽란도(碧瀾渡) : 고려는 일찍부터 중국과 교역했는데 벽란도가 중심이었다. 개경에서 30여 리 떨어진 벽란도는 예성항으로 불렸으나, 그곳에 있던 벽란정(碧瀾亭)의 이름을 따 벽란도라고 불렀다. 고려 전기의 대외 무역은 송(宋)을 비롯하여 요(遼) · 금(金) · 일본(日本) 등 주변 나라와 행해졌으며, 아라비아의 대식국(大食國)과도 교역했는데, 이때 'Corea'라는 이름이 세계에 알려졌다. 각국의 해상선단이 개경의 문호인 벽란도로 몰려옴으로써, 국제 무역항으로 번창했다. 송과의 무역은 매우 비중이 컸는데, 남북 항로가 주요 간선이었다. 북선 항로는 산둥 덩저우(登州) 방면에서 동북 직선로로 대동강 어구를 거쳐 옹진항 또는 예성강에 다다랐고, 남선 항로는 밍저우(明州)에서 동북으로 흑산도를 거쳐 서해안 도서를 경유하여 예성강에 이르렀다. 문종 때까지는 주로 북선 항로가, 이후에는 남선 항로가 발달했다. 상행위뿐 아니라 중국의 사신이 올 때도 우벽란정에 조서(詔書)를 안치하고, 좌벽란정에서 사신을 대접하였으며, 개경까지는 동서로 도로를 개설해 놓는 등 외교에 있어서도 중요한 곳이었다.

03 중세의 사회 ▶||▬▬▬▬▬▬▬ ▬▬

🎯 사회 계급

Referencedata
● 역참
● 노비세전법
● 천자수모법

고려 사회의 신분 제도는 귀족, 중류층, 양민, 천민으로 구성되었다. 귀족들은 왕족을 중심으로 5품 이상의 고위 관료가 주류이다. 이들은 음서나 공음전을 통해 대대로 세습되었다. 귀족들은 왕실과의 통혼이나 세력가끼리의 결혼을 통해 고위 관직을 독점했다. 주로 개경에 거주했으며, 죄를 지었을 때 귀향시키는 것도 일종의 형벌이었다. 지방 향리의 자제들은 과거를 통해 관직에 나아감으로써 신분 변동이 가능했다. 무신 집권기에는 종래의 문벌 귀족들이 약화되고 무신들이 권력을 장악하면서 귀족들의 성분이 한층 다양해졌다. 무신 정권이 붕괴되고 원이 내정을 간섭하던 시기에는 새로운 지배 계급으로 권문세족이 등장했다. 이들은 정계의 요직을 두루 차지한 채 수탈과 겸병으로 대규모의 농장을 소유했다. 고려 후기에는 경제력이 있는 향리 출신 중에서 과거를 통해 관계에 진출한 신진 사대부 계층이 부상했다.

지배층과 피지배층 사이에는 중앙 관청의 말단 서리인 잡류(雜類), 궁중의 실무 관리자인 남반(南班), 지방 행정의 실무를 담당한 향리(鄕吏), 하급 장교인 군반(軍班), 지방의 역을 관리하는 역리(驛吏) 같은 하급 관리들이 있었다. 이들은 후삼국의 혼란한 시기를 거쳐 지배 체제가 정비되는 과정에 참여하여 하부 구조를 이루는 집단이다. 대대로 직역과 그에 따른 토지를 물려받아 생활했다. 호장과 부호장인 지방의 호족들은 지방관을 보좌하는 향리로 편제되었지만 여전히 지방의 실질적인 지배층이

었다. 상층 향리인 이들은 통혼 관계나 과거 응시에 있어서 하위의 향
리들과는 구별되었다. 중앙 행정 실무직인 서리는 음직으로 주어지거
나 기인들의 입사(入仕)로 이용되어 지방 향리들이 중앙으로 진출하는
통로가 되었다. 남반은 문반과 무반과 더불어 3반으로 불리었다.

양인은 일반 주(州), 부(府), 군(郡), 현(縣)에 거주하면서 농업이나 상공업
에 종사하는 일반 백성들이다. 농민층이 주류를 이루고 있는데 조세와
공물 및 역역(力役)의 의무를 지고 있었다. 법제적으로 과거 응시에 제약
이 없었고, 전지를 받는 군인으로 선발될 수 있었다. 또한 물려받은 민
전이나 개간을 통해 토지 소유가 가능했다. 반면에 농민보다 천시되었
던 상인이나 수공업자는 공역(貢役)의 의무를 지고 있었지만, 문무 관직
진출은 허용되지 않았다. 특수 행정 구역인 향, 소, 부곡민들은 일반 양
민에 비해 더 심한 규제와 과중한 세금을 감당하면서도 관직 진출과 교
육 등에서 법제적인 차별을 받았으며, 거주 이전의 자유도 제한받았다.
일반 군 · 현민들이 반란을 일으키면 집단적인 처벌을 받아 부곡으로
강등되는 경우가 있었다.

천민의 대다수는 노비인데, 공공 기관에 예속된 공노비와 개인이나
사원에 속하는 사노비로 구분되었다. 공노비는 궁중과 중앙 관청 그리
고 지방 관아의 잡역에 종사하면서 급료를 받아 생활했다. 10세부터 노
동력을 제공한 뒤 60세가 되면 정로제(丁老制)에 따라 면역되었다. 외거
노비는 지방에서 농사에 종사하면서 관청에 신공을 납부했다. 사노비
중에서도 솔거노비는 주인집이
나 사원에 거주하면서 잡일을
맡았고, 외거노비는 주로 농업
등에 종사하면서 일정량의 신
공을 바쳤다. 외거노비는 신
분은 예속되어 있었지만, 솔
거노비와 달리 경제적으로는

◀ 송광사 노비 문서

독립된 생활을 누리면서 지위 상승, 재산 증식이 가능했다. 그러나 노비는 매매, 증여, 상속의 대상이었고, 본관과 호적이 없었으며, 부모 중한쪽이 노비이면 자식도 노비가 되는 일천즉천(一賤則賤)의 원칙이 적용되었다.

R e f e r e n c e d a t a

| 사회 계급

역참(驛站) : 중앙과 지방 사이의 명령 전달과 관리의 사행(使行) 및 운수(運輸)를 뒷받침하기 위해 실치된 교통과 통신 기관이다. 중국에서는 춘추 전국 시대(春秋戰國時代)에 이미 역참제가 활용되었고, 진(秦)·한(漢) 때에는 통치를 위한 필수적인 기구로 발전했다. 『삼국유사』에는 417년(눌지왕 1)경에 박제상(朴堤上)이 일본에 인질로 갔던 왕자 미해(美海)를 구해서 신라로 돌려보내자 왕이 굴헐역(屈歇驛)에서 맞았다는 기록이 있다. 고구려는 국내성(國內城)과 평양성(平壤城) 사이에 17개의 역이 있었으며, 신라 천정군(泉井郡)에서 발해의 책성부(柵城府)까지 39개의 역이 있었다는 기록이 있다. 통일 신라 시대에 들어와 역참 업무를 전담하는 기관으로서 경도역(京都驛)을 설치했으나, 규모와 실상은 알려지지 않는다. 역참제는 고려 때 더욱 구체적이고 전국적으로 정비되었다. 고려 때 역참 업무를 담당하는 기관은 병부(兵部)의 속사(屬司)인 공역서(供驛署)였다. 성종과 현종 대에 지방 제도의 정비와 지방관이 파견되면서 22역도(驛道), 525역(驛)의 역참제가 완성되었다. 몽골의 침입 이후 원나라의 간섭을 받게 되면서 고려의 역참제는 많은 변화를 겪었다. 당시 원나라는 역참 제도가 고도로 발달했는데, 차자(箚子)의 발행, 수참(水站)·이리간(伊里干)의 설치 등은 몽골의 영향이었다.

노비세전법(奴婢世傳法) : 태조는 공신들의 반발을 무마하기 위해 전쟁 노비의 대폭적인 해방을 포기하고는 노비세전법 시행을 묵인했다.

천자수모법(賤子隨母法) : 양민과 천민의 결혼은 법으로 금지되었으며, 노비 사이에서 난 자식은 어머니의 소유주에게 귀속되었다.

 농민의 공동 조직

R e f e r e n c e d a t a
● 매향의식

고려 시대의 농민들은 일상 의례와 공동 노동 등을 통해 공동체 의식을 다졌는데, 향도(香徒)가 대표적인 조직이다. 향도는 불교 의식의 하나인 매향 활동을 하는 무리들에서 비롯되었으며, 대규모의 인력이 필요한 불상과 석탑 또는 사원의 건립 때 주도적인 역할을 했다. 고려 후기에는 초기의 신앙적인 향도와는 달리 점차 자신들의 이익을 위해 조직되었다. 이들은 마을의 노역, 혼례와 상례, 민속 신앙과 결부된 마을의 제사 등 공동체 생활을 주관했다.

R e f e r e n c e **d a t a**

| 농민의 공동 조직

매향의식(埋香儀式) : 고려 말과 조선 초에 향나무를 바닷가 갯벌에 묻어 현실의 고통에서 구원해 줄 미륵의 강생을 기원하고, 내세(來世)의 복을 발원(發願)하기 위하여 행하는 의식으로 미륵 신앙(彌勒信仰)의 한 형태다. 미륵이 주관하는 새로운 세상이 오기를 염원하며 역도적인 행위를 철저한 보안에 부치면서, 몰래 갯벌에 향나무를 묻어 56억 년 이후 미륵이 하생하는 그날 침향을 피우고자 했다. 매향비는 그 장소를 표시한 것이다. 이렇게 묻은 향은 천 년이 지난 뒤 매우 단단해져 두드리면 쇳소리가 나고, 물에 가라앉는 침향이 된다고 믿었다. 보통의 향나무는 태울 때 그을음이 나지만 침향은 그을음이 없고 향기로운 것이어서 매우 신성하고 경건한 공물로 여겼다. 미륵이 현신하는 날 침향을 준비한 자는 용화수 아래의 법회에 참여하고 내원궁에 들 수 있다고 믿었다.

사회 시책과 제도

착취와 수탈의 대상이 된 농민을 보호하는 일은 체제 유지를 위해 매우 중요했다. 농번기에는 잡역을 면제했고, 자연재해를 입게 되면 피해 정도에 따라 조세와 부역을 감면했다. 또한, 이자율을 법으로 정하여 이자가 빌린 곡식을 초과하지 않도록 했다. 경작지를 확대하기 위하여 황무지를 개간하거나 진전을 경작할 경우 일정 기간 조세를 면제해주는 등 권농 정책을 실시했다. 왕이 적전(籍田)을 갈면서 농사의 모범을 보이고, 사직을 세워 토지신과 5곡의 신에게 제사를 지냈던 것은 모두 권농 정책의 일환이었다.

R e f e r e n c e **data**
● 적전
● 상평창
● 제위보

986년(성종 5)에는 태조 때의 흑창을 개칭한 의창(義倉)을 각 주에 설치하여 흉년에 빈민을 구제하도록 했다. 곡식 외에도 소금, 포, 된장 같은 것도 저장했다. 993년(성종 12)에는 개경과 서경 그리고 12목에 상평창을 설치하여, 물가를 조절함으로써 백성들의 생활을 안정시키고자 했다. 개경은 경시서에서, 서경은 분사(分司) 사헌대가, 12목에는 그곳 관리들이 각각 운영했다. 정종 때에는 가난한 백성들에게 의료 혜택을 주기 위해 대비원을 설치했으며, 문종 때에 들어 개경에 동·서 대비원으로 확충했다. 서경에도 분사 대비원을 설치했다. 이는 조선 시대의 동·서 활인서로 이어졌다. 이 외에도 혜민국(1112), 제위보(963), 구제도감 및 구급도감 등을 설치하여 질병 치료와 구휼을 담당했다.

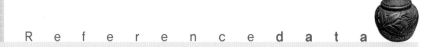

R e f e r e n c e   d a t a

| 사회 시책과 제도

적전(籍田) : 임금이 친히 경작하여 그 수확으로 신농씨(神農氏)·후직씨(后稷氏)를 제사 지내던 토지이다.

상평창(常平倉) : '상평'은 상시평준(常時平準)의 약어다. 풍년이 들어 곡가가 떨어졌을 때 국가는 곡물을 사들여 곡가를 올리고, 흉년이 들어 가격이 폭등하면 상평창의 곡물을 풀어 가격을 떨어뜨렸다. 또한, 수확기에 사들여서 단경기(端境期)에 방출하는 방법 등으로 곡가의 부당한 변동을 방지했다. 곡가의 변동으로 생활을 위협받는 일반 농민을 보호하는 한편, 부당한 이윤을 취하는 상인의 활동을 억제하려는 의도(重農抑商思想)가 있었다. 이 제도는 B.C. 54년 전한(前漢)의 선제(宣帝) 때에 대사농중승(大司農中丞) 경수창(耿壽昌)의 건의에 따라 설치한 것이 최초이다. 우리나라에서는 고려 때 중국의 제도를 모방하여 곡물을 중심으로 물가를 조절하던 기관이었다. '흉년에는 백성들을 구휼하고, 풍년에는 농민들이 손해 보지 않게 한다(饑不傷民 豐不損農)'는 정책에서 나왔다. 조선 시대까지 존속·시행되었는데, 1608년(선조 41) 선혜청(宣惠廳)으로 이름이 바뀌었다.

제위보(濟危寶) : 963년(광종 14)에 설치된 빈민 구호 및 질병 치료를 맡은 기관이다. 상약국, 태의감 등이 왕실과 관리를 위한 의료 기관인 반면 제위보는 백성들을 위한 구호 및 의료 기관이었다. 고려 시대의 보(寶)가 이식(利息)으로 사업을 지속적으로 가능하게 하는 재단이었다면, 제위보는 구호와 의료를 담당하는 상설 기관이었다. 문종 대에 직제를 정비하여 부사(副使) 1명(7품 이상), 녹사(錄事) 1명을 두었고, 뒤에 사(使) 1명을 추가했다. 중기 이후 기능이 약화되어 1391년(공양왕 3)에 폐지되었다. 유사한 기능의 기관이 동·서 대비원(東西大悲院)이며, 임시 설치 기관으로서는 구제도감 또는 제위도감 등이 있었다

🏛 법률과 풍속

고려의 법률은 당률을 참고하여 71개조의 법률을 시행했으나, 대부분 대가족 사회 중심의 관습법을 따랐다. 효행을 중시하여 귀향과 같은 형 집행 중에도 부모의 상을 당하면 7일간의 휴가를 주었다. 형벌의 종류에는 태(笞) · 장(杖) · 도(徒) · 유(流) · 사(死)의 5종이 있었다. 반역죄나 불효죄 등은 중벌로 다스렸으며, 3인 이상의 합의하에 재판을 하는 삼원신수법(三員訊囚法)을 시행했고, 사형의 경우에는 3심제를 거쳐 판결을 내렸다. 중요한 사건을 제외하고는 지방관이 직접 사법권을 행사했다.

Reference data
● 형벌의 종류
● 팔관회
● 연등회

고려 중기에 주례(周禮)가 들어옴에 따라 장례와 제사에 관한 의례에 유교적 규범을 적용하려 했지만, 대체적으로 토착 신앙과 결부된 불교적 전통 의식과 도교의 풍속을 따랐다. 특히, 장례의 경우 불교식으로 진행함에 따라 절에서 화장을 많이 했다. 제례 또한 불교식 의례인 기일재의 형태로 이루어져 승려가 의식을 주관했다. 주요 명절로는 정월 초하루, 삼짇날, 단오, 유두, 추석 등이 있었다. 단오 때는 격구, 그네 뛰기, 씨름 같은 놀이를 즐겼다. 국가적으로 치르는 불교 행사로는 2월 15일 거행되는 연등회와, 10월 15일(서경)과 11월 15일(개경)에 거행되는 팔관회가 있었다. 팔관회는 토속 신앙과 결합된 행사인데 왕이 법왕사나 궁중에서 하례를 받았으며, 송과 여진 및 아라비아 상인들이 진상품을 바쳤다.

몽골 간섭기 전에는 여성의 경우 18세 전후에, 남성은 20세 전후가 되면 혼인을 했으며, 일부일처제가 원칙이었다. 고려 초 왕실에서는 친족 간의 혼인이 성행했는데, 중기 이후에 이를 금지했음에도 계속 유지되었다. 남편이 죽으면 부인이 재산을 분배했고 자녀에게 골고루 돌아갔다. 상속 대상인 토지와 노비는 피상속자의 참여하에 문계를 작성했다. 호적이나 제사에서는 남녀의 차별이 없었으며, 상복 제도도 친가와 외가의 차이는 크지 않았다. 여성의 재가는 자유로웠고, 소생의 사회적 진출도 차별이 없었다. 사위가 처가의 호적에 입적하는 사례가 흔했으며, 음서의 경우 사위와 외손자까지 혜택을 받았다. 이를 미루어 볼 때, 고려 때에는 남녀의 지위가 평등했음을 알 수 있다.

R e f e r e n c e   d a t a

법률과 풍속

형벌의 종류

- 태(笞) : 볼기를 치는 매질이며, 10대 · 20대 · 30대 · 40대 · 50대의 5단계가 있다.
- 장(杖) : 곤장형이며, 60대 · 70대 · 80대 · 90대 · 100대의 5단계가 있다.
- 도(徒) : 징역형으로 1년 · 1년 반 · 2년 · 2년 반 · 3년의 5단계가 있다.
- 유(流) : 유배형으로 2천 리 · 2천 5백 리 · 3천 리의 3단계가 있다.
- 사(死) : 사형으로 목을 매달아 죽이는 교수형과 목을 베어 죽이는 참수형이 있다.

팔관회(八關會) : 『삼국사기』에는 551년(진흥왕 12)에 처음 행해진 이래 4차례의 기록이 보인다. 이때는 호국적인 성격이 짙었다. 고려 때에 비로소 국가적 · 정기적 행사로 정착했다. 태조는 '훈요10조'에서 '천령(天靈) · 오악(五嶽) · 명산(名山) · 대천(大川) · 용신(龍神)을 섬기는 대회'라고 성격을 정리했다. 하지만 불가에서 말하는 살생 · 도둑질 · 간음 · 헛된 말 · 음주를 금하는 오대계(五大戒)에, 사치하지 말고, 높은 곳에 앉지 않고, 오후에는 금식해야 한다는 세 가지를 덧붙여 8가지의 계율을 만 하루 동안 엄격히 지키게 하는 것으로 보아 다분히 불교적인 의식이었다. 팔관회 때는 지방의 장관들이 글을 올려 하례하고, 송(宋)의 상인이나 여진(女眞) 및 탐라(耽羅)의 사절들이 축하의 선물을 바치고 무역을 크게 행하는 국제적 행사였다. 서경에서는 10월 15일에, 개경에서는 11월 15일(仲冬)에 각각 베풀어졌다. 이 의식은 최승로의 건의에 의해 987년(성종 6)에 폐지되었다가, 1010년(현종 원년)에 부활될 때까지를 제외하고는 고려 전 시기에 걸쳐 매년 행해졌다.

연등회(燃燈會) : 팔관회와 더불어 신라 진흥왕 대에 시작되어 고려 시대에 국가적 행사로 자리 잡은 불교 법회이다. 태조는 '훈요10조' 제6조에서 후대 왕들에게 계속 잘 받들어 시행할 것을 당부했다. 또한 태조는 행사의 성격을 '부처(佛)를 섬기는' 행사라고 말했다. 연등은 등에 불을 켜 놓음으로써 번뇌와 무지로 가득 찬 사바세계를 밝히는 부처의 공덕을 기리고, 선업(善業)을 쌓는 공양의 방법이었다. 매년 1월 15일(上元日)에 가졌던 행사를 성종 대에 최승로(崔承老)의 건의에 의해 폐지했다가 1011년(현종 2)에 재개했다. 정규적 행사 외에도 4월 초파일의 석가탄신일이나 불사(佛寺)의 낙성과 사탑의 건립 등을 경축하는 행사에도 설치되었다.

석굴암 (국보 제24호, 1995년 12월 유네스코 세계문화유산 등재)

석굴암은 서기 751년 신라 경덕왕 때 당시 재상이었던 김대성이 창건하기 시작하여 서기 774년인 신라 혜공왕 때 완공하였으며, 건립 당시에는 석불사로 칭하였다.

석굴암의 석굴은 백색의 화강암재를 사용하여 토함산 중턱에 인공으로 석굴을 축조하고, 그 내부 공간에는 본존불인 석가여래불상을 중심으로 그 주벽에 보살상 및 제자상과 역사상, 천왕상 등 총 39체의 불상이 조각돼 있다. 또한 석굴암의 석굴은 장방형의 전실과 원형의 주실이 통로로 연결되어 있는데, 360여 개의 판석으로 원형 주실의 궁륭천장 등을 교묘하게 구축한 건축 기법은 세계에 유례가 없는 것이다. 석굴암의 입구 쪽에 위치하고 있는 평면방형의 전실에는 좌우로 4구씩 8부신장을 두고 있고, 통로 좌우 입구에는 금강역사상을 조각하였으며, 좁은 통로에는 2구씩의 사천왕상이 조각돼 있다.

이러한 석굴암은 석가모니가 정각 즉, 깨달음을 얻은 순간을 가시적인 건축과 조각으로 재현한 것이며, 조각에 있어서도 생명력이 넘치는 원숙한 조법과 탁월한 예술성이 돋보인다.

세계 유산적 가치 석굴암은 건축, 수리, 기하학, 종교, 예술이 총체적으로 실현된 신라 시대 전성기의 최고 걸작이다.

04 중세의 문화 ▶▐▐ ━━━━━━━━ ━━

Reference data
● 사학 12도
● 9재 학당
● 9경 3사
● 7재
● 경사 6학

유학의 발달과 교육 기관

유교(儒敎)와 불교(佛敎)는 각각 치국(治國)과 수신(修身)의 도로써 상호 보완의 기능을 수행하면서 함께 발전했다. 태조 때에는 신라 6두품 출신의 최언위, 최응, 최지몽 등이 유교주의에 입각한 국가 경영을 건의했다. 고려 전기의 유학은 경학(經學)보다 사장(詞章)에 치중하여, 이론적인 면보다 실용적인 측면이 중시되었다. 과거에서도 명경업(明經業)보다 제술업(製述業)을 강조했다. 광종 때의 과거 제도는 유학이 발달하는 계기가 되었다. 이때의 유교는 훈고학이었다. 고려 초기의 유학자인 최승로, 김심언 등은 유교를 치국의 근본으로 삼아 사회 개혁을 추진하고, 새로운 문화를 창조하려는 자주적이며 주체적인 경향을 띠었다. 최승로는 '시무28조'의 11조에서 중국의 제도를 따르되 우리의 실정에 맞도록 하자고 건의했다. 그러나 중기에는 문벌 귀족 사회가 성숙함에 따라 보수적 성격으로 전환되었다.

김부식은 보수적이면서 현실적인 성격의 유학을 대표했다. 최충은 관직에서 물러난 후 9재 학당이라는 사학을 설립하여 많은 인재를 양성했다. 그가 9경과 3사를 중심으로 교육한 것은 고려 중기의 유학이 훈고학적인 유학에서 약간 벗어나 송에서 일어난 성리학과 일정 부분 관계를 맺고 있음을 보여 준다. 이는 유학의 철학화(哲學化)라는 새로운 경향이었다. 그의 문하를 문헌공도라 했고, 다른 사학을 포함하여 사학 12도가 있었다.

사학 12도가 번성하자 관학(국자감과 향교)이 위축되었다. 12세기 전반에 예종과 인종은 관학을 진흥시키기 위해 최충의 9재와 유사한 전문 강좌인 7재를 설치했다. 제1재부터 제6재까지는 모두 유학을 공부하는 강좌로 각각 70명씩 선발했다. 무학을 공부하는 제7재는 8명을 선발하여 교육하였으나, 문반 귀족들의 반발로 인해 인종 때 폐지되었다. 예종은 관학의 경제 기반을 강화하기 위해 '양현고'라는 장학 재단을 설치했다. 인종은 경사 6학을 정비하고, 관학의 진흥을 위해 노력했다.

고려 후기에는 성리학이 수용되면서 유교 교육이 강화되었다. 문생들이 한문학인 시(詩)와 문(文)에만 몰두하므로 충렬왕은 경과 사의 중요성을 강조하는 교령(敎令)을 반포하였다. 1296년(충렬왕 22)에는 경사교수도감(經史敎授都監)을 설치하여 경학과 역사학을 장려하고, 유교 교육 기관인 국학(후에 성균관으로 개칭)과 공자의 사당인 문묘를 새로 건립했다. 이 시기 유교 교육에 앞장 선 이는 성리학을 처음 소개한 안향이었다. 공민왕 때에는 성균관이 순수한 유교 교육 기관으로 개편되었고, 이색, 정몽주, 정도전, 김구용, 이숭인 같은 명유들이 학관을 담당하면서 성리학자들을 배출했다.

R e f e r e n c e   d a t a

| 유학의 발달과 교육 기관

사학 12도 : 1055년(문종 9) 문하시중(門下侍中)에서 물러난 최충(崔冲)의 9재 학당(九齋學堂)에서 비롯되었다. 당시 국학(國學)이 시설과 교육면에서 유명무실하여 학업 지망생이나 과거 응시자가 권위 있는 유학자의 사학으로 모여들자, 다른 현관(顯官) 퇴직 유학자들도 사숙을 설립하게 되었다. 개경(開京)에 세운 사숙이 12개에 이르러 그 권위는 관학(官學)인 국자감을 능가했고, 과거를 준비하는 예비 학교가 되었다. 사숙의 이름은 설립자의 시호나 호(號), 벼슬 이름을 딴 것으로, ① 시중(侍中)을 지낸 최충의 문헌공도(文憲公徒), ② 시중을 지낸 정배걸(鄭倍傑)의 홍문공도(弘文公徒:熊川徒), ③ 참정(參政) 노단(盧旦)의 광헌공도(匡憲公徒), ④ 제주(祭酒) 김상빈(金尙賓)의 남산도(南山徒), ⑤ 복야(僕射) 김무체(金無滯)의 서원도(西園徒), ⑥ 시중 은정(殷鼎)의 문충공도(文忠公徒), ⑦ 평장사(平章事) 김의진(金義

珍)의 양신공도(良愼公徒), ⑧ 평장사 황영(黃瑩)의 정경공도(貞敬公徒), ⑨ 유감(柳監)의 충평공도(忠平公徒), ⑩ 시중 문정(文正)의 정헌공도(貞憲公徒), ⑪ 시랑 서석(徐碩)의 서시랑도(徐侍郎徒), ⑫ 설립자 미상의 귀산도(龜山徒) 등이 있었다.

9재 학당 : 최충은 송악산 아래의 자하동(紫霞洞)에 학당을 마련, 악성(樂聖)·대중(大中)·성명(誠明)·경업(敬業)·조도(祖道)·솔성(率性)·진덕(進德)·대화(大和)·대빙(待聘) 등의 9재(齋)로 나누고 각각 전문 강좌를 개설토록 했다. 9경(經)과 3사(史)를 중심으로 하고 시부(詩賦)와 사장(詞章)도 겸했다. 당대에는 '무릇 과거에 응시하는 자제들은 반드시 먼저 도중(徒中)에 속하여 배웠다'고 할 정도로 문헌공도는 번성했다.

9경 3사 : 9경은 『주역』·『상서』·『모시』·『예기』·『주례』·『의례』·『춘추좌전』·『공양전』·『곡량전』이며, 3사는 『사기』·『한서』·『후한서』를 말한다.

7재 : 고려 시대 국자감(國子監)에 설치한 7개의 전문 강좌로, 1109년(예종 4)에 사학(私學)에 뒤진 국학의 진흥을 위해 설치했다. 『주역(周易)』을 전문적으로 가르치던 어택재(麗澤齋), 『상서(尙書)』를 강의하던 대빙재(待聘齋), 『모시(毛詩)』의 경덕재(經德齋), 『주례(周禮)』의 구인재(求仁齋), 『대례(戴禮·禮記)』의 복응재(服應齋), 『춘추(春秋)』의 양정재(養正齋) 등 6재와 병학(兵學)을 강의하던 강예재(講藝齋)를 7재라 하였다. 앞의 6재를 유학재(儒學齋), 병학의 강예재를 무학재(武學齋)라고도 했다.

경사 6학(京師六學) : 인종 때 형부(刑部)에 속해 있었던 율학을 국자감으로 옮겨 경사 6학 즉 국자학(國子學), 태학(太學), 사문학(四門學), 율학(律學), 서학(書學), 산학(算學)을 정비하였다.

🌏 사서의 편찬

Reference data
● 삼국사기
● 삼국유사

고려 시대의 역사 편찬은 사관의 변천에 따라 초기와 중기, 후기로 나눌 수 있다. 초기에는 유교적 합리주의 사관에 입각한 왕조실록(王朝實錄)과 황주량(黃周亮) 등에 의해 편찬된 7대 실록(七大實錄)이 있는데 고구려의 계승 의식이 반영되었으며, 편년체의 역사 서술을 발전시켰다.

중기의 것으로 현존하는 최고(最古)의 사서인 김부식(金富軾)의 『삼국사기(三國史記)』는 기전체로 완결된 정사(正史)로서 신라 계승 의식이 두드러졌다. 종래엔 유교적인 사대 사관이라는 비판적 평가가 대세였으나 근래에 이르러서는 김부식 개인의 편찬이 아니라, 11명의 공동 작업이기 때문에 객관적인 서술이 가능했고, 그의 사론(史論)에서 토풍(土風)을 그대로 인정한 것이나 천자의 기록인 본기(本紀)라는 명칭을 붙였다는 점에서 시각이 달라지고 있다.

　후기의 것으로는 무신 난 후의 사회적 혼란과 대몽 항쟁의 위기를 경험한 지식인들의 자주적 사관에 입각하여 고구려 계승 의식이 반영된 각훈(覺訓)의 『해동고승전(海東高僧傳)』과 이규보(李奎報)의 「동명왕편(東明王篇)」이 있고, 단군 계승 의식이 반영된 일연(一然)의 『삼국유사(三國遺事)』와 이승휴(李承休)의 『제왕운기(帝王韻紀)』가 있다. 『삼국유사』는 한국의 고대사를 엮은 것이지만 『삼국사기』와는 성격이 다르다. 불교사를 중심으로 고대의 설화와 야사를 많이 수록했고, 단군을 민족의 시조로 받드는 자주 의식이 반영되어 있다. 서사시로 된 「동명왕편(東明王篇)」은 동명왕을 고구려 건국의 영웅으로 추켜올려 민족의식을 표현했다.

　고려 후기에는 신진 사대부의 대두와 함께 다시 성리학적 유교 사관이 발달했다. 민지(閔漬)의 『본조편년강목(本朝編年綱目)』과 이제현(李齊賢)의 『사략(史略)』이 있다.

R e f e r e n c e **d a t a**

| 사서의 편찬

삼국사기(三國史記) : 1145년(인종 23)경 왕의 지시에 의해 김부식의 주도로 11명이 참여하여 신라 · 고구려 · 백제 삼국의 정치적인 흥망과 변천을 중심으로 편찬한 역사서이다. 당시의 상황은 건국 후 200여 년이 지났고, 문벌 귀족 문화가 절정기에 이르렀으며, 유교와 불교가 어우러져 고려 왕조가 안정되어 있었다. 자기 역사의 확인 작업의 일환으로 전 시대의 역사 정리가 필요했으며, 거란을 물리친 자신감과 여진의 위협에 대한 국가 의식이 고조되어 있었다. 또 문벌 귀족 간의 갈등과 대립이 심각했는데, 분열과 갈등이 국가를 망하게 할 수 있음을 강조함으로써 현실을 비판하고, 역사의 교훈을 후세에 알리고자 했다. 사료가 가장 미약한 삼국 시대를 다루었으며, 현재까지 남아 있는 우리나라 최초의 관찬 사서이고, 후대에 편찬된 역사서의 모범이 되었다. 통일 신라 시대를 포함한 한국 고대사 연구에 있어 『삼국유사』와 더불어 최고의 사료적 가치를 지니고 있다.

삼국유사(三國遺事) : 1281년(충렬왕 7)에 보각국사(普覺國師) 일연(一然:1206~1289)이 신라 · 고구려 · 백제 삼국의

유사(遺事)를 모아 지은 역사서이다. 정사(正史)인 『삼국사기』와
더불어 현존하는 한국 고대 사적(史籍)의 쌍벽으로서, 일연 혼자
의 손으로 서술된 야사(野史)이므로 『삼국사기』에서 볼 수 없는
많은 고대 사료(史料)들을 수록하고 있어 매우 소중한 가치를 지
니고 있다. 특히, 고조선(古朝鮮)에 관한 서술은 한국의 반만년
역사를 내세울 수 있게 하고, 단군신화(檀君神話)는 단군을 국조
(國祖)로 받드는 근거를 제시했다. 그 외에도 많은 전설과 신화
가 수록된 설화 문학서(說話文學書)라고도 할 만하며, 특히 향찰
(鄕札)로 표기된 '혜성가(彗星歌)' 등 14수의 신라 향가(鄕歌)가
실려 있어 『균여전(均如傳)』에 수록된 11수와 함께 한국 고대 문
학사(文學史)의 실증(實證)에 있어서도 절대적인 가치를 지닌다.

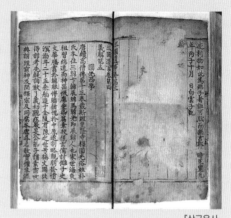

『삼국유사』

🔵 성리학의 전래

Referencedata
● 불씨잡변

중국 송 대에 발달한 성리학은 우주의 원리와 인간의 심성을 다루는 철
학적·사변적인 신유학으로서 북송의 주돈이, 정호·정이를 거쳐 남
송의 주희에 의해 집대성되었다. 이미 고려 중기에 유학의 철학화 경향
이 나타났고, 무신 집권기에는 불교계에서 심성을 중시하는 경향이 대
두되어 성리학 수용의 바탕이 충분했다. 이때는 불교계가 타락하여 지
도적 위치를 상실하면서 새로운 사상이 요구되던 시점이기도 했다. 성
리학은 충렬왕 때 안향에 의해서 도입되었고, 충선왕 때 원에 유학하여
성리학을 배운 백이정이 이제현과 박충좌에게 전수했다. 이제현은 만
권당에서 원 학자들과의 교류를 통해 보다 심층적으로 이해하였으며,
귀국 후 이곡과 이색 부자에게 영향을 주었다. 고려 말기에는 신진 사
대부들 사이에 확산되었는데, 우주론적 이기론(理氣論)이나 사변적인 면
보다는 실천적인 측면이 강조되었다. 성리학자들은 정치와 사회 개혁
을 둘러싸고 온건파와 급진파로 나뉘어졌다. 이색이나 정몽주 등 온건

파는 성리학 자체에 충실하고자 하여 점진적인 개혁을 지향했고, 정도
전을 중심으로 한 급진파는 사회주의적 성격이 강한 주례를 성리학과
함께 중시하여 토지 제도의 개혁, 불교 배척, 사원 경제의 폐단 시정 등
을 적극적으로 실현하고자 했다.

R e f e r e n c e d a t a

| 성리학의 전래

불씨잡변(佛氏雜辨) : 1394년(조선 태조 3)에 정도전(鄭道傳)이 유학(儒學)의 입장에서 불교의 진리를 변파(辨破)한
책이다. 불씨 윤회설(佛氏輪廻說), 인과설(因果說), 심성변(心性辨), 불씨의 작용(作用)이 성(性)이라고 한 것에 대한
변파, 불씨심적(佛氏心跡)의 변, 불씨는 도(道)와 기(器)에 혼매(昏昧)하다는 변, 불씨의 자비(慈悲)에 대해, 불씨의 진
가(眞假)에 대해, 지옥설(地獄說)에 대해, 화복(禍福)에 대해, 불도의 걸식(乞食)에 대해, 선교(禪敎)에 대해, 유교와 불
교의 같고 다른 점에 대해 변파한 다음, 불법이 중국에 들어와 불(佛)을 섬기다가 화를 입은 사례, 천도(天道)를 버리
고 불과(佛果)를 이야기하는 모순 등을 들었다. 끝으로 불교는 이단(異端)이어서 배척해야 한다며 배불(排佛)을 정당
화했다. 이는 조선 시대 숭유억불(崇儒抑佛) 정책의 계기가 되었다.

🌀 불교 정책과 불교 신앙 활동

고려 시대의 정치 이념과 도덕 윤리의 사상적 기반이 유교였다면, 불교
는 수신의 도로써 신앙 생활을 이끌었다. 태조는 불교를 적극 장려하였
고, 광종은 승과 제도를 실시하여 승려 수계 및 지위를 보장했다. 사원
에 토지를 지급하고, 승려에게 면역의 혜택을 준 것과 국사 및 왕사 제
도를 실시한 것은 불교가 국교의 위치에 있었음을 보여 주는 사례다.
귀족들은 유교와 불교가 서로 배치된다고 여기지 않았으며, 일반인들
은 기복 신앙으로 받아들였고, 불교 신앙 조직인 향도를 발전시켰다.

Reference data
● 수선사
● 돈오점수
● 정혜쌍수
● 간화선

지눌의 정혜결사문
목판 ▶

　초기에는 균여의 화엄종이 유행했으며, 선종에도 관심을 보였다. 개경에 흥왕사와 현화사가 건립되었고, 지배층과 연결된 화엄종과 법상종이 융성했다. 11세기에 들어서는 종파적인 분열상이 나타났다. 인주 이씨를 비롯한 귀족들과 연결된 현화사의 법상종과 왕실과 연결된 흥왕사의 화엄종이었다. 대각국사 의천(義天, 1055~1101)은 화엄종을 중심으로 한 교단의 통합 운동을 전개했으며, 개경의 국청사를 중심으로 천태종을 창시하고, 본격적으로 천태교학을 강의했다. 그의 이론은 교종의 입장에서 선종을 통합하려는 교관겸수(教觀兼修)와, 잡념을 그치고 지혜로써 사물을 관조하는 지관(止觀)을 강조하는 것이었다. 의천 사후, 교단이 분열하면서 귀족 중심의 불교가 지속되었다.

　무신 난 후에는 선종의 부흥과 신앙 결사 운동이 전개되었다. 무신 정권의 탄압으로 교종이 위축되고, 선문 9산이 결합한 조계종(曹溪宗)은 보조국사(普照國師) 지눌(知訥, 1158~1210)에 의해 크게 발전했다. 무신 정권과 선종의 결합은 통일 신라 말기에 지방 호족과 선종이 결합하는 경우

「초조대장경」 인쇄본 ▶

와 유사했다. 교종의 경전을 통한 이론적인 접근
보다는 선종의 참선(參禪)에 의한 신앙이 소박한 무
인들에게는 친근감을 주었다. 선종 내부에서도 새로
운 바람이 불었는데, 지눌은 당시 불교계의 타락을 비
판하면서 선종 위주의 혁신 운동을 전개했다. 그의 사상
은 '인간의 마음이 곧 부처'임을 먼저 깨닫고 수행을 계속
해야 한다는 돈오점수(頓悟漸修)와, 정(定)과 혜(慧)를 함께 닦
아야 한다는 정혜쌍수(定慧雙修)가 요체다. 이는 이통현의 화
엄학과 규봉(圭峰)의 영향을 받은 것이다. 그
는 신앙 결사인 수선사(修禪社)를 조직하
여 새로운 선풍을 진작시켰다. 천태종에
서도 결사 운동이 일어났는데, 요세(了世)가
백련사(白蓮社)를 조직했다. 백련사는 정토관
(淨土觀)에 보다 충실함으로써 기층 사회의 교
화에 전념했다.

불교 사상에 대한 이해가 정리되면서
불교에 관한 서적을 체계화하고, 이
를 편찬하는 사업이 진행되었
다. 거란과 몽골의 침입을
받았던 고려는 부처의 힘
을 빌어 외적을 물리치려는
원을 세우고, 많은 불서를
간행했다. 현종에서 선종 때

▲ **금동관음보살좌상**

까지 70여 년이 걸려 완성한 『초조대장경』(1011~1087)
은 개경에 보관했다가 대구 부인사로 이관했는데, 몽골의 2차 침입 때
(1232) 소실되었다. 대각국사 의천은 송과 요의 주석서를 모아 『속장경』
(1073~1096)을 편찬했다. 불경보다는 논(論)과 소(疏), 초(抄)가 중심이었는

데, 이 역시 몽골 침입 때 소실되고는 일부가 송광사에 전한다. 또한 의천은『신편제종교장총록』의 제작 및 교장도감을 설치하고 4,700여 권의 불경을 간행했다. 재조대장경(팔만대장경, 1236~1251)은 고종 때 대장도감을 설치하고, 몽골의 침입을 격퇴하겠다는 의지를 담아 제작한 것이다. 현재 합천 해인사의 경판전에 저장되어 있으며, 8만 매가 넘는 목판으로 오·탈자가 거의 없고, 서체가 수려하여 세계에서 가장 우수한 대장경으로 꼽힌다.

R e f e r e n c e d a t a

| 불교 정책과 불교 신앙 활동

수선사(修禪社) : 1190년(명종 20)에 보조국사 지눌(知訥)이 만든 혁신 불교적 신앙 결사 단체로 팔공산(八公山) 거조사(居祖寺)에서 결성되었다. 무신의 난 이후 왕권의 약화와 함께 무신 상호 간의 권력 쟁탈전, 농민과 천민의 봉기 등이 그치지 않자, 지눌은 불자의 각성을 촉구하며 거조사에서 법회를 갖고 정혜결사(定慧結社)를 결성한 뒤 이름을 정혜사라 하였다. 이후 몰려드는 인파로 장소가 비좁게 되자 송광산에 있는 길상사(吉祥寺)로 옮겼고, 1205년 길상사 중수공사가 끝나면서 왕명에 의해 송광산을 조계산으로, 정혜사를 수선사로 개칭했다. 불교 수행의 핵심을 이루는 정(定)과 혜(慧)를 함께 닦자는 실천 운동이며, 여기에 화엄 사상을 도입하여 원돈신해문(圓頓信解門)을 세워 화엄과 선이 근본에 있어서는 둘이 아니라는 것을 밝혔다. 이러한 기초 위에서 대혜종고의 간화선(看話禪)을 받아들여 선교 일치(禪敎一致)의 완성된 철학 세계를 마련하게 되었다.

돈오점수(頓悟漸修) : 문득 깨닫는 경지에 이르기까지는 점진적 수행의 단계가 필요하다는 이론이다. 이에 반해 돈오 후에 점수한다는 '선오후수(先悟後修)'의 주장이 있다. 당(唐)나라 신회(神會)의 남종선(南宗禪) 계통은 주로 선오후수의 입장을 취했다. 지눌(知訥)의 '돈오점수론'도 그의 영향을 받았는데, '오(悟)'는 햇빛과 같이 갑자기 만법이 밝아지는 것이고, '수(修)'는 거울을 닦는 것과 같이 점차 밝아지는 것과 같다는 비유를 들면서, 깨우치지 못하고 수행만 한다면 그것은 참된 수행이 아니라고 했다.

정혜쌍수(定慧雙修) : 선정(禪定)의 상태인 '정(定)'과 사물의 본질을 파악하는 '혜(慧)'를 함께 닦는 수행으로 보조국사 지눌(知訥)이 중점 강조한 불교 신앙의 개념이다. 지눌은 '불교적 수행의 요체는 정(定)과 혜(慧)에 있고, 정과 혜는 한쪽에 치우침 없이 고루 닦아야 한다'고 했다. 정(定)은 산란한 마음을 한곳으로 집중한 선정(禪定)의 상태를 말하며, 혜(慧)는 이러한 마음으로 사물의 본질을 파악하는 지혜(智慧)를 의미한다. 지눌의 사상은 선종(禪宗)의 입장에서 교종(敎宗)과 선종의 갈등을 교리적으로 극복하면서 발전적으로 해결하려는 점에서 역사적인 의미가 있다.

간화선(看話禪) : 고칙(古則) 공안(公案)의 첫마디를 타파하고, 차례로 다음 화두를 들어 해결하는 방법으로 큰 깨달음을 목표로 하는 선풍이다. 조동종(曹洞宗)의 묵조선(默照禪)에 대한 임제종(臨濟宗)의 선풍을 말한다. 송(宋)나라 때 조동종의 굉지 정각(宏智正覺)이 묵조선을 표방하자, 임제종의 대혜종고(大慧宗杲) 일파가 화두를 참구(參究)함으로써 평등일여(平等一如)에 도달할 수 있음을 주장했다.

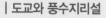 도교와 풍수지리설

Reference data
● 산천비보도감
● 비보사찰

불로장생과 현세구복을 추구했던 도교는 여러 신을 모시면서 재앙을 물리치고 복을 빌었다. 국가의 안녕과 왕실의 번영을 기원하는 초제도 성행했다. 예종 때는 도교 사원인 복원궁을 건립하고, 하늘과 별들에 제사를 지내는 행사를 개최했다. 그러나 불교적 요소와 도참 사상을 수용하면서 일관된 체계를 성립시키지 못한 채 비조직적인 민간 신앙으로 전락하는 한계를 보였다. 반면에 풍수지리설은 미래의 길흉화복을 예언하는 도참 사상과 결합하여 크게 유행했다. 고려 초기에는 개경과 서경의 명당설로 서경 천도와 북진 정책의 이론적 근거를 제공하기도 했다. 풍수지리설은 불교의 선근공덕 사상과 도교의 음양오행설 및 도참 사상이 결합된 것으로서, 지맥과 지기의 순역에 따라 국가와 개인의 길흉화복이 좌우된다는 지덕사상(地德思想)이다. 과거의 잡업에 지리업(地理業)이 있었고, 산천비보도감(山川神補都監)이라는 관청을 두고 사원을 감독하였다. 훗날 한양의 남경 승격 및 궁궐 축조로 이어졌다.

Reference data

| 도교와 풍수지리설

산천비보도감(山川神補都監) : 1198년(신종 1)에 최충헌(崔忠獻)이 전국의 산천을 보호한다는 명분으로 설치했다. 최

충헌은 왕에게 고하기를 "승려 등이 산천의 길흉을 묻지 않고 함부로 사찰을 짓기 때문에 법력(法力)의 중압으로 도리어 지맥(地脈)을 손상하여 재변이 자주 일어나니 전문가(術士)로 하여금 산천의 길흉 등을 검토하게 하여 비보가 될 만한 사찰 이외의 것은 모두 철폐를 명하소서."라고 하여 지맥을 손상하는 사탑(寺塔)이나 축제(築堤)는 모두 철폐 혹은 파괴했고, 지리적으로 결함이 있는 곳에는 축성(築城) 또는 제방을 쌓기도 했다. 지리도참(地理道讖)을 맹종(盲從)했던 권신(權臣)들은 국가를 보호한다기보다는 음양술사(陰陽術士)들의 말을 좇아 자신들의 길흉에 관계되는 비보를 위하여 파괴하기도 하고, 성을 쌓기도 했다.

비보사찰(裨補寺刹) : 고려 시대에 도참설과 불교 신앙에 근거하여 전국의 명처 명산에 세운 절로서 전국에 약 3,800개가 있었다. 태조 왕건 이후부터 성행했는데, 개경의 불순(不順)과 수덕(水德)을 진압하고, 전체의 지덕(知德)을 돕기 위해서는 불순한 곳에 사탑을 세워 신비한 불력에 의지한다는 음양비보설에 따라 사찰을 세웠다.

🌐 과학 기술의 발달

고려 시대는 숭유적인 분위기로 기술학을 천시했지만 국자감에서 잡학(율학·서학·산학)을 교육했고, 과거에도 기술관 등용을 위한 잡업(醫·卜·地理·律·書·算)을 설치했다. 또한 천문과 역법을 관장하는 서운관(書雲觀)을 설치했다. 이곳의 관리는 첨성대에서 천문(占星), 역수(曆數), 측후(천문·기상 관측), 각루(刻漏-시간 측정) 업무를 수행했다. 당시의 일식, 혜성, 태양 흑점 등에 관한 풍부한 기록이 놀랍지만, 주로 점성을 목적으로 한 것이 많았다. 역법도 연구하여 초기에는 당의 선명력을 사용했다가 충선왕 때부터는 원의 수시력을 채택했다. 천문 관리들이 아직 개방술(開方術)을 완

Reference data
● 서운관
● 수시력
● 향약구급방

◀ 개성첨성대

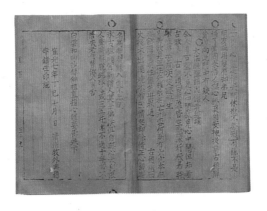

전히 터득하지 못하여 일월교식(日月交食)의 오차는 해결하지 못했다.

지배층 중심의 의술도 점차 서민층으로 확대되었다. 의학 교육을 담당하는 태의감을 설치했고, 과거에도 의과를 시행했다. 963년(광종 14)에는 제위보(濟危寶)를 설치하여 서민층의 치료 사업을 담당케 했다. 처음에는 송 의학의 영향을 많이 받았지만, 점차 독자적인 발전을 이루어 우리 체질에 맞는 약재 및 처방법을 연구했으며, 『제중입효방(濟衆立效方)』, 『신집어의촬요방(新集御醫撮要方)』 등 고려인에 의한 의서가 나왔으며, 특히 1236년(고종 23)에 간행된 『향약구급방(鄕藥救急方)』은 우리나라 최고(最古)의 의학서이며 우리나라 의약의 독자적 연구의 계기를 마련했다. 이리하여 고려 말에는 향약의 지식은 본초학(本草學)으로서의 결실을 맺었다.

고려의 인쇄술은 괄목할 만한 것이었는데, 대장경과 같은 고정식 목판 인쇄에서 주자(鑄字)를 이용한 활판 인쇄로 발전했다. 1234년(고종 21)에는 금속활자로 『상정고금례(詳定古今禮)』 50권을 인쇄했다. 이는 서양보다 200년이나 앞선 것이었다. 1377년 인쇄한 『직지심체요절(直指心體要節)』은 현존하는 세계 최고(最古)의 금속활자본으로 공인받았다. 1392년(공양왕 4)에는 서적원(書籍院)을 두고 주자와 인쇄를 맡게 했다. 인쇄술과 함께 제지술도 발달하여 닥나무 재배를 장려했고, 전담 관서를 설치하여 종이를 생산했다. 고려의 종이는 중국에 수출하여 호평을 받았다.

과학 기술의 발달은 국방에도 크게 기여했다. 고려 말에 왜구의 침입을 격퇴하기 위해선 화약 무기가 절실했다. 고려는 이를 제조하는 기술 습득에 많은 노력을 기울였다. 마침내 최무선은 원의 이원으로부터 화약 제조법을 배우게 되었다. 1377년(우왕 3)에는 화통도감을 설치하고, 화약과 화포를 제작했다. 선박 기술도 발달했는데 길이가 96척이나 되는 대형 범선을 건조하여 대외 무역에 활용했고, 1,000석의 곡물을 실을 수 있는 조운선을 건조하여 각 조창에 배치했다. 13세기 후반, 원의 강요에 따라 전함 수백 척을 짧은 기간에 건조할 수 있었던 것은 고려의 발달된 선박 제조 기술을 보여 주는 것이었다.

R e f e r e n c e **d a t a**

| 과학 기술의 발달

서운관(書雲觀) : 천문(天文) · 역수(曆數) · 측후(測候) · 각루(刻漏)의 일을 맡아보던 관청이다. 조선 시대에도 이를 계승하여 1392년(태조 1)에 설치했는데, 천문 · 재상(災祥) · 역일(曆日) · 추택(推擇)의 일을 맡았다. 국초의 서운관은 한양(漢陽) 천도(遷都) 작업에 역할했으며, 조선 세종 때 관상감(觀象監)으로 개칭되었다.

수시력(授時曆) : 원은 초기에 금(金)의 대명력(大明曆)을 사용했는데, 세조는 중국을 평정한 뒤, 1281년 곽수경(郭守敬) · 왕순(王恂) · 허형(許衡) 등으로 하여금 '수시력'이라는 새로운 역을 만들었다. 곽수경 등은 높이 40자(尺)에 이르는 규표(圭表)를 써서 동지(冬至) 일시를 정밀히 측정했고, 1년의 길이가 365.2425일임을 알았다. 우리나라는 고려 때인 1291년(충렬왕 17)에 원의 사신 왕통(王通)을 통해 도입했다. 충선왕 때 최성지(崔誠之)가 왕을 따라 원나라에 가서 수시력법을 얻어와 널리 쓰이게 되었다. 일월식(日月蝕)과 오성(五星)의 운행에 관한 계산 방법을 몰라 이것만큼은 선명력법(宣明曆法)을 따랐다.

향약구급방 : 약재의 자급자족을 위해 1236년(고종 23)에 대장도감(大藏都監)에서 간행했지만 망실되어 전해지지 않는다. 1417년 7월 의흥현(義興縣)에서 현감 최자하(崔自河)에 의하여 중간(重刊)되었으나, 국내에서는 찾아볼 수 없고, 일본 궁내청서릉부(宮內廳書陵部)에 소장되어 있다. 중간본의 발문(跋文)을 통해 최자하의 사장본(私藏本)을 그대로 인쇄 · 간행한 것임을 알 수 있다. 이 방서는 고려 중기의 의약적 지식을 고찰하는 자료가 될 뿐 아니라, 당시의 본초학 및 약용 식물 등의 연구와 고려어(高麗語)의 연구 및 이두(吏讀)로 표기하는 한자 사용법 고증(考證)에 있어서 귀중한 문헌이다.

🏛 건축과 예술

Reference**data**
● 경기체가
● 속요
● 패관문학
● 동국이상국집
● 맞배지붕
● 우진각지붕
● 팔작지붕
● 주심포집

고려 후기 신진 사대부의 대두는 문학에서도 새로운 경향을 보여 주었다. 시가에 있어서는 경기체가(景幾體歌)가 등장했는데 송악(宋樂)과 송사(宋詞)의 영향을 받으면서도 전통적인 향가를 계승했다. 「한림별곡(翰林別曲)」, 「관동별곡(關東別曲)」, 「죽계별곡(竹溪別曲)」 등은 사대부들의 득의에 차고 희망이 넘친 현실 생활을 노래했다. 「어부가(漁夫歌)」는 절세의 정취를 추구하고 한적한 인생을 스스로 즐기는 처사적(處士的)인 문학이었다. 장가(長歌) 또는 속요(俗謠)라 불리는 민중의 노래도 유행했는데 「동동(動動)」, 「정읍사(井邑詞)」 등은 토속적이면서도 대담하고 자유분방한 새로운 경지를 표현했다. 주로 사대부들이 향유했던 한문학에도 주목할 만한 작품이 많았다. 이인로의 『파한집(破閑集)』, 최자의 『보한집(補閑集)』, 이제현의 『역옹패설(櫟翁稗說)』 등은 수필 형식의 패관문학(稗官文學)으로 현실도피적인 경향을 띠었다. 또한 임춘의 「국순전(麴醇傳)」, 이곡의 「죽부인전(竹夫人傳)」 등 설화 문학은 사물을 의인화하여 현실을 비판했으며, 고구려의 건국을 노래한 이규보의 「동명왕편(東明王篇)」은 종래의 한문학 형식에 구

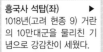

흥국사 석탑(좌) ▶
1018년(고려 현종 9) 거란의 10만대군을 물리친 기념으로 강감찬이 세웠다.

고달사지 승탑(우) ▶
전형적인 8각 원당형 승탑으로 신라 양식이 비교적 잘 남아 있는 고려 초기의 부도이다.

애받지 않는 자유로운 문장 형식을 추구했다.

고려 전기의 예술은 신라의 불교 예술을 계승했고, 자기를 비롯한 공예 부문에서도 새로운 경지를 보여 줬지만, 문벌 귀족이 몰락하고 선풍이 성행하던 후기에는 퇴보의 길을 걸었다. 그러한 추세에도 불구하고 조형 미술에 있어 특색 있는 작품들이 제작되었다. 목조 건축으로는 안동 봉정사(鳳停寺)의 극락전(極樂展)과 영주 부석사의 무량수전(無量壽殿) 및 조사당(祖師堂), 예산 수덕사의 대웅전, 안변 석왕사의 응진전(應眞殿) 등은 현존하는 목조 건물 중 가장 오래된 것이다. 특히 무량수전은 고려시대 건축의 일반적인 주심포(柱心包) 양식으로 지어졌다. 고려 후기의 석조 건축으로는 원의 영향을 받은 개풍의 경천사 10층 석탑과 인도풍으로 소박한 여주 신륵사의 보제존자석종(普濟尊者石鐘)이 있다. 불상 중에서는 부석사 무량수전의 소조 아미타여래좌상이 신라 양식을 계승한 것으로 가장 우수하다. 특히 공예품이 발달했는데 귀족들의 생활 도구 및 불교 의식용으로 자기가 발달했다. 11세기의 순수청자와 12세기 중엽의 상감청자는 고려의 독자

▼ 현화사 7층 석탑

▼ 청자구룡형주전자

청자진사연화문표형주자(좌) ▼
청동제은입사포류수금무늬정병(우) ▼

▼ 수덕사 대웅전

현화사 7층 석탑(좌) ▶
경천사 10층 석탑(우) ▶

적인 경지를 보여 주었다. 그러
나 원 간섭기부터는 소박한 분청
사기로 변했다.

고려 전기의 서예는 구양순체
(歐陽詢體)가 주류를 이루었는데,
탄연의 글씨가 대표적이다. 후
기에 이르러 원으로부터 조맹부
의 송설체(松雪體)가 들어와 유행
했다. 충선왕 때의 이암(李嵒)이
대표적인 서예가다. 회화도 많
은 작품이 제작되었으나 전하는
것이 드물다. 공민왕이 그린 '천
산대렵도(天山大獵圖)'는 원대 북화
의 영향을 받아 필치가 뚜렷하고
표현이 세밀하다. 일본에 전해진
고려 불화(佛畵) 중 혜허(慧虛)의 '양
류관음상(楊柳觀音像)'이 대표적인
작품이며, 장엄하고 화려하기로
유명하다. 벽화로는 부석사 조사
당 벽화와 수덕사 대웅전의 수화
도(水花圖)가 있다. 고려 후기에는
신흥 사대부들에 의해 시화일치
론(詩畵一致論)이 유행하여 회화의
문학화가 이루어졌다.

◀ 혜허의 '양류관음도'

◀ 공민왕의 '천산대렵도'

| 건축과 예술

경기체가(景幾體歌) : '경기하여가(景幾何如歌)'라고도 하며, 반드시 "경(景) 긔 엇더ㅎ니잇고" 또는 "景幾何如"라는 후렴구를 붙였다. 고려 중엽 이후부터 조선 초기에 걸쳐 주로 한학자들이 읊었다. 고려 고종 때 제유(諸儒)의 「한림별곡(翰林別曲)」, 안축(安軸)의 「관동별곡(關東別曲)」, 「죽계별곡(竹溪別曲)」 등이 있다. 무신들에 의하여 초야로 쫓겨난 문신들이 향락적·유흥적인 생활과 그들의 심상(心像)을 읊었다. 경기체가와 속요는 형태상 특질이 같다 하여 통틀어 '고려별곡(高麗別曲)'이라는 명칭을 사용했다. 음수율(音數律)은 주로 3음절이 우세하고, 음보율(音步律)은 일반적으로 3음보이다. 구수율(句數律)은 6구를 기준으로 하여 다소의 가감을 보인다. 또한 전후 양절(兩節)로 구분되며, 일률적으로 수련(數聯)이 중첩되어 하나의 가요를 형성하고 있다.

속요(俗謠) : 주로 민중 사이에 널리 전해진 가요(歌謠)를 뜻한다. 고려시가(高麗詩歌) 모두를 포함하며 '고려가사(高麗歌詞)'라 한다. '고려가요'를 줄여 '여요(麗謠)' 또는 '고려장가(高麗長歌)'라는 이름으로 통한다. 그러나 「한림별곡(翰林別曲)」, 「관동별곡(關東別曲)」, 「죽계별곡(竹溪別曲)」 등 한문계(漢文系) 시가는 경기체가(景幾體歌) 또는 별곡체(別曲體)라 하고, 「청산별곡(靑山別曲)」, 「서경별곡(西京別曲)」, 「만전춘(滿殿春)」, 「가시리」 등의 시가는 속요라 한다. 속요는 평민들의 소박하고 진솔한 감정이 표현되어 있다. 그만큼 강인한 생명력을 지니고 있어서, 문자가 없던 시대라 하더라도 구전되어 문자로 정착될 때까지의 숱한 어려움을 극복할 수 있었다. 다분히 체념적이고 해학적인 데가 있는가 하면, 세속을 초탈한 선적(禪的)인 관조를 띠기도 한다.

패관문학(稗官文學) : 패관(稗官)이란 옛날 중국에서 임금이 민간의 풍속이나 정사를 살피기 위하여 거리의 소문을 모아 기록시키던 벼슬 이름인데, 뜻이 발전하여 이야기를 짓는 사람도 패관이라 일컬었다. 가설항담에는 자연히 창의성(創意性)이 가미되고 윤색(潤色)됨으로써 흥미 본위로 흐름에 따라 산문적인 문학 형태로 등장했다. 여기서 패관소설·패사(稗史)·언패(諺稗) 등으로도 불리는 설화 문학이 형성된 것이다. 고려 문종(文宗) 때 박인량(朴寅亮)의 「수이전(殊異傳)」, 이인로(李仁老)의 「파한집(破閑集)」, 최자(崔滋)의 「보한집(補閑集)」, 이규보(李奎報)의 「백운소설(白雲小說)」, 이제현(李齊賢)의 「역옹패설(櫟翁稗說)」이 있다. 조선 세조(世祖) 때 강희안(姜希顔)의 「양화소록(養花小錄)」, 남효온(南孝溫)의 「추강냉화(秋江冷話)」, 성종(成宗) 때 서거정(徐居正)의 「필원잡기(筆苑雜記)」, 「동인시화(東人詩話)」, 「골계전(滑稽傳)」, 「동문선(東文選)」, 강희맹(姜希孟)의 「촌담해이(村談解頤)」, 성현(成俔)의 「용재총화(慵齋叢話)」, 중종(中宗) 때 김안로(金安老)가 지은 「용천담적기(龍泉談寂記)」, 명종(明宗) 때 어숙권(魚叔權)의 「패관잡기(稗官雜記)」, 선조(宣祖) 때 유몽인(柳夢寅)의 「어우야담(於于野談)」, 허봉(許篈)의 「해동야언(海東野言)」, 이제신(李濟臣)의 「청강소설(淸江小說)」 등이 패관문학에 속하며, 뒤에 소설의 모태(母胎)가 되었다.

동국이상국집(東國李相國集) : 시집으로서 전집은 시·부(賦)·전(傳)을 비롯한 각종의 문학적인 글들이 25권을 이루고, 나머지는 서(書)·장(狀)·표(表) 등 개인적인 편지 및 관원으로서 나라에 바친 글들, 교서·비답·조서 등 임금을 대신해 작성한 글들, 비명·뇌문(誄文)·제축(祭祝) 등 장례나 제사, 불교 행사에 쓰인 글들이 담겨 있다. 후집은 시가 더욱 압도적이어서 10권을 점하며, 서·표·잡저 등이 실려 있다. 많은 시 중에서도 특히 서사시 「동명왕편(東明王篇)」은 282구에 이르는 장편으로서 고구려 건국의 신화를 웅장하게 서술하였다. 작품뿐 아니라 시론(詩論)도 많이 담고 있다. 「국선생전(麴先生傳)」과 「청강사자현부전(淸江使者玄夫傳)」은 당시 가전체 문학의 대표작으로 전자는 술을 의인화하여 이상적인 인간상을 제시하고, 후자는 어부에게 사로잡힌 거북을 통해 인간사의 흥망과 성패를 논했다. 『구삼국사(舊三國史)』의 존재와 내용 일부, 팔만대장경의 판각 연혁, 금속활자의 사용 사실 등 귀중한 역사 사실도 많이 실려 있다. 저자의 시문은 고인을 답습하지 않고 자유분방한 기풍을 지녔다는 평가로부터, 민중의 입장에서 당시의 사회상을 진실되게 반영하고 민족과 애국의 정신을 뛰어나게 노래하였다는 설명에 이르기까지 매우 긍정적으로 평가받아 왔다.

맞배지붕 : 지붕의 완각이 잘려진 가장 간단한 지붕 형식으로, 측면 가구(架構)가 노출되므로 측면관(側面觀)이 중요하게 여겨지는데, 수덕사 대웅전과 무위사 극락보전 등이 대표적이다.

우진각지붕 : 지붕 네 모서리의 추녀마루가 처마 끝에서부터 경사지게 오르면서 용마루 또는 지붕의 중앙 정상점에서 합쳐지는 형태의 집인데, 그 구조는 4면이 모두 지붕면을 형성하고, 처마와 추녀를 가지고 있다. 주로 성문(城門)이나 누문(樓門)에 많이 사용되었는데, 그 대표적인 예로는 서울 숭례문과 광화문 등이 있다.

팔작지붕(八作一) : 한식(韓式) 가옥의 지붕 구조 중 하나로, 합각(合閣)지붕 또는 팔작집이라고도 한다. 지붕 위까지 박공이 달려 용마루 부분이 삼각형의 벽을 이루고, 처마 끝은 우진각지붕과 같다. 맞배지붕과 함께 한식 가옥에 가장 많이 쓰는 지붕의 형태이다.

주심포집 : 전통 목조 건축 양식의 하나로, 건물 내부에 기둥이 없는 넓은 공간을 만드는 데 적합한 가구(架構) 수법을 사용하고, 두공의 장설(長舌)을 최대로 활용한 건물을 말하는데, 원래 중국 화남 지방에서 성행하던 것이 한국에 전래되었으며, 가장 오래된 것은 부석사 무량수전이다.

부석사 무량수전

5

근세 사회

조선 전기 | 근세는 정치·경제·사회·문화의 모든 면에서 큰 변화가 일어났다. 고려 말 신진 사대부는 조선 성립의 주체가 되면서 양반 관료(兩班官僚)가 되었다. 고려의 토지 제도였던 전시과는 과전법으로 바뀌면서 사적 소유의 진전을 보여 주었다. 이때는 천민들이 양인화되면서 양인층이 크게 확대되었다. 고려 후기에 들어온 주자학이 조선의 정치 이념이 되었고, 사상과 학문, 생활 전반에 영향을 미쳤다. 15~16세기에는 유교적 정치 이념을 바탕으로 중앙 집권적인 전제 왕권이 확립되었고, 15세기 말부터는 새롭게 성장한 사림이 정국을 주도하면서 붕당 정치가 전개되었다. 또한 이 시기에는 한글 창제 등 빛나는 문화 창달과 함께 민족의식이 고조되었고, 우리나라의 역사와 지리에 대한 관심으로 민족 문화 발전의 기반이 형성되었다. 천문학·의학·농업 등 과학 기술 분야에서도 큰 발전을 이루었다. 영토 확장에 따른 국토 의식도 성장했다. 16세기부터는 양반 지주들이 토지 소유를 확대하면서 지주 전호제가 발달했고, 서서히 농민들이 몰락해 갔다.

01 조선 전기의 정치
02 조선 전기의 경제
03 조선 전기의 사회
04 조선 전기의 문화

01 조선 전기의 정치 ▶▮▮ ▬▬▬▬▬▬▬ ▬▬

🌐 동 · 서양의 근세

중국에서는 홍건적이었던 주원상이 독자적으로 군대를 이끌다가 1368
년에 남경에서 명(明)을 건국함으로써 한족 왕조를 재건하였으며, 원(元)
을 몽골 지역으로 밀어냈다. 15세기 초 명의 전성기 때는 정화가 인도
양과 아프리카 동해안을 원정했고(1405~1433), 16세기에는 조선에서 임
진왜란이 발발하자 지원군을 파견했다. 이후 국력이 쇠약해진 명은 여
진족이 만주에서 세운 청(淸)에 의해 멸망했다.

서남 아시아에서는 오스만투르크 제국(1299~1922)이 서아시아, 아프리
카, 유럽에 걸친 대제국으로 발전하였으며, 무굴 제국(1526~1858)의 인
도아 인도네시아 및 말레이시아 일대에 이슬람교를 전파했다. 일본은
14세기에 무로마치 막부가 수립되고, 15세기가 되면 100년 동안의 전
국 시대라는 혼란기를 겪게 된다. 16세기 후반에 가서야 혼란이 수습되
지만, 조선 침략의 실패에 따라 에도 막부의 집권적 봉건 시대로 접어
든다. 이후 안정을 바탕으로 네덜란드를 통해 서양 문물을 수입하는 등
크게 발전한다.

14 · 15세기의 서양은 이탈리아를 중심으로 그리스 · 로마 문화의 부
흥과 인간주의적 · 현세적 문화 창조 운동인 르네상스기가 전개된다. 또
한 중세 봉건 사회가 붕괴되면서 절대 왕정을 확립한 유럽 각국은 중상
주의 정책을 추진하면서 신항로 개척과 신대륙 진출에 경쟁적으로 나선
다. 이와 같은 시장의 확대를 통해 비약적으로 발전한 유럽 경제에 자본

주의가 발전한다. 16세기 독일에서 시작된 종교 개혁은 루터파, 캘빈파, 영국 국교 등 프로테스탄트 교회를 성립시켰다. 가톨릭에서도 예수회가 창설되었고, 선교사들은 동양과 신대륙에 가톨릭교를 전파했다.

📖 조선 건국과 집권 정책

조선의 건국은 정치 · 경제 · 사회 · 문화 전 분야에 걸쳐 큰 변화를 초래했다. 고려의 문벌 귀족은 무신 난을 계기로 붕괴되고, 권문세족이 고려 후기의 지배층이 되었는데, 이들에 대항하여 새로 신진 사대부가 성장하여 조선을 개창하고, 양반 관료 사회(兩班官僚社會)의 토대가 되었다. 경제면에서는 전시과 체제가 과전법(科田法) 체제로 발전하면서 토지에 대한 사적 소유가 진전된다. 이로 인해 양인 자작농이 증가하고 농민의 지위가 향상되었다. 향 · 소 · 부곡의 소멸은 천민들의 양인화와 신분제의 진전을 보여 준다. 고려 후기에 도입된 주자학(朱子學)은 조선의 정치 이념으로 채용되었을 뿐 아니라 학문적 · 사상적 근간이 되었고, 사회의 규범이 되었다. 16세기에는 주자학에 의한 유교적인 정치 이념 위에 중앙 집권적인 전제 왕권의 확립과 민족의식이 고취되었다.

위화도 회군을 통해 정권을 잡은 이성계(태조)는 1392년에 공양왕에게서 선양을 받아 왕위에 올랐다. 선양은 당시 최고 합의 기구였던 도평의사사(都評議使司)의 의결을 거치는 형식이었다. 태조는 새로운 정치 기반 조성을 위해 종래의 군제를 개편하고, 친위병 조직인 의흥친군위(義興親軍衛)를 설치했다. 다음 해에는 의흥삼군부(義興三軍府)로 확대 개편하면서 국왕에게 병권을 집중시켰다. 이로써 도평의사사는 정무만 관장하게 되었고, 중추원의 군정 기능은 유명무실해졌다. 또한, 직무 중심으로 지배층을 재편성하기 위해 무과(武科)와 이과(吏科)를 신설하여 7과

Referencedata
● 이성계의 4불가론
● 7과
● 의흥삼군부
● 6조 직계제
● 계유정난
● 도첩제
● 직전제

로 정리하는 등 문무 관리의 선발·임용 제도를 새로 수립했다. 1393년 (태조 2)에는 관찰사 제도를 복구하여 각 도에 전임 행정 기관을 배치했고, 군현제를 개편함으로써 지방 통제를 강화했다. 1394년(태조 3)에 한양으로 도읍을 옮기고 한성부라 하였다. 대외적으로는 사대 교린정책을 표방하면서 명으로부터 공식적인 인정을 받고자 했다.

태조(1392~1398)는 정치 운영에 있어서 다수의 관료를 통하기보다는 소수의 재신을 활용했다. 이는 지배층 내부 권력 투쟁의 배경이 되었고, 급기야 왕위 계승 문제를 둘러싼 1398년(태조 7)의 1차 왕자의 난과 1400년(정종 2)의 2차 왕자의 난으로 나타났다. 마침내 세자에 책봉되면서 실권을 장악한 이방원은 사병을 혁파했다. 지방에서도 절제사(節制使)를 파하여 그 휘하의 군사를 중앙의 의흥삼군부에 편입시켰다. 도평의사사를 폐지하고 의정부(議政府)를 세웠으며, 중추원도 폐지하여 그 직무를 의흥삼군부로 이관하는 등 정부와 군부를 분리시켰다. 1400년(정종 2)에 왕위에 오른 태종(1400~1418)은 추가로 2차, 3차의 관제 개혁을 통해 6조 직계제(六曹直啓制)를 확립했다. 이로써 의정부 중신의 권한은 대폭 축소되었고, 6조의 직권 확대와 더불어 전제 왕권을 성립시켰다.

조선의 유교적 정치 이념(왕도 정치 구현)은 세종(1418~1450) 대에 이르러 획기적으로 발전했다. 1420년(세종 2)에 설치한 집현전(集賢殿)은 이를 뒷받침하는 대표적인 기구이다. 집현전의 주 업무는 경연(經筵)과 서연(書筵)이었다. 이 외에도 제도·문물·역사를 연구하고, 편찬 사업을 진행했다. 집현전 학사의 음운(音韻) 연구는 훈민정음(訓民正音) 창제라는 결실로 이어졌다. 세종 대에는 『삼강행실도(三綱行實圖)』, 『효행록(孝行錄)』 등을 간행하여 효 사상을 전파했고, 『국조오례의(國朝五禮儀)』를 간행하여 대소 의례를 주자가례에 준용케 한 반면에 불교는 배척했는데, 이미 태조 때 도첩제(度牒制)를 실시하여 승려의 숫자를 제한했고, 면세 혜택을 폐지했으며, 태종 대에는 종파별로 사원·토지·노비를 법적으로 제한했다. 세종 대에 와서는 각 종파를 선·교 양종으로 통합하고, 막대한 토지와 노비를 몰수했다. 이로써 불교는 왕실과의 연결 속에서 겨우 명맥을 유지했으나 급속히 쇠퇴했다.

　국초부터 추구했던 국왕 중심의 집권 체제는 관료 중심의 정치를 추구하는 유생들과 갈등을 빚었다. 유생들은 학문적 소양을 현실 정치에서 실현하고자 했다. 마침내 세종은 이를 수용하여 1436년(세종 18)에 6조 직계제를 폐지하고, 6조가 의정부를 통해 왕에게 올리는 의정부 서사제도(署事制度)를 부활시켰다. 집현전 학사들의 정계 진출은 집현전이 간쟁 내지는 정치 기구로 변모하면서 현저해졌고, 문종과 단종 대에 절정에 달했다. 유신 세력들로부터 왕권을 확보하려는 움직임이 1453년(단종 1)에 일어난 계유정난(癸酉靖亂)이다. 1455년(단종 3)에 왕위에 오른 세조는 반대파의 온상이었던 집현전을 폐쇄하고, 왕권을 강화하기 위해 6조 직계제를 복구했다. 세조는 농본주의에 입각하여 권농 정책을 실시했으며, 병정·무비에 힘을 기울여 중앙군인 5위제(衛制)와 지방 방위 체제인 진관 체제를 확립했고, 군역 부담자 확보를 위해 보법(保法)을 수립했다. 1466년(세조 12)에는 과전법을 폐지하고 현직 관리에 한해 토지를 지급하는 직전법(職田法)을 실시했다. 세조는 이시애의 난(1467)을 계기로 지방 토호들의 자치 기구인 유향소(留鄕所)를 철폐하는 등 집권 체제를 구축했다.

R e f e r e n c e d a t a

| 조선 건국과 집권 정책

이성계의 4불가론 : 이성계는 우왕과 최영이 요동 정벌을 명하자 다음과 같은 4가지 이유를 들어 반대했다. ① 작은 나라가 큰 나라를 거스를 수 없다.(以小逆大一不可) ② 여름에는 군사를 동원할 수 없다.(夏月發兵二不可) ③ 모두 싸우러 나간 틈에 왜구가 공격해 올 것이다.(擧國遠征倭乘其虛三不可) ④ 지금은 덥고 비가 오는 때라 활을 붙인 아교가 녹고, 군사들이 질병에 걸릴 것이다.(時方署雨弩弓 解膠大軍疾疫四不可)

7과(科) : 문(文)·무(武)·의(醫)·역(譯)·음양(陰陽)·이과(吏科)·문음(門蔭)이다.

의흥삼군부(義興三軍府) : 고려 말 이성계가 병권(兵權)을 장악하기 위하여 설치한 삼군총제부(三軍摠制府)를 1393년(태조 2)에 의흥삼군부로 개칭했다. 종래의 십위군(十衛軍)을 중·좌·우군의 3군에 귀속시킨 중앙 부대인 동시에 왕권(王權)과 수도를 방어하는 병력을 지휘·감독하는 최고 군부(軍府)이다. 1400년(정종 2) 중추원(中樞院)에서 관장하던 군무의 일부를 흡수하여 삼군부로 개칭했고, 1451년(문종 1)에 5위사(五衛司:義興·忠佐·忠武·龍驤·虎賁)로 고쳤으며, 1466년(세조 12)에는 오위도총부(五衛都摠府)로 체제가 바뀌었다.

6조 직계제(六曹直啓制) : 태종은 6조의 장관인 판서가 정책 결정권을 갖도록 하기 위해 정2품으로 높이고, 모든 정무를 6조에서 왕에게 직접 상계하도록 했다. 이처럼 6조의 기능을 강화한 것은 의정부를 중심으로 한 공신 계열의 재상권을 약화시키는 반면에 왕권을 강화시킴으로써 국왕 중심의 집권 체제를 다지는 데 있다.

계유정난(癸酉靖難) : 세종(世宗)의 뒤를 이은 병약한 문종(文宗)은 자신의 단명(短命)을 예견하고 영의정 황보인(皇甫仁), 좌의정 남지(南智), 우의정 김종서(金宗瑞) 등에게 자기가 죽은 뒤 어린 왕세자의 등극과 그에 대한 보필을 부탁했다. 그러나 수양대군은 1453년(단종 1) 10월 10일 정적인 김종서 등과 동생 안평대군을 죽이고 정권을 장악했다. 이 사건으로 수양대군, 정인지, 한확, 이사철(李思哲), 박종우(朴從愚), 이계전(李季甸), 박중손(朴仲孫), 김효성(金孝誠), 권람(權擥), 홍달손(洪達孫), 최항(崔恒), 한명회(韓明澮) 등 37명은 정난공신(靖難功臣)이 되었다.

도첩제(度牒制) : 고려 말, 승려가 출가할 때 국가에서 신분을 인증해 주었는데 도패(度牌)라고도 하며, 조선 시대에는 예조에서 도첩을 발급했다. 승려가 죽거나 환속(還俗)하면 국가에 반납했다. 조선은 양인들이 출가하는 것을 방지하기 위해 발급을 억제했다. 양인의 승려화는 농민 감소에 따른 조세 및 역(부역·군역)의 감소로 이어진다고 여겼다. 도첩제는 중국 남북조 시대에 시작되어 당나라 때 제도화되었던 것을 고려 말에 도입했다. 조선 태조 때에는 승려가 되려고 하면 양반의 경우 포 100필, 양인은 150필, 천인은 200필을 바쳐야 했다. 세조 때에는 교종과 선종 본산에서 시행하는 시험에 합격한 자로서 포 30필을 바쳐야 했다. 이런 내용은 『경국대전』에 법제화되었으며, 1492년에는 도첩제 자체를 폐지하여 아예 승려가 되는 길을 막기도 했다.

직전제(職田制) : 과전제가 세습화되는 등 문란해지자 1466년(세조 12)에 현직 관리에게만 토지를 지급했다. 직전의 부족으로 1557년(명종 12)에는 직전을 지급할 수 없게 되었고, 임진왜란 이후에는 자취를 감추었다.

Referencedata
● 대가제
● 8도
● 수령7사
● 상피 제도
● 유향소
● 경재소
● 경저리

🌏 유교적 통치 체제의 정비

문반과 무반으로 구성된 조선의 양반(兩班)은 고려의 문벌 귀족과 달리 개인의 실력을 중시했으며, 관리의 등용도 음서보다는 과거를 중시했다. 이들은 정치 기구 안의 관료로서 전제 왕권의 정치적·행정적 실행자의 지위에 있었으며, 엄격한 관계주의 질서 안에 편성되어 있었다.

또한, 고려의 문벌 귀족에 비해 많은 가문들이 양반으로 진출하면서 지배층이 확대되었다. 그러나 관료화가 진행되면서 사회적으로는 신분적인 배타성이 강화되었다. 향리의 관직 진출이 제도적으로 규제되었고, 양반이 문무 관직을 독차지했으며, 신분이 세습되었다. 공신이나 2품 이상 고관의 자손이나 친척에게 주어지는 음서와, 문무의 현직자가 자궁(資窮 – 정3품 堂下 散階) 이상이 되면 그에게 별가(別加)된 품계를 자식이나 친척들에게 줄 수 있는 대가제(代加制)를 실시했다.

관료의 품계는 정1품에서 종9품까지 18등급으로 이루어졌고, 6품 이상은 각 등급마다 상·하위로 구분하여 총 30단계의 계서(階序)가 있었다. 관계 조직에는 2개의 계선이 있으며, 이를 넘어 승진하는 데는 제약이 따랐다. 정3품 상위(通政大夫·折衝將軍) 이상을 당상(堂上)이라 하고, 하위(通訓大夫·禦侮將軍) 이하를 당하(堂下)라고 한다. 6품 이상을 참상(參上)이라 하며, 7품 이하를 참하(參下)라 하여 구별하였다. 모든 관직에는 그에 해당하는 관계가 정해져 있었고, 당상관이라야 중신으로서 중요 정책 결정에 참여하고 관찰사가 될 수 있었으며 주요 관서의 책임자가 될 수 있었다. 목민관인 지방 수령으로 나가려면 참상관 이상이어야 했다. 같은 양반이라도 무반은 문반보다 하위에 있었고, 기술 관직은 천시되었으며 중인의 세습직이 되었다. 양반 가계의 지속적인 유지를 위해 서얼 출신자는 문과에 응시하지 못하게 했으며, 재가녀의 자손은 고관직에 오를 수 없었다.

1474년(성종 5)에 반포한 『경국대전(經國大典)』에 조선의 통치 기구는 동반(文官)과 서반(武官)으로 구분되었다. 중앙은 의정부(議政府)와 6조(六曹)를 기본으로 하였으며, 실제로 정무를 처리하는 6

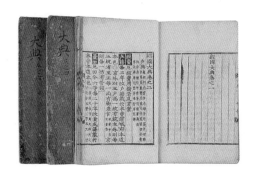

▶ 『경국대전』

조는 이·호·예·병·형·공이다. 왕명 출납과 비서 기능을 수행하는 승정원(承政院)과, 국왕을 비롯한 의정부·6조의 행정 계통을 견제하는 기구로 3사(3司-司憲府·司諫院·弘文館)가 있었다. 사헌부는 시정의 득실을 논하고 풍속을 교정하는가 하면 관리 임용 시 신분과 경력을 조사하여 가부를 결정하는 서경권이 있었다. 왕에 대한 간쟁과 논박을 담당하는 사간원과 함께 대간(臺諫)이라 불렀다. 홍문관은 경적(經籍)을 모아 전고(典故)를 토론하고, 문한(文翰)을 담당하는 왕의 고문 기관이었다. 3법사(法司)라 불리는 사법 기구로는 의금부(義禁府)와 한성부(漢城府) 및 사헌부·형조가 있었으며, 의금부가 핵심이었다. 경적 간행을 관장하는 교서관(校書館), 고등 문관을 양성하는 성균관(成均館), 국왕의 교서를 제찬하는 예문관(藝文館), 외교 문서를 작성하는 승문원(承文院)을 4관(館)이라 했다. 그리고 역사를 기록하고 편찬하는 춘추관(春秋館)이 있었다.

지방은 전국을 8도(道)로 나누고, 도 아래에는 부·목·군·현을 두었다. 도에는 관찰사(觀察使-監司)가 파견되었는데, 방백(方伯)이라 하여 관할하의 모든 지방관(牧民官-府尹·牧使·郡守·縣令)을 감독함과 동시에 병권을 관장했다. 지방 세력화하는 위험을 견제하기 위해 임기는 360일의 단임이었다. 반면에 군·현의 수령들은 임기가 1,800일이었는데, 지방관 모두 해당 출신 지역에 부임하지 못하는 상피(相避)를 적용받았다. 지방관에게는 '수령7사(守令七事)'라고 하는 임무가 있었으며, 이를 수행하기 위해 행정 단위마다 이·호·예·병·형·공의 6방(房)을 두

조선의 8도 ▼

범례:
- 回 한성부
- ◎ 유수부
- ◉ 부
- ○ 목
- ● 관찰사
- ▶ 병영
- ▶ 수영
- --- 도의 경계
- ····· 좌·우도의 경계

지명: 백두산, 경성, 길주, 의주, 정주, 안주, 영변, 함흥, 함경도, 평안도, 영흥, 평양, 황주, 강원도, 황해도, 옹진, 해주, 개성, 원주, 강릉, 강화, 한성, 양주, 광주, 경기도, 수원, 충주, 울릉도, 충청도, 홍주, 청주, 상주, 공주, 경주, 경상도, 전라도, 전주, 성주, 울산, 광주, 능주, 진주, 나주, 강진, 제주도

었는데, 향리들이 이를 세습하면서 사무를 보았다. 변경인 평안·함경도의 일부 지역에는 토착적인 유력층이 토관(土官)에 임명되었다. 군현의 하부 행정 구획으로는 면리제(面里制)가 있었고, 면 아래의 리(里)와 동(洞)에는 존위(尊位)·이정(里正)·동장(洞長)이라고 불리는 이들이 책임자였다. 조선 초기부터 있었던 유향소(留鄕所)라는 향촌 자치 기구에는 좌수(座首)·별감(別監) 등 유향품관이 수령을 보좌했다. 이는 서울에 둔 경재소(京在所) 및 경저리(京邸吏)와 더불어 지방 통치의 효과를 높이는 한편 지방 세력의 견제 기능을 했다.

R e f e r e n c e **d a t a**

| 유교적 통치 체제의 정비

대가제(代加制) : 산직(散職) 정3품 당하관(堂下官) 이상인 자가 자기가 받을 자급(資級)을 자손이나 친척이 대신 받도록 하는 제도다. 포상으로 자급을 받아 자궁(資窮:당하관의 최고 지위)에까지 승진하고 남은 것을 대가할 수 있었다. 1449년(세종 31) 병들었던 세자의 완쾌를 축하하여 문무백관에서 학생·충순위·갑사·노인에 이르기까지 1자급씩 올려주었는데, 1품관이 포함된 당상관은 가자가 곤란하므로 장자(長子)나 장손, 직자손이 없는 경우에는 첩자손 승중자(承重者:조상의 제사를 받드는 사람), 입후자(立後者)에게 대가하게 한 것이 시초다. 대가는 법전 규정으로 수록되지는 않았지만, 국가적 경축사가 있을 때 자주 시행되었다. 대가제는 중국에도 없는 우리나라만의 독특한 제도였다. 음서제(蔭敍制)가 있음에도 대가제를 운영한 것은 양반 관료들의 특권을 보장해주기 위함이었다. 실직을 지급하는 것은 아니지만 과거에 급제하거나 실직을 받을 때 높은 품계를 지니므로 관직 획득에 유리했다.

8도(八道) : 개국 초에는 고려 말의 6도 2면을 답습한 경기도·양광도·전라도·경상도·교주강릉도·서해도와 서북면·동북면을 두었다가, 1394년(태조 3)에 양광도를 충청도로, 교주강릉도를 강원도로, 서해도를 풍해도로 고치고, 경기도는 좌도와 우도로 나누었다. 1413년(태종 13)에는 풍해도를 황해도로, 서북면은 평안도로, 동북면을 영길도로 고치면서 8도(경기도·충청도·전라도·경상도·강원도·황해도·평안도·영길도) 행정구역 체제를 갖추었다. 1416년에는 영길도가 함길도로 바뀌었다.

수령7사(守令七事) : 수령의 업무 수행을 국가가 잘 관리할 수 있도록 평가 방식을 정한 것이다. 1375년(우왕 1)에 원나라의 제도를 본떠 전야벽(田野闢), 부역균(賦役均), 호구증(戶口增), 도적식(盜賊息), 사송간(詞訟簡) 등의 수령5사를 정했다. 이 항목은 조선 초기까지 사용되어 오다가 1406년(태종 6)에 7사로 늘어났다. 빈민과 노약자를 구호하는 존심인서(存心仁恕), 비용 절약에 관한 행기염근(行己廉謹), 명령의 준행과 전파 상황을 보는 봉행조령(奉行條令), 제언과 식목을 관리하고 농사를 장려하는 권과농상(勸課農桑), 교육에 관계된 수명학교(修明學校), 공부(貢賦)와 군역(軍役)에 관한 부역균평(賦役均平), 노비 소송을 비롯한 잡송 처리에 관한 결송명윤(決訟明允) 등이다. 1483년(성종 14)에 다시 바뀌었는데, 농상성(農桑盛), 호구증, 학교흥(學校興), 군정수(軍政修), 부역균, 사송간, 간활식(奸猾息)으로 『경국대전』에 실려 있다.

상피 제도 : 가까운 친척과 같은 관서에 근무하지 않도록 하거나 출신 지역 또는 특별한 연고 지역의 지방관으로 임명하지 않는 제도이다. 상피는 관료 체계의 원활한 운영과 권력의 집중 및 전횡을 막을 목적으로 시행했다.

유향소 : 아문(衙門) 다음의 중요한 관아라 하여 이아(貳衙)라고 불렀으며, 향소(鄕所)·향소청(鄕所廳)이라고도 했다. 고려의 사심관(事審官)에서 유래되었으며, 초기에는 덕망이 높고 문벌이 좋은 사람을 사심관으로 삼다가 말기에는 전함(前銜:전직) 품관(品官)들을 사심관에 임명하면서 유향품관(留鄕品官)·한량관(閑良官)이라 했다. 조선 시대에는 이들 유향품관·한량관들이 자의적(自意的)으로 유향소를 만들어 지방 자치의 기능을 맡았다. 풍기를 단속하고 향리(鄕吏)의 악폐를 막는 등 민간 자치의 지도자적인 역할을 맡았는데, 태종 초에 지방 수령과 대립하여 중앙 집권을 저해하는 성향을 띠게 되어 1406년(태종 6)에 폐지되었다. 그러나 그 폐지가 불가능해지자 1428년(세종 10)에는 설치를 다시 명하여 각 유향소의 품관 정원을 정하고, 이를 감독하는 경재소(京在所) 제도를 강화했다. 하지만 수령의 비행(非行) 여부를 논할 수 없다는 법에 따라 자치적 성격은 크게 줄어들었다.

경재소 : 조선 전기 중앙 정부에 재직하는 고위 품관이 자신의 출신 지역 경재소를 관장하여 그 지방의 유향소(留鄕所)를 통제하고, 출신 지역과 정부와의 중간에서 여러 가지 연락 사항과 일을 주선했다. 출신 지역의 고을 이름 개칭과 읍호(邑號)의 강등 및 승격, 행정 구역의 확장 및 축소와 관련된 일, 경재소의 하위 관리를 임명하는 일, 향시를 볼 때 응시생을 점검하는 일, 국가에 올리는 공물(貢物)의 수량과 납부를 관리하는 일, 지방 고을의 풍속을 관리하는 일, 지방 수령의 과도한 월권 행위를 견제하는 일 등을 담당했으나, 수령의 업무에 직접적으로 관여할 수는 없었다. 1435년(세종 16)에 제도화되었다.

경저리 : 교통과 통신이 발달되지 못한 중앙 집권 국가에서 중앙과 지방의 연락을 담당했고, 서울에서 사무를 보던 곳을 경저(京邸)라고 했다. 상경하는 지방민 및 하급 관리 등에게 잠자리와 식사의 편의를 제공하고, 공무 또는 군역 복무를 위해 서울에 올라온 관리·군인들이 각 관청에 배치되어 종사할 때 그들의 신변을 보호했다. 경저리는 중앙과 지방의 문서 연락, 지방에서 동원된 노비의 입역과 도망한 자의 보충, 대동법 실시 이전의 공물 상납과 그 읍의 부세 상납을 주선하는 일 등을 맡았다. 경주인(京主人), 경저주인(京邸主人)이라고도 한다.

Reference data
● 5위
● 보법
● 방군수포

🌐 군역 및 군사 제도

국초부터의 군제 개편 작업은 1400년(정종 2) 이방원이 사병을 혁파하여 병권을 집중시켰고, 1457년(세조 3)에 중앙군은 5위제(衛制)가 되었다.

1466년(세조 12)에는 5위도총부(五衛都摠府)가 설치되어 5위를 실질적으로 지휘했다. 5위는 각기 분담된 지방의 병력을 통할했고, 중심 병력은 갑사(甲士)를 위시한 직업 군인이며, 시험에 의해 선발되었다. 지방군도 세조 때에 정비되었다. 1455년(세조 1)에 북방(평안·영안도)의 익군(翼軍)과 남방의 영진군(營鎭軍)으로 이원화되어 있던 조직을 북방처럼 군익도(軍翼道) 체제로 일원화했다. 각 도를 수 개의 군익도로 나누고, 각 군익도는 다시 중·좌·우의 3익으로 편성하여 인근의 여러 고을을 소속시켰다. 2년 뒤에는 진관 체제(鎭管體制)로 변경했는데, 군익도의 중첩성을 지양하고, 거진(巨鎭)을 중심으로 주변의 여러 진을 소속시켜 자전자수(自戰自守)의 독립적인 군사 거점이 되게 했다.

조선 전기의 지방 군사 제도는 진관 체제가 바탕이었으며, 각 도에 병영(兵營)과 수영(水營)을 두고, 각각 병마절도사(兵馬節度使-兵使)와 수군절도사(水軍節度使-水使)를 파견했다. 보통 관찰사가 병사와 수사를 겸했지만, 군사적 요충지에는 병영과 수영을 증치하여 전임 병사와 수사를 파견했다. 병력의 근간은 양인 농민이었다. 평상시에는 농업에 종사하다가 징발이 되면 정병(正兵)으로서 서울에 번상하거나 지방의 제진에 부방했다. 16~60세의 양반 자제와 양인 정남은 군역의 의무가 있었지만 모두 정병으로 징발되는 것은 아니었다. 양인 자제는 아예 의무를 지지 않았고, 양인 정남 일부는 군호로 편성되어 번상하는 정병을 재정적으로 돕는 봉족(奉足)이 되었다. 이 제도는 세조 때 군액 확보 작업이 추진되면서 정남 2명을 1보(保)로 하는 보법(保法)으로 발전했다. 후에는 대가를 받고 군역을 대신 치르는 대역자와 일정한 포를 진관에 바치고 군역을 면하는 방군수포(放軍收布)가 생겨났다.

| 군역 및 군사 제도

5위(五衛) : 각 위(衛)에 중(中) · 좌(左) · 우(右) · 전(前) · 후(後)의 5부(部)가 있고, 각 부에 4통(統)이 있었다. 통 밑에는 여(旅)가 있으며, 여는 5대(隊)로 나뉘고, 대는 5오(伍)로 나뉘어 오가 분대(分隊)와 같은 최하위 단위로, 5명으로 이루어졌다. 요즈음의 군대 편제로 보면 위는 사단, 부는 연대, 통은 대대, 여는 중대, 대는 소대, 오는 분대에 해당된다. 조선 시대 중앙군의 기간(基幹)이었던 5위는 임진왜란을 계기로 그 무력함이 드러나 이후 설치되는 5군영(五軍營)에 자리를 내주고 대폭 축소되어 궁성의 숙위(宿衛)만 맡았다.

- 의흥위(義興衛) : 갑사(甲士)와 보충대(補充隊)가 속했다. 갑사는 5위의 병종 가운데 수적으로도 많지만 5위의 기간 병종(基幹兵種)으로 주로 양반의 자제들 가운데 일정한 시험에 의하여 선발된 무예가 뛰어난 자들로 구성되었다.
- 용양위(龍驤衛) : 별시위(別侍衛)와 대졸(隊卒)이 속했다. 별시위는 양반의 자제 가운데서 시험에 의하여 선발된 병종으로, 주로 마병(馬兵)으로 편성되었는데, 1401년(태종 1)에 설치되었다.
- 호분위(虎賁衛) : 족친위(族親衛) · 친군위(親軍衛) · 팽배(彭排)가 속했다. 족친위는 왕이나 왕비 또는 세자빈(世子嬪) 등의 원친(遠親)들로 구성된 부대로 지배층을 대우하기 위해 설정된 부대다.
- 충좌위(忠佐衛) : 충의위(忠義衛) · 충찬위(忠贊衛) · 파적위(破敵衛)가 속했다. 충의위는 1418년(세종 즉위년) 개국(開國) · 정사(定社) · 좌명(佐命)의 3공신(三功臣) 자제들을 대우하기 위해 설치했다.
- 충무위(忠武衛) : 충순위(忠順衛) · 정병(正兵) · 장용위(壯勇衛)가 속했다. 충순위는 1445년(세종 27)에 설치되어 이성 왕족(異姓王族) · 왕비족 및 동반(東班) 6품 이상, 서반(西班) 4품 이상의 실직현관(實職顯官)을 지낸 자의 자손들을 시험 없이 뽑아 7교대로 2개월씩 복무하게 했다. 정원은 없고 일정한 복무 기간을 마치고 다른 벼슬길로 진출할 수 있었다.

보법(保法) : 종래의 봉족제를 고쳐 2정(丁)을 1보(保)로 하여 군호의 기본 단위로 삼았다. 태종 때 실시했던 호패법을 강화하여 2정을 1보 단위로 묶어 1정은 정군(正軍)으로 징발하고 나머지 1정은 보인(保人)으로서 징발된 정군의 남은 가족의 생계를 돕게 했다.

방군수포(放軍收布) : 지방의 영(營)과 진(鎭)에서 복무하는 군사들을 집으로 돌려보내고 그 대가로 베를 받아들인 제도. 초기 진관 체제(鎭管體制) 아래에서 각 지방의 군영과 진에서 복무하는 군사들에 대한 감독권은 군영과 진의 지휘관에게 있었다. 자신의 지휘하에 있는 군사들 중 부득이한 사정으로 입번(立番)이 어려운 자에게 한 달에 쌀 9말이나 베 3필씩을 받고 돌려보낸 것이 시초다. 처음에는 군사들에게 편의를 제공한다는 차원에서 소규모로 시작되었으나, 그들에게서 받는 쌀과 베를 지휘관이 착복하면서 규모가 확대되어 진관 체제의 큰 폐단이 되었다. 1492년(성종 23)에 평안도 병마절도사 오순(吳純)은 지방군 1,234명을 돌려보내고, 그들로부터 쌀과 베를 거두어들인 사례가 있어 대간들의 탄핵을 받았다. 지방의 병사(兵使) · 수사(水使) · 첨사(僉使) · 만호(萬戶) 등이 방군수포를 자행함에 따라 병영과 진에 남아 있는 군사의 수가 급격하게 줄어들어 진관 체제가 붕괴되기에 이르렀다. 율곡 이이(李珥)는 폐단의 직접적인 원인을 지방 지휘관의 녹봉이 책정되어 있지 않았기 때문이라고 지적한 바 있다.

🏛 조선 초기의 관리 등용 제도

주로 양반 자제를 대상으로 한 조선의 학교 교육은 4서와 5경 등 유학에 치중했고, 과거 시험의 준비 과정이었다. 7~8세가 되면 서당에서 기초를 익히고, 15~16세가 되면 서울의 4학(4부 학당)과 지방의 향교에서 수학했다. 이들은 생진시(生進試)를 거쳐 성균관에 입학했다. 최고 학부인 성균관은 생원 · 진사가 주로 입학했고, 4학의 생도나 공신 · 훈신의 자제들이 입학 시험을 거쳐 들어갔으며, 하급 관리도 입학을 희망하면 들어가 문과(文科-大科)를 준비했다. 처음에는 정원이 200명이었다가 나중에 100명으로 감소되었다. 기술학인 역학 · 의학 · 음양학 · 율학 등은 각각의 주무 관청인 사역원(司譯院) · 전의감(典醫監) · 관상감(觀象監) · 형조(刑曹)에서 교육했다. 이들은 잡과를 거쳐 잡직에 기용되었

Reference**data**
● 4학
● 향교
● 식년시

◀ 『태학계첩』 중 '성균관도'

고, 이들 학문을 잡학이라 했다.

　2품 이상의 관리 자제에게 주어지는 음서제(蔭敍制)가 있긴 하지만, 과거는 관직에 진출할 수 있는 거의 유일한 경로였다. 과거는 문관, 무관, 기술관을 뽑는 세 부분으로 구분되었다. 문관 채용 시험은 소과(生進科)와 대과(文科)로 나뉘었는데, 소과는 4서(書)·5경(經)을 시험하는 생원과(生員科-明經科)와, 시(詩)·부(賦) 등을 시험하는 진사과(進士科-製述科)가 있었다. 각 도에서 치르는 초시(鄕試)에서는 각 과별로 700명씩 선발했고, 서울에서 치르는 복시(覆試)에선 과별로 100명씩 뽑았는데 생원·진사의 칭호를 주었다. 이들은 초급 문관에 임명될 수 있었고, 내과에 응시할 수 있는 자격이 있으며, 성균관에 들어갈 수 있었다. 대과에서는 4서 5경과 부(賦)·표(表)·전(箋)·책문(策文) 등의 시험을 치렀다. 여기서도 초시를 거쳐 복시에서 33명을 최종 선발했다. 이들은 국왕 앞에서 전시(殿試)를 치러 갑(甲)·을(乙)·병(丙) 3과로 나뉘었다. 갑과의 1등은 장원이며, 종6품에 임명되었고, 기성 관리에게는 4등급을 올려주었다.

　과거에 응시할 때는 호적과 보단자(保單子)를 제출해야 하며, 여기에 4조(父·祖·曾祖·外祖)를 적어야 했는데 이는 양인을 차별하려는 것이었다. 궁술·기사(騎射)·격구(擊毬)·예서·병서 등이 시험 과목인 무과(武科)도 초시·복시·전시를 거쳤으며, 초시에서 200명을 선발하고, 복시에서 28명을 추천한 뒤 전시를 치러야 했다. 신분적 제한은 문과에 비해 약했기 때문에 천민이 관계로 진출하는 통로가 되었다. 문관과 무관에 비해 천시된 기술관 시험은 잡과라 했으며, 주로 중인들이 응시했고, 잡직은 이들에 의해 세습되었다. 과거는 3년마다 정기적으로 실시되는 식년시(式年試)가 있고, 부정기적인 특별 시험이 있었는데, 나라에 경사가 있을 때 치르는 증광시(增廣試), 국왕이 문묘를 참배하는 날 성균관에서 치르는 알성시(謁聖試), 국경일에 치르는 별시 등 응시 기회는 많았다.

Referencedata

| 조선 초기의 관리 등용 제도

4학(四學) : 4부 학당(四部學堂)이라고도 한다. 고려 시대에는 개경(開京), 조선 시대에는 한성(漢城)의 각 부(部)에 두었다. 중국에도 없던 제도로 고려 말 유학(儒學) 진흥을 목적으로 설치하여 조선에서 발전을 본 관학(官學)이다. 지방의 향교(鄕校)와 달리 문선왕묘(文宣王廟)가 없다. 학당은 재사(齋舍:기숙사) 제도를 마련하여 국가에서 비용을 부담했다. 학전(學田)·노비(奴婢)·잡물(雜物) 등을 사급(賜給)했을 뿐만 아니라, 전북 연안에 있는 여러 섬들의 어장(漁場)을 주어 그 세(稅)로 비용을 충당하게 했다. 양인 이상의 신분으로 8세에 입학할 수 있으며, 학당별 정원은 100명이었다. 소학(小學)과 사서(四書)가 중심 교과목이었다. 15세가 되어 승보시(陞補試)에 합격하면 성균관기재(成均館寄齋)에 입학하게 된다. 큰 특전으로 기재생은 성균관 상재생(上齋生)과 대우가 같았다. 학당에서는 5일마다 시험을 치르고, 예조에서는 달마다 시험을 쳐서 1년의 성적을 임금에게 보고했다.

향교(鄕校) : 사학(四學)과 함께 성균관(成均館)의 하급 관학(官學)으로서 문묘(文廟)·명륜당(明倫堂) 및 중국·조선의 선철(先哲)·선현(先賢)을 제사하는 동무(東廡)·서무(西廡)와 동재(東齋)·서재(西齋)가 있어 동재에는 양반, 서재에는 서류(庶類)를 두었다. 향교는 각 지방 관청의 관할하에 두어 부(府)·대도호부(大都護府)·목(牧)에는 각 90명, 도호부에는 70명, 군(郡)에는 50명, 현(縣)에는 30명의 학생을 수용했고, 종6품의 교수와 정9품의 훈도(訓導)를 두도록 『경국대전』에 규정했다. 5~7결(結)의 학전(學田)을 지급하여 그 수세(收稅)로 비용에 충당토록 했고, 향교의 흥함과 쇠함에 따라 수령(守令)의 인사에 반영하였다. 수령은 매월 교육현황을 관찰사에 보고했다. 그러나 향교는 임진·병자의 양 난과 서원(書院)의 발흥으로 부진했다.

식년시(式年試) : 12지 가운데 자(子)·묘(卯)·오(午)·유(酉)가 드는 해를 식년(式年)이라고 칭하며, 3년에 한 번씩 돌아오는 이 해에 정기적으로 과거 시험을 치렀다. 처음 실시된 것은 1084년(고려 선종 1)이지만, 1393년(태조 2)에 가서 제도적으로 정착되었다. 그러나 국가적 변고나 국상(國喪) 또는 특별한 사유가 있을 경우엔 연기하거나 시행하지 않기도 했다. 식년 문과는 조선 시대에 총 163회에 걸쳐 시행되었다.

사림의 정계 진출과 붕당 정치

16세기에 들어 중국의 강남농법(江南農法)이 농촌에 정착함에 따라 생산력이 향상되어 유통 경제가 발달하면서 지방 장시를 비롯한 사무역이 활발해졌다. 이러한 변화에 편승하여 세조의 찬탈에 가담한 훈신(勳臣)과 척신(戚臣)은 고위 관직을 독차지했으며, 방대한 토지와 노비를 소유하면서 부(富)를 축적해 나갔다. 과전법이 붕괴되고 신분 제도에 기초한 수조권적 토지 지배가 무너지면서 양반 관료들은 사적 토지 소유에 집

Referencedata
● 향약
● 향규
● 향사례
● 향음주례
● 무오사화

착했다. 이들은 개간, 매득 등 합리적인 방법 외에도 강제적으로 인원을 동원, 언전(堰田)을 개발하여 외거노비나 전호에게 경작시키는 병작반수제의 농장을 경영했다. 이는 공납제(貢納制)와 부역제(賦役制)의 변질과 함께 농민 몰락을 부채질했다. 특히, 유망(流亡) 농민의 발생은 잔여 농민에게 부담을 더욱 가중시켰다. 1559년(명종 14)에 황해도 일대에서 일어난 임꺽정(林巨正)의 난은 유망 농민들이 가세했다. 이와 같은 사회적 문제에 직면하여 훈척 계열의 특권적 비리 행위를 비판하면서 성장한 세력이 사림(士林)이었다.

고려 말 신진 사대부들 중 역성 혁명에 반대한 이들은 관직에 참여하지 못하고 지방의 중소 지주로 머물렀다. 이들은 주자학적인 방도로 향촌의 사회 질서를 확립하기 위해 향약(鄕約)·향사례(鄕射禮)·향음주례(鄕飮酒禮)를 보급했으며, 자치적인 곡식 대여 제도인 사창제(社倉制)를 실시했다. 또한 자치 기구인 유향소 복구 운동을 통해 지위를 상승시켰다. 특히, 사창제는 재지사족의 경제적 원천이 되었다. 사림은 성종 대에 국왕과 훈구 세력 간의 갈등을 틈타 중앙 정계에 진출했다. 길재의 손재자인 김종직(金宗直)을 필두로 김굉필(金宏弼), 정여창(鄭汝昌), 김일손(金

「해주향약」(좌) ▼
향음주례(우) ▼

駙馬)이 뒤를 이어 정치 세력을 형성했다. 이들은 주로 언관직을 맡았으며, 가장 중요한 정치적 쟁점은 훈척들의 비리 행위를 비판하는 것이었다. 이에 수세에 처한 훈척 계열의 정치적 보복이 사화(士禍)였다.

1498년(연산군 4)에 훈척 계열은 김종직이 지은 사초(史草) 조의제문(弔義帝文)이 세조의 즉위를 비난한 것이라고 트집 잡았고, 이에 김일손 등 신진 관료들이 숙청당하여 극히 소수만이 정계에 잔존했다. 이것이 무오사화(戊午士禍)이다. 1504년(연산군 10)에는 훈척 계열 내부에서 반목하였는데, 마침내 연산군을 옹호하는 척신들이 연산군의 생모인 폐비의 사사 사건을 구실로 훈신들을 몰아냈다. 이것이 갑자사화(甲子士禍)인데, 사림의 희생이 동반되었다. 이로써 사림의 정계 진출이 주춤해졌다. 1506년(연산군 12) 반정에 의해 중종이 즉위하자, 왕의 신임을 얻은 조광조(趙光祖)가 등용되었다. 조광조를 위시한 사림들은 훈신들의 비리를 비판하면서 유교적인 도덕 정치 실현에 힘을 기울였다. 연산군의 폭정과 훈척들의 수탈에 의해 피폐해진 향촌 사회를 안정시키기 위해 향약을 보급하고, 중앙에서의 주도권 확보를 위해 현량과(賢良科)를 통한 지방의 사림들을 등용시켰다. 사림이 성장함에 따라 훈신들과의 마찰은 불가피했다.

1519년(중종 14) 사림 관료 측에서 훈신 세력을 약화시킬 목적으로 제기한 위훈삭제 사건(僞勳削除事件)을 계기로 훈신 세력들이 반격, 조광조를 비롯한 사림 세력들을 축출했다(己卯士禍). 1545년(명종 즉위년)에 외척 간의 갈등이 표면화되었는데, 명종의 외척인 소윤(小尹)이 인종의 외척인 대윤(大尹)에 대한 보복으로 옥사를 일으켰다(乙巳士禍). 이때에도 갑자사화와 마찬가지로 부수된 사림의 피해가 막심했다. 그러나 지방의 서원과 향약을 기반으로 성장을 계속한 사림은 훈척계의 비리에 대해 비판적 자세를 견지하면서 지방의 중소 지주들에게 공감의 폭을 넓혀 갔다.

소윤 정권이 중종비인 문정왕후(文定王后)의 죽음과 함께 몰락하자 사림의 정계 진출이 활발해졌다. 마침내 선조(1567~1608) 대에 이르러서는 사림이 주류의 위치를 확보했다. 사림이 우세해지자 훈 · 척신에 대한

척결 방법을 둘러싸고 내부적으로 이견이 발생했다. 이는 붕당의 조짐이었고, 1575년(선조 8)에 명종비의 동생 심의겸을 두둔하는 기성 사림과 김효원을 비롯한 신진 사림이 반목하였으며, 마침내 이이를 비롯한 그의 문인들이 속한 서인(西人)과 이황 및 조식의 문인들이 많은 동인(東人)으로 나누어졌다. 이황의 주리론에 입각한 신진 사림은 원칙에 충실하여 구체제의 잔존을 척결하는 데 중점을 두었다.

반면에 기성 사림은 피폐해진 기성 사회 복구 등 현실 문제에 보다 관심을 기울였다. 이이의 가세에도 불구하고 서인은 열세를 면치 못했다. 그러나 동인 사이에서 서인에 대한 입장 차이를 두고 온건파인 남인과 강경파인 북인으로 나누어짐으로써 상호 비판과 견제를 통한 붕당 정치가 전개되었다.

R e f e r e n c e   d a t a

| 사림의 정계 진출과 붕당 정치

향약(鄕約) : 유교적인 예속(禮俗)을 보급하고, 농민들을 공동체적으로 결속시켜 향촌 사회에 붙박아둠으로써 체제의 안정을 도모할 목적으로 실시되었다. 16세기에 농업 생산력 증대, 상업 발달 등 경제적 여건의 변화로 향촌 사회가 동요하고, 훈구파의 향촌 사회에 대한 수탈과 비리는 심화되었다. 중종 대에 조광조(趙光祖) 등 사림파(士林派)는 훈척들의 지방 통제 수단으로 이용되던 경재소(京在所)와 유향소(留鄕所)의 철폐를 주장하고, 대안으로 향약 보급을 제안했다. 소농민 경제의 안정을 바탕으로 한 중소 지주층의 향촌 지배 질서를 확립하기 위한 것이었다. 기묘사화(己卯士禍)로 좌절된 바 있으나, 선조 대에 정치적 주도권을 장악하면서 서원(書院)이 중심이 되어 자연촌(里) 단위로 시행했다.

중국 "여씨향약(呂氏鄕約)"의 강령인 '좋은 일은 서로 권하고, 잘못은 서로 바로잡아 주며, 예속을 서로 권장하고, 어려운 일이 있으면 서로 도와준다.'는 취지를 살려 조선의 실정에 맞게 적용되었다. '목천동약(木川洞約)'과, 영조 때 퇴계학파 최흥원(崔興遠)이 이황의 '예안향약(禮安鄕約)'을 증보하여 사용한 '부인동동약(夫仁洞洞約)'이 유명하다. 또한, 1571년 이이는 '여씨향약' 및 '예안향약'을 근거로 '서원향약(西原鄕約)'과, 이를 자신이 수정 증보하여 1577년에 '해주향약(海州鄕約)'을 만들었는데, 이들 향약은 조선 후기에 가장 널리 보급되었다.

향규(鄕規) : 향규는 유향소의 향안(鄕案)에 입록(入錄)된 사족을 규제하는 규식(規式)인 반면, 향약은 지역 사회 상하 전체를 대상으로 한다.

향사례(鄕射禮) : 향음주례와 마찬가지로 고을의 유덕자를 존경하고 예양읍손(禮讓揖遜)의 풍조를 이룩하기 위한 연중 행사다. 본래 중국에서 왔으나 조선 성종 때 왕이 성균관에서 대사례(大射禮)를 행한 뒤 전국에 실시하도록 교시하였다. 매년 3월 3일과 9월 9일에 고을의 효제충신(孝悌忠信)하고 예의에 밝은 자를 주빈으로 삼아서 활쏘기 놀이를 겸해 연회를 베푸는 의식이다.

향음주례(鄕飮酒禮) : 매년 음력 10월에 개성부·제도(諸道)·주(州)·부(府)·군(郡)·현(縣)에서 길일을 택하여 고을의 유생(儒生)이 모여 술을 마시며 잔치한 예절이다. 고을의 관사(官司)가 주인이 되어, 연고(年高)하고 유덕(有德)하며 재행(才行)이 있는 사람을 주빈(主賓), 그 밖의 유생을 빈(賓)으로 하여 서로 모여 읍양(揖讓)하는 예절을 지키며 주연을 함께하고 계(戒)를 고한 예절이다. 본래 중국 주대(周代)에 제후(諸侯)의 향대부(鄕大夫)가 고을의 인재를 뽑아 조정에 천거할 때, 출향에 앞서 그들을 빈례(賓禮)로 대우하고 베푼 전송(餞送)의 의례에서 비롯되었다.

무오사화(戊午士禍) : 사초(史草)로 인한 사화여서 무오사화(戊午史禍)라고도 한다. 세조 때 중앙 집권을 지나치게 추구하고, 훈구 대신들의 비리가 성행하자, 성종 때 김종직(金宗直)을 중심으로 한 사림파가 새로운 정치 세력으로 등장했다. 이들은 주로 3사(三司)의 언론직(言論職)과 사관직(史官職)을 차지하면서 훈구 대신의 비행을 폭로·규탄하고, 연산군의 향락을 비판하면서 왕권의 전제화에 반대했다. 또한, 김종직과 유자광은 일찍이 사이가 나빴고, 김종직의 제자 김일손이 성종 때 사관(史官)으로 있으면서 훈구파 이극돈(李克墩)의 비행과 세조의 찬탈을 사초(史草)에 남긴 일로 김일손과 이극돈 사이에도 반목이 있었다. 1498년(연산군 4)에 『성종실록』을 편찬하자, 실록청(實錄廳) 당상관(堂上官)이 된 이극돈은, 김일손이 사초에 삽입한 김종직의 조의제문(弔義帝文)이 세조가 단종으로부터 왕위를 빼앗은 일을 비방한 것이라 하며, 이를 연산군에게 고했다. 연산군은 김일손 등을 심문하고, 이를 김종직이 선동한 것이라 하여, 이미 죽은 김종직을 부관참시(剖棺斬屍)했다. 그리고 많은 사림들을 죽이거나 귀양을 보냈다. 한편, 이극돈·유순(柳洵)·윤효손(尹孝孫)·어세겸(魚世謙) 등을 수사관(修史官)으로서 문제의 사초를 보고하지 않은 이유로 파면했다.

🐢 조선 초기의 대외 관계

조선 건국의 주체 세력은 친명반원 정책을 주장했다. 태조는 즉위 후 명에 새로운 왕조의 승인과 국호를 조선(朝鮮)과 화녕(和寧) 중에서 택일해 줄 것을 요청했다. 이는 국제적인 확인과 지지를 얻기 위함이었다. 조선은 명에 대한 사대를 천명하고 소중화(小中華)를 자처했으며, 한 해에 3번씩 정기적으로 명에 사행을 파견했다. 이때 조공을 바치고 회사물을 받아 왔다. 조공품은 마필, 인삼, 피물, 포자 등이었고, 회사물은 채단, 자기, 약재, 서적 등이었다. 조선의 명에 대한 사대는 의례적인 것이었으며,

Reference data
● 무로마치 시대
● 4군
● 6진

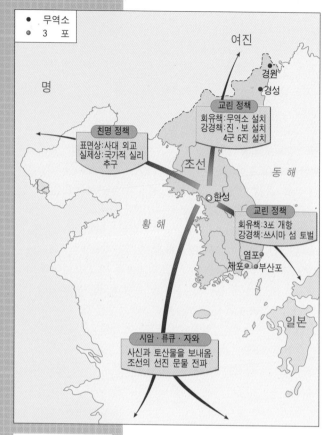

조선 초기의 대외 관계 ▲

조공 관계를 통해 중국의 발달된 문물을 받아들였고, 국내외적인 안정과 경제적인 실리를 취했다.

신라의 삼국 통일 이후 우리나라의 북방과 만주는 조선과 명 그리고 여진의 삼자 이해 관계가 충돌하는 지역이었다. 고려 말에서 조선 전기의 북방 정책은 국경선 확보와 농지의 확장이 목적이었다. 두만강 하류 지역은 동북면에 근거를 두었던 이성계가 야인을 진무함으로써 국초부터 우리 강역에 포함되었다. 태종 때에는 야인들의 침입이 빈번했는데 세종 대에 와서 적극적으로 북방을 공략했다. 1434년(세종 16)부터 10여 년간 김종서(金宗瑞)로 하여금 야인을 정벌케 하여 6진(六鎭)을 설치하고, 수차례에 걸쳐 남부 지방의 민호를 이주시켰다. 고려 말에 이미 수복한 압록강 하류 지역은 태종 때 강계부와 여연군을 설치하면서 완전히 확보했다. 그 뒤 야인의 침입이 심해지자, 세종은 최윤덕(崔潤德) 등을 시켜 야인을 토벌한 다음 4군(四郡)을 설치했다. 이로써 오늘날 우리나라 영역의 골격이 마련되었다. 여진에 대해서는 경성과 경원에 무역소를 두고, 무력에 의한 토벌과 무역을 통한 회유책을 병행했다. 여진은 무역소에서 그들이 필요로 하는 포·농구·미두 등을 마필·모피 등과 교환해 갔다.

왜(倭)에 대해서도 야인에 대한 정책을 준용했다. 당시 왜는 무로마치 막부(室町幕府)가 성립하여 전국적인 지배력을 가졌지만 규슈(九州)까지는 장악하지 못했다. 이런 상황에서 대마도와 규슈 변민들은 왜구가 되어 조선과 중국 연안을 침탈했다. 조선은 막부 정권과 일본 서부의 대소 호족들과 통교하면서 왜구에 대해 회유책을 썼지만 근절되지 않았고, 조선과의 교역이 통제되자 대마도의 왜구가 극성을 부렸다. 급기야 1419년(세종 1)에는 이종무(李從茂)가 대마도를 정벌하여 대마도주의 사죄를 받아냈으며, 대마도주의 간곡한 요청에 따라 내이포(內耳浦-웅천), 부산포(富山浦-동래), 염포(鹽浦-울산)를 개항하여 교역을 허락하고, 왜관(倭館)을 설치했다. 그러나 왜가 많은 면포와 미곡을 수입해 가자 대마도주와 계해조약(癸亥條約)을 체결하여 교역량을 제한했다. 무역은 조공 형식으로 이루어졌는데, 왜는 동(銅)·석(錫)·연(鉛)·유황(硫黃)·약재(藥材)·향료(香料)·염료(染料) 등을 진헌했고, 조선은 면포·저포·마포·생필품·나전·도자기·화문석 등 공예품과 서적·대장경·범종·불상 등을 회사했다. 특히 조선의 문물은 일본 문화 발전에 큰 도움을 주었다.

R e f e r e n c e **d a t a**

| 조선 초기의 대외 관계

무로마치 시대(室町時代) : 가마쿠라(鎌倉) 막부가 붕괴한 뒤 60년간의 남북조(南北朝)는 1336년에 무로마치 막부 아시카가 씨에 의해 통일되었다. 이때부터 오닌(應仁)의 난이 일어나 1573년에 무로마치 막부가 패망하고, 전국 시대(戰國時代)로 접어들 때까지의 약 240여 년간을 말한다. 전대(前代)인 가마쿠라 시대까지는 천황을 받드는 구게(公家) 정권과 막부 정권이 양립했으나, 아시카가 시대는 구게 정권을 물리치고 무가(武家)에 의한 단독 정권이 수립되었다. 무로마치 3대 쇼군 아시카가 요시미쓰(足利義滿)가 남북조를 통일하면서 막부의 세력이 강화되었고, 쇼군의 정치적 지위는 천황을 능가했다. 사회적으로는 장원(莊園) 제도가 붕괴되고, 지방의 슈고다이묘(守護大名)가 점차 세력을 형성하여 각자의 영지를 확장하기 위한 전쟁이 이어졌다. 무로마치 시대는 왜구(倭寇)가 가장 많이 발호하던 시기로 일본 서해안의 무사(武士)나 어민들이 선단을 만들어 우리나라와 중국 연안에서 해적 행위를 자행했다. 3대 쇼군 요시미쓰(義滿) 때는 중국 명(明)에 내조(內朝)하여 명으로부터 처음으로 '일본 국왕'의 칭호를 받았으며, 교역도 활발하게 이루어졌다. 문화적으로는 긴카쿠지(金閣寺)를 대표로 하는 기타야마 문화(北山文化)와 긴카쿠(銀閣)를 대표로 하는 히가시야마 문화(東山文化) 등 무가 문화가 개화하였고, 서민 계급의 대두로 서민 문화가 형성되었다. 오토기조시(お伽草子)·교겐(狂言)·렌카(連歌) 등이 있는데, 다소 외설적이지만 생기발랄했다.

4군(四郡) : 조선 세종 때 서북 방면의 여진족을 막기 위해 압록강 상류에 설치한 국방상의 요지이다. 여진족의 침입이 빈번해지자 여연(閭延)·자성(慈城)·무창(茂昌)·우예(虞芮)의 4군을 설치했다. 이로써 압록강 상류 지역까지 조선의 영토로 편입되었다. 한때 4군이 철폐되기는 하였으나, 대체로 압록강선은 유지되었다. 북방 개척은 농토의 확장과 아울러 천연의 요새를 국경선으로 삼으려는 목적이 있었다. 4군 지역은 파저강 정벌 이후 책임자였던 최윤덕이 우의정, 좌의정이면서도 평안도 도절제사를 3년 동안 겸임했고, 1443년 4군 설치가 완성될 때까지 10년 중에, 재상의 반열에 있던 두 노장(최윤덕과 이천)이 7년간을 책임질 정도로 군사적으로 중요한 지역이었다.

6진(六鎭) : 두만강 하류 남쪽의 요충지로, 여진족의 침입이 잦자 세종 때 김종서로 하여금 이 방면을 경략케 하고 종성(鍾城)·온성(穩城)·회령(會寧)·경원(慶源)·경흥(慶興)·부령(富寧)의 6진을 설치했다. 이에 따라 몇 차례 이민이 실시되었으며, 두만강의 국경선이 굳어졌다.

🌀 왜란의 극복

Reference data
● 절강병법
● 공명첩

붕당 정치로 양반 사회가 분열을 거듭하던 16세기 후반 중국에서는 여진족의 통합 기운이 거셌고, 일본에서는 도요토미 히데요시(豊臣秀吉)가 100년간의 전국 시대를 마무리 지었다. 1592년(선조 25)에 도요토미 히데요시는 저항하는 영주들의 군사력을 약화시키고, 막대한 해외 무역의 이익을 취하고자 조선을 침략했다. 조총(鳥銃)으로 무장한 왜군은 부산첨사 정발(鄭撥)과 동래부사 송상현(宋象賢)의 방어군을 쉽게 무너뜨린 뒤, 충주에서 신립(申砬)의 군대를 격파하면서 파죽지세로 북상했다. 이미 조선은 15세기 후반부터 방군수포 등 군역제의 모순으로 군사 동원 및 진관 체제가 해이해져 있었고, 1555년(명종 10) 을묘왜란 후 시행된 제승방략(制勝方略)의 분군법(分軍法)도 허점을 드러냈다. 왜군은 상륙 20일 만에 서울에 입성했으며, 평안도를 거쳐 함경도까지 북상했다.

육지에서의 참패와 달리 해전에서는 이순신(李舜臣)이 이끄는 전라도 수군이 우수한 화포와 전함을 바탕으로 옥포(玉浦), 당포(唐浦), 당항포(唐

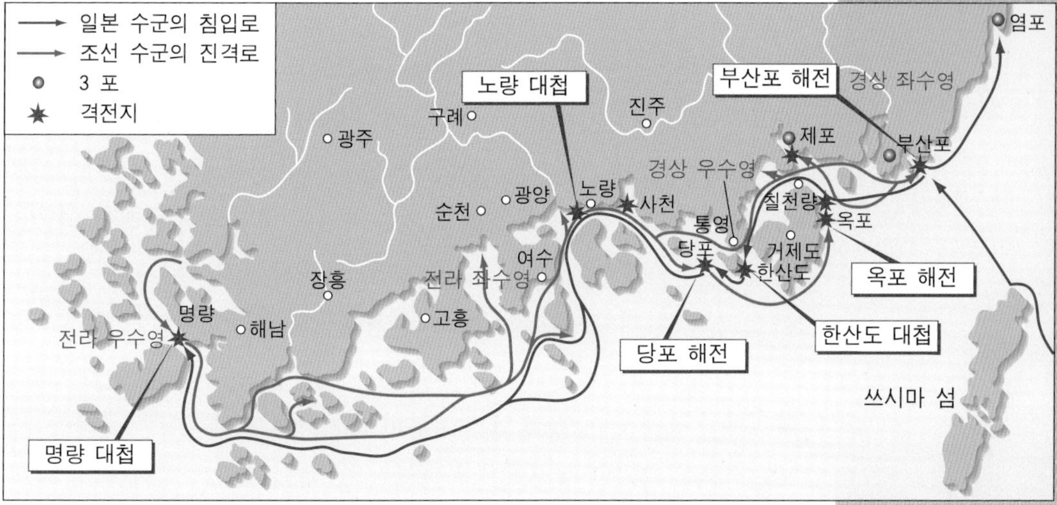
일본 수군의 침입로
조선 수군의 진격로
3 포
격전지
염포
부산포 해전
경상 좌수영
노량 대첩
진주
구례
광주
제포
부산포
경상 우수영
광양
노량
사천
칠천량
순천
통영
옥포
거제도
당포
여수
한산도
장흥
전라 좌수영
옥포 해전
명량
고흥
전라 우수영
해남
한산도 대첩
당포 해전
쓰시마 섬
명량 대첩

▲ 임진왜란 해전도

項浦), 부산포(釜山浦) 등에서의 승리에 이어 한산도에서 최대의 승리를 거두었다. 남해의 제해권을 장악한 수군은 왜군의 수륙 협공작전을 차단하였으며, 전라도의 곡창 지대를 보존했다. 한편 각 지방에서는 유생, 농민, 승려들에 의한 의병이 일어나 왜군에 저항했다. 조헌(趙憲), 김시민(金時敏), 곽재우(郭再祐), 고경명(高敬命), 김천일(金千鎰), 정문부(鄭文孚), 휴정(休靜)과 유정(惟政) 등 의병장들의 활약이 두드러졌다. 이후 전쟁은 조선의 우세 속에서 진행되었다. 이 무렵 이여송(李如松)의 명군이 도착하여 평양을 탈환하기에 이르렀다. 그러나 서울로 진격하던 명군은 벽제관 전투에서 대패한 뒤 평양으로 물러나 왜군과 화의를 시도했다. 소강상태를 보이던 전쟁은 1597년(선조 30)에 왜군이 다시 공격해 오면서 시작되었다(丁酉再亂). 조 · 명 연합군에 의해 남해안으로 밀려나 있던 왜군은 복직된 이순신에 의해 명량에서 대패했다. 패색이 짙던 왜군은 도요토미 히데요시가 사망하자 철수했다.

7년간의 전쟁은 인구 감소와 대대적인 유망, 농지의 황폐화 등 조선 사회를 뿌리째 흔들었다. 농민의 참상은 물론 국가 재정의 악화가 심대했다. 조세 파악의 근거인 호적과 양안(量案)이 소실되었으며, 사회적으로는 신분제의 해이가 두드러졌다. 노비 문서가 소각되었고, 전쟁 중 재정 조달을 위해 실시한 납속책(納粟策)으로 양인이 양반 되고 노비가 양민이 되는 현상이 일어났다. 문화재와 예술품 또한 소실과 약탈로 인해 막대한 손실을 입었다. 경복궁과 불국사도 전란 중에 불탔다. 일본에 끌려간 도자기 기술자들은 일본 도자기의 발달에 결정적인 역할을 했다. 전란 중에 절강병법(浙江兵法) 도입과 비격진천뢰(飛擊震天雷)·화차(火車) 등 신무기 개발이 촉진되었으나, 전쟁의 후유증으로 중국에서는 명이 쇠망하고 후금(後金→淸)이 건국되었다. 일본은 전쟁에 참가한 서부의 영주들이 몰락하고, 동부의 영주들이 흥기하여 도구가와 이에야스(德川家康)의 통일 국가가 성립되었다.

R e f e r e n c e **d a t a**

| 왜란의 극복

절강병법(浙江兵法) : 왜(倭)의 단병전술(短兵戰術)에 대응하기 위하여 개발한 것으로, 척법(戚法)이라고도 한다. 명나라에는 북방 유목 민족의 침입에 대비한 북병(北兵)과 남부 해안의 왜구(倭寇)에 대비한 남병(南兵)이 있었는데, 당시 절강현을 지키던 척계광이 근접전에 역점을 두고 개발한 병법이다. 소대가 모두 방패를 착용하도록 편성하였으며, 기병을 쓰지 않는 한편 낭선(狼筅 – 창)을 개발하였고, 조총의 탄환을 막을 수 있는 솜옷도 개발하였다. 또한 조총과 전통적인 화기를 소지하면서 왜의 새로운 전술에 대응했다. 조정에서는 훈련도감을 설치, 남병의 장수 낙상지(駱尙志)를 통해 습득했으며, 조선 후기 병법의 주류가 되었다.

공명첩(空名帖) : 공명고신첩(空名告身帖)이라고도 한다. 국가 재정이 어려울 때, 관청에서 돈이나 곡물을 받고 관직을 팔면서 이름을 기입하지 않고 발급하던 매관직첩(賣官職帖)이다. 그러나 임명된 사람은 실무(實務)는 없고 명색만 주어졌다. 1677년(숙종 3) 이후 시행되었던 진휼책(賑恤策)으로, 임진왜란과 병자호란으로 국가 재정이 탕진된 데다 당쟁의 폐해로 국가 기강이 문란하고, 또 흉년이 자주 들어 백성들이 굶주리자 국가가 이를 구제하기 위해 명예직(名譽職)을 주고, 그 대가로 재정을 확보했다.

호란과 북벌 운동

왜란 중에 명의 세력에서 벗어난 여진족은 1616년에 후금을 건국하여 명을 압박했다. 조선에서는 선조의 뒤를 이어 광해군(1608~1623)이 즉위했다. 왜란을 거치면서 사림의 한계를 느낀 광해군은 북인을 등용하여 부국강병에 힘썼다. 군사를 정비하고, 호적 정리와 양전 사업을 실시했다. 외교에 있어서도 대륙의 정세를 잘 읽고는 신중한 중립 외교를 견지했다. 명이 후금을 치기 위해 원병을 요청했을 때도 강홍립으로 하여금 양측의 형세를 관망케 하여 충돌을 방지했다. 그러나 1623년 인조 반정에 의해 집권한 서인이 친명배금 노선을 강조하면서 후금을 자극했다. 때마침 1627년(인조 5)에 이괄의 난이 일어나자, 이를 구실로 후금군은 3만의 군사로 쳐들어왔다(丁卯胡亂). 정부는 강화로 피난했고, 한편으론 화의를 청했다. 후금군은 형제의 맹약을 맺고는 조공과 국경에서의 관무역을 조건으로 철군했다.

R e f e r e n c e **d a t a**
● 북학론

남한산성 북문 ▲

후금의 태종은 국호를 청으로 고치고, 조선에 대해 군신 관계를 강요했다. 조선이 크게 반발하여 대응 태세를 갖추자, 1636년(인조 14)에 청 태종은 10만의 대군을 이끌고 침입해 왔다(丙子胡亂). 청군이 서울을 위협하자 왕족을 비롯한 일부 관리들은 강화로 피난하고, 길이 막힌 왕은 남한산성으로 들어가 저항했다. 청군의 포위로 식량이 떨어지고, 강화가 함락되어 왕자와 비빈이 사로잡히자, 인조는 삼전도(三田渡)로 나가 항복했다. 조선은 청에 대해 신하의 예를 취하고, 조공을 비롯하여 명과의 단교를 약속했다. 두 왕자와 주전파 관리들 및 수많은 백성들이 포로로 잡혀갔다.

두 번의 호란으로 서북 지방은 황폐가 극심했다. 소중화를 자처하던 조선의 자존심이 무너지고, 청에 대한 적개심으로 효종 때는 북벌 계획을 추진하였지만 실현되지는 못했다. 18세기 후반에는 청의 발달된 문화를 수용하고자 하는 북학론(北學論)이 대두하여 청에 대한 인식이 바뀌었다. 청에 대한 종속 관계는 대한제국이 성립할 때까지 지속되었다.

R e f e r e n c e d a t a

| 호란과 북벌 운동

북학론(北學論) : 호란을 경험하고 난 17세기 후반에서 18세기 전반에 이르는 시기는 반청숭명(反淸崇明)의 북벌론이 주류였다. 조선이 중화 문화의 유일한 계승자라는 소중화 의식과 주자성리학이 뒷받침했다. 명나라를 높인다기보다는 침략자인 청나라를 도덕 국가로 인정하지 않고, 조선의 문화적 우월성을 확인하려는 자존심의 발로였다. 1705년(숙종 31) 창덕궁 안에 대보단(大報壇)을 설치한 것이나, 1703년 송시열의 유지(遺志)에 따라 충청북도 괴산(槐山)에 만동묘(萬東廟)를 세워 명나라 신종(神宗)과 의종(毅宗)을 제사 지낸 것도 그런 목적에서였다. 그러나 18세기 중엽이후로 서울학계를 지배했던 노론의 일각에서 주자성리학을 계승하면서도 시대의 변화를 능동적으로 수용하려는 새로운 학풍이 일어났는데, 이는 청나라에서 배우자는 내용을 담고 있었다. 청은 강희(康熙, 1662~1772)~건륭(乾隆, 1736~1795)의 문화적 전성기를 구가했고, 산업 발전과 함께 서양의 과학 기술이 도입되고 있었다. 청의 주인인 여진족은 멸시하되, 그 안에 담긴 중국 문화와 산업, 기술 문화는 수용한다는 유연한 자세가 북학(北學)이다. 북학의 철학적 기초는 사람과 만물의 본성이 같다고 보는 '인물성동론(人物性同論)'이며, 만물을 적극적으로 이용후생에 끌어들인다는 발상이었다.

02 조선 전기의 경제

과전법의 시행과 수취 제도의 정비

Referencedata
● 은결
● 면세전
● 궁방전
● 역둔토
● 수신전
● 휼양전

조선 왕조는 국가 운영에 직접 관계하는 양반, 직역인, 기구 들에 경제적 보장을 해주면서 직역을 공급받았다. 국초에 양반 관료들은 전임이나 현임을 막론하고 18과로 나누어 최고 150결에서 최하 10결까지의 과전(科田)을 지급받았다. 전시과(田柴科)와 달리 시지(柴地)는 지급하지 않았다. 과전은 경기 지방에 한정했으며, 이는 경기 이외의 지방에서 사전(私田)과 지방 세력이 성장하는 것을 억제하기 위함이었다.

과전법의 성립으로 전호(佃戶)가 전주(田主-收組權者)에게 수확량의 1/2을 바치는 병작반수제(竝作半收制)가 금지되고, 수확의 1/10(1결당 30두)을 징수했다. 사전주는 경작자로부터 1/10을 전조로 받아, 그중 1/15만 지세로 바치면 되었다.

과전법은 경자유전(耕者有田)에 의한 토지의 균등 분배가 아니고, 수조권만 부여하였다. 아울러 전호의 부담을 적게 한 점과 전주가 전호의 경작지를 함부로 빼앗지 못하게 하고, 전호 또한 경작권의 양도나 매매를 금지한 것은 농민을 토지에 고착시키려는 목적이었다. 과전은 1대에 한하는 것이 원칙이지만 수신전(守信田)·휼양전(恤養田)·공신전(功臣田) 등의 명목으로 세습된 데다, 공신과 관리의 증가로 부족해졌다. 또한, 전객(佃客-토지 소유권자)의 전주에 대한 항쟁도 지속적으로 일어났다. 마침내 1466년(세조 12)에는 과전법을 폐지하고, 직전법(職田法)을 실시하여 현직 관료에게만 최고 110결에서 최저 10결까지 지급했다. 이는 정난 후 체제를 받아들이고 관리로 봉사해야만 생활을 보장하겠다는 정치적인 의미 외에도, 농업 생산력 증대 및 농민 경제의 발달에 따라 통일 신라 이래 지속된 봉건적 제도인 수조권에 기초한 토지 점유 관계가 폐기되고, 토지 소유권에 기초한 농업 생산 관계가 부상하는 추세를 반영한 것이다. 그러나 관료의 퇴직 후 또는 사후 보장이 없는 제도여서 재직 중 수탈이 심하여 1470년(성종 1)에 관수관급제(官收官給制)로 변경되었다.

토지에 대한 세금 부과 제도인 공법(貢法)은 1391년에 과전법을 실시하면서 전국의 토지를 3등급으로 나누고, 세금 부과 기준인 1결당 30말(수확량의 1/10)로 정하되, 추수기에 관원이 논밭에 나가 수확량을 보고 세액을 감면해 주는 답험손실법(踏驗損失法)을 실시했다. 그러나 이 과정에서 관원의 부정이 심하여 일률적으로 토지세를 고정시키는 것(定額制)을 검토했다. 당시 조야의 17만여 명에게 의견을 물었는데, 이 또한 형평에 어긋난다 하여 폐기되었다. 1436년(세종 18)에 공법절목(貢法節目)을 마련하고, 이를 추진할 공법상정소(貢法詳定所)를 설치하여 토지 비옥도와 생산력에 기준을 두는 제도의 골격을 갖추었다. 14~15세기 이래 농업 생산력이 크게 변동하여 수확량에 따라 결의 면적을 정하는 종래의 결부제를 시행하기 위하여 전제상정소(田制詳定所)를 설치, 이를 연구했다. 그리하여 1444년(세종 26)에 토지의 비옥도에 따라 나눈 전분6등급(田分六等級)과 작황의 정도에 의한 연분9등급(年分九等級)을 골자로 하는 세법을 완성했다. 하지만 정교한 세법임에도 불구하고 내용의 복잡성과 운영상의 불평등으로 인해 퇴색되었다.

고려의 제도를 답습하던 공납제(貢納制)는 1392년(태조 1)에 공부상정도감(貢賦詳定都監)을 설치하여, 각 지방의 토산물을 기준으로 공물의 품목과 수량을 정한 공안(貢案)을 마련했다. 남자 장정 수가 공물 부과 기준이던 것이 토지 면적으로 바뀌었다. 세조 대에 국가의 지출 명세서인 횡간(橫看)이 제정됨으로써 조선 초기 공납제의 성격이 결정되었다. 공납제는 운영상의 문제점들을 노출했는데 공물의 품목과 수량이 장기적으로 고정되어 다음 해의 것을 미리 징수하는 인납(引納)과 본래의 용도와 달리 사용하는 별용(別用) 등이 이루어졌고, 그 지역에서 생산되지 않는 물품이 배정되기도 했다. 또한, 관리가 트집을 잡아 그 지방에서 마련한 공물을 받지 않는 점퇴(點退), 관리와 상인이 결탁하고 대신 납부한 뒤 농민으로부터는 비싼 가격을 받아내는 방납(防納) 등의 비리가 극성을 부렸다. 상품 경제가 어느 정도 발달하게 된 16세기에 가서는 쌀과 베로 거두는 대동법(大同法)으로 전환되었다.

16세 이상 60세 이하의 양인에게는 군역(軍役)의 의무가 부과되었다. 정규 군인으로서 활동하는 정군(正軍)과, 정군을 경제적으로 뒷받침하는 봉족(奉足)을 묶어 군호(軍戶)가 되게 했다. 병종(兵種)에 따라 배정되는 봉족 수는 달랐다. 봉족 제도는 세조 때 보법(保法)으로 바뀌었다. 보인(保人)은 군역의 대가로 매달 포 1필씩 납부했다. 당번의 군사들이 군역의 고됨을 피하고, 생업 유지를 위해 보인(保人)으로부터 받아 온 포(布)로 타인을 고용하거나 면역의 대가를 지불하는 대역납포(代役納布)와 방군수포(放軍收布)가 보편화되었다. 임진왜란 이후에는 1년에 포 2필씩을 내어 실역을 대신했다. 군포는 균역법 실시 후 1필로 감해졌고, 흥선 대원군 집권 후에는 양반에게도 부과했다. 요역(徭役)은 인정의 수에 따라 일꾼을 내던 것이, 1428년(세종 10)부터 토지 소유 면적을 기준으로 호를 5등급으로 나누어 일꾼을 내게 하는 계전법(計田法)으로 바뀌었다. 1471년(성종 2)에는 역민식(役民式)을 제정하여 토지 8결을 단위로 한 사람의 일꾼을 내는 팔결출일부제(八結出一夫制)를 법제화했다. 이 또한 운영 과정에서 지방관이 임의로 징발하는 경우가 많아 농민을 괴롭히게 되었다.

| 과전법의 시행과 수취 제도의 정비

은결(隱結) : 은전(隱田)·은루(隱漏)라고도 한다. 20년마다 양전(量田)을 실시하여, 이 중 국가·왕실 소유 면세지(免稅地), 진전(陳田), 급재전(給災田) 등을 제외한 모든 토지는 실결(實結)에 준하여 전세(田稅)를 바쳐야 했는데, 이는 수세를 피한 탈세전이다. 양전 시 실무자인 지방관·향리에게 뇌물을 주어 양안에 기재되지 않게 하거나 실제 경작지보다 훨씬 적게 기재하는 방법인 여결(餘結), 양안에는 올라 있지만 관에서 매년 등급을 매길 때 관리와 결탁하여 경작지임에도 황폐된 진전인 휴경지(休耕地)라고 허위 보고하는 방법 등이 있었다.

면세전(免稅田) : 궁실(宮室)과 궁가(宮家)에 급여한 땅인 궁방전(宮房田), 왕실이 직접 소유하는 땅인 궁장토(宮庄土), 지방 관청에 급여한 땅인 관둔전(官屯田), 역(驛)의 경비 충당을 위해 급여된 역둔전(驛屯田) 등이 있다.

궁방전(宮房田) : 궁장토(宮庄土)라고도 한다. 본래 궁실의 경비로는 고려 때 공해전(公廨田)이 지급되었고, 조선 전기에는 사전(賜田)·직전의 형식으로 지급되었다. 궁전은 유토면세(有土免稅)와 무토면세(無土免稅)의 토지로 구분되었는데, 유토면세는 일정한 토지의 관할권과 수조권(收租權)을 아울러 소유한 것으로 공전(公田)에 속하였으며, 무토면세는 일정한 땅의 수조권만을 가진 것으로 사전(私田)이었으나 다 같이 면세되었다. 궁방전 또한 전국 각처에 걸쳐서 토지를 겸병(兼倂)했는데, 아래로는 농민을 핍박하며 위로는 국가 전정(田政)의 문란을 초래하였으므로,『속대전(續大典)』에서 토지 지급과 수취액이 법제화되기에 이르렀다.

「속대전」

역둔토(驛屯土) : 역의 경비를 충당하는 역토(驛土)와, 경비(警備)를 위해 역에 주둔하는 군대의 자급자족에 소요되는 둔전(屯田)을 말한다. 역토는 역참에 부속된 토지로, 역의 일반 경비와 소속 이원(吏員)의 봉급 및 말을 양육하는 데 필요한 비용을 마련했다. 관리의 숙박에 충당되는 공수전(公須田), 행정에 쓰이는 지전(紙田), 역장의 수당에 충당하는 장전(長田) 등이 있다. 둔토는 둔전으로서, 중앙 및 지방의 각 병영과 행정 관청의 군수 및 경비에 충당하도록 설정된 토지이며, 방벌군(防伐軍)이나 인근 농민·노비 등에 의하여 경작되었고, 대부분 지주 소작제에 의거하여 경영되었다. 원래 변경이나 군사 요지에 설치하여 군량을 충당하는 국둔전(國屯田)이었으나, 조선 후기에 이르러 새롭게 나타난 영문둔전(營門屯田-軍門屯田)과 아문둔전(衙門屯田)은 관청 경비를 보충하는 관둔전(官屯田)의 성격이 강했으며, 주로 중앙의 관청에서 설치했다.

수신전(守信田) : 과전을 받던 관리가 죽은 뒤 그 처에게 자식이 있을 경우는 남편의 과전 전액을, 자식이 없는 경우에는 반액만 지급하였다. 재가할 경우에는 몰수했고, 재가하여 온 경우에도 지급 대상이 될 수 없었다. 관인의 신분 자체를 세습적으로 지켜갈 수 있도록 하기 위한 것으로, 고려 시대에 군인의 유족 및 퇴역한 군인 등에게 지급하던 구분전(口分田)의 계열을 이은 것이다. 사대부의 덕목으로 충효와 절의를 중요하게 여기는 유교 사상에서 비롯되었다.

휼양전(恤養田) : 과전을 받던 관리가 죽었을 때 자식이 어린 경우, 이들을 보살피기 위해 아버지가 받은 과전을 상속하도록 한 토지를 휼양전이라 하였다. 이 역시 고려 시대의 구분전(口分田)과 유사한 것으로 관료들의 사회적 신분을 제도적으로 보장하기 위해 마련된 제도이다.

🪙 양반과 평민의 경제 활동

Referencedata
● 호패법

양반들은 경작자로부터 받는 전조 외에, 법제적으로 세습이 가능한 공신전을 국가로부터 받았다. 특히 국초에는 개국공신을 비롯하여 정변이 있을 때마다 공신 책봉이 있었다. 직무에 따른 과전뿐만 아니라 사적인 토지도 소유하고 있었다. 양반들은 자신들의 사유지를 노비를 이용해서 경작하거나 빈농 또는 무전 농민에게 대여하여 수확을 반분하는 병작반수제 경영을 했는데 이것이 농장이다. 15세기 말에 이르면 직전법에 의해, 수조권에 의한 토지 · 농민 지배는 현저히 줄어들었다. 그렇지만 사적 소유지(농장)는 확대되었다.

조선 사회의 양인은 농민이 절대 다수를 차지하고 있었는데, 시비법의 발달과 이앙법 정착, 수리시설 확충 등 농업 기술의 발달에 따른 생산력 증대로 이전보다 지위가 향상되었다. 정부는 개간을 장려하고, 『농사직설』과 『금양잡록』 등 농서를 간행 · 보급했다. 농민 중에서

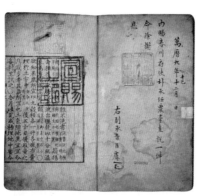

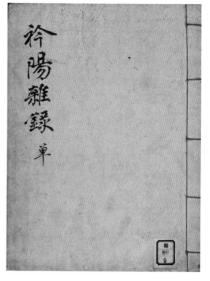

「농사직설」(위) ▲
「금양잡록」(아래, 옆) ▶

도 상층은 중소 지주로서 자기 소유 토지를 타인에게 대여하여 병작반수로 운영했다. 그러나 대다수의 농민은 소규모 자영농이거나 전호였다. 전호는 영세한 토지 소유자이거나 무전 농민으로서 타인의 토지를 경작했다. 양인 농민들은 국가에 대해 전조, 공물, 부역의 의무를 졌다. 호패법(號牌法)의 실시는 호구 파악, 유민 방지 등을 통해 조세 수취와 역(役)의 조달을 용이하게 했다.

최하층 신분인 천인의 대다수는 노비였다. 공노비와 사노비로 구분되는데, 공노비는 다시 일정 기간 관아의 역무에 종사하는 선상노비(選上奴婢)와 정해진 신공을 납부하는 납공노비(納貢奴婢)로 나뉘었다. 사노비는 공노비보다 열악했는데 상전의 집에 기거하면서 사역되는 솔거노비(率去奴婢)와, 따로 살면서 신공만 납부하는 외거노비(外居奴婢)가 있었다. 솔거노비의 생활이 가장 열악했다. 반면, 외거노비는 주인의 토지뿐 아니라 다른 사람의 토지도 소작할 수 있었으며, 자신의 토지도 소유할 수 있었다. 외거노비는 신분적으로는 주인에게 예속되어 있었으나 경제적으로는 전호와 비슷한 독립적인 경제생활을 영위했던 것이다. 그러나 언제든 솔거노비로 전환될 수 있었다.

노비는 매매·상속·증여의 대상이었고, 신분은 세습되었다. 노비종모법(奴婢從母法)이 있었지만 양친 중 어느 한쪽이 노비면 그 소생도 노비가 되었다. 그 외의 천인으로는 도살업을 하는 백정, 광대, 무당, 창기 등이 있었다. 신양역천(身良役賤)의 경우는 국역으로 징발되는 조례(皂隸), 나장(羅將), 일수(日守), 조군(漕軍), 수군, 봉골, 역졸 등 7반천역(七班賤役)이 있었다. 하지만 조선의 천민은 고려에 비해 법제상으로나 경제적으로 지위가 향상되었는데, 이는 고려 말 이래 노비·천민 항쟁의 성과였다.

| 양반과 평민의 경제 활동

호패법(號牌法) : 16세 이상의 남자가 차고 다녔으며, 신분을 증명했다. 원(元)나라에서 시작되었으며, 우리나라는 1354년(공민왕 3)에 이 제도를 모방하여, 수·육군정(水陸軍丁)에 한하여 실시한 적이 있다. 조선 시대에서는 전국으로 확대되어 호적법의 보조적인 역할을 했다. 호구(戶口)를 명백히 하여 민정(民丁)의 수를 파악하는 한편 양인(良人)을 늘리고 국역(國役) 기반을 확대했다. 그 중에서도 군역(軍役)과 요역(徭役)의 기준을 밝혀 백성의 유동과 호적 편성상의 누락·허위를 방지하는 데 있었다. 1413년(태종 13)에 처음으로 시행했는데 숙

호패

종 초까지 5차례나 중단되었다. 호패 사용이 여러 번 중단된 것은 백성이 호패를 받기만 하면 곧 호적과 군적(軍籍)에 등재되고, 동시에 군정(軍丁)으로 뽑히거나 국역(國役)을 저야만 했기에 되도록 이를 기피한 까닭에 실질적 효과가 없었던 것이다. 백성은 국역을 피하기 위해 양반의 노비로 들어가는 경향이 늘고, 호패의 위조·교환 등 불법이 증가하여 국가적 혼란이 격심했다. 숙종 때에는 호패 대신 종이로 지패(紙牌)를 만들어 간직하기 쉽고 위조를 방지하기도 했다. 동서반 2품 이상은 아패(牙牌), 3품 이하와 잡과에 합격한 자는 각패(角牌), 생원과 진사는 황양목패(黃楊木牌), 유품잡직(流品雜織)의 사(士)와 서인(庶人)·서리(書吏)·향리(鄕吏)는 소방목패(小方木牌), 공사천(公私賤)과 가리(假吏)는 대방목패(大方木牌)였다.

🪶 상업과 수공업의 발달

R e f e r e n c e **data**
● 경공장
● 외공장
● 저화

조선 시대 수공업 중 가장 비중이 큰 것은 관영 수공업이었다. 공장은 원칙적으로 공장안(工匠案)에 등록된 관장(官匠)이었다. 중앙과 지방의 각 관청에는 공장의 정원이 정해져 있었고, 이들은 2~3교대의 공역일(公役日)에 소속 관청에서 필요로 하는 제품을 제작, 공급했다. 관장은 주로 공노비였다. 이들은 자신의 책임량을 초과한 생산품에 대해서는 공장세를 납부한 뒤 판매할 수 있었고, 관역에 동원되는 기간이 아니면 사적 경영을 위해 생산했다. 군역제에 근거를 둔 공장제가 1년에 무명 2~3필을 받고 입역을 면제해 주는 장인가포제(匠人價布制)가 일반화되고 대동법이 실시됨에 따라, 관영 수공업이 몰락하고 사영 수공업이 발달

하게 되었다. 사영 수공업의 가장 큰 비중을 차지했던 것은 사원의 제지, 제면, 양조가 있었다. 견직, 마직, 저직, 면직 같은 것은 자급자족적인 가내 수공업 형태로 이루어졌다.

상업도 수공업처럼 국가가 장악했으며, 어용적인 성격이 강했다. 시전(市廛)은 서울 종로를 중심으로 행랑(行廊-점포)을 지어 상인들에게 대여한 뒤 점포세와 상세를 거두었다. 시전은 후에 선전(縇廛), 면포전(綿布廛), 면주전(綿紬廛), 지전(紙廛), 저포전(苧布廛), 어물전 등 6의전(六矣廛)이 중심이었다. 국가는 경시서(京市署)를 두어 시전을 감독하는 한편 도량형의 검사나 물가의 조절 등을 관할하면서 상업을 통제했다. 지방과 서울 근교에서는 사상(私商)에 의한 장시(場市)가 발달했다. 장시는 15세기 후반부터 농업 생산력 증대와 지주제 확대로 점점 발달했다. 장시는 5일장으로 정착했는데 주로 보부상(褓負商-봇짐장수)에 의해 유통되었다. 보부상은 6의전과 함께 길드적인 동업 조합이었다. 교역의 매개는 포(布)와 미(米)였고, 화폐 유통은 성과가 없었다. 1401년(태종 원년)의 저화(楮貨), 1423년(세종 5)의 조선통보(朝鮮通寶), 1464년(세조 10)의 전폐(箭幣)가 있었지만 널리 유통되지는 못했다.

◀ 조선통보

R e f e r e n c e **d a t a**

| 상업과 수공업의 발달

경공장(京工匠) : 조선 시대 공조(工曹) · 상의원(尙衣院) · 군기시(軍器寺) 등 30개의 중앙 관청에 소속되어 무기류 및 왕실과 중앙 관청에서 필요로 하는 물품을 제작하던 수공업자다. 관청 수공업은 고대 사회에서부터 성립하여 신라 · 고려 시대를 통해 발전했다. 조선 시대의 공장(工匠)은 경공장과 지방의 각 도부읍(道府邑)에 소속된 외공장(外工匠)으로 구성되었다. 『경국대전』에 따르면, 경공장은 중앙의 30개 관청에 129종의 장인(匠人) 약 2,800명이 소속되었다. 이 가운데 인장(印匠) · 웅피장(熊皮匠)과 같이 2명에 불과한 경우도 있지만, 사기장(沙器匠)은 386명이었고, 야장(冶匠)은 192명이었다. 공장을 등록시킨 이유는 소속된 관청에서 노동력이 필요할 때 동원하기 위한 것이거나 공장세(工匠稅)를 받는 근거로 활용하기 위해서이다. 장적(匠籍)에 등록된 공장은 원칙적으로 독립적·개별적인 수공업자다. 1년에 2~3교대의 공역일(公役日)이 있으며, 해당 작업장에서 60세까지 종사했다. 관청 수공업제는 16세기에 들어서면서 무너지기 시작하였다. 농병 일치적 개병제(皆兵制)인 군역제(軍役制)가 무너지고 군포 대납제(軍布代納制)로 바뀐 것이 이유다.

외공장(外工匠) : 조선 시대 지방 관청에 딸린 공장(工匠)이다. 각 관청에 등록되어서 필요에 따라 무상(無償)으로 공역(公役)에 동원됐고, 그렇지 않을 때는 공장세(工匠稅)를 납부한 뒤 수공업에 종사할 수 있었다. 8도(道)에 27종류, 3,740명이 있었다.

저화(楮貨) : 고려 시대는 1391년(공양왕 3) 종래의 철전(鐵錢)·은전(銀錢) 등의 주화가 원료 부족으로 유통 감소를 초래하자 자섬저화고(資贍楮貨庫)를 설치, 남송(南宋)의 회자(會子), 명나라의 보초(寶鈔)를 참고하여 저화를 인조(印造)하여 유통시키고자 했다. 그러나 이듬해 고려가 멸망함에 따라 저화는 회수되고 인판(印板)도 소각되었다. 1401년에 태종은 사섬서(司贍署)를 설치하여 1402년부터 저화를 발행했다.

🌐 수취 제도의 개편

Reference data
● 균역법

16세기 이후 해이해진 수취 체제는 양 난을 거치면서 붕괴되었다. 두 차례의 전란은 토지·인정·호구 등 조세의 근간을 파괴하여, 17세기 이후에는 새로운 토지 및 조세 제도의 개편이 이루어졌다. 토지 결수가 격감하자 서둘러 양전 사업을 실시했으며, 누구에게나 농지 개간을 허용했다. 개간자에겐 소유권과 함께 3년간의 면세 혜택을 주었다. 위로는 왕실에서 말단의 노비에 이르기까지 사회의 전 계층이 참여했다. 재력과 노동력이 동원되는 개간에는 지배층이 중심이 되었으며, 혜택도 이들에게 돌아갔다. 토지 결수가 늘어났음에도 국가 수입이 늘어나지 않은 것은 바로 면세지와 은결이 증가했기 때문이다. 세종 대에 만들어진 전분6등법과 연분9등법의 적용도 유명무실해져, 1635년(인조 13)부터는 풍흉에 관계없이 하하년(下下年)을 기준으로 1결당 미(米) 4두로 고정시켰다(永定法). 징수 기준이 하향 조정되었기에 당연히 재정 수입은 늘지 않았다. 이런 상황에도 불구하고 농민은 전세 외에 여러 부가세가 가징되어 오히려 조세 부담이 증가했다. 훈련도감 경비인 삼수미(三手米)도 1602(선조 35) 이후 전세로 변화, 고착화되었다. 전세는 원래 전주가 부담하는 것이지만, 지주들이 소작농에게 전가해 농민의 부담은 가중되었다.

방납의 폐해를 조정하여 농민의 유망을 방지하려는 노력은 왜란 전부터 있었다. 마침내 대안으로 1608년(광해군 즉위년)에 대동법을 시행하게 되었다. 공물을 현물 대신 미곡으로 통일하여 징수하였고, 과세의 기준도 종전의 가호에서 토지의 결수로 바뀌었다. 이는 15세기 후반 이후 유통 경제의 성장이 배경이었다. 농민들은 1결당 미 12두만 납부하면 되었고, 무전 농민이나 영세 농민은 이러한 부담에서 해방되었다. 미를 납부하기 어려운 지역에는 포(布), 목(木-솜), 전(錢)으로 대신하게 했다. 이를 관리하는 기관으로 선혜청이 신설되어, 징수한 대동미를 지정된 공인들에게 지급하고 필요한 물품을 납품받았다. 대동법에 의한 조세의 금납화는 상품 · 화폐 경제의 발달을 촉진시켰고, 유통 경제를 활발하게 했다. 또한 상업 자본의 발달과 함께 수공업도 활기를 띠었다.

병농 일치의 군역제는 16세기에 들어와 방군수포제로 전환하면서 무너졌다. 특히, 1541년(중종 36) 군적수포제(軍籍收布制)를 정식화하면서 군역은 군포제로 운영되었다. 양 난 후 5군영의 설립에 따라 모병으로 충당되자, 양인 장정 대부분이 1년에 군포 2필을 내는 납포군(納布軍)으로 바뀌었다. 이때 군포 징수가 일원적이지 못하여 양정은 이중 삼중 부담을 지게 되었고, 액수 또한 일률적이지 않았다. 정부는 재정 압박의 타개책으로 군포를 늘렸고, 수령과 아전들의 농간과 횡포는 극심했다. 족징(族徵), 인징(隣徵), 백골징포(白骨徵布), 황구첨정(黃口簽丁) 등 폐해가 다양했다. 부농과 중농들이 납속(納粟), 모칭(冒稱), 환부이조(換父易祖) 등의 방법으로 양반 신분을 취득하여 잔여 농민들의 부담은 가중되었다. 이들의 유망이 급증하자 양역제의 개선과 개혁을 주장하는 양역변통론(良役變通論)이 제기되었다. 그 중 하나가 양반층에게도 군포를 내게 하자는 호포론(戶布論)이었다. 그러나 양반불역론(兩班不役論)에 부딪혀 실현되지 못했다. 결국 1750년(영조 26)에 균역법(均役法)으로 낙착되었다. 1년에 군포 1필로 감해 주었고, 감해진 부분은 결작(結作), 어염선세(魚鹽船稅), 은결(隱結), 선무군관포(選武軍官布) 등으로 보충했다. 그러나 양정 수를 터무니없이 높게 책정함으로써 농민의 부담은 다시 가중되었다.

R e f e r e n c e   d a t a

| 수취 제도의 개편

균역법(均役法) : 중종 때부터 정군이 번상 대신 포(布)를 바치던 군포제(軍布制)가 이루어지더니, 임진왜란 후 모병제가 실시되면서 아예 군역 대신 군포 2필을 바치게 했다. 조선 후기에는 돈 있고 세력 있는 양인은 관리와 결탁하여 군역을 면제받고, 무력하고 가난한 양인에게 군역이 가중되었다. 이에 군역의 개선을 시도했는데 숙종 때에는 군포 징수를 인정(人丁) 단위가 아닌 가호(家戶) 단위로 하여 양반에게도 징수하자는 호포론(戶布論), 군포 대신 토지에 부가세를 부과하여 충당하자는 결포론(結布論), 유한양정(有閑良丁)을 적발하고 양반 자제 및 유생(儒生)에게도 징포하자는 유포론(游布論:儒布論), 군포를 폐지하고 매인당 전화(錢貨)로 징수하자는 구전론(口錢論)과 군문(軍門)의 축소로 군사비를 감축하자는 등 논의가 분분했다. 가호당의 호포제와 가호 단위의 호전제(戶錢制)가 유력하였지만, 양반층의 강경한 반대로 실현을 보지 못하고, 1750년(영조 26)에 2필의 군포를 1필로 감하기로 했다. 영조는 균역청을 설치, 감포(減布)에 따른 부족 재원(不足財源)을 보충하는 대책을 마련케 하고, 1751년에는 어전세(漁箭稅)·염세(鹽稅)·선세(船稅) 등을 균역청에서 관장하여 보충한다는 등의 균역법이 제정되어 공포되었다. 그러나 군포의 근본적인 성격에는 변동이 없어 군역 대상자의 도망은 여전했다. 도망자·사망자의 군포가 면제되지 않아, 이를 다른 양인이 이중 삼중으로 부담함으로써 양인들은 계속되는 무거운 군역에 불만을 품고, 철종(哲宗) 때는 농민 반란으로 발전하게 되었다.

해인사 장경판전 (국보 제52호, 1995년 12월 유네스코 세계문화유산 등재)

해인사 장경판전은 13세기에 만들어진 세계적 문화유산인 고려 대장경판 8만여 장을 보존하는 보고로, 해인사의 현존 건물 중 가장 오래된 건물이다. 장경판전은 정면 15칸이나 되는 큰 규모의 두 건물을 남북으로 나란히 배치했다. 장경판전 남쪽의 건물을 수다라장, 북쪽의 건물을 법보전이라 하며, 동쪽과 서쪽에 작은 규모의 동·서 사간판전이 있다.

장경판전의 정확한 창건 연대는 알려져 있지 않으나 조선 세조 3년(1457)에 어명으로 판전 40여 칸을 중창하였고, 성종 19년(1488)에 학조대사가 왕실의 후원으로 30칸의 대장경 경각을 중건한 뒤 보안당이라 했다는 기록이 있다. 광해군 14년(1622)에 수다라장, 인조 2년(1624)에는 법보전을 중수하였다. 장경판전은 가야산 중턱의 해인사에 위치한 관계로 1488년 조선 초기에 건립된 후 한 번도 화재나 전란 등의 피해를 입지 않았으며, 보존 가치가 탁월한 팔만대장경이 고스란히 간직되어 있다. 장경판전은 세계 유일의 대장경판 보관용 건물이며, 해인사의 건축 기법은 조선 초기의 전통적인 목조 건축 양식을 보이고 있다.

소장 문화재로는 대장경판 81,352판(국보 제32호), 고려각판 2,835판(2,725판 - 국보 제206호, 110판 - 보물 제734호)이 있다.

세계 유산적 가치 해인사 팔만대장경은 오랜 역사와 내용의 완벽함, 고도의 정교한 인쇄술을 가지고 있다. 이 대장경의 온전한 보관을 위해 15세기경에 건축된 장경판전은 자연 환경을 최대한 이용한 보존과학 소산물로 높이 평가되고 있다.

03 조선 전기의 사회

🌏 양반 관료 사회의 성립

Reference data
● 서얼

양반은 고려 때의 관제에서 문반과 무반을 구분하던 것이었다. 고려 말에 와서는 과거를 통해 관직에 진출하여 조선 왕조의 집권층이 된 사대부들을 말한다. 이들은 자신들의 출신 기반인 향리 집단의 관인화를 봉쇄했다. 이미 국가로부터 관직과 품계를 받은 문무 품관 집단은 양반으로 공인하여 『세종실록지리지』에 토성으로 기록했다. 또한 중인과 서얼은 배제했는데, 이는 자신들의 기득권을 지키기 위해 양반의 증가를 막기 위한 조치였다. 양반은 중소 지주층으로서 향촌 사회의 지배 계급이었으며, 경제적으로는 지주이고 정치적으로는 관료이거나 관료 예비군이었다. 양반의 토지는 대개 지주·전호의 관계에 의해 경작되었으며, 이를 강화하기 위해 국가 권력이 이용되었다. 양반도 전세와 군역의 의무가 있었으나, 합법 또는 불법적으로 면제받았다. 양반은 교육과 과거에서도 특권을 보장받았으며, 같은 양반 내에서도 가문을 따졌다. 지방의 품관들은 향리를 규찰하고, 향풍을 바로잡기 위해 유향소라는 자치 기구를 조직했다. 이들은 향리 출신이면서도 아직 향리에 머물고 있는 부류와 철저히 구분했다.

「세종실록」　　▼

| 양반 관료 사회의 성립

서얼(庶孽) : '서'는 양반의 첩 중에서 양인(良人) 첩의 자손, '얼'은 천인(賤人) 첩의 자손이다. 고려 시대에는 서얼에 대한 차별이 두드러지지 않았으나, 고려 말에서 조선 초기에 들어와 주자학의 귀천 의식과 계급 사상이 지배 계급의 생각으로 자리 잡자 서얼의 등용에 제한을 두기 시작했다. 서얼은 가정에서도 천하게 여겨 재산 상속권이 없었고, 관직에 등용되기도 어려웠다. 『경국대전』에 따르면, 서얼은 문과나 생원, 진사시에 응시하지 못하도록 하여 양반 관료의 등용 시험인 과거에 응시할 자격을 박탈했다. 간혹 제한된 범위에서 등용되기도 하였으나, 그것 역시 아버지 관직의 높낮이나 어머니의 신분에 따라 한계가 있었다. 이를 한품서용(限品敍用)이라고 한다. 문무 2품 이상 관리의 양인 첩 자손은 정3품, 천인 첩 자손은 정5품까지, 6품 이상 관리의 양인 첩 자손은 정4품, 천인 첩 자손은 정6품까지, 7품 이하 관직이 없는 사람의 양인 첩 자손은 정5품, 천인 첩 자손은 정7품까지만 관직에 오를 수 있었다.

🎯 신분 제도 및 사회 정책

조선 시대의 신분은 양반, 중인, 상민, 천민으로 나뉘었고, 엄격한 신분제 사회였으나 신분 이동이 가능하였다. 법적으로 양인이면 누구나 과거에 응시하여 관직에 진출할 수 있었고, 양반도 죄를 지으면 노비가 되거나 경제적으로 몰락하여 중인이나 상민이 되기도 했다. 정치·경제·사회·문화 등 사회의 전 부문에 걸쳐 양반의 이익을 위한 체제로 짜여졌다. 태종 이후 서얼금고법(庶孽禁錮法-서얼차대법)이라 하여 양반의 자손 중에서 첩의 소생은 관직에 나갈 수가 없었다. 서얼을 비롯한 기술관, 중앙과 지방의 서리, 군교, 토관 등 중인은 지배 계급인 양반 계층과 피지배 계층인 양인 사이에 위치했다. 이들이 맡은 직업은 전문 지식을 필요로 하는 것이어서 세습이 됨에 따라 폐쇄적인 신분층으로 굳어졌다. 17세기 이후 청나라와의 무역이 활발해지자 통역을 맡았던 일부는 밀무역과 중개 무역으로 유력한 상업 자본가가 되었다. 국제 정세나 근대 문명에 민감하여 개화 사상의 발생과 부르주아 개혁에 선구적인 역할을 하기도 했다. 중인 외에 신량역천이라 하여 양인 신분이면서도 천역에 종사하던 계층이 있었는데, 염간·해척·사기간·철간·

조졸 · 봉수군 · 역졸 · 나장 등이었다. 천민으로는 노비가 있었다.

사회 제도로는 의창(義倉), 상평창(常平倉) 등을 설치하고, 환곡제를 실시하여 빈민을 구제했다. 향촌 사회에서는 자치적으로 시행되던 빈민 구제책인 사창제도가 있었다. 사창제도는 양반 지주들이 의창의 곡식을 배당받아 정부의 감독하에 운영했다. 의료 시설인 혜민국과 동 · 서대비원은 수도권에 거주하는 서민 환자의 구제와 약재를 판매했다. 서민의 구호와 진료를 담당하던 기관으로는 제생원이 있었는데 유랑자의 치료와 미아 보호를 담당했다.

🌀 법률 제도 정비

종(宗)은 씨족을 포괄하는 친족 집단이다. 삼국 시대 초에 전래된 중국 종법(『예기』 「대전」)은 공양왕 때 사대부들에게 주자가례에 의한 집안 제사를 장려하면서 일반화되었다. 대종 · 소종이 있지만 세분하여 5종이라 한다. 고조부까지의 위패는 고조종의 종가에 모셔 놓고 기제사를 지내며, 그 이상은 묘소에 위패를 묻고 1년에 한 번 시제를 지낸다. 고조종까지의 범위를 소종이라 하는데 이를 '당내(堂內)' 또는 '집안'이라 한다. 이는 친족 명칭의 범위와도 일치한다. 교통과 통신이 발달하지 않았던 전통 사회에서는 여러 곳에 흩어져 있던 묘소 관리와 시제가 용이하지 않아 '파'와 '문중'이 나눠졌다. 형제 중 한 사람이 파의 시조가 되면 다른 형제들도 한 파의 시조가 된다. 문중이 조직되려면 제사를 위한 위토, 선산, 묘소, 각종 석물, 재실 등 재산이 있어야 했다. 종법은 가정에서의 가부장적 가족 제도로 정착되었다. 가장을 정점으로 존비, 장유유서, 남녀유별의 상하 위계질서가 확립된 것이다.

전근대 사회에서는 죄질에 따라 벌을 가하는 태(笞), 장(杖), 도(徒), 유(流), 사(死)의 5형(五刑)이 있었다. 5형은 『서경』 「순전」의 유유5형에서 비롯된 것인데, 우리나라에서는 중국 율령을 도입한 삼국 시대부터 실시했다. 조선은 모든 범죄의 판단을 중국의 『대명률』에 맞춘다는 원칙을 세웠다. 유교 국가였던 조선 사회는 왕권에 도전하는 반역죄(反逆罪)와 삼강오륜을 어긴 강상죄(綱常罪)를 가장 엄하게 다스렸고, 연좌제(緣坐制)를 시행했다. 사법 기관으로는 중앙에 삼법사(사헌부·형조·한성부)와 의금부, 장례원이 있었다. 지방은 재판권을 가지고 있는 지방관이 관습법에 따라 처리했다. 재판에 불만이 있을 경우에는 상부 관청에 소송이 가능했다.

🌏 유교 윤리 보급 및 향촌 사회의 발달

향은 행정 구역상 군·현 단위이며, 촌은 촌락이나 마을을 의미한다. 향촌 사회는 양반(士族)들이 사회·경제적으로 지배했다. 양반들은 신분제 사회 질서를 유지하기 위해 상하 관계를 중시하는 명분론을 강조했다. 이에 성리학적 도덕 윤리를 강조하는 예학과 가족 및 친족 공동체의 유대를 위한 보학을 발달시켰다. 16세기에 시행된 유향소, 경재소, 향약, 사창제 등은 어느 정도의 자율성 기반 위에서 재지사족(在地士族)들의 지위 향상에 기여했다.

그러나 양반 지주 중심의 조선 전기 사회는 16세기 이후 농업 생산력의 발전과 사회적 분업의 진전, 이와 병행된 신분 체제의 혼효 등 여건이 변함에 따라 18세기 후반 향촌 사회의 구조에 전환기를 맞게 되었다. 향촌 사회의 질서가 재지사족층과 유리될 기미를 보이자 이들은 점차 혈연적인 족계나 촌락을 매개로 하는 동계·동약 등을 발전시켰다.

토지의 사유화가 진전되고 소작 경영 방식이 보급되면서 소작 조건을 개선하기 위한 '항조 운동'이 일어났다. 주로 궁방전, 둔전, 대규모 내장전에서 벌어졌으나, 규모가 큰 민전 지주지에서도 나타났다. 이러

Referencedata
● 족보

한 운동은 점차 소작 조건을 개선시켜 나갔다. 지대를 1/3로 낮추거나 수취 방법을 도조제로 바꾸는 등 성과가 있었다. 이는 봉건지주제의 붕괴 과정이었다.

R e f e r e n c e d a t a

| 유교 윤리 보급 및 향촌 사회의 발달

족보(族譜) : 부계(父系)를 중심으로 혈연 관계(血緣關係)를 도표 형태로 표시한 계보(系譜)이다. 일명 보첩(譜牒)·세보(世譜)·세계(世系)·가승(家乘)·가첩(家牒)·가보(家譜)·성보(姓譜)라고도 한다. 조상을 존경하고 종족의 단결을 도모하며, 후손으로 하여금 촌수의 멀고 가까움에 관계치 않고 화목의 풍토를 조성하는 데 목적을 두었다. 족보는 존비(尊卑)·항렬(行列)·적서(嫡庶)의 구별을 명백히 했다. 문헌적으로 최초의 것은 1476년(성종 7) 간행된 안동 권씨(安東權氏)의 족보인 『성화보(成化譜)』이다. 『고려사(高麗史)』에도 양반 귀족은 그 씨족 계보(氏族系譜)를 기록하는 것을 중요시했다. 일반적인 족보는 종보(宗譜)에 해당하며, 분파된 일단(一團)의 세계(世系)에 대해서는 지보(支譜) 또는 파보(派譜)라 부른다. 족보는 대개 다음과 같은 순서로 기록한다. 권두에 족보 일반의 의의와 일족의 근원과 내력 등을 기록한 서문(序文)이 있다. 일족 가운데 학식이 뛰어난 사람이 기록하는 것이 상례이다. 다음에는 시조나 중시조의 사전(史傳)을 기록한 문장이 들어가고, 다음에는 시조의 분묘도(墳墓圖)와 시조 발상지에 해당하는 향리지도 등을 나타낸 도표가 들어간다. 그 밑에 범례가 있다. 끝으로 족보의 중심이 되는 계보표가 기재된다. 시조에서 시작하여 세대 순으로 종계(縱系)를 이루며, 같은 항렬은 횡으로 배열하여 동일 세대임을 표시한다. 사람마다 이름·호(號)·시호(諡號)·생몰 연월일·관직·봉호(封號)·훈업(勳業)·덕행(德行)·충효(忠孝)·문장·저술(著述) 등을 기록한다. 또, 자녀에 대해서는 입양 관계, 적서 구별 및 남녀 구별 등을 명백히 했다.

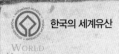
종묘 (사적 제125호, 1995년 12월 유네스코 세계문화유산 등재)

종묘는 조선 왕조 역대 왕과 왕비 및 추존된 왕과 왕비의 신주를 모신 유교 사당이다. 종묘는 태조 3년(1394) 10월 조선 왕조가 한양으로 도읍을 옮긴 그해 12월에 착공하여 이듬해 9월에 완공하였으며, 태조의 4대 선조인 목조, 익조, 도조, 환조의 신주를 모셨다.

조선 시대에는 정전에서 매년 춘하추동과 섣달에 대향을 지냈고, 영녕전에는 매년 춘추와 섣달에 제향일을 따로 정하여 제례를 지냈으나, 현재는 전주 이씨 대동종약원에서 매년 5월 첫째 일요일을 정하여 종묘제례라는 제향 의식을 거행하고 있으며, 제사를 드릴 때 연주하는 기악과 노래와 무용을 포함하는 종묘제례악이 거행되고 있다.

종묘의 주전인 정전은 건평이 1,270m²로, 동시대의 단일 목조 건축물로는 세계에서도 그 규모가 가장 큰 건축물로 추정되며, 궁전이나 불사의 건축이 화려하고 장식적인 데 반하여 유교의 검소한 기품에 따라 건립된 특수목적용 건축물이다. 종묘는 한국의 일반 건축물과 같이 개별적으로 비대칭 구조를 하고 있지만, 전체적으로는 대칭을 이루고 있으며, 의례 공간의 위계질서를 반영하여 정전과 영녕전의 기단과 처마, 지붕의 높이, 기둥의 굵기를 달리하였다.

소장 문화재로 정전(국보 제227호), 영녕전(보물 제821호), 종묘제례악(중요 무형 문화재 제1호, 2000년 5월 유네스코 세계무형유산 등록), 종묘제례(중요 무형 문화재 제56호, 2001년 5월 유네스코 세계무형유산 등록)가 있다.

세계 유산적 가치 종묘는 제왕을 기리는 유교 사당의 표본으로 16세기 이래로 원형이 보존되고 있으며, 독특한 건축 양식을 지닌 의례 공간이다. 종묘에서는 의례와 음악과 무용이 조화된 전통 의식과 행사가 이어지고 있다.

04 조선 전기의 문화 ▶┃▊▬▬▬ ▬▬▬

🐌 한글 창제와 각종 편찬 사업

Reference data
● 조선왕조실록
● 동국통감
● 국조오례의
● 한국의 세계기록유산

「훈민정음」 언해본 ▼

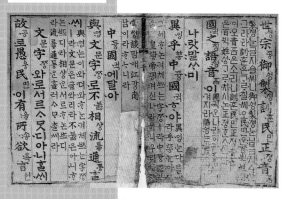

1443년(세종 25)에 세종과 집현전 학자들은 사람의 발음 기관을 본떠 자모 28자의 훈민정음(訓民正音)을 창제했다. 세계에서 가장 과학적이고 합리적인 표음문자(表音文字)로 평가받는 훈민정음은 백성들이 쉽게 배우고 익혀서 널리 사용하게 할 목적으로 만들었다. 우선『석보상절(釋譜詳節)』과『용비어천가(龍飛御天歌)』등을 훈민정음으로 지어 실제 사용의 모범을 보인 다음, 1446년(세종 28)에 반포했다. 훈민정음은 후대에 와서 주시경에 의해 '한글'로 불리게 되었다. 그러나 한글 보급 후에도 양반·식자 등의 문자는 여전히 한자였으며, 편찬한 서적의 대부분도 한자로 되어 있었다.

　조선 시대에는 태조부터 철종까지 25임금의 실록인『조선왕조실록』을 편찬했다. 이는 조선 시대의 역사를 연구하는 데 매우 귀중한 자료여서 유네스코에서도 세계기록유산으로 등록하였다. 실록(實錄)은 사관이 기록한 사초(史草)와 각 관청에서 작성한 시정기(일지) 등을 자료로 하여 왕 사후에 춘추관을 중심으로 실록청을 설치하여 편찬했다. 실록이 방대하여 그 가운데서 국왕의 선정, 치적에 관한 내용만을 따로 간추린『국조보감(國朝寶鑑)』도 편찬했다.

또한 조선 건국 후부터는 고려 시대의 역사를 정리하여 편찬했다. 태조 때 정도전은 정총과 함께 『고려국사』를 편찬해 조선 건국의 정당성을 밝히려 했다. 그러나 세종은 『고려국사』가 정몽주와 같은 인물을 의도적으로 깎아내렸다 하여 없느니만 못한 책이라며 폄하했다. 1451년(문종 원년)에 정인지와 정창손 등에 의해 기전체 『고려사』가 완성되었다. 이어서 편년체의 『고려사절요』가 김종서 등에 의해 간행되었다. 우리나라 전체의 역사를 다룬 통사도 편찬되었다. 권근 등은 단군 조선부터 삼국 시대까지의 역사를 정리한 『동국사략』을 간행했다. 1476년(성종 7)에는 신숙주 등이 『삼국사절요』를 완성했다. 1484년(성종 15)에는 서거정이 『동국통감(東國通鑑)』을 편찬했다. 이는 단군 조선부터 고려 말까지의 우리 역사를 정리한 편년체 통사로서의 의미가 크다.

지리지의 편찬도 활발하였는데 단종 때의 『세종실록지리지』, 양성지의 『팔도지리지』, 성종 때 서거정·노사신·양성지 등의 『동국여지승람(東國輿地勝覽)』의 편찬으로 이어졌다. 『동국여지승람』은 조선 전기에 편찬

▼ 조선방역지도

혼일강리역대국도지도 ▼

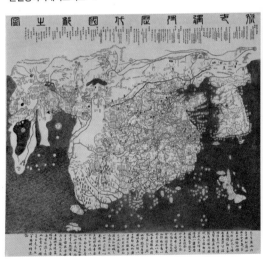

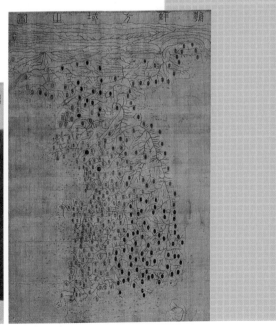

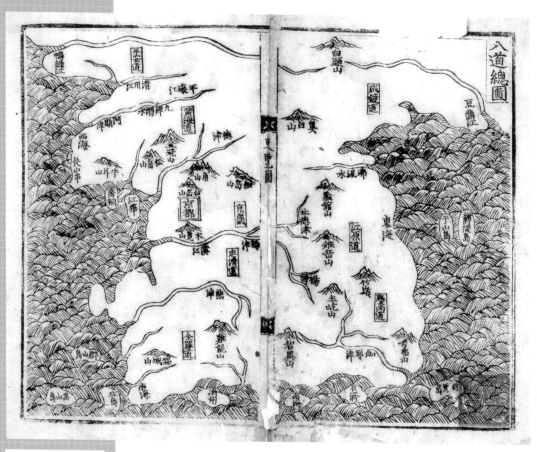

『동국여지승람』　▲

된 대표적인 지리서이다. 성종은 이를 반포하지 않고 있다가 김종직 등
의 사림 관료들에게 다시 개찬하게 하였으니 『신증동국여지승람』이다.
전자가 국방과 경제에 치중했다면, 후자는 행정적 편람에 적합하도록
한 것이었다. 지리지와 함께 지도도 제작되었는데, 세계 지도인 「혼일
강리역대국도지도(混一疆理歷代國都之圖)」와 조선 지도인 이회의 「팔도도(八道
圖)」 등이 있었다. 지리지와 지도 외에 1431년(세종 13)에는 설순 등이 왕
명으로 윤리서인 『삼강행실도』를 간행했다. 1474년(성종 5)에는 신숙주,
정척 등이 국가와 왕실의 행사에 대한 의식 절차를 규범화한 『국조오례
의』를 편찬했다.

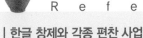

| 한글 창제와 각종 편찬 사업

조선왕조실록(朝鮮王朝實錄) : 조선 태조에서 철종까지 472년간의 역사적 사실을 각 왕별로 기록한 편년체 사서(編年體史書)이다. 1413년(태종 13)에 『태조실록』이 처음 편찬되고, 25대 『철종실록』은 1865년(고종 2)에 완성되었다. 실록청의 총재관(摠裁官)은 재상이 맡았으며, 대제학 등 문필이 뛰어난 인물이 도청(都廳) 및 각방 당상(各房堂上)으로 임명되었다. 시정기(時政記)와 사관(史官)이 개인적으로 작성한 사초(史草), 각사 등록(謄錄), 『승정원일기(承政院日記)』가 실록 편찬의 기본 자료였고, 문집·일기·야사류 등도 이용되었으며, 후기에는 『비변사등록(備邊司謄錄)』과 『일성록』도 사용되었다. 실록 편찬 과정은 초초(初草)·중초(中草)·정초(正草)의 3단계로 나누어졌다. 초초는 각방의 당상과 낭청(郎廳)이 자료를 분류하고, 중요 자료를 뽑아 작성한 초안이다. 중초는 도청에서 그 내용을 수정·보완한 것이고, 정초는 총재관과 도청 당상이 중초를 교열하고 최종적으로 수정·첨삭을 하여 완성한 것이다. 정초본을 인쇄하여 사고(史庫)에 봉안하고 편찬에 이용된 시정기·사초 및 초·중·정초는 모두 세초(洗草:없애는 것)하였는데, 이는 필화를 막자는 것이었다. 실록은 선왕 및 신하들의 행적과 정책의 득실을 기록한 것이었으므로, 국가의 제례나 사신 접대 등 주요 행사가 있을 때 전례(前例)를 참고하기 위해 사관이 내용 일부를 확인하는 경우를 제외하고는 누구의 열람도 허용되지 않았다. 춘추관·묘향산·태백산·오대산·강화도 마니산에 새로 사고를 설치하여 보관했다.

동국통감(東國通鑑) : 1485년(성종 16)에 서거정(徐居正) 등이 신라 초부터 고려 말까지의 역사를 엮은 사서(史書)이다. 『동국통감』은 편년체 사서로, 단군 조선으로부터 삼한까지는 자료 부족으로 인해 책머리에 외기(外紀)로 다루었고, 삼국의 건국부터 신라 문무왕 9년(669)까지를 삼국기, 669년에서 고려 태조 18년(935)까지를 신라기, 935년부터 고려 말까지를 고려기로 구분하여 서술했다. 삼국 중 어느 한 나라를 정통으로 내세우지 않고 대등하게 서술했다. 연대 표기는 『동국사략』의 서술인 유년칭원법(踰年稱元法)과는 달리 삼국 당시의 제도대로 즉위년칭원법을 썼다. 범례는 『자치통감』에 따르고, 필삭(筆削)의 정신은 『자치통감강목』을 따랐다. 이 책에는 모두 382편의 사론이 실려 있다. 사론의 대부분은 중국에 대한 사대명분(事大名分)과 강상윤리(綱常倫理)를 중요시했다. 현실적으로 성종과 사림(士林)의 정치적 입장이 많이 반영되어 있다.

국조오례의(國朝五禮儀) : 세종 때 시작되어 1474년(성종 5)에 완성되었다. 조선 초기 길례(吉禮), 가례(嘉禮), 빈례(賓禮), 군례(軍禮), 흉례(凶禮) 등 오례(五禮)에 관한 의식 절차를 기록한 책이다. 성리학적 질서에 따른 예론의 규범화 필요성을 느끼게 되었고, 국가에서 행하는 각종 의식 절차가 정해진 규범이 없어 혼란을 겪게 되자, 세종은 하나의 통일된 규범을 제작할 것을 명하였다. 이 책의 편찬으로 비로소 조선 시대 의례와 관련된 기본 규칙이 정해졌다.

한국의 세계기록유산 : 훈민정음 1997.10 / 조선왕조실록 1997.10 / 직지심체요절 2001.09 / 승정원일기 2001.09 / 조선왕조 의궤 2007.06 / 해인사 대장경판 및 제경판 2007.06 / 동의보감 2009.07 / 일성록 2011.05 / 5.18 민주화 운동 기록물 2011.05 / 난중일기 2013.06 / 새마을 운동 기록물 2013.06 / 한국의 유교책판 2015.10 / KBS 특별생방송 이산가족을 찾습니다 기록물 2015.10

성리학과 예학의 발달

Referencedata
● 기일원론
● 이기이원론
● 주자가례

건국 초기 관학파 성리학자들은 민생 안정과 부국강병 등 시대적 요구에 따라 주체적으로 성리학을 수용했다. 대표적인 학자였던 정도전은 『주례』를 중시하여 왕도와 패도의 조화를 추구했다. 그는 전제 개혁에서도 농민 입장을 취하여 사대부의 입장을 견지했던 조준과 차이를 보였다. 정도전 사후 핵심 인물이었던 권근은 초기의 성리학을 체계화하여 '이기론(理氣論)', '사단칠정론(四端七情論)', '수양론' 등을 포괄하였다. 그 이후에는 그의 문하인 변계량, 허조 등이었다.

기일원론의 선구자인 서경덕은 우주의 본체인 태허를 기로 보았으며, 송·원 대의 성리학을 정리한 『성리대전』을 주로 연구하고 역학에도 관심이 많았다. 그의 학풍은 유·불·도 삼교의 회통이었고, 천문·지리·의약 등 잡학과도 결합했다. 박지화, 이지함, 허엽, 박순 등 문하생들이 경기 지방을 중심으로 서경덕 학파를 형성했다. 한편, 이언적은 주자의 이론인 '이기이원론'과 '이선기후설'에 충실했다. 그의 학문은 이황 등에게 영향을 주었다.

영남 지방에서 후진 양성과 학문에 힘쓴 조식은 경(敬)과 의(義)를 근본으로 하는 실천적 학풍을 창도하였다. 그는 불교와 도교에 대해서도 포용적이었으며, 시문·병법·의학·지리 등에 조예가 깊었다. 그의 문인인 정구, 정인홍, 최영경, 김효원 등이 경상 우도에서 조식학파를 형성했는데, 서경덕 학파 및 이황 학파와 더불어 동인을 형성했다. 임진왜란이 발발하자 정인홍, 곽재우, 김면 등이 의병 활동을 활발히 했고, 광해군 때의 북인 정권에서 핵심적 역할을 수행했다.

16세기 조선의 성리학을 크게 발전시킨 이황은 이언적의 주리론을 크게 발전시켰다. 그는 우주 만물의 보편적 원리인 형이상(形而上)이 이(理)이며, 모든 사물의 현상인 형이하(形而下)가 기(氣)인데, 기는 이의 발현이라 하였다. 그의 이론은 주자를 계승하면서도 조선의 현실을 반영하

여 나름대로 체계를 세운 것이었다. 유
성룡, 김성일 등 많은 문인을 양성했으
며, 안동을 중심으로 이황 학파를 형성
했다. 이황 학파는 이이 학파와 함께 조
선 성리학을 주자 중심으로 고착화시키
는 역할을 수행했다.

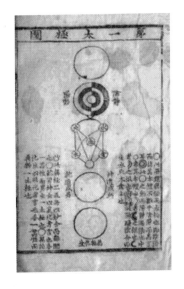

　이황과 함께 16세기 조선 성리학을 대
표하는 이이는 조광조의 문인인 성수침
의 가르침을 받았다. 이황에 비해 진보
적이었고, 기의 역할을 상대적으로 중
시했다. 만물의 보편성과 특수성, 근원
적이고 보편적인 이와 능동적이고 자율적인 기의 조화를 강조했다. 그
는 16세기 조선을 중쇠기로 파악했고, 수미법 실시 · 10만 양병설 · 방
군수포제 폐지 등 개혁론을 주장했다. 그가 저술한 『성학집요』는 제왕
학의 완결이었다. 이이 학파를 형성한 문인 중에는 김장생, 조헌, 정엽
등이 유명했다. 인조 반정을 주도한 김장생의 문인들과 이귀 등은 서인
정권의 핵심을 이루었고, 조선의 정계와 사상을 이끌었다.

　신진 사대부들은 성리학과 함께 도입된 『주자가례』를 보급해 충효의
가치 덕목을 민의 사회적 교화의 최종 목표로 추구했다. 군신의 관계가
절대명분으로 고정화되어 갔고, 효자 · 효부에 대한 표창이 장려되었
다. 예학에 대한 학문적 연구가 본격화된 시기는 16세기 중엽 명종 때
였다. 서경덕, 김인후, 이황, 조식 등이 내용과 의의에 대해 연구했다.
김인후는 『가례고오』를 저술했고, 김륭은 이황의 『주자가례』에 대한 강
의를 『가례강독』으로 정리했다. 이 외에도 송익필은 『가례주설』을, 김장
생은 『가례집람』을 저술하여 『주자가례』에 대한 연구 수준을 끌어올리
는 데 이바지했다.

| 성리학과 예학의 발달

기일원론(氣一元論) : '기(氣)'를 세계 만물의 유일한 시원으로 보고, 그로부터 모든 사물 현상의 발생과 발전을 설명한 사상이다. 서경덕, 임성주, 최한기 등이 대표적인 학자다. 이일원론에 대립하여 물질적인 '기'가 세계의 기초를 이룬다고 주장했다. '기'는 우주 공간에 빈틈없이 가득 차 있으며 모든 사물은 '기'로 이루어져 있고, 이일원론에서 세계의 시원으로 보고 있는 정신적인 '이'는 '기'가 있은 다음에 생기는 2차적인 것이라 했다. '기'는 스스로 성질이 다른 음기와 양기의 두 요소를 내포하고 있으며, 이것들의 상호 작용에 의하여 모든 사물이 발생·발전하게 된다고 했다.

이기이원론(理氣二元論) : 정이(程頤)가 주창했고 주희(朱熹:주자)가 완성했다. 성리학의 발생 시기는 불교의 폐해가 노출되던 당나라 말기였다. 한유(韓愈)는 오륜(五倫)을 강조하는 유교의 입장에 사회성이 결여된 불교의 폐단을 지적했다. 이고(李翺)는 불교의 장점인 해탈의 논리를 유교의 이론으로 재구성했다. 이고의 유적적 해탈 논리는 인간 속에 내재한 초월적이고 불변적 요소인 성(性)을 회복하는 것이었다. 이고를 계승한 송나라의 주돈이(周敦頤)는 사물에 존재하는 불변자와 자신의 성이 일치한다고 보고, 자신의 성을 인식하는 방법으로 사물에 내재하는 불변자를 객관적으로 인식하는 방법을 전개했다. 그 결과 음양오행으로 구성된 만물의 내면에 무극(無極)과 태극이라고 하는 불변자를 확인했다. 뒤를 이은 장재(張載)는 기(氣)가 잠시 모여서 형성된 형태가 만물의 현 상태이고, 기가 흩어진 상태인 태허(太虛)를 만물의 본질태라 파악했다. 정이는 만물의 현 상태인 음양오행을 기로 수렴하고 무극, 태극, 태허 등의 불변하는 만물의 본질을 이(理)로 수렴함으로써 이기론을 완성했다. 이기론은 주희에게서 성리학의 중심 이론이 되었다. 한국의 성리학에서는 기본적으로 이기이원론을 수용하지만, 퇴계 이황(李滉)을 중심으로 하는 수양 철학에서는 존재의 본질을 회복해야 하는 입장 때문에 이를 중시했고, 율곡(栗谷) 이이(李珥)를 중심으로 하는 실천 철학에서는 현실을 개혁해야 하는 입장에서 존재의 현실적 요소인 기를 강조했다.

주자가례(朱子家禮) : 『문공가례(文公家禮)』라고도 한다. 후인(後人)의 의탁(依托)이라는 설도 있다. 한국에는 고려 말 주자학과 함께 전래되었다. 관(冠)·혼(婚)·상(喪)·제(祭)의 사례(四禮)에 관한 예제(禮制)로서 조선 시대에 주자학이 국가 정교(政敎)의 기본 강령으로 확립되면서 그 준행(遵行)이 강요되었다. 왕가와 조정 중신에서부터 사대부(士大夫)의 집안으로, 다시 일반 서민에까지 점차 보편화되었다. 송대(宋代)에 이루어진 가례가 한국의 현실과 맞지 않아 많은 예송(禮訟)을 야기하는 원인이 되었다. 주자학과 함께 조선이 세계 문물에 뒤지는 낙후성(落後性)을 조장하기도 했지만, 예와 효(孝)를 숭상하는 한국의 가족 제도를 발달시키는 데 크게 기여했다.

불교와 민간 신앙의 정비

조선은 숭유억불 정책에 의해 도첩제를 실시하면서 승려의 출가를 제한했다. 성종 때에는 도첩제 자체를 폐지하면서 승려가 되는 길을 막았다. 중종 때에는 승인호패법을 재실시하여 도첩제를 대신하기도 했다.

승유억불 정책이 본격화된 것은 태종 때부터였다. 태종은 궁중의 불사를 폐지하고 사원의 재산을 몰수하였으며, 사원의 수도 축소하여 242개의 사찰만 남겼다. 세종 때는 선종과 교종으로 불교의 종단을 통폐합하고, 사찰을 36개로 줄이기에 이르렀다.

호불의 군주였던 세조는 고승들과 교유하고, 왕족의 명복을 빌기 위해 『석보상절(釋譜詳節)』을 짓고, 『월인천강지곡(月印千江之曲)』과 합본하여 『월인석보(月印釋譜)』를 출간했으며, 불교 음악인 '영산회 상곡(靈山會上曲)'과 불교 무용을 만들었다. 또한 간경도감(刊經都監)을 설치하여 많은 불전을 훈민정음으로 번역하여 간행했다. 태조가 세웠던 흥덕사 터에 대원각사를 세우게 하고, 원각사 10층 석탑도 건립했다. 나아가 전국에 걸쳐 많은 사찰을 세웠다.

R e f e r e n c e **d a t a**

| 불교와 민간 신앙의 정비

월인석보(月印釋譜) : 목판본으로 세종이 지은 『월인천강지곡(月印千江之曲)』과 세조가 지은 『석보상절(釋譜詳節)』을 개고(改稿)해 합편한 책이다. 1457년(세조 3)에 왕세자였던 도원군(桃源君)이 죽자, 임금은 이를 애통히 여겨 부왕과 죽은 아들의 명복을 빌기 위하여 근 2년에 걸쳐 증보(增補)·수정하여 간행했다. 세조의 명으로 당시 편찬에 종사한 사람은 신미(信眉)·수미(守眉)·설준(雪竣)·홍준(弘濬)·효운(曉雲)·지해(智海)·해초(海超)·사지(斯智)·학열(學悅)·학조(學祖) 등의 고승과 유학자인 김수온(金守溫) 등 11명으로, 불학(佛學)을 대표하는 당대의 선지식(善知識)들이었다. 내용은 『월인천강지곡』의 각절(各節)은 본문이 되고, 그에 해당하는 내용의 『석보상절』은 주석(註釋)같이 하여 엮어졌다. 『월인석보』의 편찬은 세종 말엽에서 세조 초엽까지 양대에 걸친 약 13년 동안에 이룩된 사업으로,

석가 일대기의 결정판일 뿐만 아니라, 훈민정음(訓民正音) 창제 이후 제일 먼저 나온 불경언해서(佛經諺解書)이며, 당시의 글자나 말을 그대로 보전하고 있어 국어사(國語史)적으로 매우 귀중한 문헌이다.

간경도감(刊經都監) : 1461년(세조 7)에 왕명으로 설치되어 1471년(성종 2)까지 존속했다. 세조는 왕위에 오르기 전부터 불교를 선호하여 세종의 불서 편찬과 불경 간행을 도왔다. 왕위에 오른 뒤에는 왕위 찬탈을 속죄하려는 마음에서 더욱 불교를 믿었다. 1457년『묘법연화경』을 간행하고, 1458년 해인사 대장경 50부를 꺼내 전국 사찰에 분장하였으며, 1459년에는 『월인석보』를 간행하였다. 이같이 불경 간행의 업적을 쌓은 뒤 1461년에 설치했다. 중앙에 본사(本司)를 두고 지방 여러 곳에 분사(分司)를 두었다. 유명한 승려와 학자를 초빙, 불경을 번역하고 간행하는 일이 주된 사업이었으며, 불서를 구입하거나 수집하고, 왕실 불사와 법회를 관장하기도 했다. 한문본과 한글 번역본 두 종류로 나뉘었다. 한문본은 고려 때 조성된 『속장경』을 판각하는 일이 주업무였다. 대부분의 업무를 세조가 관장했고, 신미·수미·홍준 등의 승려와 황수신·김수온·한계희 등의 학자가 실무를 맡았다. 한문 불경으로『금강반야경소개현초』, 『대반열반경의기원지』, 『대승아비달마잡집론소』, 『묘법연화경찬술』, 『화엄경론』, 『사분률상집기』, 『대방광불화엄경합론』, 『노산집』 등이 있고, 한글 번역 불경으로는『능엄경언해』, 『법화경언해』, 『선종영가집언해』, 『법어언해』, 『금강반야바라밀다경언해』 등이 있다. 이들 경전은 불교 보급에 큰 역할을 하였으며, 특히 한글로 번역한 언해본은 불교학 연구뿐만 아니라, 조선 초기의 우리말 연구에 귀중한 자료가 되었다.

🌐 과학 기술의 발달

Reference data
● 농사직설
● 칠정산 내·외편
● 의방유취
● 동의보감

조선 전기에는 과학과 기술의 발달이 눈부셨다. 특히, 농법·천문·의학·인쇄술·무기의 발달이 두드러졌다. 농사기술에서 특기할 만한 사실은 1429년(세종 11) 『농사직설(農事直說)』의 간행이었다. 촌로들의 의견을 물어 우리 풍토에 맞는 농법을 개량하고 보급할 목적에서 편찬한 것이었다. 성종 때 금양 지방에서 직접 경험한 농법을 기록한『금양잡록(衿陽雜錄)』은 내용이 풍부하여 효종 때에『농사직설』과 함께『농가집성』에 수록하여 보급했다. 또한 수리 시설이 신축되거나 보수되었고, 신전 개발이 대대적으로 이루어졌다.

농업과의 관련성 때문에 천문 기상학에 대한 관심이 지대했다. 왕도는 천리 또는 천도와 합일된다는 유교적인 정치 사상도 천문 기상학 발달에 영향을 주었다. 1442년(세종 24)에는 세계 최초로 측우기를 만들어

혼천의

서운관(書雲觀-관상감)과 각 도에 보내 강수량을 측정했다. 또한 이천, 장영실 등이 천문을 관측하는 대·소간의(大小簡儀), 천체의 운행을 측정하는 혼천의(渾天儀), 해시계인 앙부일구(仰釜日晷), 물시계인 자격루(自擊漏) 등을 제작했다. 천문학의 발달에 이어 중국과 아리비아의 역법을 참조한 새로운 역법서인 『칠정산(七政算)』 내·외편이 간행되었다. 세조 때에는 토지의 고저와 원근을 측량하는 인지의(印地儀)와 규형(窺衡)을 제작하여 양전에 활용했다.

화차 복원 모형

이 시기는 의학의 성과가 돋보였는데, 1433년(세종 15)에는 고려 이래의 전통에다 독자적인 약방을 집대성한 『향약집성방(鄕藥集成方)』이 편찬되었고, 1445년(세종 27)에는 중국 역대 의서를 수집한 동양 최대의 의서인 『의방유취(醫方類聚)』를 간행했다. 1610년(광해군 2)에 완성된 허준의 『동의보감(東醫寶鑑)』은 우리나라 전통 의학의 걸작이었다. 각종 편찬 사업에 따라 인쇄술도 발달했는데, 고려 시대의 금속활자를 계승하여 1403년(태종 3)에 주조한 계미자(癸未字)와 1434년(세종 16)에 주조한 갑인자(甲寅字)가 대표적이다. 이때 식자가 바르고, 많은 책을 인쇄할 수 있는 기술이 개발되었다. 무기 제조술과 조선술도 발달하여 신기전(神機箭)과 이를 쏠 수 있는 화차(火車)가 고안되었으며, 작열탄의 일종인 비격진천뢰(飛擊震天雷)가 발명되었다. 그리고 태종 때 거북선이 만들어졌다.

| 과학 기술의 발달

농사직설(農事直說) : 1429년(세종 11)에 정초 등이 왕명으로 간행했으며, 서문에 의하면 "풍토가 같지 않으면 농법도 같을 수 없다 하여 세종이 각도의 감사(監司)에게 명하여, 주현(州縣)의 노농(老農)들에게 지역에 따라 경험한 바를 지세히 듣고 수집하도록 해서 본서를 편찬하게 되었다"고 했다. 조선의 대표적인 농서로 자리매김되어 권농 사무의 지침서가 되었다. 조선 후기에는 농법의 발전에 따라 효용성이 반감되면서『산림경제(山林經濟)』·『임원경제지(林園經濟志)』등 신종 농서가 나왔으나,『농사직설』은 그 기초 자료로서 널리 활용되었다.

칠정산 내 · 외편(七政算 內 · 外篇) : 운동하는 천체의 위치를 계산하는 방법을 서술한 역서이다.『칠정산』에서 서술하는 천체는 해, 달, 화성, 수성, 목성, 금성, 토성이다. 이는 정밀한 수학의 발달을 의미하는 것이기도 하다.

의방유취(醫方類聚) : 조선의 자주적 의학을 발전시키기 위해 1445년(세종 27)에 완성하였다. 모든 병증(病症)을 91종의 대강문(大綱門)으로 나누고, 각 문에는 먼저 그 문에 해당되는 병론(病論)을 들었으며, 모든 약방(藥方)을 그 출전(出典) 연대순에 따라 열기했다. 방문(方文)의 인용도 방서(方書)의 연대 전후와 문자의 중출(重出) 및 이동(異同)에 따라 그 아래에 자세히 주해(注解)를 가하였다. 더욱이 각 방서들의 원문을 그대로 질서정연하게 유취편입(類聚編入)하였으므로, 각 병문(病門)에 대한 고금의 약방들을 원문 그대로 일목요연하게 파악할 수가 있다. 분류 방법에 있어 병증을 중심으로 한 것과 신체(身體)의 부위를 본위로 한 것이 섞여 있으나, 근세 임상의학의 각 분과(分科)들이 거의 망라되어 있다.

동의보감(東醫寶鑑) : 1596년(선조 29) 왕명에 의해 내의원(內醫院)에 편찬국을 두고 허준 · 양예수(楊禮壽) · 이명원(李命源) · 정작(鄭碏) · 김응탁(金應鐸) · 정예남(鄭禮男) 등이 한(漢)나라 때에 체계화를 이룬 한의학을 중심으로 동방의학의 총집성과 더불어 민족 의학을 정립시키는 대역사(大役事)에 착수했다. 실증적 학구 자세와 명민한 관찰력 그리고 고전에 대한 해박한 학식을 토대로, 풍부한 임상 경험을 살려서 기본 학리가 임상에 직결되기까지 일관하여 보다 체계적이고 실용적인 의술의 구체화를 이룩했다. 마침내 14년 후인 1610년(광해군 2)에 방대한 의서가 완성되었고, 이름을『동의보감』이라 했다. 내과에 관계되는 내경편(內經篇) 4권, 외과에 관한 외형편(外形篇) 4권, 유행성병 · 급성병 · 부인과 · 소아과 등을 합한 잡병편 11권, 약제학 · 약물학에 관한 탕액편(湯液篇) 3권, 침구편(鍼灸篇) 1권, 목차편 2권, 계 25권으로 되어 있다. 17세기 동아시아 의학을 집대성하여 지금까지 의학 발전에 많은 영향을 미치고 있다. 세계적으로도 의학술적 가치를 높이 평가받아 2009년 7월 31일 유네스코에서 세계기록유산으로 등재했다. 한국의 7번째 세계기록유산이며, 의학서적으로는 처음이었다.

🌏 문학과 건축 및 예술

한문학은 사대부들이 갖춰야 할 필수적인 소양이었기 때문에 조선 시대 문학의 주류가 되었고, 많은 문장가들이 배출되었다. 성종 때 서거정이 편집한『동문선(東文選)』은 종래의 유명한 시문을 선별하여 수록한 대표적인 전집이다. 고려 후기의 설화 문학을 이은 서거정의『필원잡기(筆苑雜記)』, 성현의『용재총화(慵齋叢話)』 등이 있으며, 김시습의『금오신화(金鰲新話)』는 우리나라 소설의 효시다.『용비어천가』는 국문학의 효시가 된다.『월인천강지곡』과 함께 이 두 작품은 악장(樂章)이라는 독특한 시형으로 발전했다. 고려 이래의 별곡체도 장형시인 가사(歌辭·歌詞·長歌)

Referencedata
● 금오신화
● 악학궤범

◀ 송강정
송강 정철이 벼슬에서 물러나 죽록정이라는 초막을 짓고 살던 곳으로, 이후에 후손들이 송강정을 지었다.

◀ 안견의 '몽유도원도'(위)
▼   경복궁(아래)

로 발전했다. 성종 대에 정극인의 「상춘곡(賞春曲)」에서 신체가 나타나고, 정철의 작품집인 『송강가사(松江歌辭)』에서 절정을 이뤘다. 조선의 대표적인 시가는 고려 후기의 단가(短歌)가 발전한 시조(時調)였다. 조선 시대 국문학이 운문에서 발달한 이유는 한시가 우리말로 쓰여진 것이 아니어서 창을 하기가 불편했기 때문이다. 시문의 발달은 유교 정치에서 예와 함께 중시한 음악의 발달로 이어졌다. 음악을 관장하는 기관으로 장악서(掌樂署)가 설치되어 악기 개량, 악공 훈련, 악곡의 정리 등이 이루어졌다. 세종 대에는 박연에 의해 국악 체계가 확립되었고, 성종 대에는 최고 악전인 『악학궤범(樂學軌範)』이 편찬되었다. 한편, 민간에서는 가곡과 창악이 보급되었으며, 농민들 사이에선 농악이 유행했다.

사대부의 교양 중 하나였던 서도는 고려 후기 이래로 조맹부체의 인기가 계속되었는데 안평대군은 그 대가였다. 중종 대의 김구(金絿)는 왕희지체를 배워 인수체(仁壽體)라는 독자적인 필법을 개발했다. 인종 대의 한호(韓濩-石峯)도 왕희지 필법으로 대성했다. 이들은 초서를 잘하는 인종 대의 양사언(楊士彦)과 더불어 조선 전기 4대가로 불리었다. 문인화에 대표적인 사람은 세종 대의 강희안(姜希顏)이었다. 그는 시·서·화에 두루 능통했다. 회화는 도화서(圖畫署) 화원인 안견(安堅)의 '몽유도원도(夢遊桃園圖)'가 당대의 걸작이다.

공예는 생활 필수품과 사대부들의 문구류 등에서 발달했다. 가장 대표적인 것이 분청사기(粉靑沙器)와 백자(白磁)다. 분청사기는 고려청자가 퇴조하면서 회청색 유약을 바른 것으로 소박하고 서민적인 정취가 묻

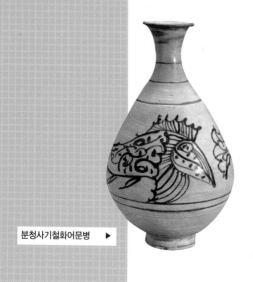

분청사기철화어문병 ▶

분청사기조화어문편병 ▲

순백자병 ▲

어났다. 고려 백자에다 명 백자를 가미한 조선백자는 대토
가 견고해졌고 밑바닥이 넓어져 간결하고 안정감이 있었
다. 백자는 분청사기가 쇠퇴하면서 점차 조선 자기의 주류
가 되었다. 고려와 달리 조선 시대의 건축은 궁궐, 성곽,
학교 건축이 주류를 이루었다. 경복궁, 창덕궁, 창경궁, 숭
례문 등이 전형적이다. 사원이나 석탑은 불교의 퇴조로 발
달하지 못했지만 법주사 팔상전(八相殿), 원각사지(圓覺寺址)
10층 석탑이 대표적인 사찰 건축물이다.

▲　　법주사 팔상전

R e f e r e n c e d a t a

| 문학과 건축 및 예술

금오신화(金鰲新話) : 한국 전기체 소설(傳奇體小說)의 효시다. 「만복사저포기(萬福寺樗蒲記)」, 「이생규장전(李生窺
牆傳)」, 「취유부벽정기(醉遊浮碧亭記)」, 「용궁부연록(龍宮赴宴錄)」, 「남염부주지(南炎浮洲志)」 등 5편이 수록되어 있
다. 『금오신화』의 소설적인 특성은 첫째, 주인공들이 한결같이 재자가인적(才子佳人的) 인물이라는 점, 둘째, 문장 표
현이 한문 문언문(文言文)으로 사물을 극히 미화시켜 표현한 점, 셋째, 일상적 · 현실적인 것과 거리가 먼 신비로운
내용을 그린 점 등인데, 이는 전기 소설(傳奇小說)의 일반적인 성격이며, 이런 점에서 중국 소설 『전등신화(剪燈新
話)』의 영향이 있었음을 알 수 있다. 나아가서 이들 작품 세계는 인간성을 긍정하고 현실 속에서 제도(制度) · 인습(因
襲) · 전쟁 · 인간의 운명 등과 강력히 대결하려는 인간의 의지를 표현하고 있는 점에서 작품을 높이 평가할 수 있다.

악학궤범(樂學軌範) : 1493년(성종 24)에 왕명에 따라 예조판서 성현(成俔)을 비롯하여 유자광(柳子光) 등이 엮은 악
규집(樂規集)이다. 장악원의 제조(提調)를 맡았던 성현은 음악이 따르는 궁중의 전례(典禮)에 참여하는 등 음악에 정
통하여 편찬 작업의 중심에 있었다. 「동동(動動)」, 「정읍사(井邑詞)」, 「처용가(處容歌)」, 「여민락(與民樂)」, 「봉황음(鳳
凰吟)」, 「북전(北殿)」, 「문덕곡(文德曲)」, 「납씨가(納氏歌)」, 「정동방곡(靖東方曲)」 등의 가사가 한글로 정착되어 실렸으
며, 궁중 의식에서 연주하던 아악(雅樂) · 당악(唐樂) · 향악(鄕樂)에 관한 여러 사항을 그림으로 풀어 설명하고, 그 밖
에도 악기 · 의상 · 무대장치 등의 제도, 무용의 방법, 음악 이론 등을 자세히 적고 있다. 가사의 내용이 주가 된 책이
『악장가사(樂章歌詞)』이고, 음악의 곡조를 위주로 한 것이 『시용향악보(時用鄕樂譜)』임에 비해, 『악학궤범』은 음악의
이론과 제도 및 법식(法式)을 주로 다루어, 이 방면의 연구와 이해에 귀중한 문헌일 뿐만 아니라 고려악사(樂史)를 아
는 데도 중요한 자료이다.

6

근대 태동기 사회

조선 후기 | 양 난을 거치면서 조선 사회는 새로운 변화가 일어났다. 서민들은 경제적 변화에 적극적으로 호응했다. 농민들은 시비법 개량 등 영농 방법을 개선했고, 상품 작물을 재배하여 소득 향상을 꾀했다. 상업 부문에서도 자본을 축적한 대상인이 출현하면서 활기를 띠었다. 이와 함께 농민층이 분화되고 양반층이 증가되면서 조선의 신분 체제가 동요했다. 향촌 사회의 부농들은 경제력을 바탕으로 새로운 양반으로 성장, 전통적인 양반과 대립했다. 그러나 변화에 대한 집권층의 보수적인 자세는 계층 간 갈등을 더욱 심화시켰다. 정치적으로는 붕당 정치가 변질된 일당 전제화 및 연이은 세도 정치의 폐단은 극에 달했고, 일반 백성들의 삶은 피폐했다. 19세기에 들어와 평등 사상을 담은 동학과 천주교가 유포되면서 농민 저항 운동으로 발전했다. 학문적으로는 양명학과 서학의 영향을 받은 실학이 나타났고, 예술 분야에서는 판소리 · 탈춤 · 한글 소설 · 서민 음악 · 생활 공예 등이 유행했다.

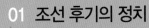

01 조선 후기의 정치
02 조선 후기의 경제
03 조선 후기의 사회
04 조선 후기의 문화

01 조선 후기의 정치 ▶▍▎▎

🌏 정치 구조 및 군사 제도의 변화

Reference data
● 비변사
● 5군영
● 속오군

국초의 정치·군사 제도는 15세기 후반부터 해이해졌다. 그러던 것이 왜란과 호란을 겪으면서 대대적으로 개편되었다. 정치 기구에 있어서는 비변사(備邊司)의 기능이 확대되었고, 군사 제도에 있어서는 5군영(五軍營)의 체제가 갖추어졌다. 중종 때 변경의 수비를 위해 설치되었던 비변사는 임진왜란이 발발하자 문무 고관의 협의 기관으로 변질되었다. 그 후 양 난의 수행과 전후 복구 과정에서 권력기구로 위치가 강화되어 19세기 중엽, 대원군이 집권할 때까지 계속되었다. 그때까지 최고의 정무 기관이었던 의정부는 사실상 그 기능을 상실했다.

군사 제도 역시 변화가 불가피했다. 이미 파행적으로 운영되던 5위제

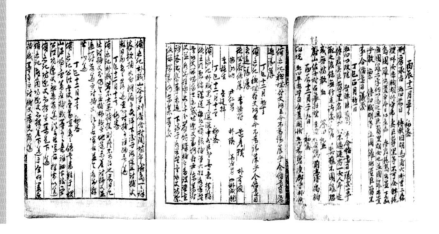

「비변사등록」　▶

는 왜란이 발발하자 결정적으로 무너졌다. 왜란 중에 군제가 개편되어 1594년(선조 27)에 훈련도감(訓練都監)을 신설하고, 포수(砲手-銃兵), 사수(射手-弓兵), 살수(殺手-槍劍兵) 등 직업적 상비군인 삼수병(三手兵)을 양성했다. 일찍이 왜구 방어에 탁월했던 명의 절강군 병법을 채용한 것이었다. 훈련도감은 조선 후기 군제의 근간이 되었으며, 다양한 목적에 따라 차례로 5군영이 설치되었다. 지방에서는 양천 혼성군(良賤混成軍)인 속오군(束伍軍)이 편성되었다. 5군영은 일정한 계획 아래 일률적으로 편성된 군대가 아니었으므로, 소속 군사의 성격도 한결같지가 않았다. 각 도 농민들이 번상하거나 모병으로 충원했다. 그러나 양 난 후 신분제의 붕괴, 수취 체제 변동 등의 제반 여건의 변화로 병농일치의 번상제가 불가능하여 모병제로 전환되었다. 따라서 농민은 군역 부담으로 1년에 2필의 군포를 납부하게 되었다.

R e f e r e n c e d a t a

| 정치 구조 및 군사 제도의 변화

비변사(備邊司, 備局, 籌司) : 조선 시대 군국기무(軍國機務)를 관장한 문무 합의 기구(文武合議機構)다. 외적의 침입 등 변방에 국가적 비상 사태가 발생하면 병조 단독으로 군사 문제를 처결할 수 없어, 의정부와 6조(六曹)의 대신 및 변방의 일을 잘 아는 지변사 재상(知邊司宰相:경상도 · 전라도 · 평안도 · 함경도의 관찰사와 병사(兵使) · 수사(水使)를 지낸 종2품 이상의 관원)으로 구성한 회의에서 협의, 결정했다. 대개 적의 침입이 있다는 보고 후에 소집되어 대응에 문제가 많아 남쪽 해안과 북쪽 국경 지대의 국방 대책을 사전에 마련하기 위해, 1517년(중종 12) 6월 상설 기구를 설치했다. 청사가 설치되고 관원이 임명된 것은 1555년이었다. 1592년(선조 25) 임진왜란이 일어나 국가의 모든 행정이 전쟁 수행에 직결되자, 비변사는 기구가 강화되고 권한이 확대되었다. 여기에서 토의 · 결정된 중요 사항은 1년에 1권씩(사건이 많을 때는 2~3권) 『비변사등록(備邊司謄錄)』으로 엮어졌다. 1865년 대원군이 집정하면서 의정부와 비변사의 한계를 규정, 국정 의결권을 의정부에 이관하면서 기능이 약해졌다. 이후 삼군부(三軍府) 제도를 부활시켜 군무를 처리하게 함으로써 폐지되었다.

5군영(五軍營) : 임진왜란을 계기로 설치된 조선의 수도와 그 일대를 방어하기 위해 조직된 훈련도감(訓練都監), 인조 때 설치되었던 것을 1652년(효종 3)에 북벌 계획에 따라 총포병과 기병 위주로 확대 강화한 어영청(御營廳), 1682

년(숙종 8)에 도성 수비를 목적으로 한 금위영(禁衛營), 1624년(인조 2)에 이괄의 난을 계기로 서울과 경기의 경비를 목적으로 한 총융청(摠戎廳), 남한산성 일대의 제진을 경비하는 수어청(守禦廳)을 말한다. 1881년(고종 18)에 신식 군대로 개편되면서 무위영(武衛營)과 장어영(壯禦營)으로 합쳐졌다. 훈련도감·어영청·금위영은 수도를 방어하는 군영이며, 총융청·수어청은 한양의 외곽 지역을 방어하는 군영이다.

속오군(束伍軍) : 임진왜란의 난국을 타개하기 위하여 명장(明將) 척계광(戚繼光)의 『기효신서(紀效新書)』에 나타난 속오법과 삼수기법(三手技法)에 따라 양인(良人)·공사천인(公私賤人)으로 조직했다. 속오군은 1594년(선조 27)에 유성룡(柳成龍)의 건의로 처음에는 황해도 지역에서부터 편성되었다. 속오군의 편제인 속오법은 영장(營將) 통솔하의 영(營)을 분군 편제상 최상의 단위 부대로 삼았고, 영에는 5개 사(司)를 두고, 1사에는 5개 초(哨), 1초는 3기(旗), 1기는 3대(隊), 1대는 화병(火兵) 1명과 합쳐 11명의 병사로 이루어졌다. 각 지방의 주민은 대부분 속오군에 편성되었다. 병농 일치제에 따라 평상시에는 농사와 무예 훈련을 하다가, 유사시에는 소집되어 국가 방어에 동원되었다. 전담 영장제가 폐지되면서 그 이전부터 이미 소홀하게 시행된 속오군의 훈련은 유명무실해졌다.

붕당의 변질과 탕평 정치

R e f e r e n c e d a t a
● 인조 반정
● 탕평책

선조 대에 동·서인으로 분당된 사림은 동인이 남인과 북인으로 나눠지면서 정립(鼎立)되었다. 왜란을 거치면서는 주전론의 입장이던 조식 계열의 북인이 우세해졌다. 북인은 이황 계열만 제외한 다른 계열들을 두루 포함하고 있어 학연성이 희박했다. 동·서인의 대립 과정에서 배척의 대상이던 훈척 계열이 북인을 형성함에 따라 사류로서의 순수성을 지키려는 측이 독립하여 소북(小北)을 칭했다. 북인은 다시 학문적 정통성을 높이기 위해 이언적과 이황을 폄하시킴으로서(晦退辨斥) 사림들의 지지를 상실했다. 불안을 느낀 광해군과 대북파들이 임해군(臨海君)과 영창대군(永昌大君)을 살해하고, 인목대비(仁穆大妃)를 유폐시켰으며, 이는 서인이 주도한 인조 반정(1623)의 명분이 되었다. 이후 약 60년간은 서인이 주도하는 정계에 남인이 참여하는 형식으로 유지되었다. 점차 세력을 구축한 남인은 서인과 두 차례에 걸친 예송 논쟁을 통해 엎치락뒤치락했다. 예에 관한 문제는 성리학을 지배 이념으로 하는 사림 정치에서

학연에 바탕한 붕당 정치의 필연적인 논쟁거리였다. 하지만 소수당의 존재와 공개적인 비판이 허용된 붕당 정치의 원칙은 지켜졌다.

예송을 통해 집권한 남인 내부는 서인에 대한 처벌을 놓고 강온의 입장이 대립했다. 마침내 온건론의 탁남(濁南)이 우세하여 서인 일부는 잔류할 수 있었다. 그러나 1680년(숙종 6)에 남인이 역모의 혐의로 실각하고 서인이 정권을 잡자(庚申大黜陟) 붕당 간에 양상은 돌변했다. 서인은 남인의 재기를 차단하기 위해 철저하게 탄압했다. 이로부터 상대 세력의 존재를 인정하지 않는 일당 전제의 추세가 나타나 보복 수단으로 사사(賜死)가 빈발했으며, 외척의 정치적 비중이 상승했다. 1689년(숙종 15)에는 희빈 장씨(禧嬪張氏) 소생을 세자로 책봉하는 과정에서 서인이 몰락하고 남인이 재집권했다(己巳換局). 1694년(숙종 20)에는 서인계인 폐비 민씨의 복위와 함께 (甲戌換局) 서인 정권이 들어서면서 남인은 재기 불능 상태가 되었다. 서인 내에서도 분파가 일어났다. 경신대출척 당시 남인에 대한 처분을 놓고 강경론을 편 송시열(老論)과 온건론을 편 윤증 등 소장파(小論)로 나뉘어졌다. 노론과 소론의 분쟁은 왕위 계승을 둘러싸고 표면화되었는데 소론이 지지한 경종이 즉위했다. 이때 소론에 의한 노론의 탄압(辛壬士禍, 1721~1722)은 격렬함의 극치를 이루었다. 노론은 경종이 일찍 병사하고 지지했던 영조가 즉위하면서 재기할 수 있었다.

붕당 정치의 붕괴와 노론 중심의 일당 전제 추세 속에서 정권은 소수의 벌열(閥閱) 가문에 의해 농단되었고, 공론에 의한 붕당보다 사사로운 이익이 우선했다. 중앙의 정쟁에서 패한 이들은 학연, 지연, 혈연 등 연고에 따라 낙향하여 서원을 건립하고 근거지로 삼았다. 서원은 붕당의 토대가 되던 이전과 달리 특정 가문의 선조를 위한 사우(祠宇)와 혼동되었다. 서원의 난립은 남인의 본거지인 경상도 지방에서 심했다. 일당 전제는 붕당 간의 세력 균형 위에서 안정되었던 왕권의 약화를 초래했다. 영조는 노론의 전제를 막기 위해 소론과 남인의 일부까지 등용하는 탕평책을 실시했다. 정조는 장용영(壯勇營)을 설치하여 군권을 장악하고,

규장각(奎章閣)을 중심으로 우문 정치(右文政治)를 표방했다. 하지만 붕당 정치의 폐해를 아주 근절한 것은 아니었다. 소론 내부의 강경파에 의해 주도된 1728년(영조 4) 이인좌(李麟佐)의 난과 1755년(영조 31)의 나주괘서사건(羅州掛書事件)을 거치면서 노론의 우세가 두드러졌다. 이는 정조 사후 순조가 어린 나이로 등극하자 세도 정치라는 파행적인 정치 행태로 이어졌다.

R e f e r e n c e   d a t a

| 붕당의 변질과 탕평 정치

인조 반정(仁祖反正) : 선조의 뒤를 이어 왕위에 오른 광해군은 당론(黨論)의 폐해를 통감했으나 대북파의 도움을 받아 왕위에 오른 한계가 있었다. 이원익(李元翼)·이항복(李恒福)·이덕형(李德馨) 등 명망 높은 인사를 요직에 앉혀 어진 정치를 행하려 하였으나, 이이첨(李爾瞻)·정인홍(鄭仁弘) 등 대북파의 무고로 친형인 임해군(臨海君)과 이모제(異母弟) 영창대군(永昌大君)을 죽였으며, 또 계모인 인목대비(仁穆大妃)를 유폐하는 패륜을 자행했다. 이처럼 광해군의 실정(失政)이 계속되자 서인 이귀(李貴)·김자점(金自點)·김류(金瑬)·이괄(李适) 등이 반정(反正)을 단행했다. 능양군은 이서(李曙), 이중로(李重老), 김류의 군대를 친히 거느리고 이괄을 대장으로 하여 궁궐을 점령했다. 이어 왕대비(인목대비)의 윤허를 얻어 왕위에 올랐다. 광해군은 서인(庶人)이 되었으며 강화도로 유배되었다. 반정에 공을 세운 이귀·김류 등 33명은 3등으로 나누어 정사공신(靖社功臣)의 호를 받고 요직을 차지했다. 그러나 1년 후에 논공행상(論功行賞)에 불만을 품고 이괄이 난을 일으켰다.

탕평책(蕩平策) : 탕평은 『서경(書經)』 「홍범조(洪範條)」의 '無偏無黨王道蕩蕩 無黨無偏王道平平'에서 유래한 말이다. 숙종이 탕평책을 처음 시행하려 했으나 환국이 자주 발생했다. 신임옥사(辛壬獄事) 와중에 등극한 영조는 당쟁의 폐단을 지적하고 탕평의 필요를 역설하는 교서(敎書)를 내렸다. 1730년(영조 6)에는 그의 옹립에 공이 컸던 노론(老論)의 강경파 영수 민진원(閔鎭遠)과 소론(少論)의 거두 이광좌(李光佐)를 불러 양 파의 화목을 권하는 한편, 그의 시책에 호응하지 않는 관리를 파면했다. 또한, 노론의 홍치중(洪致中)을 영의정, 소론의 조문명(趙文命)을 우의정에 임명함으로써 당파를 초월하여 인재를 등용했고, 일반 유생(儒生)들의 당론에 관련된 상소를 금지시켰다. 그리고 1742년에는 성균관 입구에 탕평비를 세웠다. 그럼에도 불구하고 뿌리 깊은 당파의 대립은 기세가 꺾이지 않았고, 사도세자 사건을 계기로 시파(時派)와 벽파(僻派)가 생겨났다. 사도세자를 두둔하여 시파라 불린 남인(南人)들은 과거에 합격해도 이를 취소하는 바람에 수십 년 동안 과거의 응시를 거부했고, 이인좌(李麟佐) 등 과격파는 반란을 일으키기도 했다.

🌐 세도 정치의 전개와 폐단

정조의 뒤를 이어 순조·헌종·철종이 어린 나이에 즉위함으로써 왕권이 약화되자 세도 정치가 시작되었다. 세도 정치는 일당 전제마저 청산되고, 외척인 특정 가문이 권력을 독점함에 따라 권력의 사회적 기반이 결여된 파행적인 정치가 전개되었다. 세도 정치의 계기는 1762년(영조 38)에 사도세자(思悼世子)의 사사 사건을 둘러싸고 세자의 외척인 홍봉한(洪鳳漢)을 중심으로 한 시파와 영조의 외척인 김귀주(金龜柱)를 중심으로 한 벽파와의 대립에서 비롯되었다. 양 파의 대립 속에서 힘겹게 왕위에 오른 정조는 세손 시절 그를 도와준 홍국영(洪國榮)을 신임하여 전권을 위임했다. 이때 세도 정치의 조짐이 나타났다.

정조 사후, 시파와 벽파의 정쟁이 표면화되었다. 순조가 즉위하자 영조 계비 김씨가 수렴청정(垂簾聽政)을 함으로써 벽파가 우세했다. 벽파는 시파에 천주교도가 많음을 알고 신유사옥(辛酉邪獄, 1801, 순조 1)을 일으켜

Reference data
● 신유박해

◀ '시흥환어행렬도'
정조가 화성에 다녀오는 중 시흥행궁에 도착한 모습을 그린 그림이다.

탄압의 수단으로 사용했다. 이 와중에 시파의 김조순은 국구(國舅)가 되어 자신의 정치적 기반을 마련했다. 수렴청정이 끝나자 안동 김씨의 세도 정치가 시작되었다. 1834년 순조의 뒤를 이어 헌종이 즉위했을 때는 외척인 풍양 조씨에게 세도가 넘어갔다. 1849년에 철종이 즉위하자 다시 안동 김씨에게로 넘어왔다. 이때부터 정권은 외척인 김문근(金汶根) 일족의 사유물이 되었다. 3대 60여 년 동안의 세도 정치하에서 왕권은 이름뿐이었다. 종실조차 이들의 눈치를 살펴야 할 만큼 유교적 양반 관료 정치는 파탄이 났다. 과거제는 급제자의 남발, 뇌물의 성행, 연줄에 의한 급제 등 비리가 난무하여 뜻있는 자들이 과거 보기를 꺼렸다. 매관관직이 횡행하여 이를 통해 관직을 차지한 자들은 온갖 수단으로 축재에 열을 올렸다. 농민, 상인, 수공업자들은 이들의 수탈로 피해가 막심했다. 이는 조선의 전반적인 체제가 무너지는 현상이었고, 돌이킬 수 없는 지경이 되었다. 민중들의 대대적인 폭력 항쟁은 당연한 결과였다.

R e f e r e n c e **d a t a**

| 세도 정치의 전개와 폐단

신유박해(辛酉迫害-辛酉邪獄) : 중국에서 들어온 천주교는 18세기 말, 부패하고 무기력한 봉건 지배 체제에 반발한 민중을 중심으로 교세가 크게 확장되었다. 1794년 청국인 신부 주문모(周文謨)가 들어오고 천주교도에 대한 정조의 관대한 정책이 교세 확대의 계기가 되었다. 그러나 가부장적 권위와 유교적 의례 · 의식을 거부하는 천주교의 확대는 유교 사회 일반에 대한 도전이자 지배 체제에 대한 위협이었다. 세도 정권기에 들어서면서 천주교도에 대한 탄압이 본격화되었다. 1801년 정월, 순조가 왕위에 오르자 섭정을 하게 된 정순대비(貞純大妃)는 사교(邪敎) · 서교(西敎)를 엄금 · 근절하라는 금압령을 내렸다. 이 박해로 이승훈 · 이가환 · 정약용 등의 천주교도와 진보적 사상가가 처형 또는 유배되었고, 주문모를 비롯한 교도 약 100명이 처형되었다. 이는 천주교세에 위협을 느낀 지배 세력의 종교 탄압이었으며, 노론(老論) 등 집권 보수 세력의 정치적 반대 세력인 남인과 진보적 사상가 및 정치 세력에 대한 탄압이었다.

🌀 청나라 및 일본과의 관계

청국과의 현안은 국경 문제였다. 양 난을 거치면서 4군 6진 지역에 대한 정부의 관심이 소홀했다. 1644년(인조 22)에 청이 수도를 북경으로 옮김에 따라 이 지역이 비게 되면서 주민 이주와 읍치를 두어 강역으로 확보하자는 주장이 제기되었다. 17세기 후반 청과의 무역이 활발해지자 결제 수단의 하나인 산삼의 수요가 증가했다. 이 지역 농민들은 산삼 산지인 강계, 압록강, 두만강 상류 일대에 월강하는 일이 잦았다. 청국도 국가 발상지 및 특산물을 보존하기 위해 이 일대를 무인 지대로 설정했다. 이로 인해 조선과 청국 사이에 외교 분쟁이 일어났다. 마침내 양국 정부는 공동으로 조사하여 1712년(숙종 38)에 국경을 확정하는 정계비를 세웠다. 그러나 토문(土門)의 위치를 둘러싼 해석의 차이로 분쟁의 불씨는 남게 되었다. 철종 말과 고종 초에 수탈을 못 이긴 농민들이 이주하여 개척한 두만강 너머의 간도도 청국과의 분쟁 지역이었다. 그 뒤 대한제국으로부터 외교권을 박탈한 일본이 1907년 조선 통감부 간도 출장소를 설치했다. 그러나 일본은 청으로부터 만주에서의 철도 부설권을 따내면서 그 대가로 간도 지방을 청국에 할양하는 간도협약을 체결했다.

조선은 일본 막부(幕府)의 쇼군(將軍)에게 공식적인 외교 사절로 통신사를 파견했다. 임란 이전에는 왜구 근절 요청이 주였으나, 임란 후에는 일

Reference data
● 백두산정계비
● 간도협약

▼ 통신사의 행로(위)
▼ 통신사의 행렬도(아래)

영조가 청나라 칙사인
아극돈을 영접하는 모습 ▶

영조가 칙서를 받는 모습 ▶

본과의 전란 종결을 위한 강화, 수호 체결, 포로의 쇄환, 대마번의 견제, 국정 탐색, 막부 장군의 습직 축하 등 목적이 다양했다. 통신사는 조선과 일본뿐만 아니라 중국을 포함한 삼국의 평화 공존에 많은 영향을 주었다. 일행이 통과하는 객사에서는 한시문과 학술의 필담창화(筆談唱和)라고 하는 문화 교류가 성행했다. 이 기간 동안에 일본에 미친 학술, 사상, 예술상의 영향은 지대했다.

R e f e r e n c e **d a t a**

| 청나라 및 일본과의 관계

백두산정계비(白頭山定界碑) : 백두산이 청조(淸朝) 발상의 영산(靈山)이라 하여 그 귀속을 주장하던 청은, 1712년 오라총관(烏喇摠管) 목극등(穆克登)이 백두산에 올라 일방적으로 정계비를 세웠다. 그 지점은 정상이 아니라 남동방 4km, 해발 2,200m 지점이었다. 비면(碑面)에 대청(大淸)이라 횡서하고 그 아래에 '烏喇摠管 穆克登, 奉旨査邊, 至此審視, 西爲鴨綠, 東爲土門, 故於分水嶺, 勒石爲記, 康熙 五十一年 五月十五日'이라 각서(刻書)하고 양쪽의 수행원 명단을 열기하였다. 그 뒤 1881년(고종 18) 청나라에서 길림장군(吉林將軍) 명안(銘安), 흠차대신(欽差大臣) 오대징(吳大澂)을 보내어 간도 개척에 착수하자, 1883년 조선은 어윤중(魚允中)·김우식(金禹軾)을 보내어 정계비를 조사케 하고, 그 뒤 9월에 안변부사(安邊府使) 이중하(李重夏), 종사관 조창식(趙昌植)을 보내어 조선의 영토임을 주장했다. 청은 토문(土門)이 두만강이라고 주장하여 아무런 해결을 보지 못하였다. 1909년 일제는 남만주에 철도 부설권을 얻는 대가로 간도 지방을 청나라에 넘겨주고 말았다. 비는 만주사변(滿洲事變) 때 일제가 철거했다.

백두산정계비(그래픽 복원)

간도협약(間島協約) : 청나라는 19세기 말기부터 간도가 자국 영토라고 주장하며 군대를 투입하고 지방관까지 두었으나, 한국도 그에 맞서 영토권을 주장했다. 간도 영유권 문제는 한·청 간의 오랜 계쟁문제(係爭問題)였다. 일제는 1905년(광무 9) 대한제국의 외교권을 박탈한 뒤 청나라와 간도 문제를 교섭하다가 남만주 철도 부설권과 푸순(撫順) 탄광 채굴권을 얻는 대가로 간도를 청나라에 넘겨주는 협약을 체결했다. 전문 7조는 다음과 같다. ① 한·청 양국의 국경은 도문강(圖們江:토문강)으로서 경계를 이루되, 일본 정부는 간도를 청나라의 영토로 인정하는 동시에 청나라는 도문강 이북의 간지(墾地)를 한국민의 잡거(雜居)구역으로 인정하며, ② 잡거구역 내에 거주하는 한국민은 청나라의 법률에 복종하고, 생명·재산의 보호와 납세, 기타 일체의 행정상의 처우는 청국민과 같은 대우를 받으며, ③ 청나라는 간도 내에 외국인의 거주 또는 무역지 4개처를 개방하며, ④ 장래 지린(吉林)·창춘(長春) 철도를 옌지(延吉) 남쪽까지 연장하여 한국의 회령(會寧) 철도와 연결한다는 것 등이다.

02 조선 후기의 경제 ▶▐▐ ▬▬

🌐 농촌 사회의 동요 및 수취 제도의 변화

Referencedata
● 결작
● 선무군관포
● 호포론

양 난 후 최대의 문제는 농경지의 황폐와 인정 및 호구의 파괴였다. 왜란 이전 170만 결이었던 전국의 토지 결수가 왜란 이후에는 54만 결에 지나지 않았다. 정부는 경작지를 확충하는 한편, 세원 확보를 위해 양전을 실시했다. 누구에게나 개간이 허용되었고, 개간지에는 소유권과 함께 3년간의 면세 혜택을 주었다. 그러나 주로 재력과 권세가 있는 왕실과 관청 그리고 양반과 토호들이 중심이 되었다. 이후 토지 결수는 다시 증가하여 영·정 시대 들어 145만 결까지 회복했다. 하지만 토지 결수의 증가에 비해 국가의 수입은 크게 늘지 않았는데, 궁방전(宮房田), 관둔전(官屯田) 등 면세지와 토지 대장에서 누락된 은결의 증가 때문이었다. 또한, 세종 때의 공법인 전분6등법과 연분9등법은 16세기에 들어 거의 무시된 채 저율의 세액이 적용되고 있었다. 이는 농촌의 변화와 맞물려 1635년(인조 13)에는 풍흉에 관계없이 1결당 미(米) 4두로 고정하는 영정법(永定法)이 시행되었다. 양전 방식도 같은 양전척을 사용하여 1등전 1결을 기준으로 삼고, 그 이하의 토지는 결부수를 체감하는 방식을 택했다. 세율이 낮다고 해서 농민들이 혜택을 본 건 아니었다. 수수료, 운송비 등 여러 부가세가 전세보다도 훨씬 많이 가징되었다.

전세 외에 공물의 징수도 난관에 처했다. 임란 이전부터 성행하던 방납이 농민들에게 부담을 가중시킨 데다 징수 기반 자체가 무너졌다. 이에 대한 대책의 일환으로 이원익(李元翼)의 주장에 따라 1608년(광해군

즉위년)에는 대동법(大同法)을 시행했다. 정부
는 징수된 공납미로 공납 청부업자를 통
해 왕실과 관아의 수요물을 조달했다. 이
렇게 된 배경에는 15세기 후반 이후 유통
경제의 성장이 있었다. 대동법이 전국에
걸쳐 시행되기까지에는 100년 가량의 기
간이 소요되었다. 과세의 기준도 종래의
가호에서 토지의 결수로 바뀌었다. 이를
관리하는 기관이 선혜청(宣惠廳)이었다. 대
동법의 시행은 상품 및 화폐 경제의 발달
을 촉진시켰다.

▲ 대동세 징수와 운송

양 난 이후 5군영의 성립으로 모병제가
제도화되자 양인 장정들은 1년에 베 2필
을 내는 납포군(納布軍)으로 바뀌었다. 그러
나 군포의 징수가 일원화되지 못하여 양
정의 군포 부담은 이중 삼중으로 늘어났다. 정부 또한 재정 압박의 타
개책으로 군포액을 증가시켰으며, 군포 수납의 과정에서도 수령·아
전의 농간과 횡포가 심했다. 족징(族徵), 인징(隣徵)은 물론이고, 백골징
포(白骨徵布), 황구첨정(黃口添丁) 등 수탈 방법이 다양했다. 이 와중에 부
농·중농들은 납속(納粟), 모칭(冒稱), 환부역조(換父易祖) 등의 방법으로 빠
져나가고, 그 공백은 고스란히 소농·빈농에게 덮어씌워졌다. 이러한
폐단을 시정하기 위해 양역변통론(良役變通論), 호포론(戶布論) 등이 제기되
었으나 결국 1750년(영조 26)에 균역법(均役法)이 시행되었다. 1년에 2필
씩 내던 군포는 1필로 줄여주고, 이로 인해 감소된 부분은 결작(結作),
어염선세(魚鹽船稅), 은결(隱結), 선무군관포(選武軍官布) 등으로 보충하려 했
다. 그러나 소작인의 경작지까지 결작이 부과되고, 양정 수를 터무니
없이 높이 책정하는 등 농민 부담은 다시 가중되었다.

R e f e r e n c e d a t a

| 농촌 사회의 동요 및 수취 제도의 변화

결작(結作) : 1751년(영조 27) 균역법(均役法)의 실시로 인한 재정상의 부족을 보충하기 위해 만든 토지에 대한 부가세(附加稅)이다. 서북 양도(兩道)를 제외한 6도의 전답 매 1결에 대하여 연군(沿郡)은 쌀 2말, 산간 고을은 5전(錢)씩을 징수했다.

선무군관포(選武軍官布) : 부유한 양민의 자제들 중 교생(校生), 원생(院生)을 칭탁하여 군포를 부담하지 않고 있던 자를 선무군관(選武軍官)이라 하여 합법적으로 지위를 인정해 주고, 그 대신 포를 징수하여 재정 수입을 보충하려 했다.

호포론(戶布論) : 숙종 때에 검토되었던 군포징수제도로, 인정(人丁) 단위로 하지 않고 양반을 포함한 가호(家戶) 단위로 징포하자는 내용이다.

🏇 양반과 지주의 경영 변화

R e f e r e n c e data
● 타조법
● 도조법
● 견종법
● 임원경제지

조선 후기의 농업은 진전과 신전 등 농지 개간, 이앙법(移秧法) 및 이모작 등 개량 농법의 보급, 수리 시설의 정비·확대로 생산력이 급증했다. 또한 감자·고구마·호박·고추 등 새 작물 도입과 인삼·연초의 재배 확대로 농업은 전문화·다양화되었다. 양반 지배층은 농민을 모아 개간을 하고, 그 대가로 해당 토지의 소작권을 부여했다. 이는 종래의 부역 노동이나 압량위천(壓良爲賤)과는 양상이 다른 것이었다. 지주와 전호의 관계도 지배·예속이 아닌 보다 경제적인 관계로 진전되었다. 한편, 노동력의 절감과 생산력의 증대에 힘입어 일부 농민들은 지주가 되었다. 이들은 상품 화폐 경제의 발달에 부응하여 시장을 상대로 하는 상업적 농업을 통해 부를 축적했다. 이들 경영형 부농(經營型 富農)의 존재는 농민층의 분화의 단면이었다.

지주제의 변동은 지주권의 약화와 전호권의 성장을 수반했다. 종래 1/2의 정률제인 타조법(打租法)이 정액제인 도조법(賭租法)으로 전환되었고, 일부 지역에서는 금납제(金納制)가 시행되었다. 이와 같이 전호의 입지가 상승하면서 지주·전호 간의 대립은 격렬해졌고, 항조 투쟁 또는

민란으로 발전하여, 지주제를 타
도하는 등 사회 · 경제적 불평등
을 해결하려 했다.

　이와 같은 농업의 변동에는 농
서의 제작 · 유포와 합리적인 농
업 경영론이 큰 역할을 했다. 이
시기의 농학은 농업 기술의 개량
외에도 농업 경영의 개혁과 농업
정책의 이념까지 다뤘다. 신속(申
洬)의『농가집성(農歌集成)』은 이앙
법과 견종법(畎種法) 보급이 목표였
다. 박세당(朴世堂)의『색경(穡經)』이
나 홍만선(洪萬選)의『산림경제(山林
經濟)』등은 농법만의 한계에서 벗
어나 지주제적 경영론을 부정했
다. 정조 때에도 농학에 대한 논
의가 활발했는데, 지주제의 개혁

▲　김홍도의 '타작'
조선 후기에는 이앙법이
일반화되어 벼 생산량이
급증하였다.

을 전제로 한 농법의 개량과 상업적 농업의 진흥을 제시했다. 서유구(徐
有榘)의『임원경제지(林園經濟志)』는 경영형 부농의 개념을 바탕으로 임노동
하의 지주제를 체계화했다.

R e f e r e n c e **d a t a**

| 양반과 지주의 경영 변화

타조법(打租法) : 고려 시대부터 행하여진 병작반수(竝作半收) 계통의 지대(地代)로, 조선 후기에는 타작법(打作法)
이라 불렀다. 그 비율은 분반타작(分半打作)이라 하였듯이 수확물의 1/2이 지배적이었다. 대체로 조선 전기에는 종
자와 전세(田稅)는 지주 부담이 원칙이었지만, 조선 후기에 이르면 중부 이남 지방에서는 소작인이, 북부 지방에서는

지주가 부담하였고, 일제 강점기에는 양자가 반분하든지 지주가 전담했다. 타조법은 수확의 다과(多寡)에 따라 매년 소작료가 달랐기 때문에 토지 경영에 대한 지주의 감독과 간섭으로 소작인들의 생산 의욕을 크게 떨어뜨렸다.

도조법(賭租法–賭地法) : 지주와 소작인 사이에 소작료를 미리 협정하고 매년 수확량의 많고 적음에 관계없이 일정한 소작료를 지주에게 납부하는 방법이다. 따라서 풍년이 들 경우에는 소작인에게 유리하고, 흉년이 들었을 경우에는 지주에게 유리했다. 이러한 방법에 의해 시행된 토지는 주로 역둔토(驛屯土)와 궁방전(宮房田)이었으며, 지역적으로는 전라도에서 널리 시행되었다.

견종법(畎種法) : 조선 시대의 실학자 박세당(朴世堂)·서유구(徐有)에 의하여 소개된 농법인데, 그때까지의 파종(播種) 방법을 개량하여 밭이랑과 밭고랑을 내고, 파종을 밭고랑에 하도록 한 방법이다. 서유구는 『임원경제지(林園經濟志)』를 통하여 대전(代田:해마다 경작을 바꾸는 밭)과 만전(縵田:밭이랑을 내지 않은 밭)을 비교하면서, 견종(畎種)은 가뭄에도 종자의 발아(發芽)가 쉽고, 중경제초(中耕除草)가 쉬우며, 곡묘(穀苗)에 통풍이 잘 된다고 했다. 또한 묘근(苗根)에 배토(培土)를 하므로 풍한(風旱)에도 강하여, 만전에 비해 5배의 수확이 있다고 지적했다.

임원경제지(林園經濟志) : 순조 때의 실학자 풍석(楓石) 서유구가 일상생활에서 긴요한 일을 살펴보고, 이를 알리고자 하여 엮어낸 농업 위주의 백과전서이다. 이 방대한 저술은 농업 기술과 농업 경제의 양면에서 종전의 농업이 크게 개량되어야 한다는 점을 주장했으며, 향촌에서의 생활 전반을 시대적 조건과 관련시켜 정연하게 정리한 실학서로, 당시의 경제 사정과 경제 정책을 살피는 데 사료적 가치가 높다.

 민영 수공업 및 광업의 발달

R e f e r e n c e d a t a
● 설점수세제

부역제의 변동과 상품·화폐 경제의 진전에 따라 관영 수공업이 쇠퇴하고 사영 수공업이 성장하는 추세를 보였다. 18세기 말인 정조 대에는 공장안(工匠案)을 폐기함으로써 공장들은 장인세를 부담하는 대신 독립적인 사영 수공업자가 되었다. 이때 사영 수공업자들은 공인이나 상인들로부터 주문과 함께 원료와 자금을 미리 받아 제품을 생산함으로써 상업 자본의 지배를 받았다. 그러나 철기와 유기 제조업에서 독자적으로 생산하여 직접 파는 독립적인 장인들이 나타났다. 17세기 후반의 이엄전(耳掩廛), 도자전(刀子廛), 상전(床廛)은 관허 상인인 시전 상인과 치열한 경쟁을 벌이기도 했다. 지방에서는 자영 수공업의 성장이 앞선 곳에 수공업 지역인 점촌(店村)이 이루어졌는데, 철기점·유기점·자기점·와 기점이 대표적이다. 농촌에서 부업으로 행해진 수공업은 면직·견직·모시·마직업 등 직물 중심으로 발전했다. 이도 점차 전업의 단계로 발전했다.

수공업 제품의 유통 및 수요의 증가는 원료를 생산하는 광업의 발달로 이어졌다. 초기에 광물은 농민의 부역 노동으로 생산되었으나 16세기에 부역제가 해이되면서 광물 대신 미·포로 납부하게 하였다. 따라서 광산 개발은 점차 민간의 참여로 바뀌었다. 1503년(연산군 9)에는 납에서 은을 분리해내는 방법이 발견되어 은의 생산이 급증했고, 은광 주변에 사람들이 모여들었다. 조선 후기에는 광물의 수요가 증대하고 유통 경제가 발달하면서 몰래 채광하는 잠채(潛採)가 보편화되었다. 1651년(효종 2)에는 국가가 투자를 하고 경영을 민간에 맡기는 설점수세제(設店收稅制)를 실시하기에 이르렀다. 한편, 국가에서는 민간인의 광산 경영을 감독·통제하기 위해 별장(別將)을 파견했다. 이들은 대개 부상·대고(大賈)나 권세가의 사인들이었다. 그러나 지방의 토호나 대상들의 사채와 잠채는 여전히 성행했다. 이들은 수령과 결탁하여 별장제의 폐지를 종용했다.

1775년(영조 51)에는 별장제를 폐지하고, 설점수세를 수령이 직접 관할토록 했다. 이 때부터 광산의 운영은 상업 자본가인 물주가 자금을 투자하고, 광산 개발 경험이 있는 혈주(穴主)나 덕대(德大)가 광산을 경영하여 채굴량의 일부를 광주에게 납부하는 방식으로 전환되었다. 광산에 대한 세금에는 관아에서 징수하여 호조로 상납하는 원정세(元定稅)와 수령이 수취하는 잡세가 있었는데 이를 덕대가 맡아서 납부했다. 이는 종전과는 전

▼ **김홍도의 '대장간'**
조선 후기에는 상품 화폐 경제가 발달하면서 수공업 또한 발달하였다.

혀 다른 방식으로, 자본주의적인 성격을 갖는 것이었다.

R e f e r e n c e   d a t a

| 민영 수공업 및 광업의 발달

설점수세제(設店收稅制) : 17세기 중엽부터 개인의 광산 개발을 허용하면서 부과한 세금을 말한다. 이는 개인의 광산 개발을 촉진했는데, 특히 청나라와의 무역에서 은(銀)의 수요가 늘어감에 따라 은광 개발이 활기를 띠었다. 17세기 말에는 70개소에 가까운 은광이 설치되었는데, 그 중에서도 평안도의 단천과 경기도 파주 · 교하가 유명했다. 18세기 중엽부터는 농민들이 광산에 너무 모여 들어 농업에 지장을 주는 것을 고려하여 공개적인 채취를 금지하고 높은 세금을 부과했다. 그러나 광산 개발의 이득이 많아 금광과 은광을 몰래 개발하는 잠채가 날로 번창했다. 덕대(德大)라고 불리는 물주가 노동자를 고용하여 대규모 광산을 개발했다.

장시의 발달과 화폐 유통

Reference data
● 신해통공
● 상평통보

농업 생산력의 발달과 조세의 전세화 및 금납화는 상품 · 화폐 경제의 발전을 촉진시켰다. 전체적으로 인구가 증가하고, 토지를 잃고 몰락한 농업 인구들이 도시로 유입됨에 따라 상업은 활기를 띠었다. 조선 후기 상업 활동의 중심은 공인(貢人)이었다. 대동법의 실시로 나타난 공인은 관청과 결탁하고, 서울의 시전뿐 아니라 지방의 장시에서도 활동했다. 이들은 특정 물품을 대량으로 취급하면서 독점적 도매 상인인 도고(都賈)로 성장했다.

서울을 비롯한 전국 각지에서는 농산물 및 수공업 제품의 유통을 배경으로 사상(私商)들이 도고 상인으로 성장했다. 즉, 지방 장시의 객주(客主) · 여각(旅閣)들이 도고로 발전하여 전국적인 상업망을 갖춘 것이다. 한강 연안의 경강상인(京江商人-江商)은 경기 · 충청 일대의 미곡 · 어물 · 소금을 취급했고, 개성의 송상(松商)은 전국에 지점인 송방(松房)을 설치했다. 이들은 인삼을 직접 재배 · 가공 · 판매함으로써 상업적 농

◀ 김홍도의 '장터길'
장시의 발달로 보부상이
등장했다.

업의 선두에 섰다. 의주의 만상(灣商)은 중강후시(中江後市)나 책문후시(柵門後市)에서 청과 사무역을 행했으며, 동래의 내상(萊商)은 왜와의 무역을 통해 거상으로 성장했다.

서울에서는 국가로부터 보호를 받던 시전 상인(6의전 등)과 반대로 통제를 받은 난전(亂廛)이 경쟁했다. 시전 상인들은 도중(都中)이라는 조합을 결성하여 국가로부터 금난전권(禁難廛權)을 받아냈고, 이를 이용하여 사상들을 억압했다. 그러나 시전 상인들의 지나친 금난전권 행사로 물가가 상승하는 등 부작용이 일자, 1791년(정조 15)에 신해통공(辛亥通共)을 반포하여 금난전권을 폐지했다. 자유로운 활동을 하게 된 사상들은 장시에서 숙박업, 창고업, 운송업, 위탁판매업, 은행업까지 손을 대면서 지방 경제의 유통을 장악했다. 또한, 전업적인 상인 집단인 보부상들이 전국의 장시를 무대로 활동했다. 특산물에 대한 연시(年市)로는 대구의 약령시(藥令市)가 대표적이다.

장시를 통한 전국적인 시장권 형성과 도고 상업의 발달은 화폐 사용을 촉진시켰다. 1678년(숙종 4)에 정부의 재정 확보책으로 주조되었던

◀ 상평통보

상평통보(常平通寶)는 점차 전국적으로 유통되었다. 축적된 화폐 자본은 고리대로 증식되어 면업·조선업·광산업·제지업·어업 등 생산 부문에 투자되었다.

R e f e r e n c e **d a t a**

| 장시의 발달과 화폐 유통

신해통공(辛亥通共) : 조선 중기 이후 농촌 인구의 도시 유입으로 도시 상업의 양상이 바뀌기 시작했다. 한편 시전 상인의 도고 상업에 타격을 받으면서도 꾸준히 성장해 온 영세사상인층(零細私商人層)의 부단한 공세와 세궁민(細窮民)의 반발 및 도고 상업의 폐단으로 도고 상업 전체에 대한 새로운 조치가 취해지지 않을 수 없었다. 당시의 좌의정인 채제공(蔡濟恭)은 도고 상업의 폐해를 지적하면서 6의전(六矣廛) 이외의 모든 시전에 금난전 전매권(禁亂廛專賣權), 즉 도가권(都價權)을 허용하지 말며, 설립 30년 미만의 시전은 이를 폐지할 것을 건의하였다. 이 건의가 받아들여져 실시하게 되었는데, 이 조치는 조선의 상업 발전의 한 계기가 되었다.

상평통보(常平通寶) : 1633년(인조 11) 김신국(金藎國)·김육(金堉) 등의 건의에 따라 상평청(常平廳)을 설치하고 주조하여 유통을 시도했는데 결과가 나빠 유통을 중지하였다. 그 후 1678년(숙종 4) 정월에 다시 영의정 허적(許積), 좌의정 권대운(權大運) 등의 주장에 따라 상평통보를 다시 주조하여 서울과 서북 일부에 유통하게 하였다. 그 뒤 점차 전국적으로 확대하여 유통하게 했는데, 조선 말기 현대식 화폐가 나올 때까지 통용되었다.

🌐 대외 무역의 발달

Reference**data**
● 개시
● 회령 개시
● 경원 개시
● 후시
● 책문 후시

청과의 무역은 17세기 중엽부터 공무역인 개시와 사무역인 후시가 활발하게 이루어졌다. 수입품으로는 비단·약재·문방구 등 주로 양반의 사치품이었으며, 수출품은 은·종이·무명·인삼 등 토산품류였다. 일본과도 왜관 개시를 통해 무역이 이루어졌다. 수출품은 인삼·쌀·무명 등이었고, 청에서 수입한 물품을 넘겨주는 중개 무역을 했다. 수입품은 은·구리·황·후추 등이었다. 대외 무역을 통해 상인들은 막대한 부를 축적했으나, 사치품을 수입하는 대신 은과 인삼의 수출이 많아 국가 재정과 민생에 문제를 남기기도 했다. 이 시기에 활약한 주요 상인으로는 의주의 만상, 동래의 내상, 개성의 송상이 있었다.

R e f e r e n c e **d a t a**

| 대외 무역의 발달

개시(開市) : 조선 후기 청나라, 일본 등을 상대로 열었던 대외 교역 시장으로, 압록강 하류에서 열리는 중강 개시와 함경도의 회령 개시 및 경원 개시, 동래의 왜관 개시 등이 있다. 개시에서 이루어진 거래를 개시 무역(開市貿易)이라 한다.

회령 개시(會寧開市) : 1638년(인조 16)부터 회령에서 청과 행해지던 무역이다. 1645년(인조 23)에는 경원 개시가 격년으로 열리면서 이 두 곳의 개시를 북관 개시라고 했다. 회령 개시는 양국 관리의 감시하에 행한 공무역(公貿易)이었으나 부수적으로 사무역(私貿易)도 행해졌다. 청에서는 영고탑(寧古塔)·오라(烏喇) 지방의 상인이 모여들었고, 조선에서는 함경도 및 한양 등지의 상인들이 참여했다. 조선에서는 주로 소·보습·솥·소금 등을 수출했고, 청포(靑布)·모피 등을 수입했다. 개시의 비용은 조선에서 부담했다.

경원 개시(慶源開市) : 병자호란 이후 청의 요청으로 북쪽 여러 곳에 시장을 설치했으나, 경원에서 정식으로 시장을 개설한 것은 1646년(인조 24)이었다. 격년제(隔年制)로 열렸으며, 소·보습·솥과 모피 등을 교환했다. 당시의 국경 무역은 수동적이었지만 점차 사상 활동의 영역에서 진행됨에 따라 새로운 상업 활동의 면모를 보였다.

후시(後市) : 조선 후기 사상(私商)들이 전개한 밀무역으로 조선에서 청나라로 사신을 보낼 때 청나라의 회동관에서 이루어진 회동관 후시, 중강에서 이루어진 중강 후시, 의주 맞은편의 책문(柵門)에서 이루어진 책문 후시가 대표적이다. 또 함경도 경원 등에서 야인과 거래한 북관 후시, 부산 등의 왜관에서 왜인과 거래한 왜관 후시가 있었다.

책문 후시(柵門後市) : 조선 현종 초년부터 구련성(九連城)과 봉황성(鳳凰城) 중간의 책문에서 행해지던 청과의 통상이다. 중강 개시가 1646년(인조 24)에 복설(復設)되었는데 금제된 사상(私商)들이 자유 무역의 양상을 나타내어 약 50년간 중강 후시(中江後市)란 이름하에 번영했다. 이후 1700년(숙종 26)에 폐지되었다가 현종 초년부터 재개되어 책문 후시란 이름으로 번창했다. 조정에서는 시초에는 금했으나 할 수 없이 묵인하고는 세금을 부과했다. 1754년(영조 30)에 책문 후시가 공인됨에 따라 피물(皮物)·지물(紙物)·수(紬)·저포(苧布) 등의 수출이 막대했다. 1787년(정조 11)에 후시를 혁파하고자 했으나 효과가 없었고, 조선 상인과 만주 상인들의 교역은 개항 때까지 계속되었다.

03 조선 후기의 사회 ▶▐▐━━━━━ ▄▄

🌏 신분과 가족 제도의 변화

Referencedata
● 청요직
● 남귀여가혼과 친영 제도

조선 후기에 나타난 새로운 경제상의 변화는 사회 계층의 분화를 초래했다. 경영형 부농, 상업 자본가, 임노동자, 독립 자영 수공업자 등 새로운 계층이 나타났다. 이는 전래의 사회 구성을 변질시켰고 신분제도 붕괴시켰다. 농민층의 분해는 소작지의 보유 관계를 둘러싸고 일어났다. 경영형 부농의 성장은 상대적으로 빈농과 무전 농민을 발생시켰다. 몰락 농민들은 유이하거나 임노동자로 전환되었다. 양반 내부에서도 분해 현상은 심각했다. 직전제 폐지와 일당 전제, 그리고 세도 정치는 실세(失勢)한 양반들을 양산했다. 실세 양반들은 소작 전호로 전락하거나 상업 및 수공업으로 전업했다. 조선 후기의 실학자들이나 지식인들은 대부분 몰락 양반이었으며, 자연스레 농민층의 입장을 지지하게 되었다.

  경제적 계층 분화는 더 이상의 신분적 지배 · 예속 관계를 유지시킬 수 없게 했다. 양 난 이후 군공과 부를 이용한 납속 등 합리적인 수단에 의해 양인 · 양반으로 신분이 상승됨에 따라 피지배 계층이 급감했다. 이러한 신분 변동은 서얼과 중인 계층에서도 나타났다. 서얼은 18~19세기에 문무 핵심 관직 진출의 허용을 요구하는 활발한 서얼소통 운동(庶孼疏通運動)을 전개하여 고위 관직 진출에 성공했다. 조선 후기에는 중인들도 신분 차별을 반대하는 통청 운동(通淸運動)을 전개하며, 상소를 통해 동반이나 홍문관 등의 청요직 진출을 요구했다. 비록 성공하지는 못했으나 신분 질서를 붕괴시키는 계기가 되었다.

노비 신분법도 변경되어 1669년(현종 10)에는 부모 중 어느 한쪽이 천민이면 그 자식도 천

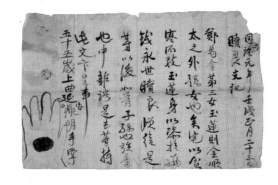

◀ 돈을 받고 노비를 양인으로 풀어준 문서

민이던 종래의 법제가 폐지되고 종모법(從母法)으로 바뀌었다. 어머니의 신분만을 따르는 종모법은 여러 번의 치폐 과정을 거쳐 1731년(영조 7)에 확정되었다. 노비 제도의 해이는 양반 사회의 체제를 근본부터 흔들었다. 마침내 1801년(순조 1)에는 내수사(內需司)와 궁방 소속의 관노비 및 각사노비(各司奴婢)의 장적을 소각하고는 양인으로 해방시켰다. 이는 신분제의 붕괴를 정부 스스로 인정한 것이며, 장기간에 걸친 노비의 신분 해방 투쟁의 결과였다. 1886년(고종 23)에는 아예 신분 세습법 자체를 폐지했으며, 1894년의 갑오개혁(甲午改革) 때 이르러 사노비까지 법제적으로 해방되었다.

17세기 이후에는 부계 중심의 가족 제도가 확립되면서 친영 제도(親迎制度)가 정착되었고, 장자를 우대하는 풍속이 자리 잡았다. 후사를 이을 아들이 없으면 양자를 들여 제사를 모시게 했다. 부계 위주의 족보 편찬이 이루어졌으며, 동성(同姓) 마을이 형성되어 종중(宗中)을 중시하는 현상이 나타났다. 정부 정책도 가부장적 가족 제도를 유지하는 방향으로 진행되었다. 효와 정절을 강조하여 과부의 재가를 금지했으며, 효자와 열녀를 표창했다. 혼인 형태에 있어서는 일부일처제(一夫一妻制)가 원칙이었으나 축첩(蓄妾)이 허용되었다. 적서의 차별이 엄격했고, 혼인 등 가족의 중대사는 가장이 결정했다. 법적인 혼인 연령은 남자 15세, 여자 14세였다.

| 신분과 가족 제도의 변화

청요직(淸要職) : 홍문관, 사헌부, 사간원 등 조선 시대 관리들이 선망하는 직책으로, 이곳을 거쳐야만 판서나 정승으로 진출하기 쉬웠다.

남귀여가혼(男歸女家婚)과 친영 제도 : 조선 전기까지는 고려 시대의 영향으로 '남귀여가혼'의 혼인 풍습이 그대로 전해졌다. 혼인 후 신랑이 신부 집에 머물며 생활하는 것을 말한다. 조선 시대 혼인은 '위로는 조상을 받들고 아래로는 후사를 잇기 위한' 거창한 명분이 있었다. 혼인 절차는 6례(六禮 － 納采 · 問名 · 納吉 · 納徵 · 請期 · 親迎)를 중히 여겼다. 중종 이후부터는 유교를 생활 규범에까지 적용시키는 개혁을 했고, 이에 4례(四禮)의 절차를 따랐다. 의혼(議婚), 납채(納采), 납폐(納幣), 친영(親迎)이다. 친영은 신랑이 신부의 집에 와서 신부를 데리고 본가에 가서 혼례를 치르는 것이다. 그러나 우리나라의 전통적인 혼속은 신부 집에서 혼례를 치르는 서류부가혼이었다. 16세기의 서화담에 의해 전통 혼속과 주자 4례(朱子四禮)를 절충한 삼일대반(三日對飯)이라는 반친영의례가 보급되었다. 신부 집에서 혼례를 올리되 머무는 기간을 단축하여 3일만에 신랑 집으로 가서 친영의례를 거행하도록 하는 것이다

🌀 향촌 사회의 질서 변화

R e f e r e n c e **d a t a**
● 향전

19세기에 들어 구사회의 질서가 붕괴되고 새로운 사회로의 변화가 일어났다. 정치적으로는 세도 정치의 폐해가 극에 달해 통치 질서가 파탄에 이르렀다. 이는 새로운 정치 구조의 출현을 요구하게 되었는데 몰락 양반들이 중심이었다. 1860년(철종 11)에 최한기(崔漢綺)는 『인정(人政)』에서 인재를 옳고 고르게 등용할 것을 강조했다. 이 시기에는 실학의 학문적 · 사상적 연구가 보다 성숙되었다. 박제가, 정약용, 서유구, 김정희, 최한기 등이 대표적인 학자다. 근대 지향적인 실학사상은 근세에서 근대로 전환하는 사상적 기반이 되었다. 종래의 신분 질서를 무너뜨리는 데에는 유수원의 신분 개혁 사상 등 실학자들의 신분 의식이 기반을 제공했다.

　신분제의 동요는 향촌 사회의 질서를 변화시켰다. 양반들의 향촌 지배 기구였던 유향소는 두 가지 측면으로 변질되었다. 하나는 향청(鄕廳)으로 불리면서 수령 예하의 지방 행정 기구로 편제된 것이다. 다른

하나는 기존의 양반(舊鄕)만으로 구성된 향청에 새롭게 신분이 상승한 요호부민층(饒戶富民層=新鄕)이 참여하면서 향임(鄕任=座首 · 別監)을 둘러싸고 향전(鄕戰)이 일어난 것이다. 양반들은 지위 유지를 위해 거주지 중심으로 촌락 단위의 동계를 조직하거나 동족 마을을 만들고, 문중을 중심으로 서원과 사우를 세웠다. 그러나 일부 천민의 부농화, 몰락 양반의 전호화 · 임노동자화 등의 현상으로 양반의 권위는 약화되었다. 또한, 이 시기에는 농경 공동체 조직인 두레가 성행했고, 기존의 자치 조직인 향도는 상장(喪葬)의 일만을 담당한 상두꾼으로 잔존했다.

R e f e r e n c e **d a t a**

| 향촌 사회의 질서 변화

향전(鄕戰) : 기존의 향권을 쥐고 있던 사족 세력(士族勢力)에 대항하여 새로운 세력들이 향권(鄕權)에 도전하면서 일어난 다툼이다.

🌐 사회 불안 심화 및 예언 사상의 유포

신분제가 붕괴함에 따라 지배층과 농민층의 갈등이 커지고, 지배층의 수탈로 인한 삼정(三政)의 문란으로 농민 경제는 파탄에 이르렀다. 18세기 말 이후 궁방전 · 관둔전 등 면세지와 진황지 · 재해지 등 토호들의 탈세지가 증가하여 과세지가 줄어들자, 정부는 재정 기반 확충을 위해 전결세(田結稅)의 수납을 총액제로 운영했다. 필연적으로 전정은 남징과 과징이 일반화되었다. 군정도 신분제의 붕괴에 의한 양인의 감소에 따라 공정한 배분이 이루어질 수가 없었다. 환곡 역시 분급과 수납 과정에서 이무(移貿), 반작(半作), 늑대(勒貸), 허유(虛留), 반백(半白), 분석(分石) 등

Reference**data**
● 이무
● 반작
● 늑대
● 허유
● 반백
● 분석
● 정감록

온갖 방법이 자행되었다. 이에 대한 농민들의 적극적인 항거 운동이 발생하면서 사회는 동요하기 시작했다.

조선의 지배 이념과 생활 규범은 유교였지만, 예학으로 형식화되어 있었다. 형(刑)은 양반에게까지 올라가지 않고, 예(禮)는 서민에게까지 내려가지 않는다는 통념처럼 철저한 지배층의 논리였다. 이는 조선 후기에 신분 체제가 무너지면서 더 이상 사회 운영 원리로 기능할 수가 없었다. 불교는 이미 억불숭유의 시책에 의해 쇠락의 길을 걷고 있었다. 이러한 상황에서 비기(秘記)와 도참(圖讖) 등 예언 사상이 유행했다. 이때 가장 널리 유행한 것이 『정감록(鄭鑑錄)』이었다. 『정감록』은 이씨 왕조의 멸망과 정씨 왕조의 개창을 예언하고, 풍수지리설에 입각한 10승지(十勝地)가 제시되었다. 이러한 경향이 19세기 초부터 현저하게 나타나면서 정부를 비방하는 방서(榜書)·괘서(掛書) 사건이 빈발했다. 예언 사상과 함께 무격(巫覡)신앙이 번성했는데, 정부에서는 무세를 징수하면서 이를 공인했고 장려하기까지 했다.

R e f e r e n c e **d a t a**

| 사회 불안 심화 및 예언 사상의 유포

이무(移貿) : 지역 간 곡물 가격의 차이를 이용하여 이익을 추구하는 행위이다.

반작(反作) : 아전들이 환곡을 빼내고 이를 메우기 위해 거짓 문서를 만드는 행위이다.

늑대(勒貸) : 강제로 환곡을 대여하는 행위이다.

허유(虛留) : 환곡이 실제로는 없지만 장부에만 있게 하는 행위이다.

반백(半白) : 아전들이 환곡을 빌려줄 때 절반을 떼어먹는 행위이다.

분석(分石) : 환곡에 겨나 쭉정이를 섞어 대여하는 행위이다.

정감록(鄭鑑錄) : 참서(讖書)의 하나인 이 책은 여러 비기(秘記)를 모은 것으로, 참위설(讖緯說)·풍수지리설·도교(道敎) 사상 등이 혼합되어 있다. 조선의 조상이라는 이심(李沁)과 조선 멸망 후 일어설 정씨(鄭氏)의 조상이라는 정감(鄭鑑)이 금강산에서 마주앉아 대화를 나누는 형식으로 엮어졌다. 조선 이후의 흥망대세(興亡大勢)를 예언하여 이씨의 한양(漢陽) 도읍, 정씨의 계룡산(鷄龍山) 도읍, 조씨(趙氏)의 가야산(伽倻山) 도읍, 범씨(范氏)의 완산(完山) 도읍, 왕씨(王氏)의 재차 송악(松嶽) 개성 도읍 등을 논하고, 그 중간에 언제 무슨 재난과 화변(禍變)이 있어 세태와 민심이 어떻게 되리라는 것을 차례로 예언했다. 당시 오랜 왕정(王政)에 시달리며 조정에 대해 실망을 느끼고 있던 민중에게 끼친 영향이 매우 컸다.

천주교 전파 및 동학 발생

16세기 말엽 중국에 전래된 천주교는 17세기 무렵에 북경을 왕래하는 사신들에 의해 우리나라에 소개되었다. 당시에는 서학이라 하여 서양 문물의 하나로 간주되었다. 이수광이 『지봉유설(芝峰類說)』에 마테오 리치의 『천주실의(天主實義)』를 소개한 이후 그의 제자인 이익, 안정복 등 남인 학자들이 관심을 가졌다. 그들은 성리학적인 입장에서 이해하려 했기에 매우 비판적이었다. 종교로 수용되기 시작한 것은 18세기 후반(영조 말엽)부터였다. 정치적 · 사회적 모순을 고민하던 실학자들 일부가 천주교 서적을 접하면서 신앙 운동을 전개했다. 유교의 우주관 및 사회관과 정면으로 배치되었기 때문이다. 1784년(영조 8)에 이승훈(李承薰)이 북경에서 영세를 받고 귀국한 뒤 신앙 운동은 더욱 활발해졌다. 처음에는 방관하던 정부도 천주교의 교세가 확장되면서 천주교 교리가 현실 세계를 부정하고, 유교적 전통 사회를 흔든다는 점에 주목했다.

드디어 1785년(정조 9)에는 사교(邪敎)로 규정하고 금령을 내렸다. 이런 와중에 1791년(정조 15)에는 천주교 신자 윤지충(尹持忠)이 모친상을 당하여 신주를 불사르고, 천주교 의식을 행한 일이 벌어졌다. 이를 계기로 정부는 천주교 억제에 적극성을 띠었다. 하

Reference data
● 인내천
● 동경대전
● 용담유사

▼　　　　『천주실의』

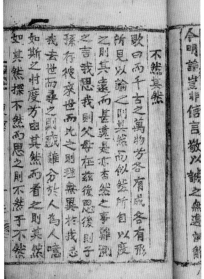

지만 교세의 확산은 멈추지 않았으며, 1795년(정조 19)에 중국인 신부 주문모(周文謨)가 입국하면서 크게 확장되었다. 그러나 순조가 즉위하면서 노론 벽파(僻派)가 남인 및 소론 시파(時派)에 대한 정치적 공세의 일환으로 박해를 시작했다. 또한, 농민 항쟁에 대한 공포 정치의 감행과 서양 세력 침투에 대한 경계심도 작용했다. 1801년(순조 1)에 일어난 신유사옥(辛酉邪獄) 때 이승훈과 주문모 등 수많은 신도가 처형되거나 유배당했다.

동학(東學)은 철종 때에 경주 지방의 몰락 양반인 최제우(崔濟愚)가 창시했다. 강력한 민족주의적 종교인 동학은 제국주의의 침략 위협과 천주교 유포 등 위기감이 고조되는 가운데, 유(儒)·불(佛)·선(仙) 3교를 융합하여 만든 것이다. 동학이란 명칭도 서학인 천주교에 대항한다는 뜻에서 붙여졌다. 동학의 교리는 당시의 민심을 반영하여 '인심이 곧 천심(人乃天)'이라는 사상을 기본으로 했다. 특히, 운수관으로 표현되는 천운순환론과 인도가 천도에 합치되어야 한다는 도덕론이 핵심을 이루었다. 동학이 농민 등 핍박받는 피지배층으로부터 열렬한 호응을 받은 것은 신분과 계급을 떠난 평등사상 때문이었다. 동학은 일반 농민의 현실 구복적인 욕구에 부응하여 질병 치료, 길흉에 대한 예언 등 민간 신앙적인 요소도 흡수했다. 경전으로는 한문으로 된 『동경대전(東經大全)』과 한글로 된 『용담유사(龍潭遺詞)』가 있다. 동학은 보국안민(輔國安民)과 제병장생(濟病長生)을 외치면서 급속히 보급되었다. 그러나 이를 경계한 정부는 동학을 사교(邪敎)로 규정하고, 1864년(고종 14)에 최제우 등에게 혹세무민의 죄를 씌워 처형했다.

R e f e r e n c e d a t a

| 천주교 전파 및 동학 발생

인내천(人乃天) : 성령(聖靈)과 지기(至氣)를 주체로 하는 '영육쌍전(靈肉雙全)'을 내세워 경천(敬天)·경인(敬人)·경지(敬地)를 주장함으로써 하늘과 땅과 사람을 일체로 보는 사상이다. 인간을 평등하게 보고, 근본적으로 귀천이 있을 수 없다고 선언한다. 사람마다 '한울님(하느님)'을 모시고 있기 때문에 사람을 한울님으로 여기는 '사인여천(事人如天)'이 천도교의 행동실천 요강(要綱)이다. 자신에게 주어진 한울님의 심기(心氣)를 바르게 기름으로써 한때 잃어버렸던 한울님을 되찾아 모시는 것을 의미한다. 이것을 '양천주(養天主)'라고 한다. 자신의 한울님을 기르는 방법이 서양의 종교가 하느님께 예배하면서 참회하고 속죄하는 의타적(依他的)인 방법인 데 반하여 동학(天道敎)은 자신의 심기를 수련하는 의자적(依自的)인 방법을 택했다.

동경대전(東經大全) : 동학의 창시자인 최제우가 지었다. 제2대 교주인 최시형이 1880년(고종 17) 경전인간소(經典印刊所)를 설치하여 완간했다. 「포덕문(布德文)」, 「논학문(論學文)」, 「수덕문(修德文)」, 「불연기연(不然其然)」의 네 편이 중심이다. 「포덕문」은 서학(西學)이 아닌 동학의 각도(覺道)를 알리는 최제우 자신의 선언문적인 성격을 갖고 있다. 천도(天道)인 하늘의 조화로 밝은 덕을 널리 온 천하에 베풀어 보국안민(輔國安民)하고 광제창생(廣濟蒼生)하는 경문이라는 뜻이다. 당시 천주교의 유입과 서세동점(西勢東漸)을 간파했다. 따라서 서학에 대항해 동학을 선포하는 보국안민, 광제창생의 정신과 이 도를 천하에 널리 전파해야만 하는 당위성이 나타나 있다. 「논학문」은 천지조화의 무궁한 운수와 천도의 무극한 이치를 설명하였다. 「수덕문」은 동학의 극의(極意)는 '수심정기(守心正氣)'의 4자에 있으므로, 하늘 조화의 참된 마음을 고이 지켜 공경하고 믿을 것을 말하고 있다. 「불연기연」은 사상적으로 가장 원숙하고 심오하였던 만년의 저작으로 천도의 인식론적 근거를 통찰·개진한 것이다.

용담유사(龍潭遺詞) : 동학(東學)의 교조(敎祖) 수운(水雲) 최제우(1824~1864)의 포교 가사집(布敎歌詞集)이다.

🌐 농민 운동의 발발 및 전개

Reference data
● 삼정이정청
● 일성록

양반 정치의 혼란, 삼정의 문란, 빈번한 자연재해와 질병 등은 몰락 농민을 양산했다. 이들 중 일부는 세리를 피해 깊은 산 속으로 들어가 화전민이 되거나 국경을 넘어 간도와 연해주로 이주했다. 아니면 도시나 광산촌 또는 수공업촌으로 들어가 임노동자가 되었다. 농촌에 잔류한 농민들은 지주·토호의 압박과 삼정의 수탈에 대처하기 위해 계(契)와 같은 공동 조직을 결성했다. 이들은 조직을 통해 정치적·사회적 의식을 성장시켜 나갔다. 마침내 농민들은 조선 사회의 모순에 직접적으로 저항하기 시작했다.

1804년(순조 4)에는 서울의 사대문에 관서비기(關西秘記)가 나붙었다. 안악에는 정부를 비방하는 노래가 유포되었다. 그리고 도처에서 화적·수적들의 양태로 일어났다. 대표적인 것은 1811년(순조 11)에 평안도에서 몰락 양반인 홍경래, 우군칙, 이희저, 김창시 등이 일으킨 홍경래의 난이었다. 이 난은 규모나 성격 면에 있어서 민란의 단계를 벗어나 농민 전쟁 수준으로 발전했다. 홍경래의 난 진압 후에도 민란은 끊이지 않았다. 1833년(순조 33)에는 서울에서 미곡상과 관리들의 농간으로 쌀값이 폭등하자 영세 시민들이 폭동을 일으켰다. 1841년(헌종 7)에는 경주의 농민들이 서울까지 올라와 환곡의 부정을 고발하는 복합상소(伏閤上訴)를 올리기도 했다.

조선 후기의 사회적 혼란은 전국적인 민란을 야기했다. 1862년(철종 13)에 진주 민란(晉州民亂)을 시발로 전국 각지에서 봉기가 일어났다. 진주 민란은 경상 우병사 백낙신(白樂莘), 진주 목사 홍병원(洪秉元)의 탐학에서 비롯되었다. 이 지방의 잔반 유계춘(柳繼春)·김수만(金守滿)·이귀재(李貴才) 등이 반란을 일으켜 진주성을 점령하고, 악질 관리 수 명을 태워 죽였다. 1862년에는 제주도에서 3차례의 민란이 일어났다. 민란의 원인은 삼정의 문란이 직접적인 계기가 되었으며, 규모나 양상이 모두 비슷했다. 10여 차례 관청에 호소하다가 받아들여지지 않을 때는 실력 행사로 이어졌다. 정부는 강경 일변도의 대처에 문제가 있고 군사 동원도 여의치 않자, 선무사(宣撫使)와 안핵사(按覈使)를 보내 농민들의 요구 조건을 수락하는 회유책을 썼다. 이는 미봉책에 불과하여 정부는 삼정의 개선을 선포하고, 삼정이정청(三政釐整廳)을 두어 구체적인 개선안을 마련토록 했다. 하지만 정부의 구제책이 삼정 자체의 문제보다도 운영의 개선에 초점이 맞춰짐에 따라 민란은 지속될 수밖에 없었다.

R e f e r e n c e d a t a

| 농민 운동의 발발 및 전개

삼정이정청(三政釐整廳) : 1862년(철종 13)에 임술민란을 비롯한 삼남 지방의 농민 봉기와 관련하여 수습 방안을 마련코자 설치한 관청이다. 19세기 초 홍경래의 난을 계기로 삼정을 이정하려고 했지만 효과를 거두지 못했다. 그 결과 19세기 중엽에는 삼남에서 항쟁이 일어났다. 조정에서는 안핵사(按覈使)·선무사(宣撫使)·암행어사 등을 파견하여 대책을 마련케 했다. 안핵사였던 박규수는 민란의 원인이 삼정 문란에 있다고 보고 수습책을 삼정이정에서 찾았다. 그리하여 1862년 5월에 삼정이정청을 설치하기로 결정했다. 이와 함께 국왕은 6월, 시험의 형식으로 전국의 정치인·지식인들을 상대로 삼정에 대한 의견을 물었다. 이정청은 여러 의견을 검토한 뒤 군정(軍政)과 전정(田政)은 옛 제도를 기본으로 하여 폐단만을 고치고, 환곡은 근본적으로 개혁하여 토지에 부과하는 '파환귀결(罷還歸結)'을 내놓았다. 삼정이정청은 『삼정이정절목』을 펴내면서 철폐되고, 그 뒤 삼정 업무는 비변사에서 관장했다.

일성록(日省錄) : 1760년(영조 36)부터 1910년(융희 4)까지 150년간 날마다 역대 임금의 언동(言動)을 기록한 책으로, 현재는 1790년(정조 14)부터의 기록만 남아 있다. 정조가 세손(世孫)으로 있을 때인 1752년(영조 28)부터의 언행과 동정을 일기체로 적고, 왕위에 오른 지 3년 후(1779)에 규장각을 설치하여 각신(閣臣)들로 하여금 왕이 조정에서 행한 사실들을 모두 기록하게 했다. 이것을 자료로 하여 1783년부터 작성을 시작하여 1785년 1월 국왕의 동정과 국정을 기록한 『일성록』이 처음으로 편찬되었다. 증자(曾子)의 "하루 세 번 내 몸을 돌이켜 살폈다"는 말의 의미를 살려 『일성록』이라 했다. 『조선왕조실록(朝鮮王朝實錄)』, 『승정원일기(承政院日記)』와 더불어 조선 시대의 대표적인 연대기이다.

『일성록』

O4 조선 후기의 문화 ▶▌▌━━━━ ━━

양명학의 수용과 실학의 발생

Referencedata
● 양명학
● 강화학파
● 우서
● 고증학

조선 후기 사회적 · 경제적 변동으로 종래의 신분적 지배 · 예속 관계와 사농공상(士農工商)의 직분적 사회구조 위에 있던 교조화된 주자학에 대해 비판이 일었다. 윤휴(尹鑴)와 박세당(朴世堂)은 주자 학설의 절대성을 부정하고, 양명학과 노장 사상을 수용하여 유교 경전의 독자적인 해석을 시도하다 사문난적(斯文亂賊)으로 몰려 죽임을 당했다. 비판의 경향은 주관적 · 실천적 유학 체계로서 주기론적 입장에 있는 양명학(陽明學)의 도입으로 한 단계 더 나아갔다. 정권에서 배제된 소론 학자들에 의해 받아들여졌는데, 처음에는 주자학과의 상호 보완과 균형을 이루려다 점차 정제두(鄭齊斗)에 의해 독립적으로 체계화되어 강화학파를 형성했다. 정제두는 일반민을 도덕 실체의 주체로 상정하고, 양반 신분제의 폐지를 주장했다. 이는 유교 사상의 자기 반성과 극복 과정이었으며 18세기의 실학 발생으로 이어졌다.

실학의 중심 과제는 사회 문제 해결이었다. 중농주의 입장에서 토지 제도의 개편을 주장한 경세치용학파(經世致用學派)와 상업 진흥을 강조한 이용후생학파(利用厚生學派)로 크게 나누어졌다. 유형원(柳馨遠)은 그의 저서 『반계수록(磻溪隧錄)』에서 고대 정전제(井田制)에 입각하여 토지 국유제 하의 균전론(均田論)을 주장했다. 18세기 전반에 성호학파를 형성한 이익(李瀷)은 『곽우록(藿憂錄)』에서 토지 소유의 상한선을 정하여 겸병을 막자는 한전론(限田論)을 주장했다. 19세기에 들어와 정약용(丁若鏞)은 농지의 공동 소유·공동 경작·공동 분배를 골자로 하는 여전제(閭田制)를 제창했고, 후기에 가서는 자영농을 기본으로 하는 정전제를 주장했다. 서유구(徐有榘)는 둔전제적 국영 농장인 둔전론을 제시했다. 정약용과 서유구의 농업 경영론은 기존의 지주 전호제를 극복한 새롭고 탁월한 개혁안이었다.

18세기 후반에 중상론(重商論)과 함께 청의 발달된 문물을 받아들이자는 북학파(北學派)가 일어났다. 병자호란 이후 청을 멸시하는 화이론적(華夷論的) 명분론의 탈피였다. 유수원(柳壽垣), 홍대용(洪大容), 이덕무(李德懋), 박지원(朴趾源), 박제가(朴齊家) 등이 중심이었다. 유수원은 『우서(迂書)』에서 상공업의 진흥과 기술 혁신을 강조하고, 사농공상의 직업 평등과 전문화를 주장했다. 홍대용은 기술의 혁신과 문벌 제도 철폐, 성리학의 극복이 부국강병의 근본이라고 주장했으며, 중국이 세계의 중심이라는 생각을 비판했다. 박지원은 상공업의 진흥을 강조했고, 수레와 선박의 이용, 화폐의 유통을 주장하면서 양반 문벌 제도의 비생산성을 비판했다. 그의 사상을 이어받은 박제가는 『북학의(北學議)』를 저술하여 청의 문물을 적극 수용할 것을 제창하면서 청과의 통상을 강조했다. 또한 생산과 소비의 관계를 우물물에 비유하여 소비를 권장했다.

실학자들의 개혁 원리와 이념들은 양반·지주층의 입장을 해치지 않는 범위에서 매우 제한적으로 채택되었다. 따라서 당시의 사회 모순 해결은 혁명적 방법에 의해서만 해결이 가능했다. 조선 후기의 민란은 이러한 상황에서 일어났다. 19세기에 들어 실학은 현실적인 개혁보다는 그것을 뒷받침하는 학문적 연구에 치중했다. 그러나 시대적인 문제의식에 입각하여 연구의 대상은 광범위했고 깊이도 심화되었다. 이전 시대의 문화와 전통을 비판적인 안목으로 정리했고, 역사학·언어·지리·금석학·농학·의학·천문·동식물학 등 현실의 여러 부문에 걸쳐 진지한 탐구가 이루어졌다. 이들은 김정희(金正喜)에 이르러 일가를 이루었고, 청의 고증학(考證學)을 받아들여 객관적인 학문 연구의 태도를 정립했다. 이러한 실학사상은 초기 개화 사상에 영향을 주었고, 구한말 광무개혁(光武改革), 애국 계몽 운동 등 개혁안에 원용되었다.

R e f e r e n c e **d a t a**

| 양명학의 수용과 실학의 발생

양명학(陽明學) : 중국 송나라 때 주자(朱子)에 의해 확립된 성리학(性理學)에 반대하여 명나라 때 왕양명(王陽明)이 주창한 학문이다. 육상산(陸象山)의 철학과 함께 심학(心學)으로도 불린다. 심즉리(心卽理)·치양지(致良知)·지행합일설(知行合一說)을 주창했다. 효는 배우고 익혀서 원리를 이해하는 것이 아니라 부모를 공경하는 자연스러운 마음의 원리를 실현하는 것으로 보았으며, 효심과 효행은 구분되지 않는 하나로 인식하여 이를 지행합일설로 표현했다. 마음은 기(氣)이고 마음이 갖춘 도덕성 등의 이치는 이(理)라고 한 주자의 견해에 대하여, 만물일체와 불교의 삼계유심(三界唯心)의 입장에서 마음이 곧 이(理)라고 주장했다. 『전습록(傳習錄)』에 의하면 "앎의 진정한 독실처(篤實處)가 곧 행(行)이요, 행함의 명각정찰처(明覺精察處)가 곧 앎이니, 앎과 행함의 공부는 분리할 수 없다"는 지행합일설이 제출되었다.

강화학파(江華學派) : 조선 후기에 정제두(鄭齊斗)를 비롯한 양명학자들이 강화도를 중심으로 형성한 학파이다. 1709년(숙종 35), 정제두는 자신과 가까이 지내던 소론들이 정치적으로 어려움에 처하자 강화도로 물러나 은거하였다. 이후 그의 친인척들과 이광사(李匡師), 이광려(李匡呂), 신대우(申大羽), 심육, 윤순(尹淳) 등의 소론학자들이 모여들어 학문을 익히거나 혈연 관계를 맺어 200여 년 동안 학맥을 이어 나갔다. 이(理)와 기(氣)를 체용(體用:사물의 본체와 그 작용)과 본말(本末:일의 처음과 끝)로 이해했다.

우서(迂書) : 소론에 속한 유수원(柳壽垣:1694~1755)이 노론 집권기인 1755년에 처형됨으로써 19세기 이래로 별다른 주목을 받지 못한 채 소수의 필사본만이 전해졌다. 문답체의 논문 형식으로 구성되어 있고, 서두의 '사민총론(四民總論)'에서는 조선이 빈궁한 원인을 사민이 분별되지 못한 것에 원인이 있다고 보았다. '논문벌지폐(論門閥之弊)'에서는 사농공상의 신분 질서를 타파하고 능력에 맞는 직업인 양성을 강조했다. '관제총론(官制總論)'에서는 관료 기구의 합리적인 운영 방안을 주장했다. 전체적으로 사민의 직업적 분화를 이루고 수취 체계가 균등한 사회 체제를 만들어 국부(國富)를 증대하고 안민(安民)하자는 것으로 요약된다. 그 방안으로 농기구의 개량, 상업적 농업의 장려, 상공의 발전 등을 들었다.

고증학(考證學) : 명나라 말기부터 중국에 들어온 서양 선교사들에게서 전해진 서양 문물에 영향을 받았다. 성리학과 양명학이 철학적이고 추상적인 문제를 다루었던 것에 비해 현실에 바탕을 두어 사실을 밝히고자 하는 학풍으로 발전했다. 매우 치밀하고 꼼꼼하게 글자와 구절의 음과 뜻을 밝히되 고서(古書)를 두루 참고하여 확실한 실증적 귀납적 방법을 택하여, 종래의 경서 연구 방법을 혁신했다. 훈고학(訓詁學)·음운학·금석학·잡가·교감학(校勘學)으로 분류한다. 경세치용(經世致用)을 주장하여 정치·민생(民生)이 우선이라는 이론을 제공했다. 대표적인 학자는 염약거(閻若璩)·호위(胡渭)·모기령(毛奇齡)·만사대(萬斯大)·만사동(萬斯同) 등이다. 고증학은 영·정조 때 일어난 한국 실학에 직접적인 영향을 주었다.

🏛 국학 연구의 확대

실학자들은 자신들이 처한 시대를 과거에 접속하고 미래로 연결되는
역사적인 현실로 인식했다. 자기의 역사와 전통에 대한 관심은 이수광
(李睟光)의 『지봉유설(芝峯類說)』에서 비롯되어 이익에 이르러 본격화되었
다. 이익은 『성호사설(星湖僿說)』에서 사가(史家)의 임무는 시세를 정확히
파악하는 것이며, 단편적인 사실의 시비를 가리는 데 있지 않다는 사론
으로 새로운 역사 서술의 선구가 되었다. 또한 실증적 · 비판적 역사 서
술을 제시했다. 이익의 사론은 안정복(安鼎福)에 계승되었다. 안정복은
단군 조선에서 고려 시대까지의 『동사강목(東史綱目)』과 조선 시대의 역사
인 『열조통기(列朝通紀)』를 서술했는데 종래의 중국 중심적인 역사 파악을
탈피하고, 한국의 독자적인 정통론을 세워 체계화했다. 이 외에 한치윤
(韓致奫)이 지은 기전체의 『해동역사(海東繹史)』와 이긍익(李肯翊)의 기사본말
체 야사집인 『연려실기술(燃藜室記述)』이 있다.

   우리 역사의 체계화와 함께 역사의 무대도 확장되어 발해사의 중요
성이 강조되었다. 발해의 비명을 고증한 한치윤의 『해동역사』와, 지(志)
에서 고구려에 큰 비중을 둔 이종휘(李種徽)의 『동사(東史)』가 그 예다. 유
득공(柳得恭)은 『발해고(渤海考)』에서 앞선 연구를 총결산했다. 유득공은 신
라의 통일을 불완전한 것으로 규정하고, 남쪽의 신라와 북쪽의 발해를
병립시켜 남북국 시대로 부를 것을 제안했다. 공간성에 대한 관심은 강
역 · 지리 · 산수의 연구로 나타났다. 한백겸(韓百謙)의 『동국지리지(東國地
理志)』, 신경준(申景濬)의 『강계고(疆界考)』, 정약용의 『아방강역고(我邦疆域考)』
같은 뛰어난 지리서가 나왔다. 인문 지리에서는 이중환(李重煥)의 『택리
지(擇里志)』가 오늘날에도 그 가치를 발휘하고 있다. 지도는 정상기(鄭尙驥)
가 백리척을 최초로 사용하여 「동국지도(東國地圖)」를, 김정호(金正浩)는 거
리를 알 수 있도록 10리마다 눈금이 표시된 「대동여지도(大東輿地圖)」를 각
각 제작했다. 이것들은 과학적 도법을 사용한 선구적인 작품이었다.

Reference**data**
- 동사강목
- 연려실기술
- 발해고
- 택리지

김홍도의 '규장각도' ▶

한글에 대한 연구도 활발하여 음운학과 어휘 수집에 성과가 있었다. 신경준의 『훈민정음운해(訓民正音韻解)』, 유희(柳僖)의 『언문지(諺文志)』 등이 있는데, 이는 한글의 우수성에 대한 인식과 문화적인 자아의식의 발현이었다. 이의봉의 『고금석림(古今釋林)』은 우리의 방언과 해외의 언어를 정리한 것이다. 실학자들의 학풍은 위정자들에게 영향을 주어 관찬 사업을 활성화시켰다. 영조 대에 백과사전인 『동국문헌비고(東國文獻備考)』, 법전인 『속대전(續大典)』, 『속오례의(續五禮儀)』, 군비서인 『속병장도설(續兵將圖說)』이 편찬되었다. 정조 대에는 규장각을 중심으로 법전인 『대전통편(大典通編)』, 외교 문서집인 『동문휘고(同文彙攷)』, 사례집인 『탁지지(度支志)』 등 수많은 서적들이 간행되었다.

R e f e r e n c e d a t a

| 국학 연구의 확대

동사강목(東史綱目) : 안정복이 1778년(정조 2)에 완성한, 고조선에서 고려 공양왕까지의 편년체 통사(通史)이다. 정통 국가, 정통 군주에 대해 구별하여 서술했다. 정통 국가는 기자 조선, 마한, 통일 신라, 고려로 보았다. 마한이 멸망한 뒤의 삼국 시대는 정통 국가가 없는 시대로 보았다. 표기에서도 정통의 임금은 왕(王)이라고 썼다. 정당성이 없는 임금은 모국왕(某國王), 가야와 같은 소국(小國)의 임금은 모국군(某國君), 도적은 그냥 모(某)라고 썼다. 고조선의 위만(衛滿)은 왕위를 찬탈한 찬적(簒賊)으로, 부여는 북방 경역(經域)에서 건국하였다 하여 삼국과 함께 두지 않았다. 궁예(弓裔)는 반적(叛賊)으로, 발해는 우리나라 역사에서 제외하였다.

연려실기술(燃藜室記述) : 조선 후기의 학자 이긍익(李肯翊:1736~1806)이 지은 조선 시대 야사총서(野史叢書)이다. 400여 가지에 달하는 야사에서 자료를 수집·분류하고 원문을 그대로 기록하였다. 조선 시대 사서(史書) 중에서도 매우 뛰어난 저작인 이 저서는 객관적인 기사본말체(記事本末體)로 기록되었다는 점과 사견(私見)이 조금도 가해지지 않은 명석(明晳)한 사관(史觀)에 입각하여 불편부당(不偏不黨)의 공정한 필치로 엮어졌다는 점에서 역사서의 백미편(白眉篇)이라 할 수 있다.

발해고(渤海考) : 1784년(정조 8)에 유득공(柳得恭)이 한국·중국·일본의 사서(史書) 24종을 참고하여 발해의 역사를 기록한 책으로, 정사(正史)의 체계로 엮었다. 서문에 고려가 고구려의 후계자임을 자처한 발해의 역사를 기술하지 않은 것은 잘못된 일이라고 비판했다. 특히, 국서고에는 일본과 주고받은 국서가 주로 실려 있는데, 발해가 고구려의 옛 영토를 회복한 나라이고 부여의 풍속을 간직한 나라라는 점을 일본에 강조하면서, 고구려의 후예국임을 대외에 알리는 내용이 기록되어 있다. 발해사(渤海史)를 독립적으로 다룬 유일한 책이라는 점과, 자주적(自主的)인 입장에서 발해사를 체계화하고 발해를 우리 국사의 영역으로 끌어들여 발해 고토(故土)가 우리 영토라는 사료적 근거를 제공해 주었다는 점에서 사학사적 의미가 높다.

택리지(擇里志) : 1751년(영조 27)에 실학자 이중환(李重煥:1690~1756)이 저술한 지리서다. 저술 당시에는 책의 이름이 정해지지 않았으며 뒤에 이긍익(李肯翊)이 이를 『팔역복거지(八域卜居志)』라 한 바 있고, 『택리지』라는 이름도 후인들이 붙인 듯하다. '팔도총론(八道總論)'은 전국을 평안도 · 함경도 · 황해도 · 강원도 · 경상도 · 전라도 · 충청도 · 경기도 8도로 나누어 그 지리를 논하고 그 지방의 지역성을 출신 인물과 결부시켜서 서술했다(地人相關). '복거총론'에서는 살기 좋은 곳을 택하여 그 입지 조건을 들어 타당성을 설명하였다. 사람이 살 만한 곳의 입지 조건으로 지리 · 생리(生利) · 인심(人心) · 산수(山水) 등 4가지를 들었다. 여기에도 가거지류(可居地類) · 피병지(避兵地) · 복지(福地) · 은둔지(隱遁地) · 일시유람지(一時遊覽地) 등으로 분류했다. 특징으로는 한국 사람이 저술한 현대적 의미의 지리서라는 점, 실생활에서 참고와 이익을 주도록 저술된 점, 근대 한국의 지리학과 사회학에 지대한 영향을 주었다는 점이다.

과학 기술의 발달

Reference data
● 시헌력
● 곤여만국전도
● 동의수세보원
● 마과회통

17~18세기는 조선 전기의 과학적 성과를 토대로 서양의 과학과 기술을 수용하였으며, 종래의 중인층 주도에서 벗어나 실학자들에 의해 새로운 경지가 열렸다. 김석문(金錫文)은 『역학도해(易學圖解)』를 통해 동양 최초로 '지구 회전설'을 정립했다. 중국을 통해 서양의 천문 관측기구인 지평일구(地平日晷), 혼개일구(渾蓋日晷), 천리경 등이 전래되었다. 효종 때는 김육(金堉)과 김상범(金尙範)에 의해 서양식 신력인 시헌력(時憲曆)이 채용되었다. 지도 제작에 있어서는 축적도법과 방안도법이 사용되었다. 정상기의 「동국지도」는 백리척을 사용한 실측 지도였고, 김정호의 「청구도」와 「대동여지도」는 방안도법에 의한 것이었다. 예수회 선교사 마테오 리치의 「곤여만국전도(坤輿萬國全圖)」와 베르비스트의 「곤여전도」 등 세계 지도가 중국으로부터 전래되어 당시 조선인들의 세계관을 확대시켰다. 수학에 있어서는 최석정과 황윤석이 전통 수학을 집대성했다. 중국에서

서광계(徐光啓)와 마테오 리치가 설명한 「기하원본(幾何原本)」도 이 무렵에 도입되었다.

의학에서는 실증적인 태도로 이론과 임상의 일치에 주력했다. 17세기 초에 전통 의학을 집대성한 허준의 『동의보감(東醫寶鑑)』은 의료 지식의 민간 보급에 공헌했다. 허임(許任)은 침구술을 집대성한 『침구경험방(鍼灸經驗方)』을 저술했고, 19세기 후반 이제마(李濟馬)는 『동의수세보원(東醫壽世保元)』에서 체질의학인 사상의학(四象醫學)을 주장했다. 이익과 이규경은 아담 샬의 『주제군징(主制群徵)』을 통해 인체의 해부학적 구조와 생리적 기능에 대한 지식을 얻었다. 정약용은 『마과회통(麻科會通)』에서 제너의 종두법을 처음으로 소개하고, 홍역에 대해 연구했다.

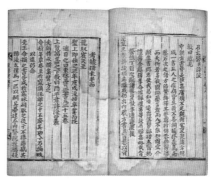

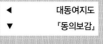

▶ 대동여지도
▼ 『동의보감』

어업에 있어서도 어망의 재료가 면사로 바뀌고, 각종 어법과 어구가 개량되었다. 17세기에는 김(海苔) 양식 기술이 개발되어 전라도를 중심으로 보급되었다. 18세기 후반에는 냉장선이 등장하여 어물의 유통이 활발해졌다. 정약전(丁若銓)은 흑산도 근해의 수산 생물을 채집하여 기록한 『자산어보(玆山魚譜)』를 지었다. 인쇄술의 발달도 괄목할 만한 것이었는데, 영 · 정 시대에 관찬 사업이

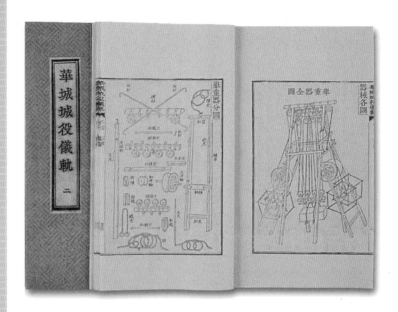

『화성성역의궤』　▶
수원 화성의 설계도로, 축
성에 사용한 기계들이 그
려져 있다.

수원 화성　▶

활기를 띠면서 한구자(韓構字)·생생자(生生字)·정리자(整理字) 등 개량 활자가 주조되었다. 민간에서도 인쇄업을 운영한 것이 특기할 만하다. 활판·목판 인쇄가 보급되어 문학 작품이나 족보 등이 많이 간행되었다. 건축술에 있어서는 정약용이 거중기(擧重機)를 만들어 한강 주교(舟橋-배다리)의 설치와 서양식 축성인 수원 화성 성곽 축조에 이용되었다.

R e f e r e n c e   d a t a

| 과학 기술의 발달

시헌력(時憲曆) : 중국에서는 1629년부터 14년간 숭정역법(崇禎曆法)이 쓰였는데, 서양의 수치와 계산 방법이 채택된 것이다. 시헌력은 이를 교정하여 1645년부터 채택되었다. 한국에는 숭정역법이 도입되지 않고 대통력(大統曆)에 이어 곧바로 시헌역법이 채택되었다. 시헌력은 평기법(平氣法)을 폐지하고 처음으로 정기법(定氣法)을 쓴 점이 특징이다. 평기는 동지를 기점으로 하여 24기(氣)를 균등하게 취한 것이고, 정기는 황도를 15°씩 분할하여 태양의 각 분점을 통과할 때를 취한 것이다.

곤여만국전도(坤輿萬國全圖) : 1708년(숙종 34)에 관상감(觀象監)에서 제작하였다. 원래의 「곤여만국전도」는 1602년 이탈리아의 예수회 선교사 마테오 리치가 중국에서 명(明)나라 학자 이지조(李之藻)와 함께 목판에 새겨 인쇄한 목판본이다. 마침 중국 북경에 파견되어 있던 이광정(李光庭)과 권희(權憘)가 1603년(선조 36) 귀국할 때 가지고 온 것으로, 한국에 전래된 최초의 세계 지도이다. 아피아누스 투영법을 사용하여 동서 양반구(兩半球)로 나누지 않고, 전 세계를 6폭 전면 난형권(卵形圈) 내에 그렸다. 그때까지 하늘은 둥글고 땅은 사각형이라는, '천원지방(天圓地方)'의 천체관을 가지고 있던 중국인들에게 이 지도는 큰 영향을 끼쳤다.

동의수세보원(東醫壽世保元) : 조선 후기의 의학자 이제마(李濟馬)가 저술한 사상 의학서(四象醫學書)로 1894년(고종 31)에 간행되었다. 그는 인체를 기질과 성격에 따라 태양(太陽), 소양(小陽), 태음(太陰), 소음(小陰)의 사상(四象)으로 나누고, 질병을 치료하는 데 있어서는 증증(症證)보다도 오히려 체질에 중점을 두고 시술해야 한다고 주장하였다. 그의 학설은 질병 치료에서 과거와 같은 음양오행설의 공론에 의존하지 않고, 환자의 체질에 중점을 두었기 때문에 한의학의 전통을 벗어난 획기적인 학설로 평가되고 있다.

마과회통(麻科會通) : 1798년(정조 22)에 정약용(丁若鏞)이 저술했다. 다산의 자서(自序)에 따르면 "근세에 이몽수(李蒙叟:獻吉의 字)라는 사람이 있어, 명예를 바라지 않고 뜻을 오직 활인(活人)에 두어 마진서(痲疹書)를 취하여, 어린 생명을 건진 것이 만여 명에 이르렀고, 나도 또한 이몽수에 의하여 활의(活意)를 얻었다. 그 덕에 보답하고자 이몽수의 마진기방(痲疹奇方)을 비롯하여 중국서 수십 종을 얻어 그 조례를 소상히 밝힌다"고 하였다. 특히, 아속편과 오견편에서는 한국에 유행한 마진의 증세를 관찰하여 치료법을 상세히 기술하였다.

🌀 서민 문학의 발달

Reference data
● 판소리
● 청구영언
● 해동가요

서민들의 의식이 확대되면서 현실에 대한 새로운 인식으로 종래의 양반 중심의 문예에 대한 비판이 일었고, 일반 민중들이 창작·향유하는 문학과 예술이 나타났다. 위항(委巷-閻巷)인으로 불리는 중인층의 문예 활동이 왕성하였으며, 상민이나 광대들에 의해 우리의 독특한 문학인 판소리가 보급되었다. 한문학으로는 박지원의 「허생전(許生傳)」, 「호질(虎叱)」, 「양반전」이 있는데 꾸밈없는 문체로 양반들을 신랄하게 풍자했다. 민간전승의 이야기를 기록한 『동패낙송(東稗洛誦)』, 『청구야담(靑邱野談)』에서는 피지배 계층의 희로애락이 소박한 표현으로 그려졌다. 고시언(高時彦)의 『소대풍요(昭代風謠)』는 위항인·상민들의 시집이다.

조선 후기의 가장 두드러진 특징은 한글로 된 작품이 쏟아진 점이다. 허균(許筠)의 『홍길동전』은 최초의 국문 소설이다. 『장화홍련전(薔花紅蓮傳)』, 『창선감의록(彰善感義錄)』, 『심청전』, 『흥부전』 등은 권선징악을 표현했고, 『옥루몽(玉樓夢)』, 『숙향전(淑香傳)』, 『춘향전』 등은 남녀 간의 애정을 그린 작품이다. 그리고 『임진록(壬辰錄)』과 『임경업전(林慶業傳)』 같은 군담 소설도 나왔다. 한편, 대표적인 국문학 장르인 시조는 장시형의 사설 시조로 발전했으며, 사실적인 기법으로 서민들의 애환을 적나라하게 노래했다. 이를 집대성한 것이 서리 출신인 김천택(金天澤)과 김수장(金壽長)이 각각 엮은 『청구영언(靑丘永言)』과 『해동가요(海東歌謠)』이다.

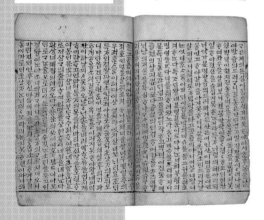

「홍길동전」 ▼

| 서민 문학의 발달

판소리 : 1964년 12월 24일 중요 무형 문화재 제5호로 지정되었으며, 2003년 11월 7일 유네스코 '인류 구전 및 세계 무형유산 걸작'으로 선정되어 세계무형유산으로 지정되었다. 남도의 향토적인 선율을 토대로 진양조 · 중모리 · 중중모리 · 자진모리 · 휘모리 · 엇모리 · 엇중모리 등 일곱 가지 장단에 따라 변화시키고, 또 아니리(白:말)와 발림(科:몸짓)으로 극적인 효과를 높인다. 대사만을 가리켜 극가(劇歌)라고 한다. 판소리의 발생기는 조선 숙종(肅宗) 무렵으로 「춘향가」, 「심청가」, 「흥부가(박타령)」, 「토별가(수궁가:토끼타령)」, 「적벽가(赤壁歌:華容道)」, 「장끼타령」, 「변강쇠타령: 가루지기타령:橫負歌」, 「무숙이타령(日者타령)」, 「배비장타령(裵椑將타령)」, 「강릉매화타령(江陵梅花타령)」, 「숙영낭자전(淑英娘子傳:가짜神仙타령)」, 「옹고집타령(雍固執타령)」 등 무당의 12굿처럼 12마당으로 이루어졌다.

청구영언(靑丘永言) : 김천택(金天澤)이 고려 말엽부터 편찬 당시까지의 여러 사람의 시조를 모아 1728년(영조 4)에 엮은 고시조집이다. 현재까지 전해지는 가집(歌集) 중에서 편찬 연대가 가장 오래되었다. 「해동가요(海東歌謠)」 및 「가곡원류(歌曲源流)」와 아울러 3대 가집으로 꼽힌다.

해동가요(海東歌謠) : 경정산가단(敬亭山歌壇)의 한 사람으로 이름을 떨친 가객(歌客) 김수장(金壽長)이 1746년(영조 22)에 편찬했다.

🎨 예술(건축 · 공예 · 미술 · 음악)의 변화

종래 중국의 화첩을 모사하던 화풍에서 벗어나 우리의 자연을 직접 보고 느낀 바를 독자적인 화법으로 그린 진경 산수화(眞景山水畵)가 나타났다. 정선(鄭敾)이 개척했고, 그의 '인왕제색도' 및 '금강전도'와, 김홍도(金弘道)의 '총석정도'가 대표적이다. 또한 이 시대의 두드러진 특징으로 풍속화가 유행했다. 김홍도와 김득신(金得臣)은 농촌 서민들의 일상을 주로 그렸고, 신윤복(申潤福)은 도회지 양반의 풍류 및 부녀자들의 풍습을 묘사했다. 서도에서도 중국의 서법을 모방하는 단계에

R e f e r e n c e **d a t a**
● 진경 산수화
● 청화백자

◀ **백자대호**
보름달을 닮아 흔히 '달항아리'라고 부르는 백자로, 17세기 후반부터 18세기 중반까지 유행했다.

신윤복의
'연당의 여인' ▶

강희언의 '석공공석도' ▶

▲ 민화 '까치호랑이'

추사 김정희의 ▶
'죽로지실'

내소사 '영산회괘불탱' ▶

서 벗어난 독자적인 기풍을 보여 주었다. 김정희는 고금의 필체를 두루 연구하여 자기만의 새로운 경지인 추사체(秋史體)를 확립했다. 신위(申緯)와 조광진(曺匡振) 등은 이 시기의 대표적인 서예가이다. 자기는 청화백자(靑華白磁)가 발달했는데, 정조 때에 안료인 회회청(回回靑)을 우리나라에서 직접 생산하면서 널리 보급되었다. 흰 바탕에 푸른색으로 산수, 화조, 초목 등을 그렸다. 이는 우리의 정감을 은은하고 소박하게 표현한 것으로, 중국 및 일본 자기와는 전혀 다른 분위기를 나타냈다. 이처럼 조선 후기의 문예는 민중을 주체로 하는 새로운 영역이 개척되었고, 지배층의 문화는 점차 퇴조했다.

R e f e r e n c e **d a t a**

| 예술(건축 · 공예 · 미술 · 음악)의 변화

진경 산수화(眞景山水畵) : 화풍은 실경 산수화(實景山水畵)의 전통에 새롭게 유행하기 시작한 남종화법(南宗畵法)을 곁들인 것으로, 정선(鄭敾)에 의해 개발되었다. 종래의 형식화된 창작 태도에서 벗어나, 현실을 통해 고의(古意)와 이상을 찾고자 한 당시의 사상적 동향과도 관계가 있다. 또 한국의 산천을 주자학적(朱子學的) 자연과 접목시키고자 한 문인 사대부들의 자연친화적 풍류 의식도 바탕이 되었다. 전대와 마찬가지로 명승명소(名勝名所)와 별서유거(別墅幽居) · 야외아집류(野外雅集類) 등이 소재였다. 그 중에서도 금강산과 관동 지방, 한양 근교의 경관이 가장 많이 다루어졌다. 18세기 후반에 새로 등장한 강세황(姜世晃) 등의 화가들에 의해 비판의 대상이 되기도 했다. 이들의 화풍은 실제 경관과 부합한 사실적인 기법을 강조하였는데, 김홍도(金弘道)에 의하여 구도와 필법이 더욱 치밀하고 박진감 넘치는 화풍으로 발전했다. 작품으로는 정선의 '인왕제색도(仁旺霽色圖)'를 비롯하여 강희언의 '인왕산도', 김석신(金碩臣)의 '도봉산도', 이인상의 '구룡연도(九龍淵圖)', 강세황의 '송도기행명승도첩(松都紀行名勝圖帖)', 김홍도의 '사군첩', 이인문의 '단발령금강전도(斷髮令金剛全圖)', 조정규(趙廷奎)의 '금강산병풍' 등이 있다.

청화백자(靑華白磁) : 순도 높은 순백의 기면(器面) 위에 코발트를 비롯하여 철, 망간, 동, 니켈 등 여러 가지 금속 화합물의 청색 안료로 그림을 그리고 백색의 장석질과 석회석질의 유약을 씌워 1,250~1,400℃의 높은 온도에서 환원소성(燒成)한 백자이다. 일반적으로 청화백자는 원(元)나라 중기에 시작, 경덕진(景德鎭) 가마에서 대량 생산되어 유럽으로 수출되었으며, 명(明)나라 선덕연간(宣德年間:1426~1435) 및 성화연간(成化年間:1465~1487)에는 우수한 제품을 생산하였고, 이후 청나라 때까지 자기의 주류를 이루었다. 한국에 전래된 것은 14세기 말이며, 본격적으로 생산된 것은 15세기 중엽 이후이다. 주요 작품에는 청화백자매죽문호(국보 제219호) · 청화백자홍치명송죽문호(국보 제176호) · 백자청화매조죽문병(보물 제659호) · 백자청화운룡문병(보물 제785호) 등이 있다.

7
근대 사회

19세기 후반 개항 ~ 해방 전 | 근대에 들어와 북학론자들의 통상 개화론 주장 및 상업 자본의 성장 등 개항과 개화를 위한 분위기가 조성되었다. 개항 이후에는 부국강병을 위해 개화파에 의한 갑신정변(甲申政變)을 비롯하여 갑오경장(甲午更張)·광무개혁(光武改革) 등이 실시되었다. 그러나 의식과 자본 등 내부 역량이 갖추어지지 않은 데다 월등한 무력과 경제력을 앞세운 서구 열강과 청·일의 이해가 얽혀 자율성이 크게 훼손되었다. 이는 국민의 외면과 함께 열강의 침략성을 간파한 보수 세력의 위정척사 운동(衛正斥邪運動)이란 저항에 직면했다. 마침내 서구 열강의 이권 침탈과 영토적 야욕이 현실로 드러나고, 정부의 무능과 무기력에 실망한 국민들은 민족적 저항 운동을 전개했다. 결국 한국은 청일 전쟁과 러일 전쟁을 통해 독점적 지위를 확보한 일제의 무력에 의해 국권을 피탈당하고 식민지로 전락했다. 이는 민족사의 단절이었고, 발전의 암흑기였다. 한민족의 독립 투쟁은 정통성을 계승한 대한민국 임시정부(大韓民國臨時政府)를 중심으로 국내외에서 전개되었다. 혹심한 탄압 과정에서도 민족의 정체성을 지키기 위한 민족 문화 수호 운동이 전 부문에 걸쳐 일어났다. 이때 유입된 서양 문화는 우리의 전통문화를 파괴하고, 민중의 자주 의식을 약화시키기도 했다.

01 개항과 국권 피탈
02 민족 독립 운동

01 개항과 국권 피탈 ▶▮▬▬ ▬▬ ▬▬

근대 사회의 전개

농업 생산력 급증, 상업의 발달, 실학사상이 대두하는 등 사회적 변화에 양반 관료체가 제대로 대응하지 못하고, 말폐적 붕당 정치와 세도 정치로 일관하면서 국민 생활을 도탄에 빠뜨리자 농민을 주축으로 한 저항이 일어났으며, 신분제를 기반으로 한 양반 사회는 뿌리째 흔들렸다. 한편으론 북학론자들의 통상 개화론 등 의식의 변화와 함께 상업 자본이 성장하여 근대화의 싹을 틔우고 있었다. 이는 개항 후 갑신정변(甲申政變)과 갑오경장(甲午更張) 그리고 광무개혁(光武改革)의 기반이 되었다. 그러나 이러한 내재적 개혁의 기운이 미처 성숙되기도 전에 제국주의 열강의 침략에 직면하자 위정척사 운동(衛正斥邪運動)이라는 보수 세력의 저항이 일어났고, 외세의 강요에 의한 문호 개방과 개혁을 감수해야 했다. 결국 우리나라는 일제의 무력에 의해 국권을 피탈당하고, 억압과 약탈로 일관된 민족사의 암흑기를 맞게 되었다.

제국주의 등장과 국내외 정세

19세기 후반, 자본주의와 민족주의가 결합된 서구 열강들이 독점적인 상품 시장과 원료 획득을 위해 식민지 쟁탈전을 벌였다. 뒤늦게 경쟁에 뛰어든 독일과 오스트리아는 1914년 영국과 프랑스를 상대로 제1차 세

계 대전을 일으켰다. 1929년에는 미국
발 세계 경제 공황으로 사회 불안이 고조
되자 후발 자본주의 국가인 독일에는 나
치즘이, 이탈리아에서는 파시즘이 그리
고 일본에는 군국주의가 발흥하여 전쟁
을 통해 경제 공황을 극복하려 했다. 마
침내 이들 국가가 주변국을 침략하는 제
2차 세계 대전이 발발했다. 종전 후 세계
는 전승국인 미국과 소련을 주축으로 한
냉전 체제에 돌입했다.

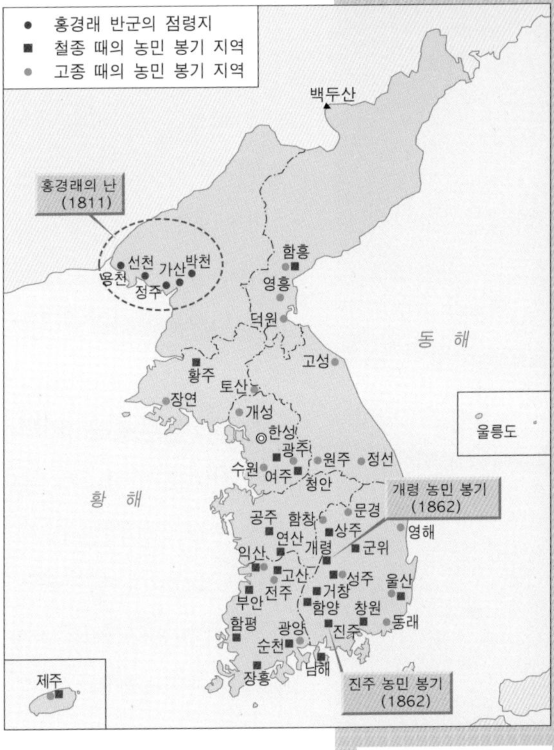

국내에서는 세도 정치로 인해 정부의
기강이 무너지면서 매관매직 성행·삼정
문란·탐관오리의 수탈 등 비리와 학정
이 극에 달했다. 결국 1862년에 임술 농
민 봉기가 발생했다. 이런 와중에 조선의
해안에는 이양선이 자주 출몰하고, 무력

▲ 19세기의 농민 봉기

을 앞세운 열강들이 문호 개방을 요구함에 따라 위기 의식이 고조되었
다. 더구나 1842년의 난징조약과 1854년 미일 화친조약 그리고 1860년
베이징조약으로 러시아가 연해주를 차지하자 불안해진 조선 정부는 지
레 문을 닫아거는 자세로 일관했다.

흥선 대원군의 정치

1863년, 철종이 후사 없이 죽자 왕위 계승 문제가 대두되었다. 오랜 세
도 정치하에서 많은 왕족들이 희생되었기 때문이다. 당시 왕실의 어른
이었던 헌종의 모후, 즉 조대비(趙大妃)의 지지로 12살 난 고종이 즉위했

Referencedata
● 원납전
● 당백전
● 척화비

다. 조대비가 섭정하면서 고종의 생부인 흥선군(興宣君) 이하응(李昰應)에게 실권을 부여했다. 이로써 60년간의 세도 정치가 막을 내렸다. 안동 김씨의 위세에 눌려 불우한 시절을 견디면서 민생과 국내 정치의 현실을 알게 된 대원군은 각종 시책을 의욕적으로 추진했다.

내부적으로는 안동 김씨 일족을 정권에서 밀어내고, 당파와 신분을 초월하여 능력에 따라 인재를 등용했다. 1865년에는 비변사를 폐지하고 의정부를 부활시켰으며, 삼군부를 다시 설치하여 정치와 군사를 분리했다. 『대전회통(大典會通)』과 『육전조례(六典條例)』를 간행, 법치 질서를 정비하는 한편, 『종부조례(宗府條例)』와 『오례편고(五禮便攷)』를 간행하여 왕실 및 국가의 전례도 함께 정비했다. 또한 고질적인 삼정의 문란을 바로잡기 위해서 은결을 찾아내고 지방관이나 토호의 겸병을 금지시키는 한편, 호포(戶布-洞布)제를 실시하여 군포를 양반에게로 확대했다. 그리고 환곡제를 개혁하여 사창제(社倉制)를 실시했으며, 폐단이 많았던 서원을 과감하게 정리하여 47개만 남겨 두었다. 1865년(고종 2)에 시작하여 2년이 소요된 경복궁 중건에는 막대한 경비가 소요되었는데, 경비 마련을 위해 원납전(願納錢)이란 기부금을 강제로 징수했고, 토지에는 결두전(結頭錢)이란 부가세를 신설했다. 이 외에 당백전(當百錢)이라는 고액의 화폐를 주조하여 물가 앙등을 초래했다. 게다가 공사용 나무 확보를 위한 전국적인 벌채와 이에 농민을 강제로 동원하면서 큰 원성을 샀다.

이미 1832년(순조 32)에 영국 상선 암허스트호가 통상을 요구한 이래 외국 군함들이 연해에 나타나 탐험과 측량을 일삼았다. 이들 이양선의 출몰은 조야에 커다란 위협을 주었다. 전통 질서를 재정비하고 집권 체제를 강화하려는 대원군에게 서양 세력의 개방 압력은 매우 큰 위협 요소였다. 때마침 유생과 양반들의 천주교 금압과 양화 유입에 반대하는 여론이 들끓었다. 대원군은 이에 힘입어 쇄국정책(鎖國政策)을 고수하는 한편, 양화 금단을 명하고, 천주교를 탄압했다(병인사옥, 1866). 이때 프랑스인 신부가 처형되었는데 이를 구실로 프랑스 로즈 제독 함대가 강화도를 침

▶ **남원부지도**
병인·신미양요를 겪은 후
국방 강화를 위해 제작하
였다.

범하였다. 조선 정부는 한강 연안의 경비를 강화하는 한편, 강화도의 문수산성과 정족산성에서 이들을 물리쳤다(병인양요, 1866). 대원군이 쇄국정책을 더욱 공고히 하게 된 계기는 통상을 거절당한 독일 상인 오페르트가 대원군 부친 남연군의 무덤을 도굴하면서부터였다. 1871년에는 미국

상선 제너럴 셔먼호 격침 사건이 빌미가 되어 미국의 아시아 함대 사령관 로저스가 5척의 군함으로 강화도를 침공했다(신미양요,1871).

두 차례의 침략을 막아내면서 자신감을 얻은 대원군은 척화교서를 반포하고, 서울 종로와 전국 요소에 척화비(斥和碑)를 세웠다. 이 같은 대원군의 정책이 계속될 수 있었던 것은 유생들이 대원군의 정책을 지지했고, 프랑스나 미국을 비롯한 열강들이 자국의 사정으로 인해 조선에 집중할 수 없었기 때문이다.

R e f e r e n c e d a t a

| 흥선 대원군의 정치

원납전(願納錢) : 1865년(고종 2) 흥선 대원군은 빈터로 있던 경복궁의 중건 계획을 세웠으나 막대한 경비가 소요되었다. 이에 재상 이하 모든 관원이 능력에 따라 연보(捐補)하게 하고, 백성들은 스스로 기부금을 납부하되 그 액수에 따라 벼슬과 상을 주었다. 첫해에는 근 500만 냥이 납부되었으나, 그 뒤 해마다 감소되어 공사비 지출이 어렵게 되자 노동력을 강제로 징발하는 한편 결두전(結頭錢)·문세(門稅) 등을 신설하고, 당백전을 발행하여 국가 재정의 혼란을 빚었다.

흥선 대원군 척화비

당백전(當百錢) : 1866년 11월 6일 주조·발행했다. 모양과 중량이 상평통보의 5~6배에 지나지 않으면서도 명목 가치는 실질 가치의 약 20배에 달했다. 대원군 집권기(1863~1873)에 경복궁 중건과 함께 서구 열강의 침략에 대비하여 군비를 확장해야 했다. 이러한 문제의 타개책으로 악화를 발행하여 명목 가치와 실질 가치의 차액을 남기려 했던 것이다. 그 결과 발행 초기인 1866년 12월경에 7~8냥에 지나지 않았던 미곡 1섬의 가격이 1~2년 사이에 약 6배로 폭등했다. 마침내 1868년 5월 최익현(崔益鉉)의 상소에 의해 당백전 통용을 금지시켰다.

척화비(斥和碑) : "洋夷侵犯 非戰則和 主和賣國(서양 오랑캐가 침입하는데, 싸우지 않으면 화친하자는 것이니, 화친을 주장함은 나라를 파는 것이다)"이라는 큰 글자의 주문(主文)과 "戒我萬年子孫 丙寅作 辛未立(우리들의 만대자손에게 경계하노라. 병인년에 짓고 신미년에 세우다)"이라는 내용의 작은 글자가 새겨져 있다. 1866년(고종 3)의 병인양요(丙寅洋擾)와 1871년의 신미양요(辛未洋擾)를 치른 뒤 대원군은 쇄국의 결의와 외세의 침입을 경계할 목적으로 1871년 4월을 기해 서울을 비롯한 전국의 요소에 세웠다. 1882년(고종 19) 임오군란(壬午軍亂)으로 대원군이 청나라로 납치되어 가고, 개국이 되는 시점에 대부분 철거되거나 파묻혔다.

🌀 개화론과 개항

대원군의 강한 쇄국에도 불구하고 통상 개화론이 대두했다. 일찍이 통상을 바탕으로 부국강병을 주장했던 북학파의 사상은 19세기에 들어와 박지원의 손자인 박규수(朴珪壽)와 오경석(吳慶錫), 유홍기(劉鴻基-劉大致) 등에 의해 발전했다. 이들은 『해국도지(海國圖志)』, 『영환지략(瀛環志略)』 등의 서적에 많은 영향을 받았다. 조선의 온건 개혁파는 양무운동을 모델로 삼아 점진적인 개혁을 주장한 반면, 급진 개혁파는 일본의 메이지 유신처럼 서양의 과학 기술뿐 아니라 정치·사회 제도까지 수용할 것을 주장했다. 초기의 대원군은 개혁 정치로 많은 성과를 이뤄냈으나 서원 철폐와 호포제 실시로 유생들의 반발을 샀고, 경복궁 중건에 강제 동원한 농민들의 지지마저 상실했다. 게다가 그의 강경한 대외 정책에 개화론자들이 비판에 나서면서 고립무원이 되었다. 마침내 1873년(고종 10)에는 반대원군 세력을 규합한 민씨 일파의 국왕 친정 명분과, 대원군의 실정을 공격하는 최익현의 상소를 계기로 실각하고 말았다. 이로써 정권은 민씨 일족에게로 돌아갔다. 대원군 하야와 민씨 일파의 집권은 개항 정책(開港政策) 등 변화를 몰고 왔다.

프랑스와 미국이 자국 사정으로 조선에 관심을 기울이지 못한 사이 일본이 선수를 쳤다. 1875년에 의도적으로 운양호 사건을 일으키고는 강화도조약(江華島條約-병자수호조약, 1876)을 체결했다. 전권대신 신헌(申櫶)과 일본의 전권 판리대신 구로다 기요타카(黑田淸隆)가 체결한 전문 12개조의 내용은 조차지 설정, 연해 측량의 자유, 치외법권 보장 등 일본이 조선 침략의 발판을 마련한 불평등조약이었다. 조약문에 '大朝鮮國 開國 485年'이라고 표기하여 청의 연호를 사용치 않은 것은 조선과 청국의 관계를 부정함으로써 장차 조선 침략 과정에 청을 배제하려는 의도였다. 이어서 조일수호조규부록(朝日修好條規附錄)과 조일통상장정(朝日通商章程)이 체결되어 일본의 경제적 침투의 길을 열어 놓았다. 개항장의 선

Reference data
● 해국도지
● 영환지략
● 사의조선책략

정도 조선 정부의 반대에도 불구하고 일본의 정치적·군사적인 필요에 따라 원산(1879)과 인천(1882)으로 정해졌다.

일본에 이어 1882년에는 청나라 리훙장(李鴻章)의 주선으로 미국과 조미수호통상조약을 맺었다. 일본은 독점적 지위를 잃을까 염려하여 미국의 중재 요청에 비협조적이었지만, 러시아를 견제하고 조선에 대한 영향력을 회복하려는 청이 적극적으로 나선 결과였다. 이미 내부적으로도 황준헌(黃遵憲)의 『조선책략(朝鮮策略)』이 소개되어 구미 제국과의 수교 필요성을 인식하고 있었다. 14개조로 된 미국과의 조약은 치외법권, 조차지 설정, 최혜국조관 등을 규정했다. 조약에 따라 민영익(閔泳翊)을 전권대신으로 하여 홍영식(洪英植)·서광범(徐光範) 등 수신사를 미국에 파견했다. 미국에 이어 영국과도 1882년에 통상조약을 체결했는데 이 역시 청나라가 주선했다. 러시아는 1884년에 직접 조로통상조약(朝露通商條約)을 체결했는데, 임오군란 뒤 청의 추천으로 와 있던 외교 고문 묄렌도르프(穆麟德)가 역할을 했다. 그 외에도 서양 각국과 통상조약을 맺었는데, 프랑스와는 1886년에야 조약이 체결되었다.

R e f e r e n c e d a t a

| 개화론과 개항

해국도지(海國圖志) : 청(淸)나라 위원(魏源:1794~1856)이 지은 세계 지리서이다. 세계 각국의 지세(地勢)·산업·인구·정치·종교 등 다방면에 걸쳐 서술했다. 아편 전쟁 후 서양을 보는 견해가 달라짐에 따라 저자는 이 저술을 통해 서양의 입장에서 서양을 보고자 하였다.

영환지략(瀛環志略) : 청나라 서계여(徐繼畬)가 지은 세계 지리책이다.

사의조선책략(私擬朝鮮策略) : 청나라 황준헌(黃遵憲)이 러시아의 남하 정책에 대비하기 위해 조선·일본·청국 등 동양 3국의 외교 정책에 대해 서술한 책이다. 제2차 수신사로 일본에 간 김홍집은 1개월여간 머물면서 국제 정세 탐문 및 국제법과 관련한 활동을 전개했다. 특히, 주일 청국 공사 하여장(何如璋)·참사관 황준헌(黃遵憲) 등과 외교 정책에 관해 의견을 교환하고, 귀국하는 길에 황준헌이 지은 『사의조선책략』을 얻어와 고종에게 바쳤다. 러시아를 방어하기 위한 조선의 외교 정책이 핵심 내용으로, 러시아가 조선을 탐내는데 이를 방어하기 위해선 친중국(親中國)·결일본(結日本)·연미국(聯美國)하여 자강을 도모해야 함을 주장했다. 중국은 물질이나 형국에서 러시아를 능가하고, 조선은 오랜 기간 중국의 번방(藩邦)으로 지내왔기에 양국이 우호를 증대한다면 중국이 방패막이가 된다는 것이다. 일본은 과거부터 통교해 온 나라이니 양국 중 어느 한쪽이 땅을 잃으면 서로 온전치 못한 보거상의(輔車相依)의 형세이고, 미국은 멀리 떨어져 있지만 남의 나라를 침략하지 않는 민주 국가이기 때문에 우방으로 해두면 좋다고 했다. 친중국·결일본·연미국의 외교 정책은 서구의 침략으로부터 무사할 때에 공평한 조약을 맺는 것이 이익이며, 중동과 같이 위세에 눌려 조약을 맺게 되면 자주권과 이익을 탈취당하게 되니 서둘러야 함도 강조했다. 이 책의 반향은 상당했다. 정부에서는 찬반 논의가 격렬했으며, 재야에서는 보수 유생들을 중심으로 거국적인 위정척사 운동이 일어났다.

🌐 개화 운동과 척사 운동

북학파의 사상을 계승한 개화 사상가들은 중국의 양무운동(洋務運動)과 일본의 문명 개화론(文明開化論)의 영향을 받았다. 개항 이후 일본에 파견된 수신사들에 의해 일본의 새로운 문물을 배워야 한다는 주장이 제기되었다. 김기수(金綺秀)·김옥균(金玉均)·박영효(朴泳孝)·홍영식·서광범 등이 대표적인 인물이다. 김기수는 일본의 발전된 모습을 기록한『일동기유(日東紀游)』를 국왕에게 바쳤다. 세계 정세에 눈을 뜨게 된 정부는 외국 문물을 받아들이는 작업을 진행했다. 1880년(고종 17)에 신문물 도입과 부국강병을 도모하기 위해 통리기무아문(統理機務衙門)을 설치하는 내용의 행정 기구를 개편했다. 군제도 개편하여 5군영 대신 무위영(武衛營) 및 장어영(壯禦營) 2영을 두었고, 교련병대(敎鍊兵隊─倭別技)라는 신식 군대를 별도로 조직했다. 1881년에 일본에는 신사 유람단(紳士遊覽團)을, 청국에는 영선사(領繕司)를 파견했다. 박정양·어윤중·조준영·홍영식 등 신사 유람단은 70일 동안 일본의 산업·교육·군사 시설 등을 둘러보았다. 김윤식 등의 영선사가 천진에 있는 기기국(機器局)에서 군사 기술을

Reference data
- 양무운동
- 5불가소
- 조청상민수륙무역장정

배웠지만 큰 성과는 없었다.

이러한 움직임과는 반대로 외세의 침략에 대한 위기 의식을 바탕으로 위정척사 운동(衛正斥邪運動)이 전개되었다. 바른 것은 전통적인 성리학적 사회 질서이고, 사악한 것은 서양의 문물을 뜻한다. 성리학을 신봉하는 보수적인 유생들이 중심이었다. 개항 이전에는 통상 반대론을 주장했고, 서양의 무력 침략에는 척화주전론을 주장했다. 1866년 이항로는 '尊體統, 開言路, 繕武備, 用德人'이란 대응책을 제시했다. 기정진(奇正鎭)의 입장도 마찬가지였다. 최익현은 왜양일체론(倭洋一體論)을 내세우며, 개항에 반대하는 5불가소(五不可疏)를 올렸다. 고종은 김홍집이 가져온『사의조선책략』을 유생들에게도 돌려 읽게 했는데 오히려 역효과를 냈다. 1881년에는 경상도 유생 이만손(李晩孫)이 영남만인소(嶺南萬人疏)에서 김홍집의 처벌을 요구하기에 이르렀다. 더 나아가 강원도 유생 홍재학(洪在鶴)은 만언척사소(萬言斥邪疏)에서 국왕에 대한 저항을 표시했다. 외세의 침략성을 간파, 이로부터 한국 사회를 보호하려 했지만 반면에 성리학적 전통을 기반으로 한 봉건적 양반 체제를 유지하려 했던 한계를 보였다.

1882년(고종 19)에 일어난 임오군란은 개화파인 민씨 세력과 보수파인 대원군 간의 대립이 배경이었다. 급격한 개화 정책과 일본 세력의 침투에 대해 국민들의 반감이 고조되는 가운데 군제 개혁에 따른 구식 군대의 불만이 표출되었다. 신식 군대에 비해 구식 군대의 차별이 심했고, 미곡의 부족으로 구식 군대의 녹봉이 밀린 데다가 그나마 1개월치를 지급하는 과정에서 선혜청 관리들의 착복이 직접적인 계기가 되었다. 격분한 구식 군인들은 선혜청 당상 민겸호(閔謙鎬)의 집을 습격하고, 일본인 교관(堀本禮造)을 죽이는 등 폭동을 일으켰다. 이를 기회로 대원군이 다시 집권하게 되었다. 대원군은 통리기무아문 등 신정책을 폐지하고 구제도를 복구했다. 또한, 교련병대를 폐지하고 5군영을 부활시켰다.

일본은 공사관이 불타는 등의 피해에 대해 주동자 처벌과 보상을 요구하는 한편, 일본인 보호를 명분으로 자국 군대의 주둔을 요구했다.

일본은 거제도나 울릉도의 할양까지 요구할 참이었으나 청의 개입으로 포기했다. 청은 신속하게 병력을 투입하여 대원군에게 군란의 책임을 물어 청으로 압송한 뒤, 다시 민씨 일파의 정권을 세우고는 원세개(袁世凱)가 이끄는 군대를 서울에 주둔시켰다. 임오군란은 조선에서 일본의 세력을 약화시키고 청의 지위를 강화시키는 결과가 되었다. 조선은 이홍장의 주선으로 독일인 묄렌도르프를 외교 고문으로 위촉했다. 통리교섭통상사무아문(統理交涉通商事務衙門) 설치 등 관제를 다시 개혁하고, 군대도 개편하여 친군영(親軍營)을 세웠으나 지휘권이 원세개에게 넘어가면서 내정 간섭이 강화되었다. 청은 조선과 상민수륙무역장정(商民水陸貿易章程, 1882)을 체결하여 경제적 진출을 확대했다. 이는 조선 상인에게 큰 타격을 주어 반청 감정이 고조되었다.

R e f e r e n c e **d a t a**

| 개화 운동과 척사 운동

양무운동(洋務運動) : 양무운동은 1861년부터 1894년까지 청(淸)나라에서 진행된 자강(自强) 운동이다. 초기에는 군사력 증강을 위해 군수공업 육성에 중점을 두었지만, 1870년대 이후에는 광공업이나 교육 등 다른 부문까지 개혁을 확대했다. 중체서용론(中體西用論)을 내세우며 중국의 전통적 가치 체계와 서양 문물 사이의 대립과 갈등을 해소하려 했다. 19세기 중엽에 청 왕조가 맞이한 안팎의 위기가 배경이었다. 아편 전쟁(1840~1842), 태평천국의 난(1851), 영국과 프랑스 연합군에 의해 북경 함락(1860) 등이다. 양무운동은 안팎의 여러 장애에 부딪쳐 제한된 성과에 그쳤다. 열강의 잇따른 침략도 청의 자강을 어렵게 했다. 대만 사건(1874), 청프 전쟁(1884~1885), 청일 전쟁(1894)에서 모두 일본과 프랑스에 패배해 류큐(琉球, 지금의 오키나와), 베트남과 조선에 대한 종주권을 잃었다. 이들 전쟁에서의 패배는 자강을 일차적 목표로 한 양무운동의 실패로 여겨졌고, 결국 전 분야에 근본적인 개혁을 주장하는 변법 자강 운동에 밀리게 되었다.

5불가소(五不可疏) : 최익현이 주장한 5불가소는 ① 이 강화는 일본의 강요에 의해서 이루어지는 것이므로 눈앞의 고식일 뿐 그들의 탐욕을 당해낼 수 없을 것이다. ② 일단 강화를 맺으면 물자를 교역하게 되는데, 저들의 상품은 모두 음사기완한 것이고 또 수공업품이므로 무한한 것이나, 우리의 물화는 필수품이며 땅에서 생산되는 유한한 것이므로 이내 우리는 황폐해질 것이다. ③ 그들이 비록 왜인이나 기실은 바로 양적(洋賊)이므로 강화가 한번 이루어지면 사교(邪敎)의 서적들이 교역을 타고 끼어 들어와 온 나라에 퍼지고 인륜이 쇠퇴할 것이다. ④ 일본인이 왕래하여 우리의 재산을 탈취하고 부녀자를 능욕하는 등 인간의 도리가 땅에 떨어지고 백성이 안주할 수 없을 것이다. ⑤ 왜적들은 물욕만 높을 뿐 조금도 사람된 도리가 없는 금수와 마찬가지이니 인류가 금수와 더불어 살 수는 없는 것이다.

조청상민수륙무역장정(朝淸商民水陸貿易章程) : 1882년 임오군란을 계기로 민씨(閔氏) 정권에 대한 내정 간섭을 강화한 청나라는, 그해 8월 23일 '조청상민수륙무역장정'을 맺고 조선에 대한 경제 침투를 강화했다. 서두에는 조선에 대한 청나라의 종주권을 명시했다. 조선의 비준조차 생략된 채 치외법권은 물론 개항장이 아닌 서울 양화진(楊花津)에 청국인이 점포를 개설할 수 있는 권리, 호조(護照:일종의 여행 증명)를 가진 자에게는 개항장 밖의 내륙 통상권과 연안 무역권까지 인정했다. 국경 무역에서 홍삼을 제외한 5% 관세, 청나라 기선의 조선 파견권, 청국인의 조선 연안 어업권 인정 등 청나라의 특권으로 일관된 불평등조약이었다. 청나라에 의존한 민씨 정권에 의해 체결된 이 장정은 이후에 체결되는 통상조약 개정에 막대한 영향을 미쳐 불평등조약의 체계 확립에 결정적 역할을 했다.

 갑신정변

R e f e r e n c e **data**
● 14개조의 혁신 정강

청의 내정 간섭과 이에 의존하는 명성황후를 중심으로 한 민영익·김홍집·어윤중 등 보수 세력에 대응하여 정부의 사대 정책을 비판하는 세력들이 개화당(開化黨-獨立黨)을 형성했다. 김옥균·박영효·서광범·홍영식 등 젊은 관료들이 중심이었다. 이들은 일본에서 견문한 내용을 고종에게 보고하는 한편, 여러 개화 정책들을 건의했다. 고종은 이를 받아들였고, 신식 군사기술 습득을 위해 유학생 50명을 일본에 보냈다. 이 외에도 신문 발간을 위한 박문국(博文局), 신화폐 주조를 위한 전환국(典圜局), 병기 제조를 위한 기기국(機器局), 우편 제도 실시를 위한 우정국(郵政局) 등을 설치했다. 이와 같은 개화당의 활약에 보수 집권 세력이 달갑지 않게 여기던 중 재정 문제를 둘러싼 갈등이 표면화되었다. 재정 확보를 위해 정부가 묄렌도르프의 건의로 당오전(當五錢)을 발행하려 하자 김옥균을 비롯한 개화당은 악화 발행을 반대하면서 차관 도입을 주장했다. 그러나 차관 도입이 실패함에 따라 위기에 빠진 개화당은 보수 정권을 무너뜨릴 특단의 대책을 세웠다. 이들은 보수 정권을 무너뜨리고 청과의 종속을 청산하려 했는데, 이는 청프 전쟁(1884)을 기회로 삼아 조선에서의 열세를 만회하려는 일본의 이해와 일치했다.

1884년(고종 21)에 개화당은 우정국의 축하연을 이용하여 정변을 일으켰다. 이들은 일본군의 호위를 받으면서 민씨 일파의 대신들과 각 군영의 영사들을 살해했다. 정권을 장악한 개화당은 신정부를 조직한 뒤 이 사실을 각국 외교관들에게 통고하는 한편, 국왕과 함께 창덕궁에서 14개조의 혁신 정강을 마련했다. 내용은 문벌 폐지, 국민의 신분상의 평등 규정, 지조법 개정, 국가 재정의 호조 일원화, 내시부 혁파, 고관 회의를 통한 국정 운영 등이었다. 그러나 서울에 주둔하고 있던 원세개의 청군이 창덕궁을 공격하자 수적 열세였던 개화당과 일본군이 패퇴함으로써 정변은 삼일천하로 끝나고 말았다. 개화당의 정강은 양반 체제를 청산하고 근대적인 국민 국가를 지향했으나, 지지 기반이 약했던 한계를 극복하지 못했다. 결국 조선은 한성조약(漢城條約, 1885)을 체결하여 일본에 공사관의 건축비와 배상금을 지불하게 되었다. 또한, 일본은 조선에서의 청일 양군의 철수와 함께 파병시 서로 통고한다는 내용의 천진조약(天津條約, 1885)을 체결함으로써 조선에서의 권리를 동등하게 확보했다.

R e f e r e n c e **d a t a**

| 갑신정변

14개조의 혁신 정강 : 김옥균의 수기인 『갑신일록(甲申日錄)』에 전하는 내용은 다음과 같다. ① 흥선 대원군을 곧 배환(陪還)토록 할 것. ② 문벌을 폐지하여 인민 평등의 권을 세울 것. ③ 지조법(地租法)을 개혁할 것. ④ 내시부를 폐지하고 그중 재능 있는 자를 등용할 것. ⑤ 탐관오리를 처벌할 것. ⑥ 환상미를 영구히 면제할 것. ⑦ 규장각을 혁파할 것. ⑧ 순사 제도를 설치할 것. ⑨ 혜상공국(惠商公局)을 혁파할 것. ⑩ 형정을 시정할 것. ⑪ 4영(營)을 1영으로 하고 근위대(近衛隊)를 설치할 것. ⑫ 재정을 일원화하여 모두 호조에서 관할할 것. ⑬ 문신(文臣)과 참찬(參贊)이 정책을 심의, 품정해서 실시할 것. ⑭ 정부 6조 이외의 용관(冗官)을 혁파할 것.

🌐 열강의 침투와 동학 농민 운동

Reference**data**
● 집강소

갑신정변 이후 청일의 팽팽한 대립 형국에 러시아가 가세하면서 양상이 복잡해졌다. 동서양 전역에 걸쳐 적극적인 남하 정책을 추진하던 러시아가 베이징조약(1860)에 의해 연해주를 차지하면서 조선과 국경을 접하게 되었다. 당시 조선에 와 있던 러시아 공사 베베르는 조선 조정에 친러 세력을 심고, 묄렌도르프의 도움을 받아 조선에서의 지위를 강화하는 조로밀약(朝露密約)을 추진했다. 청은 러시아 세력과 명성황후를 견제하기 위해 대원군을 돌려보냈다. 영국도 러시아의 남하를 저지하기 위해 군함을 보내 거문도를 점령했다(1885). 마침내 영국은 러시아가 조선을 침략하지 않는다는 약속을 받은 뒤 철수했다(1887). 러시아는 육로통상조약(陸路通商條約)을 맺어 국경 무역을 시작했다(1888). 이와 같은 열강의 각축 속에 독일 영사 부들러가 조선 정부에 영세 중립국안을 건의하기도 했다.

개항 이후 1880년대 초까지 일본은 주로 영국산 면제품을 값싸게 들여와 비싸게 파는 중개 무역을 했다. 그리고 쌀·콩·금 등을 가져감으로써 조선을 원료 공급 기지 및 상품 시장으로 삼았다. 일본 상인들은 부산·원산·인천 등에 설치된 일본 제일은행(第一銀行)의 금융 지원을 받아가며, 조선 농촌에서 입도선매 방식으로 고리대의 수익을 올리고, 다량의 미곡을 반출했다. 반면에, 조선은 쌀값이 폭등하여 사회 문제가 되었다. 급기야 조선 정부가 방곡령(防穀令)을 내렸지만, 일본은 조일통상장정의 1개월 전 통보 조건을 이유로 배상금을 받아 챙겼다. 일본 어민의 조선 연해에서의 어업 활동으로 조선 어민들 또한 피해가 막대했다. 급기야 일본 어민의 출어 금지를 요구하는 민란이 발생했다(1891). 청의 상인도 자국의 월등한 금융 지원과 정치적 후원 아래 활동 범위를 넓혀 갔다. 주단·석유·약재·면화 등을 가져와서는 인삼·우피·황두 등을 가져갔다. 이리하여 초기 일본인 주도의 무역을 상당

부분 상쇄하게 되었다. 독점적 지위를 빼앗긴 일본은 자국의 공업 발전에 위협이 되자 조선에서 청을 몰아낼 기회를 노렸다.

개항 이후 근대 문물의 수용과 대외 관계에서 오는 지출 등을 충당하기 위해 농민들의 세금 부담이 증대했다. 거기에 지방관의 횡포와 일본의 경제적 침투가 겹쳐 농촌 경제는 파탄에 이르렀다. 이때 농민들의 사상적·행동적 구심점이 된 건 동학이었다. 동학은 태생부터가 서학에 대항하고, 조선 왕조의 전통적인 양반 체제를 부정하며, 외세에 대해 저항 의식이 강한 민족 종교였던 관계로 농민층과 몰락 양반들 사이에서 환영받았다. 교조 최제우의 사형 이후 2대 교주 최시형은 세력을 확장하고, 포(包)·접(接)이라는 조직망을 구축했다. 마침내 동학교도들은 전라도 삼례에서 교조에 대한 신원(伸寃)과 교도에 대한 지방관의 탄압 금지를 요구하는 시위 운동을 전개했다(1892, 고종 29). 그러나 복합 상소 등의 노력에도 요구가 관철되지 않자 충청도 보은에서 대대적인 집회를 가졌다. 이때는 교조의 신원보다도 탐관오리의 숙청과 반외세적인 내용이 부각되었다. 결국 정부의 회유와 압력에 의해 해산했지만 자신들의 세력을 확인하는 계기가 되었다.

1894년(고종 31)에는 전라도 고부에서 고부군수 조병갑(趙秉甲)의 탐학을 발단으로 동학 접주 전봉준(全琫準)의 지휘 아래 동학혁명이 전개되었다. 정부는 사태를 수습하기 위해 안핵사(按覈使)를 파견했으나 오히려 책임을 동학 교도들에게 전가하고 이들을 체포·처형하면서 봉기가 확대되었다. 전봉준이 동학 교도들에게 창의문을 보내자 각지의 농민들이 가세했고, 이들은 고부에 집결했다. 중앙에서 관군을 보내 진압하려

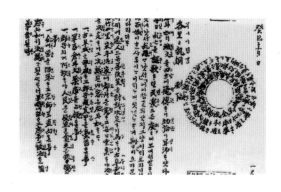

◀ 고부군수에 맞서기
위한 사발통문

했으나, 장성에서 패하고 전주를 내주게 되었다. 이때 정부의 요청으로 청이 군대를 파견하자 일본도 거류민을 보호한다는 구실을 내세워 즉각 군대를 파견했다. 문제가 확대되자 정부는 사태를 신속하게 수습하기 위해 전주에서 화약을 맺고, 동학군의 요구 조건을 들어주는 폐정 개혁을 약속했다. 정부의 약속을 믿고 폐정 개혁에 착수한 동학 교도는 촌락마다 포(包)를 만들었으며, 전라도 53개 군에 집강소(執綱所)를 설치하여 치안과 행정을 맡았다. 이들이 요구한 폐정 개혁은 지방관의 농민 수탈 중지, 신분 차별 폐지, 토지 균분제 실시 등 전근대적인 정치·사회 체제의 개혁과 일본 침략에 대항하는 내용이 중심이었다.

동학군이 해산한 뒤에도 청일 양국은 계속해서 군대를 증강시켰다. 일본은 정부의 철군 요구를 들어주기는커녕 서울을 포위한 채 정부를 압박하며 내정 개혁을 강요했다. 또한 청에 대해서도 협조를 요구했다. 비로소 조선에 대한 일본의 야욕을 간파한 청은 이를 거절하고 공동 철병을 주장했다. 그러나 일본은 궁궐에 침입하여 민씨 정권을 몰아내고, 대원군을 내세워 내정 개혁을 강요하는 한편, 청일 전쟁(淸日戰爭)을 일으켰다. 일본의 침략에 민족이 위기로 내몰리자 동학군은 다시 봉기했다. 1차 봉기와 달리 2차 봉기는 항일 구국 운동이 중심이었다. 2차 봉기에서는 최시형 등 북접(北接)의 동학 교도들이 합세했다. 하지만 우수한 무기로 무장하고 잘 훈련된 일본군을 대적하기엔 역부족이었다. 토벌군에게 공주 우금치 고개에서 패배하면서 전봉준·김개남(金開男)·손화중(孫和中) 등 지도자들이 체포되었다. 실패로 끝났지만 반외세·반침략의 기치가 강했던 동학혁명은 갑오개혁을 통해 근대 사회로의 이행을 촉진하는 한편 청이 물러나게 되면서 일본의 조선 침략 발판을 굳히는 계기가 되었다.

Referencedata

| 열강의 침투와 동학 농민 운동

집강소(執綱所) : 1894년 2월 무장 봉기 이래 점령지 군현에 대한 계속적인 장악과 민정(民政) 처리를 위해 접주(接主)나 접사(接司)를 둔 데서 비롯되었다. 집강소 체제는 농민군이 전주성을 물러난 뒤인 7월 초 전봉준(全琫準)과 전라도 관찰사 김학진(金鶴鎭)이, 농민군 측과 정부 측이 협력하여 도내의 안정과 치안 질서를 바로잡고, 구체적인 실행 방법으로 군현 단위로 집강소를 두기로 하는 관민상화책(官民相和策)에 합의하면서 전면화되었다. 전봉준은 전주성 안에 농민군의 총본부인 전라좌·우도 대도소(大都所)를 설치한 뒤 군현 단위로 집강을 두도록 하여 집강소 체제를 갖추었다. 집강소는 지방 행정을 원활히 수행하기 위한 수령의 보조 기구로서 면리 단위에 근원을 두었던 집강에서 유래한 것이지만 이후의 집강소는 농민군의 지방 통치 조직이 되었다. 집강소에는 1인의 집강 아래 서기·성찰(省察)·집사·동몽(童蒙) 등의 임원을 두어 각 지방의 대민 행정 업무를 처리했다. 비록 군수나 현령·현감 등의 지방관이 있었지만 농민군이 호남 일대를 장악한 상태에서 그들의 지위는 형식적인 것에 불과했고, 집강소가 사실상 지방 행정을 좌우했다.

들것에 실려 가는 전봉준

🎯 갑오·을미개혁

조선 침략을 계획한 일본은 무력으로 조선 정부를 압박하여 내정 개혁을 강요했다. 조선은 이미 설치한 교정청(校正廳)에서 개혁을 추진하고 있기에 이를 거절하면서 오히려 일본군의 철수를 요구했다. 그러나 일본군은 경복궁을 포위한 채 민씨 세력을 몰아내고 대원군을 앞세웠다. 그리고 김홍집을 수반으로 하는 친일적 신정부를 구성하여 갑오개혁을 추진했다(갑오경장, 1894). 신정부는 회의 기구인 군국기무처(軍國機務處)를 설치하고 김홍집을 총재관으로 하여 박정양·김가진·안경수·유길준 등 17명이 정치·경제·사회 전 부문에 걸친 208건의 개혁안을 의결했다. 정치면에서는 청과의 종주 관계 청산, 궁내부(王室)와 의정부(政務)의 분리, 의정부 아래 8아문(衙門) 편제, 과거 제도 폐지, 고른 인재 등용 등

Referencedata

● 홍범 14조
● 삼국 간섭
● 을미사변

이었고, 경제면에서는 재정을 탁지아문으로 일원화시켰다. 또한 은 본위제를 채택한 신식 화폐 장정(新式貨幣章程)을 정했으며, 징세서(徵稅署)를 설치하여 조세의 금납제를 시행하였고, 도량형을 개정·통일했다. 사회면에서는 양천제, 적서 구별 등 신분제 타파와 남자 20세 및 여자 16세 이하의 조혼을 금지했다. 과부의 재가를 허용했고, 양자는 자녀가 없을 때만 들일 수 있도록 했다. 형법에 있어서는 고문과 연좌제를 폐지했다. 이러한 일련의 개혁은 갑신정변과 동학혁명의 연장선이었다.

일본의 강요에 의한 1차 갑오개혁은 조선의 근대화보다는 침략을 용이하게 하는 데 목적이 있었다. 왕실의 정치 참여를 배제한 것은 정치적 실력자이던 명성황후를 정치에서 소외시키려는 의도였고, 군제의 개편을 고려하지 않은 것은 조선의 저항을 무력화하기 위함이었다. 은 본위제 화폐 제도와 도량형 통일 역시 일본의 경제적 침투 수단이었다. 이리하여 시대적 추세에는 맞지만 일본의 편의에 따른 개혁은 대원군을 비롯한 국민들의 반발을 불러일으켰다. 대원군은 동학군 및 청군과 연결하여 일본군 축출을 기도했다. 그러자 일본은 이노우에(井上馨)를 공사로 부임시켜 대원군을 은퇴시키고, 김홍집·박영효 연립 내각을 구성했다. 이때, 군국기무처는 폐지되었다. 마침내 고종이 종묘에 나아가 개혁 정치의 추진을 서약하고는 정치의 기본 강령인 홍범 14조를 반포하였다. 또

단발한 고종 ▶
단발령을 계기로 의병 운동이 확산되었다.

한 이노우에가 추천한 일본 고문들이 조선의 정치를 좌지우지했다.

청일 전쟁은 일본의 승리로 끝나고, 청일 간에 마관조약(馬關條約-下關條約)이 체결되었다. 이 조약에서 일본은 조선에 대한 우위를 확실시했으며, 청으로부터 배상금과 함께 대만과 요동을 할양받아 대륙 진출의 교두보를 확보했다. 그러나 독일·프랑스·러시아가 일본의 요동 반도 점유가 동양 평화에 해롭다는 이유로 반발함에 따라 포기해야만 했다(三國干涉, 1895). 삼국 간섭에 힌트를 얻은 조선은 러시아의 힘을 빌려 일본의 간섭에서 벗어나고자 했다. 배일 친러 정책을 이끈 것은 일본에 의해 세력이 위축되었던 명성황후 일파였다. 명성황후는 친일 세력인 박영효를 몰아내고, 이범진(李範晉), 이완용(李完用) 등을 기용한 친러 정부를 세웠다. 이에 당황한 일본 공사 미우라(三浦梧樓)는 일본 낭인과 군대를 동원하여 명성황후를 시해했다(을미사변, 1895). 이로써 일본은 조선에 대한 영향력을 회복했다. 김홍집의 친일 내각은 잠시 주춤했던 개혁을 급진적으로 추진했다(을미개혁). 태양력 사용, 종두법 시행, 우체사(郵遞司) 설치, 건양(建陽)이라는 연호 사용, 중앙에 친위대 2개 대대와 지방에 진위대 1개 대대를 두는 군제 개혁, 단발령 공포 등이었다. 이 역시 일본의 강요에 의한 개혁이라 지지를 받지 못했고, 특히 명성황후 시해와 단발령은 국민의 분노를 자극하여 의병 운동으로 이어졌다.

R e f e r e n c e **d a t a**

| 갑오 · 을미개혁

홍범 14조(洪範十四條) : 1895년(고종 32) 1월 7일, 고종은 세자와 대원군·종친 및 백관을 거느리고 종묘에 나아가 먼저 독립의 서고문(誓告文)을 고하고 이를 선포했다. 1월 8일에는 이를 전 국민에게 반포했다. 순한글체와 순한문체 및 국한문 혼용체의 세 가지로 작성하여 발표한 최초의 근대적 헌법이다. 내용은 자주독립의 확립, 왕위 세습제, 후빈(后嬪)의 정치 불간여, 조세 법률주의와 예산 편성, 지방 관제의 개혁과 지방 관리의 권한 제한, 선진 외국의 학예와 문화 수입, 입법과 국민의 생명 재산 보호, 징병과 군대의 양성, 광범위한 인재 등용 등이었다.

삼국 간섭(三國干涉) : 청일 전쟁에서 승리한 일본은 1895년 4월 17일 청국과 강화조약(시모노세키조약)을 조인 · 비준(批准)했다. 그런데 조약 내용을 본 러시아 · 프랑스 · 독일 3국은 4월 23일 이 조약에서 일본에 할양하도록 되어 있는 요동 반도를 다시 청국에 반환하도록 일본 정부에 강력히 권고했다. 간섭의 취지는 "요동 반도를 일본이 소유하는 것은 청국의 수도를 위태롭게 할 우려가 있을 뿐만 아니라, 동시에 조선국의 독립까지도 유명무실하게 하는 결과가 되어, 장래 극동의 영구적인 평화에 대한 장애를 주는 것으로 인정하며… 따라서 러시아 정부는… 일본 정부에 권고하노니 요동 반도를 확연히 영유하는 것을 포기하기를 바라는 바이다."라고 되어 있었다. 러시아는 더욱 적극성을 띠어 군함을 고베에 파견하여 시위 행동에 나섰다. 당시 전쟁 직후의 일본은 3국을 상대로 싸울 만한 전력(戰力)이 없어 이를 받아들였다.

을미사변(乙未事變) : 갑오개혁을 통해 조선 내정을 간섭하던 일본은 청일 전쟁에 승리한 뒤 박영효(朴泳孝) · 김홍집(金弘集)을 중심으로 친일 내각을 만들어 세력 확장에 힘을 기울였다. 이때 프랑스 · 러시아 · 독일 등 3국은 일본의 세력 확장에 제동을 걸었다. 일본의 강압으로 내정 개혁을 추진한 조선 정부는 러시아 공사 베베르와 제휴, 박영효를 축출하고, 이범진(李範晋) · 이완용(李完用) 등의 친러파를 기용하여 제3차 김홍집 내각을 구성했다. 친러 세력이 우세하자 일본 공사 미우라는 낭인과 군대를 동원하여 명성황후를 살해하고, 시체를 불사른 뒤 뒷산에 묻었다. 그러고는 유길준(俞吉濬) · 서광범(徐光範) · 정병하(鄭秉夏) · 김종한(金宗漢) · 권형진(權瀅鎭) 등 친일파를 중심으로 제4차 김홍집 내각을 수립했다. 명성황후 시해 현장에는 고종과 황태자, 미국인 교관 다이, 러시아인 토목 기사 사바틴, 그 외 많은 조선인이 있어 진상을 목격했으며, 사건은 국제적으로도 자세히 알려졌다. 이에 구미 열강이 강경하게 일본인의 사건 관여 사실을 주장하고 나서자, 일본은 미우라를 해임하는 등 형식적으로 처리하고 말았다. 결국 을미사변은 항일 의병 활동과 아관파천(俄館播遷)의 계기가 되어 한국은 러시아의 보호국과 같은 지위로 떨어졌고, 일본의 식민지화 계획에 차질을 가져왔다.

🌏 열강의 이권 침탈과 독립협회의 활동

Referencedata
● 독립신문
● 만민공동회

을미사변과 을미개혁으로 인해 반일 감정이 고조되었고, 의병 운동이 전개되었다. 일본의 대륙 진출을 억제하면서 남하 정책을 추진하던 러시아는 자국 공사관 보호 명분으로 인천에 있던 수병 120명을 서울로 이동시켰다. 조선은 의병 운동 진압에 따른 친위대의 공백으로 왕궁 수비가 허술했는데, 이를 기회로 친러파인 이범진과 러시아의 전 공사 베베르가 공모하여 고종을 러시아 공사관으로 옮겼다(俄館播遷, 1896.2). 이때 친일 내각이 붕괴되고, 이범진 · 이완용 등의 친러 내각이 수립되었다.

따라서 러시아의 간섭과 러시아에 대한 의존은 심해졌다. 수세에 처한 일본은 러시아와 협상하여 베베르·고무라(小村) 각서(1896.5)를 이끌어냈다. 일본의 서울·부산 간 전신선 관리와 서울 및 개항장의 군대 주둔을 인정받았고, 대신 조선 정부에 포진되어 있던 일본인 고문과 무관들이 러시아인으로 교체되었다. 이때 탁지부의 러시아인 고문 알렉세예프(Alexeiev)의 주도로 많은 이권이 러시아로 넘어가게 되었다. 함경도의 경원과 종성의 탄광 채굴권과 두만강과 압록강 유역 및 울릉도의 삼림 채벌권 등이었다. 이에 자극받은 구미 제국들은 기회 균등을 내세우며 이권 침탈에 열을 올렸으며, 힘없는 정부와 부패한 관리들은 속수무책이었다.

▲ **열강의 이권 침탈**

　일반 국민들은 외세에 의존한 집권층의 무기력을 비판하면서 구국 운동을 전개했다. 독립협회가 그 중심에 있었다. 독립협회는 미국에 망명해 있다 귀국한 서재필(徐載弼)이 윤치호·이상재(李商在)·남궁억(南宮檍) 등과 조직한(1896) 단체다. 회원 가입이 개방되어 있고, 운영이 민주적이어서 각계각층이 참여했다. 근대 사상을 받아들인 신지식인과 개혁 성향의 유학자층이 주축이 되었다. 독립협회의 활동 방향은 자주독립(自主獨立), 자강혁신(自强革新), 자유민권(自由民權)에 있었으며, 방법론에 있어서는 외세로부터의 완전한 독립, 자율적인 개혁, 자유 민주주의의 실현이었다. 독립협회는 『독립신문』을 발행하여 국민들에게 자주독립 정신을 고취시키고, 자주권 확립 차원에서 독립문(獨立門)을 건립했다. 그리고 모화관(慕華館)을 독립관(獨立館)으로 개칭한 뒤 토론회를 개최하는 한편,

러시아 공사관에 있던 고종의 환궁을 요구했다. 또한 침탈된 각종 이권의 회복을 주장했다.

독립협회의 자강 혁신 운동은 내정 개혁에 있었다. 입헌 군주제로의 변경, 중추원을 개편한 의회 구성, 각급 학교 설립을 통한 신교육 실시, 근대적 산업 육성과 각종 공장 건설, 근대적인 국방력 확보 등이었다. 독립협회는 1898년(광무 2)에 정부의 고관들까지 참석한 만민공동회(萬民共同會)를 개최하고, 헌의6조(獻議六條)를 채택하여 고종에게 건의했다. 그러나 보수적인 집권층이 보부상을 중심으로 한 황국협회(皇國協會)를 조직하여 독립협회와 충돌하게 한 뒤 독립협회와 만민공동회를 해산시켰다. 비록 활동이 좌절되긴 했지만 독립협회의 개혁 운동은 일제의 침략에 대항, 민족 운동을 전개해 나감에 있어 사상적 기반과 토양을 제공했다. 독립협회의 활동 정신은 천부인권 사상을 근거로 한 인간의 기본권·생존권·재산권 보장에 있었고, 언론과 집회의 자유권·국민 평등권·국민 주권론 등 참정권 확대에 있었다.

형평사의 전국 대회 ▲
포스터(위)
평등한 대우를 요구하는
백정들의 형평 운동이다.

만민공동회(아래) ▲

| 열강의 이권 침탈과 독립협회의 활동

독립신문(獨立新聞) : 미국에서 귀국한 서재필(徐載弼)이 정부로부터 자금을 지급받아 1896년 4월 7일 창간했다. 국배판 정도 사이즈의 4면 가운데 3면은 한글 전용『독립신문』으로 제작하고, 마지막 1면은 영문판『The Independent』로 제작했다. 1897년 1월 5일자부터는 국문판과 영문판을 분리 · 발행했다. 19세기 말 한국 사회의 발전과 민중 계몽을 위해 지대한 역할을 수행했던 기념비적인 신문이다. 창간사에서 전국 인민을 위하여 무슨 일이든지 대변자가 되어, 정부가 하는 일을 백성에게 전하고, 백성의 정세를 정부에 알릴 것이며, 부정부패 탐관오리 등을 고발할 것을 천명했다.『독립신문』이 정부의 탄압을 받고 수구파의 미움을 사게 되자 서재필은 1898년 5월 미국으로 돌아갔고, 윤치호(尹致昊)가 주필 겸 실질적인 관리자가 되었다. 윤치호는 격일간으로 발행하던 것을 1898년 7월 1일부터 일간으로 발행했다. 1899년 1월 윤치호가 손을 떼자 아펜젤러가 한동안 주

「독립신문」

필이 되었고, 6월 1일부터는 영국인 엠벌리가 맡았다. 그러나 정부가 이 신문을 매수하여 1899년 12월 4일자로 폐간했다. 한국 최초의 근대 신문인『독립신문』은 민중을 위해 알기 쉽게 만들어졌다는 점에서 획기적이었다. 또한, 신문의 중요성을 일반에 인식시킴으로써 여러 민간 신문이 창간되는 계기를 만들었다. 1957년,『독립신문』의 창간일인 4월 7일을 '신문의 날'로 정했다.

만민공동회(萬民共同會) : 독립협회(獨立協會)가 주최하고, 시민 · 단체 회원 · 정부 관료 등 모든 사람이 참여한 대중 집회이며, 관료의 참여에 의미를 두어 관민공동회(官民共同會)라 부르기도 했다. 1898년 2월 이후 독립협회와 대한제국(大韓帝國)의 광무(光武) 정권은 자주 외교와 개혁의 방향을 둘러싸고 대립했다. 러시아가 대한제국의 친러 정권을 통하여 지하자원 개발권 및 철도 부설권을 소유하려 하자 독립협회는 이러한 비자주적 외교에 강력히 반대했다. 1898년 3월 서울 종로 네거리에서 러시아인 탁지부(度支部) 고문과 군부 교련 사관의 해고를 요구했다. 그 결과 러시아의 군사 고문관과 한로은행(韓露銀行) 등이 폐지되었다. 1898년 10월 28일에서 11월 2일까지 6일간 종로에서 대집회를 열었다. 여기에는 서울 시민은 물론 독립협회 · 국민협회 · 일진회 그리고 정부 대표인 의정부(議政府) 참정(參政) 박정양(朴定陽) 등이 참석했다. 둘째 날인 10월 29일 6개항의 개혁 원칙을 결의하고, 이를 황제에게 헌의(獻議)했다. 헌의6조(獻議六條)는 다음과 같다. ① 일본인에게 의부(依附)하지 말 것. ② 외국과의 이권계약(利權契約)을 대신(大臣)이 단독으로 하지 말 것. ③ 재정을 공정히 하고 예산을 공표할 것. ④ 중대 범인의 공판과 언론 · 집회의 자유를 보장할 것. ⑤ 칙임관의 임명은 중의(衆議)에 따를 것. ⑥ 기타 별항의 규칙을 실천할 것. 고종은 이를 수정 없이 재가하고 실천을 약속했다. 그러나 정부의 보수파는 독립협회가 황제를 폐하고 의회 개설을 통해 공화정(共和政)을 수립하려 한다고 무고(誣告)했다. 이에 고종은 독립협회 회원을 체포하고, 독립협회의 해산을 명령했다.

🌐 대한제국과 광무개혁

Reference data
● 대한국 국제

고종의 경운궁(慶運宮-덕수궁) 환궁(1897)은 독립협회를 비롯한 국민들의 요구에 의해 이루어졌다. 이를 계기로 조선 정부는 국호를 대한제국(大韓帝國), 연호를 광무(光武)로 고치고, 갑오개혁에서 '대군주'로 했던 국왕에 대한 호칭을 '황제'로 바꿨다(1897.10). 대한제국의 성립은 조선에서의 러시아 · 일본의 세력 균형과 이들의 독점적 지위를 견제하는 열강의 입장이 작용하면서 가능했다. 대한제국은 급진적이었던 갑오 · 을미개혁의 시행착오를 반성하면서 구본신참(舊本新參)의 자세로 개혁에 나섰는데 복고적이고 보수적인 경향을 띠었다(광무개혁).

1899년(광무 3)에 반포된 대한국 국제(大韓國國制)에는 황제의 전제권이 강화되었고, 국방력 강화에도 역점을 두었다. 친위대 및 시위대와 호위대를 개편 · 증강하고, 각 지방에 진위대를 증설했다. 1899년에는 청과 통상조약을 체결하여 종래의 전근대적인 양국 관계를 대등하게 하는 자주적 외교 활동을 추진했다. 또한, 간도와 연해주에는 이주 동포를 보호하기 위해 북변간도 관리사(北邊間島管理使)를 파견하는 한편, 간도의 영토 편입을 계획했다. 이 시기에는 양전 사업을 통한 서계(書契) 발급을 진행했다. 민생 안정과 재정 확보가 목적이었다. 상공업 진흥을 위해 근대적 회사 설립과 생산 시설 건립을 추진했다. 이를 위해 예술 학교(藝術學校), 상공 학교(商工學校), 광무 학교(鑛務學校) 등 실업 학교와 의학교, 외국어 학교, 모범 양잠소, 공업 전습소 등을 설립하여 상인과 기술자 양성에 힘을 기울였다. 이러한 정책은 민간에도 확대되어 많은 사립 실업 학교가 세워졌다. 광무개혁은 제국주의 세력이 상호 견제하는 동안 자주독립을 지향하면서 주체적으로 추진한 개혁이었다.

| 대한제국과 광무개혁

대한국 국제(大韓國國制) : 1899년(광무 2) 8월 14일에 반포된 한국 최초의 근대적 헌법이다. 대한제국이 수립되면서 황권을 강화하고 통치권을 집중시키기 위해 법규교정소(法規校正所) 총재 윤용선(尹容善), 의정관 서정순(徐正淳), 이재순(李載純), 리센들(李善得), 브라운(柏卓安) 등이 전문 9조의 국제(國制)를 기초하고, 황제의 재가를 받아 확정했다. 근대 제국의 절대 군주제를 도입하여 황권의 전제화를 꾀했다. 황제는 무한 불가침의 군권을 향유하여 입법·사법·행정·선전(宣戰)·강화·계엄·해엄에 관한 권한을 가지는 것으로 규정했다. 내용은 다음과 같다.

제1조, 대한국은 세계 만국에 공인되온바 자주독립하온 제국이니라.

제2조, 대한제국의 정치는 이전부터 오백 년간 전래하시고 이후부터는 항만세(恒萬歲) 불변하오실 전제 정치이니라.

제3조, 대한국 대황제께옵서는 무한하온 군권을 향유하옵시느니 공법(公法)에 이른바 자립 정체이니라.

제4조, 대한국 신민이 대황제의 향유하옵시는 군권을 침손할 행위가 있으면 그 행위의 사전과 사후를 막론하고 신민의 도리를 잃어버린 자로 인정할지니라.

제5조, 대한국 대황제께옵서는 국내 육해군을 통솔하옵셔서 편제(編制)를 정하옵시고 계엄·해엄을 명령하옵시니라.

제6조, 대한국 대황제께옵서는 법률을 제정하옵셔서 그 반포와 집행을 명령하옵시고 만국의 공공(公共)한 법률을 효방(效倣)하사 국내 법률로 개정하옵시고 대사·특사·감형·복권을 명하옵시느니 공법에 이른바 자정율례(自定律例)이니라.

제7조, 대한국 대황제께옵서는 행정 각 부부(府部)의 관제와 문무관의 봉급을 제정 혹은 개정하옵시고 행정상 필요한 칙령을 발하옵시느니 공법에 이른바 자행치리(自行治理)이니라.

제8조, 대한국 대황제께옵서는 문무관의 출척(黜陟)·임면을 행하옵시고 작위·훈장 및 기타 영전(榮典)을 수여 혹은 체탈(遞奪)하옵시느니 공법에 이른바 자선신공(自選臣工)이니라.

제9조, 대한국 대황제께옵서는 각 국가에 사신을 파송 주찰(駐紮)케 하옵시고 선전·강화 및 제반약조를 체결하옵시느니 공법에 이른바 자견사신(自遣使臣)이니라.

국권 피탈의 과정

삼국 간섭 후 청과 조선에 영향력을 확대하던 러시아는 1896년에 청으로부터 동청 철도 부설권을 이양받고, 1898년에는 요동 반도의 여순(旅順)과 대련(大連)을 조차했다. 조선으로부터는 마산포를 조차하여 극동 함대의 기지로 삼으려다 일본으로부터 저지당했다(1899). 1899년 11월에 의화단 사건(義和團事件)이 일어나자 이를 계기로 청국군과 열강 사이

Reference**data**
● 한일병합조약

에 전투가 벌어졌는데, 러시아는 사태 수습 후에도 계속 주둔함으로써 만주 침략의 의도를 드러냈다. 일본은 이를 견제하기 위해 영일 동맹(英日同盟, 1902)을 맺어 청에서의 영국의 이권을 인정해 주는 대신 조선에서의 일본의 권익을 인정받았다. 한편, 러시아는 프랑스와 동맹을 맺고는 1903년에 압록강 하류의 용암포를 점령하여 군사 시설을 설치했다. 일본은 러시아에 대해 만주 철군과 조선에서의 일본의 이권을 승인할 것을 요구했다. 양국 간에 입장이 좁혀지지 않자 마침내 일본은 전쟁을 일으켰다(露日戰爭, 1904.2).

전쟁의 기미가 보이자 대한제국은 국외 중립을 선언했다. 일본은 이에 아랑곳 않고 군대를 파견하여 군사적 요충지를 점령하고는 대한제국에 대해 정치적·군사적 간섭과 조치를 합리화하는 한일 의정서(韓日議定書, 1904.2)를 체결했다. 이로써 한국과 러시아 사이에 맺었던 일체의 조약과 협정은 폐기되었다. 이때 일본은 경부선과 경의선 철도 부설권 및 통신망 부설권, 연안 어업권, 항행권 등을 취했다. 영토 침략인 황무지 개간권은 한국 국민의 격렬한 반발로 무산됐다. 내정 간섭을 더욱 구체화하기 위해 제1차한일협약(韓日協約, 1904.8)을 체결한 뒤 각 부에 일본인 및 외국인 고문을 두는 고문 정치를 시작했다. 이로써 한국의 정치와 외교는 일본의 손에 들어갔다. 일본은 미국과 필리핀 지배와 한국 지배를 상호 인정해 주는 가쓰라·태프트 밀약(1905.7)을 맺었고, 영국과는 2차 영일 동맹(1905.8)을 맺어 한국에서의 정치·경제·군사상 특수 이익을 보장받았다. 러일 전쟁 승리 후 미국 중재의 포츠머스조약(1905.9)에서 러시아로부터 일본의 한국에 대한 지배권을 인정받으면서 한국 식민지화를 위한 국제적인 장애물을 완전히 제거했다.

러일 전쟁 후 일본은 송병준(宋秉畯)·이용구(李容九) 등 친일파를 사주하여 일진회(一進會)를 만들고, 이들에게 한국에 대한 일본의 보호가 필요함을 주장하게 했다. 이는 보호조약이 한국인 자의에 의한 것임을 강조하는 조치였다. 이어서 이토 히로부미(伊藤博文)는 군대를 동원, 궁성을 포위한 채 황제와 대신들을 위협하여 제2차한일협약(乙巳條約,1905)을 강제로 체결했다. 조약의 내용은 황제 아래에 한국의 외교권을 관장할 일본인 통감을 두는 것이었다. 실제는 외교 외에도 모든 내정을 간섭함으로써 통치권 자체가 통감에게 넘어가는 주권의 상실이었다. 을사조약에 대해 의병의 봉기 등 한국민의 격렬한 저항이 일어났다. 조약을 반대했던 고종은 네덜란드의 헤이그에서 열린 만국평화회의(萬國平和會議)에 이상설(李相卨), 이준(李儁), 이위종(李瑋鍾) 등 세 사람을 보내 을사조약의 부당성과 억울함을 호소케 했다. 그러나 일본과 영국의 방해로 회의에 참여치 못했고, 일본은 이를 문제 삼아 고종을 퇴위시키고 순종을 세웠다(1907.7).

고종의 퇴위에 한국민들의 저항이 격렬해지는 가운데 일본은 다시 무력을 동원하여 한일 신협약(丁未七條約,1907.7) 체결을 강요했다. 통감이 한국 내정을 간섭할 수 있는 권한을 규정하고, 각부 차관에 일본인을 임명하도록 하는 내용이었다. 이어서 재정 부족을 이유로 한국 군대를 해산시켰다. 또한 기유각서(己酉覺書)를 교환하면서 사법권도 강탈했다. 차근차근 한국의 정치 · 군사 · 경제를 무력화시키면서 식민지화 수순을 밟던 일본은 1910년 8월, 매국내각 이완용으로 하여금 데라우치(寺內正毅) 통감이 제시한 합병 조약에 조인케 했다. 이로써 한국은 일본의 식민 통치를 받게 되었다. 한국의 일본 식민지로의 전락은 개방의 문을 닫아걸고 근대화를 지연시킨 보수 집권층과 이들의 외세에 의존한 정권 유지, 강력한 개혁 세력 부재, 내부 갈등으로 인한 국론 분열, 자국의 이익 중심인 열강의 묵인 등이 겹쳐진 결과였다. 이후 나라를 잃은 한국민은 국내에서 일본의 가혹한 통치를 감수하거나 해외를 떠도는 설움을 감내해야 했다. 이는 민족사의 단절임과 동시에 전통문화의 정체를 초래했다.

| 국권 피탈의 과정

한일병합조약(韓日倂合條約) : 한일합방조약(韓日合邦約) 또는 경술국치(庚戌國恥)라고도 한다. 1910년 8월 22일, 대한제국의 내각 총리대신 이완용과 제3대 한국 통감인 데라우치 마사타케가 형식적인 회의를 거쳐 조약을 통과시켰으며, 조약의 공포는 8월 29일에 이루어졌다. 한일병합조약이 체결·성립된 당시에 조약의 이름과 순종이 직접 작성한 비준서도 존재하지 않는다. 일본 제국은 병합의 방침을 이미 1909년 7월 6일 내각 회의에서 확정한 뒤, 부작용을 최소화하고 국제적 명분을 얻는 기회를 기다리고 있었다. 일진회 고문 스기야마 시게마루(杉山茂丸)에게 '병합 청원'의 시나리오를 준비시켰다. 송병준과 이완용은 합병의 주역이 되기 위해 앞다퉈 청원에 나서는 등 일본 제국에 충성 경쟁을 벌였다. 조약 전문에는 황실에 대한 신변 보장과 합방 공로자들의 포상 방침이 적혀 있다. 이 조약에는 순종 황제의 최종 승인 절차에 결정적인 결함이 있다. 이완용에게 전권을 위임한다는 순종의 위임장은 강제로 받아낼 수 있었으나, 가장 중요한 최종 비준을 받는 절차가 생략된 것이다. 따라서 이 조약은 법칙으로 성립될 수 없는 것이다.

🌐 항일 의병 전쟁

Reference**data**
● 정미의병

을사조약이 일제의 강요로 체결된 사실에 분노한 국민은 일제의 침략을 규탄하고 조약 파기를 위한 운동을 일으켰다. 『황성신문』은 장지연(張志淵)의 논설 '시일야방성대곡(是日也放聲大哭)'을 통해 국민의 궐기를 호소했다. 『황성신문』이 정간당한 뒤에도 『제국신문』, 『대한매일신보』 등이 을사조약의 무효를 주장하고, 조약 폐기 운동을 상세히 보도함으로써 민족 정신을 고취시키는 등 항일 운동을 전개했다. 조야의 인사들도 을사오적의 처단 및 조약 파기를 주장하면서 시위를 벌였다. 시종무관장 민영환(閔泳煥) 등 스스로 목숨을 끊는 순국자들이 잇따랐다. 나철(羅喆), 오기호(吳基鎬) 등은 비밀 조직을 결성, 을사오적 암살과 매국노 숙청을 기도했다. 1908년에 장인환(張仁煥)과 전명운(田明雲)은 친일 외교 고문인 스티븐스를 살해했고, 1909년에는 안중근(安重根)이 한국 침략의 원흉인 이토 히로부미를 죽이는 등 열사들의 항일 의거가 계속되었다. 한민족의 저항 운동은 항일 구국 전쟁과 애국 계몽 운동으로 발전했다.

직접적이고도 적극적인 항일 운동인 의병 운동은 이미 1894년의 을미

의병에서 시작되었다. 러일 전쟁 후 일본의 침략 의도가 드러나자 의병 운동은 다시 불붙었다. 막상 을사조약이 체결되고, 국권이 상실될 위기에 이르자 의병 운동은 더욱 격렬해졌다(丙午義兵, 1906). 병오의병의 주역은 민종식(閔宗植), 최익현(崔益鉉), 이세영(李世永), 안병찬(安秉瓚), 신돌석(申乭石), 임병찬(林炳瓚) 등이었으며, 이 중 신

◀ 안중근 의사

돌석은 평민 출신 의병장이었다. 1907년 고종 퇴위와 군대 해산을 계기로 일어난 의병 운동은 새로운 전환점을 이루었다. 근대적 무기로 무장한 군인들이 가세하자 부대의 규모나 화력이 강화되었고, 직접 일본 군대를 공격 대상으로 하는 항일전으로 확대되었다(丁未義兵). 1907년 12월에는 13도 의병들이 연합하여 창의군을 창설했다. 이들은 서울을 일제의 손아귀로부터 탈환하기 위해 서울 진공 작전을 폈다. 그러나 선발대가 일본군에게 패하고, 총대장 이인영이 부친상을 이유로 귀가하자 흐지부지되고 말았다. 이후 의병들은 독자적으로 항일 운동을 전개했지만 민간인까지 학살하는 일본군의 초토화 작전(남한대토벌작전, 1909.9)을 피해 국외로 이동했다. 항일 구국 운동은 위정척사 운동과 맥을 같이했다.

R e f e r e n c e **d a t a**

| 항일 의병 전쟁

정미의병(丁未義兵) : 1905년(광무 10)에 통감부를 설치한 일제는 헤이그 밀사 사건을 빌미로 고종을 퇴위시키고 정미7조약을 강제로 체결한 뒤, 군대를 해산시켰다. 해산 군인들은 해산 당일 시위대 제1연대 제1대대장 박승환(朴昇

煥)의 자결을 계기로 대일 항전을 개시하였고, 이후 원주, 여주, 강화의 군인들이 무장 봉기를 하는 한편, 무기를 휴대한 채 각지의 의병 부대에 가담했다. 이는 일제의 탄압으로 침체 상태에 있던 후기 의병 활동의 규모와 성격에 있어 전환점이 되었다. 후기 의병은 해산 군인의 참여로 무기와 병력이 크게 강화되었고, 전술도 발전했다. 특히, 일본군이 조선의 지형에 어두운 점을 이용하여 산악 지대를 중심으로 벌인 게릴라 전술은 일본군의 우세한 화력을 무력화하는 데 기여했다.

애국 계몽 운동

Referencedata
● 국채보상운동
● 105인 사건
● 교육 조서
● 조선불교유신론

일제의 침략에 대항한 국권 수호 운동에는 의병 운동 외에도 각 부문에서의 계몽 운동이 활발하게 전개되었다. 국민 의식 계발을 통해 애국심을 고취시키고, 국력을 길러 주권을 되찾자는 구국 운동이었다. 사상적으로는 개화 사상과 연결되었으며, 도시의 지식층 중심으로 근대적 의식을 가진 국민 대중에 기반을 두고 있었다. 처음에는 개화당의 갑신정변으로 나타난 소수 엘리트의 움직임에서 점차 국민적 기반을 확보한 독립협회의 대중 활동에 이르기까지 성장한 것이었다. 을사조약이 체결된 뒤에는 국민의 힘으로 국가의 위기를 극복해야 함을 자각하게 되었다. 애국 계몽 운동을 주도한 지식인들은 나라의 위기가 국력이 약한 것에서 비롯된 것임을 알고, 과학 기술 도입 및 교육과 산업의 발전을 토대로 부국강병을 도모했다.

개항 이후 민족 산업 육성을 위한 노력은 방직 공업 분야에서 가시화되었다. 서울의 대한직조공장(大韓織造工場, 1897)과 김덕창 직조공장(金德昌織造工場, 1902)이 대표적이었다. 그러나 정부의 제한된 지원과 일본의 자본 침투에 밀려 발전에 한계가 있었다. 또한 러일 전쟁 중에 실시한 화폐 개혁으로 야기된 금융 공황은 민족 자본의 성장을 더욱 어렵게 했다. 한편, 일제의 금융 독점에 대항하기 위해 조선은행·한성은행·한일은행·대한천일은행 등 민족계 은행이 설립되었다. 1898년에는 상인들의 경제 단체인 황국중앙총상회(皇國中央總商會)가 결성되었다. 이들은 자신들의 권익 수호에만 머물지 않고, 독립협회와 함께 자유·민권 신장 운동을 전개했다. 일본은 통감부 설치와 운영에 필요한 제 경비를 한국에 떠넘기고는 차관을 제공함으로써 경제적 속박을 강화했다. 이러한 상황을 타개하고자 국채보상운동(國債報償運動)이 일어났다. 1907년에 대구에서 김광제(金光濟), 서상돈(徐相敦)이 조직한 국채보상기성회를 필두로 하여 전국적으로 확산된 이 운동은『대한매일신보』를 위시한 언론기관과 서울 여자교육회 같은 부인회가 적극적으로 나섰다. 하지만 통감부의 방해로 좌절되고 말았다.

1904년에 결성된 보안회(保安會)는 일제의 황무지 개척권 요구를 저지하는 성과를 보였다. 1905년 독립협회에 참여했던 인사들 중심으로 결성된 헌정연구회(憲政研究會)는 근대적인 정치 체제로의 개혁을 내세워 입헌 의회제 실시를 주장했다. 1906년 장지연 등에 의해 대한자강회(大韓自强會)로 바뀐 뒤에는 교육의 계발, 산업의 진흥, 외세 배격을 표방하는 사회 운동을 전개했다. 또한 전국에 25개 지회를 설치하고 정기적인 연설회를 개최했다. 1907년 통감부에 의해 해체된 뒤에도 대한협회(大韓協會)로 부활하여 활동을 이어갔다. 1907년에 안창호(安昌浩), 이동녕(李東寧), 양기탁(梁起鐸), 이승훈(李昇薰) 등 기독교계 인사 및 학생들을 주축으로 결성된 신민회(新民會)는 각종 상공 기관을 만들어 국가 재정과 국민의 부력 증진을 주장하면서 직접 평양에 자기 회사를 설립하고, 평양·대구에 태극서관(太極書館)이란 출판사를 운영하는 등 경제적 자립 활동을 전개했다. 이 외에 대성학교(大成學校-평양)와 오산학교(五山學校-정주)를 세워 민족 교육도 추진했다. 신민회는 기관지로『대한매일신보』를 발간하는 한편, 간도와 연해주 등지에 해외 독립운동 기지를 설립했다. 일제는 안명근(安明根)의 데라우치(寺內

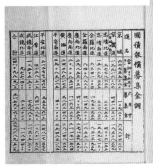

▼ 국채 보상 모집 금액표

正毅) 총독 암살 미수 사건을 날조한 105인 사건(1911)을 일으켜 신민회의 활동을 중단시켰다. 또한, 보안법·출판법·신문지법을 만들고, 일진회를 앞세워 애국 계몽 운동을 약화시켰다.

1896년 『독립신문』이 창간된 2년 후에는 『매일신문』, 『황성신문』, 『제국신문』의 창간이 잇따랐고, 계속하여 발간된 『대한매일신보(1904)』, 『만세보(1906)』, 『대한민보(1909)』 등이 애국 계몽 운동을 전개했다. 남궁억(南宮檍) 등 유학자들이 중심이 되어 창간한 『황성신문』은 국한문 혼용체이며, 중류 이상의 지식층이 대상이었는데, 왕정을 고수하는 보수적인 색채를 띠었다. 『황성신문』은 논설을 통해 국민 지식을 계발하고, 외세의 침략에 엄중한 비판을 가했다. 이종일(李鍾一) 등 선각적인 유생들이 중심인 『제국신문』은 중류 이하의 국민들과 부녀자들을 대상으로 발행한 순한글 신문이었다. 이 신문 역시 국민의 자아 회복과 민족적 자주 의식 배양을 위해 노력했다. 영국인 베델(E. T. Bethell–裵說)과 양기탁이 공동 발행한 『대한매일신보』는 국한문과 영문을 겸용하다가 1905년에는 영문판을 따로 간행했다. 이 신문은 서양의 문물을 소개하고, 국민의 자주 의식을 고취시켰다. 영일 동맹을 의식한 일제의 간섭이 비교적 덜하여 강경한 항일 논조를 펼 수 있었다. 이들 신문 외에도 오세창(吳世昌)이 천도교의 지원을 받아 창간한 『만세보』, 가톨릭 교회에서 간행한 주간 신문인 『경향신문(1906)』이 있어 민족적 자각을 촉구하는 동시에 일제의 침략을 비판했다.

신문화 수용과 외세에 대한 자주 의식 및 애국심을 고취하는 데 있어 교육의 중요성을 인식한 정부와 민간은 근대적인 학교를 잇따라 설립했다. 1895년 교육 입국 조서(敎育立國詔書)를 반포한 이후 1905년까지는 사범 학교·소학교·중학교·외국어 학교·의학교·상공 학교 등 각급 관립 학교들이 세워졌다. 또한 진보적인 인사들에 의해 사립 학교도 세워졌다. 1905년 을사조약 체결 이후 일제의 침략이 본격화되자 교육 운동은 민족 운동으로 발전했다. 1905년에는 보성학교(李容翊), 양정의숙

(嚴貴妃) 등이 설립되었고, 1906년에는 진명·숙명여학교(嚴貴妃), 중동학교(申圭植) 등이 설립되었으며, 간도에는 서전의숙(李相卨)이 설립되었다. 1907년에는 대성학교(安昌浩)와 오산학교(李昇薰)가 설립되었다. 1908년 일제는 사립 학교령을 제정하여 사립 학교의 설립과 운영을 통제했다. 또한 교과용 도서 검정 규정을 공포하여 애국적인 내용을 차단했다. 관립 학교에서는 역사 시간을 축소하거나 아예 없애기까지 했다. 각종 학회와 교육 단체도 교육 운동을 전개했는데, 서북학회가 세운 협성학교 (1907), 기호흥학회가 세운 기호학교(1908)가 대표적이었다. 이들 학회는 1909년에 대한흥학회(大韓興學會)로 통합되었다.

　일제의 침략이 본격화되면서 민족 교육이 중점을 둔 분야는 국어와 국사 연구였다. 장지연(張志淵), 신채호(申采浩), 박은식(朴殷植) 등 국사학자들이 활약했다. 이들은 『을지문덕전』, 『강감찬전』, 『이순신전』 등 전기를 저술하여 민족의 독립 정신을 일깨웠다. 세계사적으로도 교훈이 될 만한 위인전과 건국사 또는 흥망사를 번역했다. 『스위스 건국지』, 『미국 독립사』, 『이탈리아 독립사』, 『월남 망국사』, 『워싱톤전』, 『피터 대제』 등이었다. 이 시기의 대표적인 국사책은 교과서였다. 현채(玄采)는 『유년필독(幼年必讀)』과 『동국사략(東國史略)』을 저술했다. 1905년 이후에는 근대 역사학 연구의 성과에 따라 종래의 편년체적 서술체에서 벗어나 근대적 역사 서술체로 발전했다. 1908년에 신채호는 그의 『독사신론(讀史新論)』에서 일본 중심 서술을 무비판적으로 수용하는 문제점을 지적하면서 민족주의 역사학의 연구 방향을 제시했다. 최남선(崔南善)은 한국 고전을 발굴·연구하기 위해 조선광문회(朝鮮光文會)를 조직했다.

　국한문체 보급은 1895년의 관립 학교

◀　신채호의 『을지문덕』

광혜원 ▶

배재학당 ▶

교과서와 신문, 유길준(兪吉濬)의『서유견문(西遊見聞)』등이 계기가 되었
다. 이와 관련하여 국어를 연구하고 정리한 책으로는 유길준의『대한문
전(大韓文典, 1895)』, 이봉운(李鳳雲)의『국문정리(國文正理, 1897)』, 지석영(池錫永)의
『신정국문(新訂國文, 1905)』, 주시경(周時經)의『국어문법(國語文法, 1906)』등이 있
다. 1907년에는 한글 창제 이후 처음으로 국가 기관에 의해 국문연구소
가 설립되었다. 이는 후일 조선어학회(朝鮮語學會)의 모체가 되었다. 이 시
기에는 순한글로 씌어진 신소설이 등장했다. 언문일치의 문장이 사용된
것과 주인공의 말과 행동을 통해 계몽 문학의 구실을 했다. 이인직(李人
稙)의「혈의 누」·「귀의 성」·「치악산(雉岳山)」, 안국선의「금수회의록(禽獸會
議錄)」, 이해조(李海朝)의「자유종」·「모란병」·「화의 혈」, 최찬식(崔瓚植)의「추
월색(秋月色)」·「안의 성」등이 있다.

최남선은 잡지『소년(少年)』에「海에게서 소년에게」라는 신체시를 발표
하여 현대시의 영역을 개척했다.『성경』,『천로역정(天路歷程)』,『로빈슨 표
류기』,『걸리버 여행기』등 번역서도 나왔다. 또한 기독교의 찬송가가
보급되면서 창가가 유행했다. '독립가', '애국가', '권학가', '한양가' 등이
대표적이다.

1886년 프랑스와 수호조약이 체결되면서 천주교와 기독교의 포교
가 자유로워졌다. 한국에 새로이 전래된 개신교는 학교와 의료 기관을
설립했다. 미국인 선교사 알렌(H. N. Allen)은 정부의 도움으로 광혜원(廣
惠院)을 설립하여 처음으로 서양 의술을 시행했다. 언더우드(경신학교)와
아펜젤러(배재학당)는 사립 학교를 건립하여 근대 교육의 발전에 공헌했
다. 위정척사 운동의 중심이었던 유교는 박은식이『유교구신론(儒敎求新
論)』을 통해 유교의 수구성을 타파하고, 구국의 정신적 지주로 삼을 것
을 주장하면서 개혁론이 대두했다. 1899년에는 조선 왕조의 억불 정
책에서 벗어난 불교에 개혁의 바람이 불었다. 한용운(韓龍雲)은 일본 불
교 침투에 대응하고, 민족 불교의 자주성을 회복하기 위해『조선불교
유신론(朝鮮佛敎維新論)』을 저술하여 미신적 요소 배격, 학교와 병원 건립

등 불교 근대화 운동을 추진했다. 동학혁명의 실패로 큰 타격을 받았던 민족 종교 동학은 3세 교주인 손병희의 노력으로 교세를 확장했다. 1905년에는 천도교로 개칭했고, 『만세보』 창간 등 육영 사업에 힘썼다. 1909년 나철(羅喆) 등이 단군 신앙을 발전시켜 창립한 대종교(大倧敎)는 2대 교주 김교헌(金敎獻)에 위해 총본사를 만주로 옮겨 해외 항일 운동과 관련을 가지면서 성장했다.

R e f e r e n c e d a t a

| 애국 계몽 운동

국채보상운동(國債報償運動) : 1904년의 고문 정치(顧問政治) 이래 일제는 한국의 경제를 파탄에 빠뜨려 일본에 예속시키려고 한국 정부로 하여금 일본으로부터 차관(借款)을 도입하게 했다. 통감부는 이 차관을 한국민의 저항을 억압하기 위한 경찰 기구의 확장 등 침략 도구에 투자하거나 일본인 거류민을 위한 시설에 보탰다. 1907년에 한국 정부가 짊어진 외채는 총 1,300만 원이나 되었다. 당시 적자 예산이었던 한국 정부로서는 거액의 외채 상환이 불가능했다. 1907년 2월 대구에서 서상돈(徐相敦)이 국채보상운동을 제의하면서 시작되었다. 『황성신문』, 『대한매일신보』, 『제국신문(帝國新聞)』, 『만세보』 등 신문들이 적극 지원했다. 운동이 실시된 이후 4월 말까지 보상금을 의연한 사람은 4만여 명이고, 5월까지의 보상 금액은 230만 원 이상이었다. 이 운동에는 여성들도 적극 참여하였다. 국채보상운동이 전국적으로 확산되자 일제는 이 운동을 금지시켰다.

『대한매일신보』

105인 사건(百五人事件) : 1910년 평북 선천(宣川)에서 안중근의 사촌인 안명근(安明根)이 데라우치 마사타케(寺内正毅) 총독을 암살하려다가 실패한 사건이 있었다. 일본 경찰은 이것을 구실로 신민회원 등 민족주의자들을 억압할 계획을 세웠다. 신민회원 등이 배후에서 조종한 것처럼 조작하여, 유동열(柳東說)·윤치호(尹致昊)·양기탁(梁起鐸)·이승훈(李昇薰)·이동휘(李東輝) 등 600여 명을 검거했다. 그러나 신민회원이나 기독교 신자들은 총독 암살 음모를 꾸민 사실이 없어 이를 부인하자, 일본 경찰은 거짓 자백을 받기 위해 악독한 고문을 자행하고는 대표적인 인물 105명을 기소했다. 천주교 신자였던 안명근이 빌렘 신부에게 고해성사를 하면서 암살 계획을 털어놓게 되는데 빌렘 신부는 당시 주교인 뮈텔 신부에게 이를 보고했고, 뮈텔 신부가 총독부 아카시에게 사실을 알리면서 시작된 사건이었다.

교육 조서(教育詔書) : 1895년 2월 고종이 조칙(詔勅)으로 발표한 교육에 관한 특별 조서이며, 근대식 학제(學制)를 마련하는 계기가 되었다. 1894년 6월 학무아문을 두고 새 학제를 실시하여 관학(官學)을 세웠다. 1895년 1월 선포한 홍범 14조(洪範十四條)의 제11조에서 외국 유학과 새로운 학문에 관하여 언급하였으나, 전(全) 국민을 상대로 새로운 교육의 필요성과 중요성을 강조한 것은 교육 조서가 최초다. ① 교육은 국가 보존의 근본이며, ② 신교육은 과학적 지식과 실용을 추구하며, ③ 교육의 3대 강령으로 덕육 · 지육 · 체육을 들고, ④ 교육입국의 정신을 들어 학교를 많이 설립하고, 인재를 길러내는 것이 국가 중흥과 국가 보존에 직결된다는 사실임을 밝히고 있다.

조선불교유신론(朝鮮佛教維新論) : 만해(卍海) 한용운(韓龍雲)이 저술한 불교 개혁론이다. 불교의 교리부터 시작하여 승단의 제도 · 의식, 사찰의 조직, 승려의 취처(聚妻) 등 17장으로 이루어진 각 항목에서 당시의 한국 불교를 비판했다. 그는 "훌륭하게 유신하는 자는 훌륭하게 파괴하는 자"라 하여, 기존의 모든 것을 파괴해야 한다고 주장했다. 이는 아주 깨뜨려 없애자는 것이 아니고, 낡은 습관을 새로운 세대에 맞도록 고치는 것임을 역설했다. 불교 성질론 · 불교주의론 · 불교 유신 의선 파괴론(宜先破壞論) · 승려 교육론 · 참선론(參禪論) · 염불당 폐지론 · 포교론 · 사찰 위치론 · 불가 숭배의 소회론(塑繪論) · 불교 의식론 · 사찰주지 선거론 · 승려 단체론 · 사찰 통할론 등이 내용이다. 조선 불교 전반에 걸쳐 다각적인 비판을 가한 것과 당시로서는 개화된 문장체인 국한문을 병용하여 논리정연하게 서술한 점이 높이 평가된다.

02 민족 독립 운동 ▶▌━━━━ ━━━

20세기 전반의 국제 정세

Reference data
● 제1차 세계 대전
● 베르사유 체제
● 전체주의
● 5.4 운동
● 국공 합작

제국주의 열강의 식민지 확보 경쟁은 제1차 세계 대전(1914~1918)을 촉발했고, 전쟁 종결 후에는 전후 처리를 위해 파리 강화 회의(1919)가 열렸다. 미국 윌슨 대통령의 14개조 원칙에 따라 군비 축소 및 민족자결주의가 선포되었으며, 국제 연맹이 창설되었다. 한국인이 기대했던 민족자결주의 원칙에 의한 약소국의 독립은 전승국의 이해에 따라 패전국의 식민지에만 적용되었다(베르사유 체제). 1917년 러시아에서는 제정이 붕괴되고, 최초의 사회주의 국가인 소련이 성립되었다. 소련은 반제국주의를 표방하면서 약소국 지원을 약속했다. 제1차 세계 대전 이후에는 공업화가 진행되었고, 자유주의가 확산되었다. 그런데 1929년에는 미국발 경제 공황이 전 세계로 파급되었다. 미국은 뉴딜 정책으로 극복했고, 영국과 프랑스는 식민지와의 경제 블록을 통해 극복했다. 반면에 후발 자본주의 국가인 독일 · 이탈리아 · 일본에서는 전체주의가 대두되면서 침략 전쟁으로 이를 극복하려 했다.

파리 강화 회의
각국 대표단 ▼

　1911년, 중국에서는 쑨원이 중심이 된 혁명 세력이 청조를 무너뜨리고 중화민국을 세우는 신해혁명이 일어났다. 하지만 군벌 상호 간의 항쟁과 열강의 침략으로 혼란을 겪게 되었다. 1919년에는 원세개(袁世凱) 정부가 일본의

21개조 요구를 수락하고, 파리 강화 회의에서 열강들이 이를 인정하면서 베이징 대학생들의 반대 시위가 일어났다. 이는 전국적인 반제국주의·반군벌 운동으로 확산되었다(5.4 운동). 1922년에는 천두수(陳獨秀)·마오쩌둥(毛澤東) 등에 의해 중국 공산당이 결성되었다. 쑨원이 반군벌을 위해 이들과 연대하면서 1차 국공 합작이 이루어졌다(1924~1927). 그런데 노동 운동과 농민 운동이 진전되면서 좌파 세력이 확대되자, 1928년 4월 12일 장제스(蔣介石)는 공산당을 추방하고 국민당 정부를 수립했다. 이후 공산당은 국민당과 5차례에 걸친 내전 끝에 연안에 근거지를 마련할 때까지 대장정에 올랐다(1934~1936). 1937년에는 시안 사건을 계기로 국민당과 공산당이 다시 연합하여 제2차 세계 대전이 종료될 때까지 중일 전쟁을 수행했다.

R e f e r e n c e **d a t a**

| 20세기 전반의 국제 정세

제1차 세계 대전(第一次世界大戰, First World War) : 1914년 7월 28일 오스트리아의 세르비아에 대한 선전 포고로 시작되어 1918년 11월 11일 독일의 항복으로 끝난 세계적 규모의 전쟁이다. 이 전쟁은 영국·프랑스·러시아 등 연합국과 독일·오스트리아·이탈리아의 삼국 동맹이 벌인 전쟁이다. 1870년부터 20세기 초에 걸쳐 나타난 독점 자본주의(獨占資本主義)를 기반으로 한 제국주의 열강들이 시장 독점과 영토적 야욕을 충족하기 위해 벌인 식민지 쟁탈전이 배경이다.

베르사유 체제 : 베르사유조약 등 연합국이 패전국과 맺은 일련의 강화조약에 기초를 둔 국제 질서를 말한다. 이 조약들은 윌슨이 제안한 14개조의 평화 원칙을 기초로 하여 작성되었으나 실제로는 연합국 측의 자의적(恣意的)인 적용으로 끝났다. 미국과 소련이 불참한 가운데 발족했던 베르사유 체제는 독일의 배상을 경감하는 도즈안(案)의 성립(1924), 독일·프랑스·벨기에의 국경을 보장하는 로카르노조약(1925) 등의 체결로 안정을 보였으나, 1929년의 대공황으로 말미암아 독일이 배상 지불능력을 잃게 되자, 히틀러는 재군비를 선언했다(1935). 마침내 1936년 3월 나치스 독일군의 라인란트 진주(進駐)로 붕괴되었다.

전체주의(全體主義, totalitarianism) : 전체주의라는 용어가 일반화된 것은 1930년대 후반부터다. 당초에는 이탈리아의 파시즘·독일의 나치즘·일본의 군국주의(軍國主義) 등을 가리키는 말로 사용되다가 제2차 세계 대전 이후의 냉전 체제하에서는 공산주의를 지칭하게 되었다. 전체주의란 개인의 이익보다 집단의 이익을 강조하여 집권자의 정치 권력이 국민의 정치 생활은 물론 경제·사회·문화 생활의 모든 영역에 걸쳐 전면적이고 실질적인 통제를 가하는 것을 말한다.

5.4 운동(五四運動) : 1919년 5월 4일 중국 베이징(北京)의 학생들이 일으킨 반제국주의·반봉건주의 혁명 운동이다. 제1차 세계 대전으로 유럽 열강이 중국 침략의 고삐를 늦추고 있을 때, 일본은 21개 조항 요구 등으로 중국에 대한 압력을 가중시켰다. 일본은 원세개와 타협하여 중국에 자금을 빌려주는 대가로 중국 내에서 군사적 행동과 군사 기지 설치 등을 승인받았다. 제1차 세계 대전이 끝나자 독일에 대한 전승국들은 독일이 중국 산둥성에 가지고 있던 권익을 일본에게 양보하라는 일본의 요구를 받아들였다. 이에 격분한 베이징의 학생들은 천안문 광장으로 모여들어 반대 집회를 벌였다. 5.4 운동은 애국 운동에 그치지 않고, 봉건주의에 반대하고 과학과 민주주의를 제창하는 문화 운동의 요소를 띤 광범한 민중 운동으로 발전하는 계기가 되었다.

국공 합작(國共合作) : 중국 국민당과 중국 공산당이 이룩한 2회에 걸친 협력 관계다. 1차 국공 합작(1924.1~1927.7)은 북방의 군벌과 그 배후에 있는 제국주의 열강에 대항하기 위하여 맺어진 것으로 국민 혁명(북벌)에 크게 기여하였으며, 2차 국공 합작(1937.9~1945.8)은 일본 제국주의에 대하여 통일전선을 결성한 것으로, 대일 전쟁에서 결정적인 역할을 수행했다. 제1차 국공 합작은 1920년 레닌이 코민테른 제2차 대회에서 '민족 및 식민지 문제에 관한 테제'를 발표, 식민지 해방 투쟁에서 부르주아의 역할을 중요시했고, 국민당이 긍정적인 반응을 보이면서 이루어졌다. 제2차 국공 합작은 장제스 군대의 포위를 벗어나 대장정(大長征)에 오른 중국 공산당이 1935년 8.1 선언을 통해 만주 사변 후 극심해진 일본의 중국 침략에 대한 항일 민족 통일 전선을 제창했고, 1936년 시안(西安) 사건(북방의 군벌 장쉐량(張學良)이, 공산당의 배후를 공격하도록 독려하기 위하여 찾아온 장제스를 감금했다가 극적으로 석방한 사건)을 계기로 내전 반대·일치 항일(一致抗日)이라는 국민들의 요구에 부응하면서 이루어졌다.

🌐 일제의 식민지 정책과 민족의 수난

1910년 5월, 3대 통감으로 부임한 일본의 육군 대신 데라우치(寺內正毅)는 헌병을 증원하여 헌병 경찰 제도를 실시하고, 『황성신문』·『대한매일신보』 등 민족지를 폐간시켰다. 이어서 매국노 이완용과 함께 만든 합방안에 조인하면서 대한제국의 국권은 완전히 상실되었다. 일본은 "조일 양국의 상호 행복을 증진하며, 동양의 평화를 영구히 확보하고자 한다"는 문구를 합방안에 넣어 침략을 은폐하는 거짓 선전을 했다. 결국 대한제국은 일본의 한 지방으로 전락한 채 조선으로 불리었다. 일본은 1906년에 설치했던 통감부를 총독부(總督府)로 고치고 한국 지배에 들어갔다.

천황에 직속된 조선 총독은 입법 · 사법 · 행정 · 군대 통수권을 행사하는 절대권자였다. 총독 아래에는 행정을 담당한 정무총감(政務總監)과 치안을 담당하는 경무총감(警務總監)을 두었으며, 관리들은 대부분 일본인으로 채워졌다. 중추원(中樞院)이라는 자문 기관은

▲ 칼을 찬 교사들

대한제국의 황족들과 고관들을 예우하기 위한 형식적인 기구였는데 정무총감이 의장이었으며, 약간의 참의(參議)와 고문은 친일 인사들로 구성되었다. 총독부의 한국 지배 방식은 무단 통치(武斷統治)로 대변되듯 매우 강압적이었다. 헌병을 동원하여 한민족의 독립운동을 탄압했고, 일반 관리는 제복을 입었으며, 교사들은 칼까지 착용하는 등 공포 분위기를 조성했다. 민족 지도자들은 일제의 탄압을 피해 해외로 망명했고, 1915년까지 산발적으로 전개되던 의병들도 만주나 연해주 등지로 근거지를 옮겼다.

🌀 경제적 수탈

합방 이후 모든 산업은 식민지 경제 체제로 개편되었다. 1904년 황무지 개척을 통해 국토를 약탈하려던 시도가 실패한 뒤에도 1906년에 토지와 가옥의 소유, 저당에 관한 법적 조치를 취하여 일본인이 토지 · 가옥을 소유할 수 있는 길을 열어 놓았다. 1907년에는 국유 미간지 이용법(國有未墾地利用法)을 만들어 끝내 목적을 달성했다. 이로써 일본인은 한국농업주식회사(韓國農業株式會社) 및 한국흥업(韓國興業) 등을 설립하여 광대

한 농장을 소유했다. 1910년에 토지조사국이 설치되고, 1912년에는 '토지 조사령'을 발표하여 토지 소유자로 하여금 정해진 시간 내에 토지에 관한 내용을 임시 토지 조사 국장에게 신고하도록 했다. 결과적으로 공전이었던 역둔토(驛屯土), 궁장토(宮庄土), 산림, 초원, 황무지, 동중 또는 문중 토지, 미신고 토지 등이 총독부 소유로 넘어갔다. 1930년까지 총독부의 땅은 전 국토의 40%에 이르렀다. 이 중 일부는 동양척식주식회사(東洋拓殖株式會社)를 비롯한 일본인들에게 헐값으로 불하되었다. 토지를 빼앗긴 대다수의 농민들은 소작농으로 전락하거나 유랑민이 되어 만주 등지를 떠돌았다.

조선 총독부의 수탈은 한국 경제 전반에 걸쳐 진행되었다. 1910년에 공포하여 1911년 실시한 회사령(會社令)은 한국에서의 기업 설립을 총독의 허가 사항으로 했다. 이로 인해 한국인의 기업 활동과 민족 산업이 크게 위축되었다. 전기·철도·금융 등은 일본의 미쓰이(三井)와 미쓰비시(三菱) 등 대기업이 점유했고, 인삼·소금·담배 등에는 전매 제도가 실시되었다. 이미 1908년에 삼림법이 제정된 임업 부문에는 삼림령(1911)을 공포하여 많은 삼림 자원을 약탈해 갔다. 1918년에는 임야 조사령(林野調査令)을 반포, 임야 조사 사업을 실시한 뒤 전 산림의 50% 이상의 국·공유림과 소유가 불명한 산림이 총독부 또는 일본인에게 넘어갔다. 어업에 있어서도 마찬가지여서 조선 어업령(朝鮮漁業令, 1911)에 따라 한국인의 어업권을 부인하고, 일본인 중심으로 어장을 재편성했다. 1915년 공포한 조선 광업령(朝鮮鑛業令)과 그 시행 세칙은 한국인의 광산 경영을 억제하고, 일본의 광업 자본가들이 한국 광업을 독점하도록 했다. 전국의 금·은·철·납·텅스텐·석탄 등이 해당되었다. 1915년 이후 광산액이 급증한 것은 제1차 세계 대전 진행 중 일본이 연합군 측에 제공하는 광물을 한국에서 조달했기 때문이다.

개항 직후부터 들어온 일본의 금융 기관은 한국의 금융을 지배했다. 그중 제일은행(第一銀行) 한국 지점은 1905년부터 통화 발행권을 가진 중앙은행 구실을 했다. 1909년 통감부가 한국은행을 설치하여 중앙은행으로 삼았지만 합방이 되자 1911년에 조선은행으로 바뀌어 중앙은행의 업무를 계속했다. 또한 1906년 설립한 농공은행(農工銀行)은 1918년 조선식산은행(朝鮮殖産銀行)으로 개편하여 일본인 상공업자들을 지원하는 한편 지방에까지 금융 조직망을 확대했다. 이와 같이 한국의 모든 산업은 총독부의 비호 아래 일본인들이 독점했다. 따라서 한국은 일본의 식량 공급 기지와 상품 판매 시장으로 전락했다.

🅰 1910년대의 민족 항쟁

1910년대 국내의 민족 운동은 일제의 혹심한 탄압 속에서 비밀 결사 형태로 이루어졌다. 1912년에 고종의 밀조(密詔)를 받은 임병찬(林秉瓚)이 전국적인 규모의 대한독립의군부(大韓獨立義軍府)를 조직하여 일제에 대항했고, 1913년에는 박상진(朴尙鎭)과 김좌진(金佐鎭) 등이 조직한 대한광복단(大韓光復團-1915년 대한광복회)이 각 도에 지부를 조직하여 만주에 독립군 사관 학교를 세우기 위한 군자금 모집과 친일파 숙청을 단행했다. 이 단체는 1918년에 일본 경찰에 의해 정체가 밝혀진 뒤 위축되었다가 3.1 운동 후 활동을 재개했다. 1915년 윤상태(尹相泰)·서상일(徐相日)·이시영(李始榮) 등 경북의 유생들이 조선 국권 회복단(朝鮮國權恢復團)을 조직하여 활동을 전개했고, 3.1 운동이 발발하자 각지에서 만세 운동을 주도했다. 이 외에도 조선국민회(朝鮮國民會, 1914~1918), 조선산직장려계(朝鮮産織獎勵契, 1914~1917), 여성 단체인 송죽회(松竹會, 1913), 민단 조합(民團組合, 1915), 선명단(鮮命團, 1915), 자진회(自進會, 1918) 등 단체들이 국권 회복을 위해 다양한 활동을 전개했다.

이 시기 해외에서의 민족 운동은 국내보다는 활발했다. 간도의 교포 사회는 교육과 군사 훈련을 통해 실력을 쌓고 있었으며, 독립군은 본국

Referencedata
● 민족자결주의
● 2.8 독립 선언

에 잠입하여 일본 군경에 타격을 가하곤 했다. 한국 교민들이 개척한 유하현 삼원보에는 경학사(耕學社,1911)라는 자치 기구를 두고 인재를 양성했다. 1911년에 설치된 신흥강습소(李東寧)는 1919년에 신흥무관학교(李世永)로 발전하여 독립군 기간 요원을 양성했다. 각 학교에서는 군사 훈련과 함께 국사를 가르쳤고, 특히 일본의 야만적인 침략과 식민지 정책의 잔혹상을 기술한 『오수불망(吳讐不忘)』을 가르쳤다. 시베리아의 연해주에서는 1907년부터 여러 단체들이 구성되어 독립운동을 전개했다. 항일 독립 단체인 권업회(勸業會, 1911), 광복군 사관 학교인 대전학교(이상설,1913)가 설립되었다. 1914년에는 대한광복군정부를 수립하여 이상설과 이동휘가 각각 정통령(正統領) 및 부통령에 취임했다. 1917년에는 전로 한족회 중앙총회(全露韓族會中央總會)가 결성되어 러시아 내 한민족의 구심점 역할을 했다.

　1911년 상하이에 망명한 신규식(申圭植)은 쑨원(孫文)과 친교를 맺고, 신해혁명에 참가하는 등 중국 요인들과 유대를 다졌다. 미국 하와이에서는 안창호와 이승만 등이 교민 사회를 기반으로 활발하게 움직였다. 하와이에서는 한인합성협회(1907)가, 샌프란시스코에서는 공립협회(共立協會, 1905)가 결성되었다. 미주 한인 단체들은 장인환, 전명운 의사의 스티븐스 암살 사건을 계기로 단결하여 마침내 국민회(1909)를 발족시켰다. 이와 별도로 안창호가 로스앤젤레스에서 흥사단(1913, 한국 '신민회'의 후신)을 조직하여 활동했다.

대한제국 시절에는 다양한 이해와 입장에 따라 전개되던 민족 운동이 1910년대 이후에는 국권 상실이라는 공동 운명 앞에 계층과 이해를 초월한 전 민족 운동으로 발전했다. 1917년의 러시아 혁명은 전 세계 피압박 민족 운동의 불길을 지핀 데다, 1918년 제1차 세계 대전 종료 후 전후 처리를 위해 열린 파리 강회 회의에서 윌슨이 제창한 민족자결주의는 한민족의 독립운동을 크게 자극했다. 실제로 독일과 러시아의 지배하에 있던 약소 민족들이 독립하는 사례가 있기도 했다. 가장 먼저 이 소식을 접한 상하이의 독립 지사들은 1919년 1월 신한청년당(新韓靑年黨)을 조직하고, 김규식(金奎植)을 파리 강화 회의에 파견하여 한국의 독립을 호소했다. 뒤이어 민족자결주의 소식을 접한 일본의 한국인 유학생들은 조선청년독립단(朝鮮靑年獨立團)을 조직하여 한국의 독립을 요구하는 선언서와 결의문을 낭독했다(1919.2.8). 이미 종교 단체와 학생들을 중심으로 대대적인 독립운동을 계획하고 있던 국내에 2.8 독립 선언이 알려지면서 고종 독살설이 겹쳐 거사를 서두르게 했다.

먼저 천도교 측에서 '대중화 · 일원화 · 비폭력'이라는 3대 원칙을 세우고, 각 단체의 연대를 모색하고 있었다. 마침내 천도교 · 기독교 · 불교 · 학생을 중심으로 단일화된 세력은 고종의 인산일(3월 3일)을 기해 대중들이 모여들 3월 1일을 거사일로 정했다. 이와 동시에 독립 선언서를 작성하고, 민족 대표 33인의 이름으로 서명한 다음 비밀리에 전국에 배포했다. 1919년 3월 1일 민족 대표 33인은 태화관(泰和館)에 모여 독립 선언서를 낭독했고, 학생들과 시민들은 탑골공원에서 독립 선언서를 낭독한 뒤 가두 시위에 들어갔다. 이 운동은 순식간에 확산되어 삼천리강토는 태극기의 물결로 넘쳐났다. 4월 말까지 계속된 운동에 참가한 인원이 200만을 넘었고, 운동 횟수는 1500여 회에 달했다. 군대까지 동원한 일제의 무자비한 탄압에 7,500여 명이 피살되고, 16,000여 명이 부상당했다.

정당하고 평화적인 민족 운동에 대해 일제는 무차별 살상으로 일관했고, 전승국 일본에 유리한 국제 정세 등으로 3.1 운동은 목적을 달성하지 못했다. 그러나 그 의의는 매우 컸다. 우선 계층과 신분에 구애됨이 없이 민족을 하나의 목표 아래 결집시켰다. 또한 다양한 단체에 의해 여러 갈래로 전개되었던 독립운동을 일원화하고 보다 조직적이게 했다. 마침내 3.1 운동 직후에는 상하이에서 민주적인 공화정체의 대한민국 임시정부 수립의 결실을 보게 되었다. 국제적으로는 한민족의 독립운동과 일제의 비인도적인 탄압이 알려지면서 일제를 비난하는 여론을 환기시켰다. 일제 역시 무력으로도 한민족을 쉽게 굴복시킬 수 없다는 사실을 인식함에 따라 식민 통치 방식을 바꾸는 계기가 되었다.

Reference data

| 1910년대의 민족 항쟁

민족자결주의(民族自決主義, National Self-determination) : 각 민족은 정치적 운명을 스스로 결정할 권리가 있으며, 다른 민족의 간섭을 받을 수 없다는 주장이다. 제1차 세계 대전은 독일 중심의 동맹국 측 패배로 종전되었고(1918.11.11), 승전국 측은 전쟁의 상처를 치유하고 새로운 국제 질서를 회복해야 하는 책무를 갖게 되었다. 전후 처리의 중심은 승전국인 영국, 프랑스, 미국이 되었고, 대표로는 영국의 로이드 조지(David Lloyd George) 수상, 프랑스의 클레망소(Georges Clemenceau) 대통령, 미국의 윌슨(Woodrow Wilson) 대통령이었다. 이들은 파리에 모여 장기간 평화 회의를 열었고, 미국의 윌슨 대통령이 국회에 제출한 연두 교서에서 밝힌 '14개조'의 정신과 내용이 승전국이나 패전국 모두에게 적합하다고 판단하여 이를 수용했다. ① 민족 자결주의, ② 비밀 외교 타파와 공해(共海) 자유의 강조, ③ 법에 의한 통치가 골자다. 민족자결주의 발표는 당시 강대국의 지배를 받던 전 세계의 수많은 약소 민족들에게 커다란 희망과 용기를 주었다. 이 정신은 전 세계로 확산되어, 식민지 상태의 약소 민족들이 독립 쟁취를 위한 기본권과 정당성을 주장하는 사상적 근거가 되었다.

2.8 독립 선언(二八獨立宣言) : 제1차 세계 대전의 종결과 함께 미국 대통령 윌슨이 제창한 민족자결주의가 계기였고, 직접적으로는 1918년 12월 15일자 'The Japan Advertizer'에서 재미 한국인들이 한국인의 독립운동에 대한 미국의 원조를 요청하는 청원서를 미국 정부에 제출하였다는 보도와, 12월 18일자에 파리 강화 회의 및 국제 연맹에서 한국을 비롯한 약소 민족 대표들의 발언권을 인정해야 된다고 하는 보도를 접한 재일 유학생들 사이에서 독립운동의 분위기가 높아졌다. 이에 동경 조선유학생학우회는 1919년 1월 동경 기독교청년회관에서 웅변 대회를 열어 독립을 위한 구체적인 운동을 시작해야 한다고 결의하고, 실행 위원으로 최팔용(崔八鏞) · 김도연(金度演) · 백관수(白寬洙) 등 10명을 선출했다. 실행 위원들은 조선청년독립단을 결성하고 '민족 대회 소집청원서'와 '독립 선언서'를 작성하고, 송계백(宋繼白)을 국내로, 이광수(李光洙)를 상하이로 파견했다. 2월 8일 선언서와 청원서를 각국 대사관 공사관 및 일본 정부 · 일본 국회 등에 발송한 다음 기독교청년회관에서 유학생 대회를 열어 독립 선언식을 거행했다. '2.8 독립 선언서'는 '3.1 독립 선언서'보다 훨씬 강경하게 일제의 침략을 고발하고, 독립을 위하여 최후의 일인까지 투쟁할 것을 선언하고 있다.

무장 독립운동 전개

1910년을 전후하여 해외로 나간 민족 운동가들은 동포 사회를 기반으로 독립운동 기지를 건설했다. 이때 많은 독립운동 단체와 독립군이 편성되었다. 3.1 운동 전후에 활동한 독립군 부대는 국민회군 · 대한독립군 · 북로군정서(北路軍政署) · 서로군정서 · 대한의용군(大韓義勇軍) · 광복군총영(光復軍總營) 등이 있었다. 이들은 국경 부근에서 일본군과 교전하였으며, 국내에 출동하기도 했다. 가장 대표적인 전투는 홍범도(洪範圖)가 지휘하는 대한독립군이 일본군 500명을 사살한 봉오동 전투(1920)와 김좌진(金佐鎭) · 이범석의 북로군정서군이 여러 독립군 단체와 연합하여 일본군 1,200명을 사살한 청산리 전투(1920)이다. 일본군은 이에 대한 보복으로 간도 지방의 한국인 1만여 명을 학살하고, 민가와 학교를 불태운 경신참변(庚申慘變, 1920)을 일으켰다. 이에 독립군들은 소 · 만 국경인 밀산부에 모여 대한독립군을 조직하고 연해주로 건너가 러시아 적군과 연합 전선을 시도했다. 그러나 러시아 적군은 독립군의 무장 해제를 요

Reference data

● 봉오동 전투
● 청산리 전투
● 자유시 참변
● 한인애국단

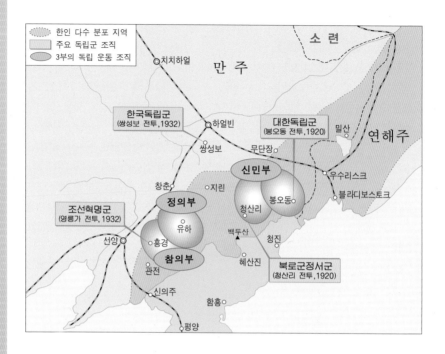

무장 독립군의 대일 항전▶

구하면서 공격을 가해 와 많은 희생자가 생겼고, 독립군 세력이 거의 와해되었다(自由市慘變, 1921).

재정비에 착수한 독립군은 군부대 간 통합을 추진하여 집안현 일대에 임시정부 직할의 참의부(參議府, 1924)를 결성했다. 뒤이어 길림과 심양(봉천)을 중심으로 정의부(正義府, 1925)가 결성되었으며, 북만주에서는 신민부(新民府, 1925)가 조직되었다. 이들 3부는 각각 해당 지역의 민정을 겸한 군정부로 기능했다. 1926년부터는 국내외 민족 운동 전선에서 민족 유일당 운동이 전개되었다. 그러나 완전한 통합을 이루어내지 못한 채 국내에서는 신간회가 조직되고, 만주에서는 혁신의회(1928)와 국민부(1929)가 창설되었다. 1930년대 만주에서의 독립운동은 혁신의회 후신 한국독립당(1930) 예하 부대인 한국독립군과, 국민부 안의 강경파가 조직한 조선혁명당(1929) 예하 부대인 조선혁명군이 주축이었다.

1931년 일제에 의해 만주 사변이 일어나고, 괴뢰국인 만주국이 수립되자 한국독립군과 조선혁명군은 제각기 재만 중국군과 연합하여 일 ·

만 연합군과 전투를 벌였다. 지청천(池靑天)이 지휘하는 한국독립군은 중국군과 함께 쌍성보에서 일·만 연합군을 대파했다(1932). 조선의용군 역시 재만 중국군과 연대하여 영릉가 전투에서 큰 성과를 거뒀다. 그 뒤, 한국독립군과 조선의용군은 일·만 연합군의 작전으로 어려움을 겪게 되었다. 1937년 중일 전쟁이 발발하자 임시정부는 중국 정부와 협력하여 대일 전쟁에 참가했다. 이때 김원봉(金元鳳)이 결성한 조선의용대(朝鮮義勇隊, 1938)의 활동이 돋보였다. 공산주의자로서 항일 독립운동에 참여한 김일성은 반일인민유격대(1932), 동북인민혁명군(1934), 동북항일연군(1936) 등에서 활약했다.

중일 전쟁이 발발하자 중경으로 이동했던 대한민국 임시정부는 일제와의 결전을 대비하여 광복군(1940)을 창설했다. 지청천이 총사령이고, 이범석(李範奭)이 참모장인 광복군에는 김원봉의 조선의용대도 편입되었다. 광복군은 임시정부가 대일·대독 선전 포고를 하면서 연합군과 함께 대일 전쟁에 참가하여 다양한 활동을 했다. 이는 연합국측이 한국의 독립 문제에 관심을 갖게 하는 계기가 되었다. 일제의 패망이 가까워지자 광복군은 국내에 진입하기 위해 국내정진군(國內挺進軍)을 편성하여 특수 훈련을 실시했다. 독립군의 무력 항쟁과 병행하여 김원

▼ 의열단 단장 김원봉

봉의 의열단과 김구(金九)의 애국단(愛國團)이 일본 요인 암살과 기관을 폭파하는 활동을 전개했다. 의열단의 나석주(羅錫疇)는 동양척식주식회사에 폭탄을 투척했고(1926), 애국 단원인 이봉창(李奉昌)은 일본 천황을 저격했다(1932). 같은 해 윤봉길(尹奉吉)은 홍구(虹口)공원에서 열린 일본의 상하이 사변 전승 축하식에 폭탄을 투척, 시라카와(白川) 대장 등 거물들을 죽였다.

| 무장 독립운동 전개

봉오동 전투(鳳梧洞戰鬪) : 1920년 6월 7일, 중국 지린성(吉林省) 왕칭현(汪淸縣) 봉오동(鳳梧洞)에서 독립군의 연합 부대와 일본군 사이에 벌어진 전투이다. 홍범도(洪範圖, 1868~1943)가 이끈 대한독립군(大韓獨立軍), 안무(安武, 1883~1924)가 이끈 국민회군(國民會軍), 최진동(崔振東, ?~1945)이 이끈 군무도독부(軍務都督府)가 연합하여 결성한 대한북로독군부(大韓北路督軍府)와, 한경세(韓景世)가 이끈 대한신민단(大韓新民團)의 독립군 연합부대가 야스카와 지로(安川二郞) 소좌가 이끈 일본군 제19사단의 월강추격 대대(越江追擊大隊)를 쳐부수고 큰 승리를 거두었다.

청산리 전투(靑山里戰鬪) : 1920년 10월 21~26일, 김좌진이 이끄는 북로군정서군과 홍범도가 이끄는 대한독립군 등이 주축이 된 독립군 연합부대가 만주 허룽현(和龍縣) 청산리 백운평(白雲坪)·천수평(泉水坪)·완루구(完樓溝) 등지의 10여 차례에 걸친 전투에서 일본군을 대파한 싸움이다. 이 전투는 한국 무장 독립운동 사상 가장 빛나는 전과를 올린 대첩(大捷)으로 독립 전사에 기록되어 있다.

자유시 참변(自由市慘變) : 1921년 6월 27일에 러시아 연해주 자유시(알렉세예브스크, 현 스보보드니)에서 일어난 사건이었다. 레닌의 적군(Red Army)이 대한독립군단 소속의 조선독립군들을 포위, 공격

북로군정서군의 청산리 전투 승리 기념 사진

함으로써 대부분이 사상당하고 나머지는 모두 강제노역소로 끌려간 사건이다. 조선의 분산된 독립군들이 모두 집결하였기 때문에, 사실상 조선의 독립군 세력이 괴멸된 사건이다. 1920년 봉오동과 청산리 전투에서 참패한 일본군은 독립군을 토벌한다는 명분하에 간도 참변을 일으켰다. 한국 독립군들은 밀산에서 독립군을 재편성하여 대한독립군단을 조직하였으며, 연해주의 이만(달네레첸스크)에 집결했다. 대한국민의회의 문창범과 자유대대의 오하묵 등은 자유시에 군대 주둔지를 마련하였다. 그러나 지휘권을 둘러싸고 이르쿠츠크파와 상하이파가 대립했다. 자유시 참변은 사할린 의용군이 볼셰비키군의 포위와 집중 공격에 쓰러진 참변이었지만, 이르쿠츠크파 고려공산당 대 상하이파 고려공산당 간의 대립 투쟁이 불러일으킨 사건이었다. 이 전투 끝에 전사자·도망자를 제외한 864명 전원이 포로가 되었다.

한인애국단(韓人愛國團) : 대한민국 임시정부의 다양한 독립운동 중 일본의 주요 인물 제거를 목표로 한 조직이다. 대한민국 임시정부의 국무령이던 김구(金九)가 중심이 되어 김석(金晳)·안공근(安恭根)·이수봉(李秀峰)·이유필(李裕弼)이 간부로서 애국단 조직을 운영하고, 단원으로는 유상근(柳相根)·유진만(俞鎭萬)·윤봉길(尹奉吉)·이덕주(李德柱)·이봉창(李奉昌)·최흥식(崔興植) 등이 참여했다. 1931년 말 이봉창 대원이 일본 국왕 히로이토(裕仁)를 죽이려 했다. 중국의 『국민일보』는 '韓人李奉昌狙擊日皇不幸不中(한국인 이봉창이 일황을 저격하였으나 불행히도 명중시키지 못했다.)'이라는 제목으로 대서특필하여 중국인을 놀라게 했다. 이 사건으로 일본군은 상하이 사변(상하이 학살 사건)을 일으켰다. 1932년 4월 29일 윤봉길은 상하이 홍구(虹口)공원에서 거행된 전승 기념 천장절(天長節 일본 국왕 생일) 기념식장에 폭탄을 던져 시라카와(白川義則) 사령관(대장), 우에다(植田謙吉) 육군대장, 노무라(野村吉三郞) 해군중장, 시게미쓰(重光葵) 주중 공사 등 무려 7명을 현장에서 즉사 또는 중상을 입혔다. 중국에서는 '2억 중국인이 하지 못하는 일을 한국인 한 사람이 해냈다.'고 격찬했다.

경제적 민족 운동

3.1 운동 후 일제는 한민족을 회유하여 보다 효율적으로 수탈하려는 기만적인 문화 정치(文化政治)를 표방했다. 군인이 임명되던 총독에 문관도 임명될 수 있도록 했고, 교육에 있어서는 한국인을 일본인 수준으로 끌어올리며, 총독부 관리에 한국인을 임용한다는 방침을 내세웠다. 일단 새 총독 사이토 마코토(齊藤實)는 헌병 경찰제 대신 보통 경찰제를 실시했고, 관리와 교사들이 제복을 입고 칼을 차는 행위를 중지했다. 그리고 한글 신문 간행을 허용했다. 하지만 이는 겉치레일 뿐이었다. 계속해서 군인을 총독에 임명했으며, 총독부 관리 임용과 학교 증설은 형식에 그쳤다. 또한, 합방 후 견지했던 차별화 · 우민화 정책은 조금도 달라지지 않았다. 경찰 조직을 대폭 증강하여 한국인에 대한 감시와 억압을 강화했다. 감옥이 증가하고, 사상범이 늘어났다. 1920년엔『조선일보』와『동아일보』가 창간되었으나 극심한 통제하에 삭제 · 압수 · 정간 · 폐간이 되풀이되었다.

일제의 경제적 수탈은 식민지 정책에서 가장 큰 비중을 차지했다. 1920년에 들어오면 한국의 농촌 정책은 대규모의 쌀 반출에 집중되었다. 이는 일본의 산업 구조와 그 부작용에 기인했다. 제1차 세계 대전

Reference data
● 산미 증산 계획
● 소작 쟁의

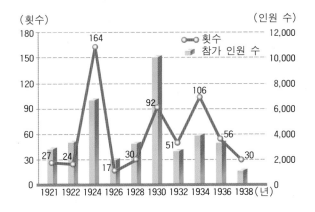

◀ 조선총독부의
조선농지연보(1940)

을 계기로 독점 자본이 성장하고, 농촌의 희생이 수반되자 쌀값이 폭등하는 등 식량 문제가 정치적·사회적 이슈가 되었다. 일제는 1918년에 완료된 토지 조사 사업을 바탕으로 산미 증산 계획(産米增産計劃)을 추진했다. 1920년부터 30년의 계획 기간 동안 1차 목표는 15년 만에 427,500 정보의 경작지 개간 및 종자 개량을 통해 920여만 석의 쌀을 증산하고, 이 중 500만 석을 일본으로 수출하는 것이었다. 계획대로 쌀 증산은 이루어지지 않았지만 쌀 수탈은 그대로 진행되었다. 농민들은 쌀을 생산하고도 식량이 부족하여 만주에서 잡곡을 들여와야 했다. 산미 증산 과정에서 수리 시설에 대한 과도한 투자가 수혜 농민에게 전가되어 농민의 어려움은 가중되었다. 이러한 과정에서 일본인에게 토지를 잃고 소작농으로 전락한 농민은 생산량의 1/2을 소작료로 내야 했다. 마침내 소작농들은 지주의 착취에 소작 쟁의(小作爭議)로 맞섰다. 1921년부터 늘어나던 농민의 저항은 1930년대에 절정을 이루었고, 점차 항일 민족 운동으로 변했다.

1910년대부터 한국의 대외 무역이 대폭 증가했는데 이는 일본의 무역 독점 때문이었다. 1919년에는 수출의 90%, 수입의 65%가 일본과의 교역이었다. 1920년에는 한일 간 관세 제도가 철폐됨에 따라 일본 의존도는 더욱 심화되었다. 완제품인 일용품이 들어오고, 원료와 식료품이 나가는 형태여서 한국은 일본의 상품 시장 및 원료 공급지가 되었다. 1930년대 한국이 일본 자본의 투자 시장이 되면서 이러한 무역 구조는 완화되었다. 이미 회사령 폐지(1920) 후, 미쓰이(三井)·미쓰비시(三菱) 등 독점 재벌들의 진출이 활발했다. 일본의 자본 투자는 점차 경공업 분야에서 중공업 분야로 이동했다. 이는 1930년대 일본의 대륙 침략에 따른 병참 기지가 되면서 가속화되었다. 당연히 이에 종속된 광업이 활기를 띠었으며, 미국 등지에서 군수 물자 수입을 위한 금의 소요로 금광업이 중심을 이뤘다. 1941년 미국과 전쟁이 발발하자 금보다는 철·석탄·중석 등 원료의 수요가 증가했다. 이처럼 한국의 광물 자원은 일본의 필요에 따라 개발되었고 약탈되었다. 또한 한국인 노동자의 노동력을 착취했으며, 이에 대한 저항이 노동 쟁의(勞動爭議)로 나타났다. 이는 농민들의 소작 쟁의와 함께 항일 운동으로 발전했다.

R e f e r e n c e   d a t a

| 경제적 민족 운동

산미 증산 계획(産米增産計畫) : 일본의 자본주의의 존립을 위해 조선을 식량 공급 기지로 만들려는 농업 정책이었다. 제1기 계획은 1920년~1925년, 제2기 계획은 1926년~1934년이었다. 제1차 세계 대전 중 일본에서는 자본의 급속한 축적으로 농민의 대량 이농과 도시 노동자 급증이라는 사회 현상이 나타났다. 이는 식량 수급을 악화시켜 1918년에는 '쌀소동(米騷動)'이 발생했다. 일제는 조선에서의 식량 증산을 강행하여 식량의 안정된 공급처를 확보하려 했다. 1·2기 계획의 결과는 부진했다. 사업 자금 조달, 농민의 반대 등 여러 요인이 작용했다. 특히, 2기 때는 농업 공황으로 쌀 가격이 폭락하여 조선 쌀의 수출이 일본의 농촌 경제를 악화시키자 일본 내부의 반발에 부딪혀 1934년에 중단되었다. 산미 증산 계획은 조선 쌀의 일본 유출을 증가시켰으며 식민지 지주제를 강화했다. 산미 증산 계획으로 증산된 양보다도 더 많은 쌀이 일본으로 반출되었다. 조선 농민은 만성적인 식량 부족에 허덕였다. 토지 개량의 중심인 수리 조합이 지주를 중심으로 운영되어 일본인·조선인 대지주들은 혜택을 받을 수 있었으나 중소 지주·자작농·소작농들은 농업 금융에서 배제되어 수리 조합비의 부담·고율의 소작료·고리대 등에 의해 몰락했다.

소작 쟁의(小作爭議) : 일제의 토지 조사 사업·산미 증식 계획은 농민의 80%를 소작농으로 만들었고, 지주는 수리 조합비·비료대 등의 각종 부담까지 소작인에게 전가하여 70~80%의 소작료를 수탈했다. 지주는 품종 지시에서부터 재배 기술·비료 종류·농기구 사용·수확 시기에 이르기까지 철저한 통제를 가했다. 일제는 세습적 경작권을 부정하고, 소작 기간을 1년으로 단축하여 소작농의 생존권을 위협했다. 소작 농민들은 자신들의 권익을 옹호하고 획득할 목적으로 소작인 조합·소작인 상조회·농민 공제회 등의 단체를 조직했다. 최초의 소작 쟁의는 1919년 11월 13일 1,500여 명의 황해도 흑교 농장 소작인들이 고율의 소작료에 항거한 것이었다. 1920년대 전반기의 소작 쟁의는 소작인 단체의 주도 아래 있었고, 목적은 잡다한 부담과 소작료 인하 투쟁이었다. 1923년부터는 소작권 박탈에 대한 반대 투쟁이 대부분이었다. 1926년부터 소작인 조합은 자작농까지 소작 농민 운동에 가담하게 함으로써 농민 조합으로 확대·개편되었다. 1927년 9월 조선농민총동맹이 조선노농총동맹으로부터 분리·창립되었다. 농민 조합은 삼남 지방뿐 아니라, 북부 지방과 동해안 일대에서도 광범위하게 결성되었다. 1930년대에는 일제의 조합에 대한 탄압 강화와 분열 책동으로 농민 조합은 비밀 농민 조합으로 개편되어 소작 쟁의는 적색농민조합이 주도했다. 투쟁 목적은 소작료 감면에서 수리 조합 반대, 조세 공과금 거부, 일제 타도에 이르기까지 광범위했다. 일제는 1932년에 '조선 소작 조정령'을, 1934년에는 '조선 농지령'을 반포하여 법적으로 규제하려고 했지만 소작 농민들은 보다 격렬한 투쟁을 전개했다. 소작 쟁의는 1939년 12월 '소작료 통제령'을 제정·공포함으로써 봉쇄되었지만, 독립운동적 성격은 일반 독립 운동과 합류하면서 발전되어 갔다.

🔟 사회적 민족 운동

Referencedata
● 물산 장려 운동

3.1 운동 후 일제의 식민 통치가 유화적인 국면으로 접어들 때 각 분야에서 '실력 양성 운동'이 전개되었다. 한글로 간행되던 『조선일보』와 『동아일보』는 "아는 것이 힘, 배워야 산다."는 표어를 내세우고, 문맹 퇴치 운동·민립 대학 설립 운동·물산 장려 운동(物産奬勵運動)·각종 문화 및 체육 행사 등을 주최했다. 또한, 1933년에 조선어학회가 제정한 '한글 맞춤법 통일안'을 국민들에게 홍보하여 한글 보급에도 앞장섰다. 실력 양성 운동의 핵심은 민족 교육 운동이었는데, 일제의 차별 교육(愚民化政策)에 맞서 고등 교육 기관인 민립 대학 설립 운동으로 나타났다. 문화 정치의 일환으로 1922년 제2차 조선 교육령(朝鮮敎育令)이 공포되고, 한국에서의 대학 설립이 가능해진 것에서 비롯되었다. 이리하여 1923년 한규설(韓圭卨)·이상재(李商在) 등이 조직한 조선교육회(朝鮮敎育會)를 중심으로 민립 대학 설립 기성회가 조직되어 모금 운동에 들어갔다. 그러나 일제의 방해와 홍수·한해 등으로 실패하고 말았다. 기존의 오산학교·연희전문학교·보성학교 등을 대학으로 승격시키려는 움직임도 일제의 방해로 좌절되었다. 이러한 한국인들의 움직임에 당황한 일제는 1924년 관립 대학인 경성제국대학을 설립했다. 하지만 이는 한국인을 위한 대학이 아니었다.

　1920년대에 성행한 노동 야학(勞動夜學)은 민중 교육에 이바지했고,

경성 방직 주식회사의 ▶
국산품 애용 선전

『동아일보』가 전개한 브나로드 운동(1931)은 문맹 퇴치와 농촌 계몽에 큰 성과를 거두었다. 종교계에서도 일본의 회유로 일부 종교 단체와 지도자들이 친일파가 되었지만, 이들에 대항하면서 민족 운동을 꾸준히 전개해 나갔다. 천도교에서는 제2의 3.1 운동을 계획하여 1922년 3월 1일에 자주독립 선언문을 발표하였다. 또한 개벽사(開闢社, 1919)를 설립하여 『개벽』·『부인』·『어린이』·『학생』 등을 발행, 민중의 자각과 근대 문물의 이해에 공헌했다. 이 외에 불교·기독교·대종교·원불교 등 종교 단체들이 근대적 교육 기관을 설립하여 민족 계몽 운동에 나섰다. 민족주의 교육을 통해 민족의 비운을 통감한 학생들도 항일 민족 운동의 선봉에 섰다. 1926년 대한제국의 마지막 황제인 순종이 서거하자 인산일(因山日)인 6월 10일을 기해 대대적인 만세 시위를 준비했다. 이때 사회주의자들의 거사는 일본 경찰에 발각되어 실패했지만, 전문학교와 중학교 학생들이 추진한 계획은 실행에 옮겨졌다. 6.10 만세 운동 이후에도 동맹 휴학 같은 방법으로 계속되던 학생 운동은 광주학생운동(1929)으로 나타났다. 한일 학생 간 차별과 누적된 반일 감정이 폭발한 이 운동은 전국적으로 확산되어 대규모의 시위로 발전했다. 1930년까지 194개 학교의 학생 54,000여 명이 참가한, 3.1 운동 이후 최대의 민족 운동이었다.

▲ 브나로드 운동 포스터

Reference data

| 사회적 민족 운동

물산 장려 운동(物産獎勵運動) : 1920년대 일제의 경제적 수탈 정책에 맞서 조만식이 주도한 범국민적 민족 경제 자립 실천 운동이다. 총독부는 민족 자본 회사를 억제하고자 회사 설립에 제한을 두었던 회사령을 철폐했다. 이는 일본의 기업 자본이 한반도에 쉽게 진출할 수 있도록 내린 조치였다. 따라서 조선의 일본에 대한 경제적 예속은 심화되었다. 조선인 기업가들이 총독부에 건의를 하고 탄원서도 올렸지만 오히려 일본과 조선 간의 관세를 철폐하여 일본 기

업에 굉장히 유리했다. 이러한 상황에서 조선인 기업가들과 지식인들이 규합하여 경제적 예속화를 벗어나고자 물산 장려 운동을 전개했다. 구호는 '조선 사람 조선으로!', '우리 것으로만 살자'였다. 그러나 이 운동은 여러 한계를 지니고 있었다. 이를테면 토산품만 사용하다 보니 토산품 가격이 폭등하여 상인과 자본가들의 배만 채워주게 되었다. 사회주의 계열의 운동가들과 지각 있는 민중들이 '물산 장려 운동은 자본가 계급을 위한 것'이라고 비판한 이유이기도 했다. 여기에 일제의 극심한 탄압과 박영효 · 유성준 같은 친일 세력들의 관여로 변질이 되었다.

🌀 사회주의 운동

1927년 제각각 다른 방법과 목소리로 항일 민족 운동을 추진하던 민족주의 계열과 사회주의 계열이 통합하여 신간회(新幹會)를 조직했다. 총독부는 신간회를 합법적인 단체로 인정했다. 한국인의 지하 운동을 노출시키고, 민족주의 계열과 사회주의 계열의 반목과 대립을 유도하는 술책이었다. 한국의 사회주의 운동은 1917년 러시아 혁명에 성공한 레닌(Lenin)이 약소 민족의 독립운동을 지원하겠다는 약속에 자극받아 일어났다. 1918년 연해주 이르쿠츠크의 공산당 한인지부와 하바로브스크의 한인사회당이 모태가 되어 1921년에는 각각 이르쿠츠크파 고려공산당(高麗共産黨)과 상하이파 고려공산당으로 발전했다. 국내에서는 1925년 조선공산당과 고려공산청년회가 조직되었다. 당시의 한국 사회주의는 민족 해방 운동의 일환이었으며, 노동 쟁의 등 조직적인 항일 운동으로 나타났다. 이들은 1926년 6.10 만세 운동을 계획했다가 사전에 발각되면서 조직이 와해되었다. 내부적으로도 파벌 간 대립이 극심했다. 또한 민족주의 계열의 실력 양성론에 대해서도 비판적이었다. 한편, 민족주의 계열 내부에서도 일부가 자치론에 동조하는 경향을 보이자 이를 저지하기 위해 사회주의 계열과의 연대를 모색했고, 마침내 타협이 이루어졌던 것이다.

신간회는 자치 운동을 기회주의로 규정했고, 한국인 착취 기관의 철폐 · 교육 차별 금지 · 한국어 교육 실시 등을 주장했다. 광주학생운동이 일어나자 진상 조사단을 파견하는 한편, 일본 경찰의 부당한 조치를 비난했다. 이러한 활동을 통해 신간회는 전국에 141개의 지부와 4만여 명의 회원을 확보하게 되었다. 1927년에는 여성 단체인 근우회(槿友會)가 결성되어 방계 조직으로 활동했다. 그러나 일제의 교묘한 탄압에다 국제 공산주의 운동이 극좌 · 모험주의로 선회하면서 사회주의 계열이 탈퇴하자 끝내 해산되고 말았다(1931).

대한민국 임시정부

3.1 운동 직전인 1919년 2월, 연해주 블라디보스토크에서는 임시정부 성격의 대한국민의회(大韓國民議會)가 성립되었다. 3.1 운동 직후인 1919년 4월에는 중국 상하이에서 대한민국 임시정부가 수립되었다. 국내에서도 13도의 대표가 서울에 모여 한성 정부를 수립했다. 하지만 보다 강력한 독립운동을 위해서는 하나의 통일된 정부가 필요하다는 여론에 따라 세 곳의 임시정부가 통합된 대한민국 임시정부를 상하이에 수립

◀ 구한말의
블라디보스토크

했다. 이때 임시 헌장 10개조를 기본으로 하여 전문 및 본문 58조로 된 신 헌법을 제정 · 공포했다(1919.9.11). 자유주의와 민주 공화국의 정체에 3권 분립이 원칙이었다. 행정은 대통령 중심제와 내각 책임제를 절충한 형태였다. 각지에 산재한 동포 사회의 현실에 적응하기 위해 헌법은 개정을 거듭했다. 처음에는 국회인 의정원(議政院)과 정부인 국무원(國務院)으로 구성되었으나, 점차 국무령(國務領)을 수반으로 하는 내각 책임제(1925), 국무 위원 중심제(1927), 주석 중심제(1940) 등으로 바뀌었다.

임시정부는 사상과 방법론의 차이로 분열과 대립을 거듭했으나, 광복을 위한 노력을 계속했다.『독립신문』을 기관지로 발행했고, 임시사료편찬회(臨時史料編纂會)를 두어 『한일 관계 사료집(韓日關係史料集)』을 간행했다. 김규식을 파리 강화 회의에 전권 대사로 파견하고, 미국에 구미 위원부를 두어 국제 연맹 등 각종 회의에서 한국의 독립 문제를 제기하는 등 외교 활동을 벌였다. 연통제(聯通制)를 실시하여 국내와 연락을 취하면서 독립 자금을 모았으며, 해외 거주 동포를 대상으로 애국 공채를 발행했다. 1937년 중일 전쟁 발발 후 중국 각지를 전전하다 1940년에 중경에 정착했다. 이곳에서 중화민국 정부의 후원으로 광복군(光復軍)을 편성하여 항일 전쟁을 수행했다. 내부의 분열로 전 민족의 독립운동을 효과적으로 이끄는 데는 한계가 있었다.

🌀 일제의 민족 말살 정책

1930년대 들어 세계 공황에 직면한 일본 자본주의는 대륙 침략에서 활로를 모색했다. 1931년에 만주 사변(滿洲事變)을 일으켜 대륙 침략의 발판을 마련한 뒤 중일 전쟁(1937)과 태평양 전쟁(1941)으로 확전시켰다. 이러한 전시 체제에서 일본은 병참 기지가 된 한국을 철저하게 수탈함과 동시에 저항을 원천 봉쇄하기 위한 민족 말살 정책을 강행했다. 금속 · 기계 · 화학 공업을 주축으로 하여 철 · 석탄 · 중석 등 군수품 원료를 약탈했다. 또한 군량미 조달을 위해 쌀 · 소 등을 징발했다. 전쟁이 장기화되고 전쟁 물자가 고갈되자 고철 · 놋그릇 · 수저까지 거두어갔다. 중일 전쟁으로 병력과 노동력이 부족하자 육군 특별 지원병령(1938) 및 국민 징용령(1939)를 공포하여 한국 청년들을 강제로 징집했다. 태평양 전쟁 중에는 학도 지원병 제도(1943)와 징병 제도(1944)를 실시하여 일본 군대에 의무적으로 복무하게 했다. 어린 소녀들은 강제로 데려가 군대 위안부로 삼기까지 했다. 이로 인해 징발된 한국인은 종전까지 100만 명

Reference data
● 내선일체

◀ 황국신민서사를
외우는 학생들

이 넘었다.

한편, 한민족 자체를 말살하기 위해 내선일체(內鮮一體) 및 일선 동조론(日鮮同祖論)을 내세웠다. 이를 위해 한국어 사용 금지·일본식 개명(創氏改名)·황국신민서사(皇國臣民誓詞) 제창·신사 참배 등을 강요했다. 또한 한글 연구 기관인 조선어학회(朝鮮語學會)와 한국사를 연구하던 진단학회(震檀學會)를 해산하여 한국의 전통문화를 말살하려 했다. 『조선일보』와 『동아일보』 등 한글로 된 모든 간행물을 폐간시켰다. 이로써 한국인의 정체성은 사라질 지경에 이르렀다.

Reference data

| 일제의 민족 말살 정책

내선일체(內鮮一體) : '내(內)'라 함은 제2차 세계 대전 전, 일본이 해외 식민지를 '외지(外地)'라 부른 데 대한 그들의 본토를 가리키는 '내지(內地)'를 말한다. '선(鮮)'은 조선이며, 일본과 조선이 일체라는 뜻이다. 1931년 만주 사변 때는 일만일체(日滿一體)라는 용어를 사용했다. 1937년 일본이 중국 침공을 개시하자, 당시의 조선 총독 미나미지로(南次郎)는 대륙 침공에 조선을 동원·이용하기 위한 강압 정책으로 '내선일체'라는 기치를 들고 나섰다. 한민족의 저항을 초기부터 말살·차단하려는 철저한 민족 말살 정책이었다. 황국신민화(皇國臣民化)라는 미명 아래 일본 왕에 대한 충성 맹세 및 신사 참배(神社參拜) 강요, 지원병 제도(1938), 조선어 교육 폐지 및 일본어 상용(常用), 창씨 개명(創氏改名,1940) 강요, 어용 학자들을 동원한 내선 동조 동근론(內鮮同祖同根論)을 주장하며 그들의 조상이라는 아마테라스 오미카미(天照大神)의 신위를 가정마다 모시게 하는 등 한민족 말살 정책을 폈다.

민족 문화 수호 운동

Reference data
● 한글 맞춤법 통일안
● 진단학회

일제의 문화 정치는 한민족의 적극적인 독립운동을 합법적인 문화 운동으로 전환시키는 한편, 친일 세력을 양성하여 민족을 분리시키려는 정책이었다. 따라서 일제의 한국 문화 연구는 내용을 왜곡하여 전통문화에 대해 바르지 못한 인식을 주입시키려는 목적으로 실행됐다. 이에 대항하여 1930년대에는 문화 수호 운동이 전개되었다. 특히, 국어와 국사 연구에 많은 노력이 있었다.

1921년 국문연구소의 후신으로 조선어연구회(朝鮮語研究會)가 발족되어 국어에 대한 연구와 한글 보급에 노력했다. 1927년에는 동인지 『한글』을 간행하였다. 『한글』은 재정난으로 중단되었다가 조선어연구회가 조선어학회(朝鮮語學會,1931)로 개칭하면서 속간되었다. 조선어학회는 사립 학교에 국어 교재를 보급하는 한편, 회원들이 순회 교육을 실시했다. 1933년에는 이희승(李熙昇)·최현배(崔鉉培)·권덕규(權悳奎) 등 12명의 연구 끝에 '한글 맞춤법 통일안'을 제정하여 신문사와 함께 보급에 힘썼다. 1929년부터 『우리말 큰사전』 편찬을 시작했으나, 일제의 방해로 중단되었다. 결국 일제는 조선어학회를 독립운동 단체로 규정하여 회원들을 체포하고는 이를 해산시켰다(1942).

한국사를 왜곡하여 부정적인 면을 부각시키는 일제의 식민 사관에 대응하여 한국 민족주의 사학자들은 한민족의 기원을 밝히고, 민족 문화의 우수성과 한국 역사의 주체적 발전을 강조하는 연구에 힘을 쏟았다. 박은식은 상하이에서 『한국 통사(韓國痛史)』를 저술하여 근대 이후 일본의 침략 과정을 서술했다. 또한 『한국독립운동지혈사(韓國獨立運動之血史)』에서는 일제와 싸운 한민족의 독립운동을 서술했다. 그는 민족 정신을 '혼(魂)'으로 파악했다. 신채호는 『조선 상고사(朝鮮上古史)』·『조선사 연구초(朝鮮史研究草)』를 저술했는데, 역사를 '아(我)'와 '비아(非我)'의 투쟁의 기

◀ 민족주의 사학 연구서

록이라 하여 한민족의 주체적인 자주독립 쟁취를 강조했다. 국내에서는 남궁억이 『동사략(東史略)』·『조선 이야기』를 저술하여 학교에서 교육했다. 이능화(李能和)는 『조선 기독교 급 외교사(朝鮮基督敎及外交史)』·『조선 도교사(朝鮮道敎史)』를 저술하여 한국 종교사에 큰 업적을 남겼다. 이 외에 안확(安廓)·최남선·정인보(鄭寅普)·문일평(文一平)·장도빈(張道斌) 등도 민족주의 역사학을 발전시켰다.

1930년대에는 서양의 근대적 아카데미즘 역사학이 일본을 통해 수입되었고, 실증 사관을 표방하는 학자들에 의해 진단학회(震檀學會, 1934)가 조직되었다. 진단학회는 『진단학보』를 발행했다. 또한 유물 사관에 입각한 세계사적 발전 법칙에 따라 한국사를 체계화하려는 사회 경제사학이 대두하여 일제의 식민 사관에 대항했다. 이 시기의 한국사 연구는 모두 민족 독립 운동으로 연결시키면서 민족정신을 고양하고, 민족 문화와 전통을 수호하려 했다.

문학 부문에서도 민족 문화 운동이 일어났는데 3.1 운동 실패 후『폐허(廢墟, 1920)』, 『백조(白潮, 1922)』 등의 문예 동인지가 퇴폐와 허무, 염세와 현실 도피적인 경향을 보였지만, 같은 시기에 민족의식을 고취하는 민족 문학도 일어났다. 한용운은 「님의 침묵」에서 민족에 대한 사랑을 노래했고, 심훈(沈熏)은 「통곡 속에서」를 지어 민족의식을 표현했다. 사회적인 문학도 일어나 항일 문학 운동을 일으켰다. 최서해(崔曙海)·김기진(金基鎭) 등 신경향파 문학이 선구적이었다. 이들은 현실 인식과 계급 인식이 추상적이었는데 반해, 1925년 카프(KAPF)가 결성되면서 사회주의 혁명을 위한 문학가들의 실천 운동이 본격적으로 전개되었다. 처음에는 박영희(朴英熙)·최서해·김기진 등이 중심이었다가 1930년부터 임화(林和)·김남천(金南天) 등 소장파가 주도했지만 일본 경찰의 탄압으로 해산했다. 이후 민족주의·사회주의 문학이 위축되고 순수 문학이 나타났으나 이 역시 일제 말 민족 말살 정책에 의해 탄압을 받았다.

| 민족 문화 수호 운동

한글 맞춤법 통일안 : 1948년 공식적으로 채택한 뒤 한국 정서법의 법전이 되었다. 한글 맞춤법은 주시경(周時經)에 의하여 개척되었고, 그의 제자들에 의해 발전되었다. 1930년 12월 13일 조선어학회 총회의 결의로 한글 맞춤법 통일안을 제정하기로 하고, 권덕규(權悳奎) · 김윤경(金允經) · 박현식(朴賢植) · 신명균(申明均) · 이병기(李秉岐) · 이희승(李熙昇) · 이윤재(李允宰) · 장지영(張志暎) · 정인승(鄭寅承) · 최현배(崔鉉培) 등 위원 12명이 2년 동안 심의를 거듭한 결과 1932년 12월 원안을 완성했다. 그 후 심의, 재검토 끝에 마지막 정리를 한 뒤 1933년 10월 19일 조선어학회 임시 총회에서 이를 시행하기로 결의했다.

진단학회(震檀學會) : 일제의 한국 강점 후 우리의 독자적인 한국학 연구가 미진했고, 오히려 일본의 한국 연구가 보다 활발했다. 연구 결과도 일본어로 발표되어 일본인들이 한국 문화에 대한 정보와 지식을 더 많이 소유했다. 그리하여 한국의 지식인들이 한국 및 주변국 문화에 대한 연구를 위해 조직한(1934. 5. 7) 학술 단체가 진단학회(震檀學會)다. 발기인으로는 이병도(李丙燾) · 이병기(李秉岐) · 이상백(李相佰) · 이윤재(李允宰) · 이은상(李殷相) · 이희승(李熙昇) · 문일평(文一平) · 박문규(朴文圭) · 백낙준(白樂濬) · 손진태(孫晋泰) · 조윤제(趙潤濟) · 최현배(崔鉉培) ·

『우리말 큰사전』 완간 기념

홍순혁(洪淳赫) 등이었다. '한국은 물론 인근 지역의 문화도 관심 영역에 두고 연구하는 것을 목적으로 한다.'고 회칙에 규정했지만 한국사 연구가 많은 비중을 차지했다. 연간 4회의 학보를 발간하고, 강연회 · 간담회 및 기타 사업을 추진하기로 했다. 그 결과『진단학보(震檀學報)』가 간행되었고, 많은 지식인들의 관심을 끌었다. 일제의 한국 민족정신 말소 정책에 따라 조선어학회와 함께 탄압의 대상이 되었다. 두 학회에 대한 탄압은 곧 민족정신을 고양할 수 있는 한국학인 국어와 국사에 대한 탄압이었다.

8

현대 사회

해방 후 ~ 1990년대 말 | 1945년 8월 15일 일제가 연합군에 패망하면서 한국은 독립을 맞게 되었다. 비록 민족의 줄기찬 항쟁이 독립에 크게 기여한 것은 사실이지만, 연합국의 승리라는 타율이 실질적으로 작용하면서 민족의 운명이 외세에 의해 좌지우지되었다. 해방 후 한반도는 미국과 소련군이 분할 통치하게 되었고, 신탁 통치안을 두고 민족은 분열과 대립으로 치달았다. 결국 통일 세력이 외세를 등에 업은 남북한 분리 세력에 밀리면서 국토는 양분되고, 동족상잔의 6.25 전쟁으로 이어졌다. 한국 사회 내부에서도 좌익과 우익의 갈등으로 인한 참극이 빚어졌다. 전쟁 와중에서도 남북의 집권층은 독재화를 추진했다. 장기 집권을 기도했던 이승만 정권은 4.19 혁명에 의해 무너지고, 이후 성립된 제2공화국은 내분과 미숙으로 5.16 군사 정변에 의해 무너졌다. 군사 정변으로 집권한 박정희 정권은 경제적으로 고도성장이라는 성과를 거두었으나, 장기 독재를 견지하다 10.26 사건으로 막을 내렸다. 뒤이어 집권한 신군부의 독재도 줄기찬 민주화 운동에 굴복했다. 한편, 북한은 전후 피해 복구에 성공한 김일성이 1인 독재 체제를 구축했고, 김일성 사후에는 김정일과 김정은으로 통치가 이어졌다. 그러나 폐쇄적인 경제와 선군 정치는 경제난과 함께 대외 고립을 자초했다. 이는 계속된 남북 교류 추진에 큰 장애가 되고 있다.

01 현대 사회의 성립
02 민주주의의 발전
03 경제와 사회 · 문화의 발전

01 현대 사회의 성립 ▶▋▋▋▋▋▋▋▋

🌐 현대 사회의 전개

1945년 8월 15일, 한국은 일제의 시민 통치에서 해방되었다. 한국인은 일제 통치하에서도 독립을 위해 무장 독립 투쟁과 민족 문화 수호 운동으로 일관했다. 이 같은 노력은 국제 사회에 알려졌고, 독립에 대한 지지를 이끌어냈다. 마침내 일제가 연합군에게 패망하자 한국의 독립은 현실화되었다. 하지만 타력에 의한 독립은 냉전 체제로 진입하는 국제 정세 및 강대국들의 전략에 따라 한국의 운명을 좌지우지했다. 내부적으로도 이데올로기로 인한 좌우 분열, 정파적 이해와 맞물린 일제 잔재 청산 소홀 등으로 극심한 대립과 갈등으로 치달았다. 이는 남북 분단과 동족상잔의 비극으로 이어졌다. 6.25 전쟁은 일제의 혹독한 수탈과 탄압으로 빈사 상태에 있던 한민족에게 치명적인 타격을 입혔다.

6.25 전쟁의 피해 ▼

6.25 전쟁 후 분단 상황이 고착화되면서 남북한 공히 이를 이용한 집권자들의 독재화가 진행되었다. 북한은 김일성이 정적들을 차례로 숙청한 다음, 1인 독재 체제를 구축했다. 남한의 자유당 정권은 장기 집권 기도와 부정에 저항한 4.19 혁명에 의해 무너졌다. 정권을 잡은 민주당의 내분과 무능은 5.16 군사 정변을 초래했다. 군사 정권

은 적극적인 외교와 경제 발전에 치중하여 상당한 성과를 냈다. 하지만, 한국 사회는 끊이지 않는 정통성 시비와 함께 반독재 민주화 운동으로 점철되었다. 1979년 박정희의 피격으로 장기 독재를 견지한 유신 체제가 무너지면서 정치 군인들로 조직된 신군부가 정권을 잡았다. 제5공화국 이후 대통령 직선이 실시되었지만, 민주화 세력들이 국민의 여망을 외면한 채 분열함에 따라 문민정부 수립에 실패했다. 1993년 3당 합당을 주도한 김영삼에 의해 비로소 문민정부가 출범하면서 민주주의는 빠르게 진전되었다.

경제적으로는 남북한 모두 전후 복구에 진력했으며, 상당한 성과를 이뤄냈다. 1961년 군사 정변으로 집권한 박정희 정부는 4차례에 걸친 경제 개발 계획을 추진하여 비약적인 성장을 이룩했다. 성장 과정에서 재벌 기업 주도, 도농 간 불균형, 빈부 격차 심화, 노동 환경 악화 등 지역적·계층적 갈등이 수반되었다. 이 같은 요인들은 정치와 사회 불안을 초래했다. 1997년에는 대외 신인도 하락과 기업들의 방만한 운영으로 인해 외환 위기를 맞게 되었다. 이를 극복하기 위해 전 국민이 금 모으기에 나서는 등 적극 동참했고, 기업들은 뼈아픈 구조 조정을 단행했다. 문민정부 이래 국민의 정부, 참여 정부 등으로 이어지면서 점차 분배와 복지 향상에 정책의 비중이 증대되었다. 한국 사회는 여전히 많은 문제를 내포하고 있고, 외부적인 도전 또한 거세지만 착실히 민주주의 발전과 번영을 향해 나아가고 있다.

🌐 제2차 세계 대전 이후의 국제 동향

제2차 세계 대전이 끝난 뒤 세계는 미국 중심의 민주주의 진영과 소련을 정점으로 한 공산주의 진영으로 나뉘어졌다. 미국은 그리스 내전을 계기로 트루먼 독트린(1947)을 발표하면서 반공 정책을 강화했다. 서방

Reference data
● 트루먼 독트린
● 닉슨 독트린
● 반둥 회의

국가들은 NATO(북대서양 조약 기구)를 결성하여 집단 방위 체제를 구축했고, 공산 국가는 WTO(바르샤바 조약 기구)를 결성하여 이에 대응했다. 민주주의와 공산주의 세력의 충돌은 한국 전쟁(6.25 전쟁)과 베트남 전쟁, 쿠바 위기 등에서 나타났다.

냉전 체제의 완화는 흐루시초프의 평화 공존 표방, 서유럽과 일본의 비약적인 경제 발전, 유럽 공동체 결성, 중·소 분쟁 발발 등 일련의 현상들로 인해 이념보다는 국가 이익을 더 중시하면서부터였다. 이러한 흐름에 따라 미국의 닉슨 대통령은 닉슨 독트린(1969)을 발표한 뒤 중국을 방문했다(1972). 소련의 고르바초프 대통령이 개혁(페레스트로이카)과 개방(글라스노스트)을 내세우면서 민주화를 추진하자 동유럽에도 민주화 운동이 일어났다. 이로 인해 공산 정권이 붕괴되면서 독일 통일이 이루어졌고(1990), 소련이 해체되면서(1992) 독립 국가 연합(CIS)이 결성되었다.

중국에서는 공산당이 국공 내전에서 승리하고(1949), 중화인민공화국을 수립했다. 국민당 정부는 대만으로 밀려나 대만 정부를 수립했다. 1970년대 들어 중화인민공화국은 미국과의 대립 관계를 개선하고, 안전보장이사회의 상임 이사국이 되었다. 또한, 등소평의 개혁·개방 정책으로 자본주의 시장 경제 제도를 도입하면서 비약적인 경제 성장을 이룩했다. 그리고 세계 시장에서 영향력을 확대하고 있다. 제2차 세계 대전 종전 후 아시아·아프리카에서 독립한 신생국들은 반둥 회의(1955)를 개최하고, 비동맹 중립 노선을 표방했다. 이들은 국제 연합 내에서 하나의 세력 집단을 구성하였다.

| 제2차 세계 대전 이후의 국제 동향

트루먼 독트린(Truman Doctrine) : 1947년 3월, 미국 대통령 H. S. 트루먼이 의회에서 공산주의 세력의 확대를 저지하기 위해 자유와 독립을 위해 노력하는 나라에 대해 군사적 · 경제적 원조를 제공한다는 외교 정책을 발표했다. 미국은 공산화 위협에 놓여 있던 그리스와 터키의 반공(反共) 정부에 경제적 · 군사적 원조를 제공했다. 이 원칙은 미국 외교 정책의 기조가 되었으며, 유럽 부흥 계획과 북대서양 조약으로 구체화되었다.

닉슨 독트린(Nixon Doctrine) : 1969년 미국의 R. M. 닉슨 대통령이 괌에서 새로운 대아시아 정책인 닉슨 독트린을 발표했고, 1970년 2월 국회에 보낸 외교 교서를 통해 세계에 선포했다. 그 내용은 다음과 같다. ① 미국은 장차 베트남 전쟁과 같은 군사적 개입을 피한다. ② 미국은 아시아 제국(諸國)과의 조약상 약속은 지키지만, 강대국의 핵 위협을 제외한 내란이나 침략에 대해서는 아시아 각국이 스스로 협력하여 대처해야 한다. ③ 미국은 '태평양 국가'로서 그 지역에서 중요한 역할을 계속하겠지만 군사적 · 정치적으로 직접적 · 과잉 개입은 하지 않으며, 아시아 제국의 자주적 행동을 측면 지원한다. ④ 아시아 제국에 대한 원조는 경제 중심으로 바꾸며, 다수국 간 방식을 강화하여 미국의 과중한 부담을 피한다. ⑤ 아시아 제국이 5~10년의 장래에는 상호 안전 보장을 위한 군사 기구 구성을 기대한다.

반둥 회의(아시아 아프리카 회의) : 인도네시아 · 스리랑카 · 미얀마 · 인도 · 파키스탄 등 5개국의 발기로 소집되었다. 세계 인구의 과반수를 대표하는 29개국 대표단이 회의에 참석했다. 아시아 · 아프리카 국가들 간의 긴밀한 관계를 수립하고, 냉전의 상황 속에서 중립을 선언하며, 식민주의의 종식을 촉진하는 것이 목적이었다. 식민주의 문제에 관한 열띤 논쟁의 결과 소련 및 서방 열강을 비난하는 내용의 선언문이 채택되었다. 국제 연합 헌장의 제(諸)원칙에다 1954년 6월 중국 총리 저우언라이와 인도 총리 네루와의 회담 결과 발표된 ① 영토 주권의 상호 존중, ② 상호불가침, ③ 내정불간섭, ④ 평등 · 호혜, ⑤ 평화 공존이라는 평화 5원칙을 통합한 세계 평화 및 협력에 관한 '10개 항목 선언문'을 채택했다. 또한, 전 세계에 군비 축소를 주창했다. 그 밖에 무역 · 원조 및 문화에 관한 협정들이 성립되었다.

02 민주주의의 발전

Referencedata
● 조선건국준비위원회

 해방과 건국 준비

1945년 8월 15일 민족의 해방은 근대 사회에서 현대 사회로의 전환이 기도 했다. 일제에 항거한 민족의 독립운동은 전후 처리를 위한 강대국들의 회담에서 독립을 약속받았다. 또한, 일제의 민족 말살 정책에 대항하여 민족 문화를 수호함으로써 해방 후 역사적 정통성을 계승 · 발전시킬 수 있었다. 카이로에서 개최된 미국 · 영국 · 중국의 수뇌들은 적당한 시기에 한국을 해방시키고 독립시킬 것을 결의했다(1943.11). 포츠담 회담에서는 이를 재확인했다(1945.7). 일본의 패망이 임박하자 조선총독부는 일본인들의 안전한 귀국을 위해 국내 민족 지도자인 여운형(呂運亨)과 송진우(宋鎭禹)에게 치안권 이양을 논의했다. 여운형은 안재홍(安在鴻)과 더불어 조선건국준비위원회(朝鮮建國準備委員會)를 발족하고 위원장이 되었다(1945.8). 건준위의 좌익 계열은 조선인민공화국(朝鮮人民共和國)을 선포했는데, 미군이 진주하기 전이었다. 송진우 · 김성수(金性洙) 등 민족주의 우파 계열은 상하이의 임시정부 정통성을 지지하면서 이에 반대했다.

| 해방과 건국 준비

조선건국준비위원회(朝鮮建國準備委員會) : 1945년 8월 15일부터 9월 7일까지의 군정기에 중도 좌파인 여운형과 중도 우파인 안재홍 등이 일본으로부터 행정권을 인수받기 위해 만든 조직이다. 조선 총독부 정무총감 엔도 류사쿠는 치안권과 행정권 등 모든 권한을 여운형에게 이양하면서 일본인들의 안전을 요구했다. 여운형이 협상에 임했던 것은 일본군이 철수하면서 조선인들을 학살하거나 민중 내에서 친일파를 처단한다는 이름으로 사적인 감정에 기인한 마구잡이식 살인 등 혼란을 염려했기 때문이다. 건준위 명칭은 안재홍이 제안한 것이었는데, 강령은 다음과 같다. ① 각인 각파는 대동 단결하여 거국 일치로 일본 제국주의 제세력을 구축하고 조선 민족의 자유와 독립을 회복할 것. ② 반추축 제국과 협력하여 대일 연합 전선을 형성하고 조선의 완전한 독립을 저해하는 일체 반동 세력을 박멸할 것. ③ 건설부면에 있어 일체 시정을 민주주의적 대중의 해방에 치중할 것. 온건 우파와 온건 좌파 세력이 결집하여 결성된 건준은 해방 이후 뒤숭숭한 분위기 속에 매우 혼란스러웠던 치안 상태와 행정 실무 등을 해결했다. 광복 이후 최초의 정치 단체이자 한국 현대사 최초로 지방 자치를 시행했다는 점에서 의의가 있다. 건준의 조직 사업은 북한 지역에서도 진행되었다. 북한 지역에서 이를 주도한 이는 조만식이었다. 그는 평양 출신으로 일제 치하에서 '비폭력적이면서도 비타협적인 노선을 견지한' 민족주의 운동의 대표적인 지도자였다. 김성수 · 송진우 등 국내의 우익 세력들은 '중경 임정 지지'를 선언하여 불참했다. 1945년 9월 4일 건준 전체 회의에서 박헌영의 공산당 계열이 주도권을 잡음에 따라 건준의 본질적인 중도적 정치 노선 성향이 변질되었다. 9월에 미군이 한반도에 입성하면서 미군정의 직접 통치를 발표한 '맥아더 포고령 1호'에 따라 국내에서 치안 · 행정 업무를 담당했던 '건준'과 '인공'은 불인정되었다.

군정과 좌우 대립

동북 아시아에서 전략적으로 매우 중요한 지역인 한반도에서 미국과 소련은 어느 한쪽이 독점적으로 영향력을 행사하는 것을 바라지 않았다. 미국은 먼저 남하하는 소련을 견제하기 위해 38도선을 경계로 일본군의 무장 해제를 제의했다. 한국은 미 · 소의 군사적 편의로 성정된 38도선을 사이에 두고 분열했으며 대립했다. 양국은 각기 관할 지역에 자국에 유리한 정치 체제를 수립하려 했다. 9월 7일 인천에 상륙한 미군은 자신들의 군사 정부만이 38도선 이남의 유일한 정부임을 선언했다. 당시 한국에 대해 정보가 없었던 미군은 총독부 체제를 그대로 이용함에 따라 친일 분자들이 군정에 참여하게 되었다. 친일파를 철저하게 배제

Reference**data**
● 미소 공동 위원회
● 조선정판사 위폐 사건
● 남조선과도입법의원

한 북한과 대조적이었다. 송진우 등 민족주의 계열은 한국민주당(韓國民主黨, 1945.9)을 창당하고, 군정에 협조하면서 조직을 확대했다. 이후 미군정이 정치 활동의 자유를 보장함에 따라 수많은 정당들이 난립했다. 이승만은 독립촉성중앙협의회(獨立促成中央協議會)를 결성하여 남한의 우익 정당들을 통합하려 했다. 이를 계기로 좌익과 우익의 대립은 심화되었다.

1945년 12월 모스크바에서 미국·영국·소련의 외상들이 모여 미·영·중·소에 의한 최고 5년간의 신탁통치안을 결정했다. 이 소식이 전해지자 김구 등 임시정부 계열에서는 반탁 운동을 제2의 독립운동으로 규정하고 신탁통치 반대 투쟁위원회를 결성했다. 좌익에서도 반탁 운동에 가담했다. 그러나 소련의 지령에 의해 곧 찬탁으로 돌아섰다. 북쪽에서는 조선민주당(1945.11)을 창당하여 소련과 연립 형태를 취하고 있던 조만식 등 민족주의 계열이 반탁 운동을 전개하자, 소련군은 이들을 숙청하고 좌익 세력들과 연대했다. 반탁과 찬탁의 대립이 격화되는 가운데 미소 공동 위원회(美蘇共同委員會, 1946.3)가 열렸다. 소련은 신탁통치에 찬성하는 정당과 사회 단체만을 협의 대상으로 할 것을 주장했고, 이에 미국이 광범위한 정당·단체에 기회를 부여하자며 맞서 결렬되고 말았다.

민족의 분열을 방지하기 위해 좌익의 여운형과 우익의 김규식을 중심으로 하는 좌우합작위원회(1946.7)가 구성되었다. 이들은 미군정의 지원을 받아 활기를 띠었다. 반면에 이승만과 한민당은 적극적인 반탁 운동을 펼쳐 미군정을 어렵게 했다. 군정은 조선정판사(朝鮮精版社) 위폐 사건(僞幣事件, 1946.5)을 계기로 공산당을 비롯한 극좌 세력을 탄압한 뒤 이승만을 배제한 가운데 중도 세력 중심의 남조선과도입법의원(南朝鮮過渡立法議院)을 구성했다. 좌우 합작 운동은 트루먼 독트린(1947.3)에 의해 미국의 외교 정책이 바뀜에 따라 어려움에 부딪혔다. 마침내 2차 미소 공동 위원회(1947.5)가 결렬되면서 남한 단독 정부 수립이 거론되었으며, 여운형이 암살되면서 좌우 합작 운동은 결국 실패했다.

해방 후 문화 운동은 좌익의 우세 속에서 사상적으로 대립했다. 임화(林和)·이태준(李泰俊)·김남천(金南天) 등 좌익의 주도로 조선문학건설본부(朝鮮文學建設本部, 1945.8.16)가 결성되었다. 이와 별도로 이기영(李箕永)·한효(韓曉)·송영(宋影)·한설야(韓雪野) 등이 조선프롤레타리아문학동맹(1945.9.17)을 결성했다. 조선공산당이 임화파를 지지하면서 양 단체는 조선문학동맹(1945.12.13)으로 통합했다. 이는 나중에 조선문학가동맹(朝鮮文學家同盟, 1946.2.8, 위원장 洪命熹)으로 이름을 바꿨다. 조금 늦게 출발한 민족 진영은 변영로(卞榮魯)·오상순(吳相淳)·박종화(朴鍾和)·이헌구(李軒求) 등이 조선문화협회(中央文化協會, 1945.9.8)를 결성했으며, 조연현(趙演鉉)·김동리(金東里)·서정주(徐廷柱) 등이 전조선문필가협회(1946.3.13)를 결성했다. 절대 우세를 보였던 조선문학가동맹은 이기영·한설야 등이 이탈하고, 책임자인 임화가 박헌영(朴憲永)과 함께 월북하면서 아성이 무너졌다. 반면에 민족 진영은 활기를 띠었다. 25개 문화 단체가 전국문화단체총연합회(文總, 1947.2.12)를 결성, 문화 옹호 궐기대회를 가지면서 힘차게 출발했다.

R e f e r e n c e d a t a

| 군정과 좌우 대립

미소 공동 위원회(美蘇共同委員會) : 1946년 1월 16일 덕수궁 석조전에서 한국의 신탁통치와 임시정부 수립을 위한 제반 문제 해결을 위해 예비 회담을 열었고, 1946년 3월 20일 모스크바 3상 회의에서 결정된 제3조 2항과 3항의 조항에 따라 제1차 회의를 열었다. 민주주의라는 용어와 민주주의 제정당(諸政黨)에 관한 해석을 둘러싸고 논란이 있었다. 소련 측은 모스크바 3상 회의 결의를 반대하는 정당과 사회 단체는 임시정부 구성에 참여시킬 수 없다고 주장했고, 미국 측 대표는 의사 표시의 자유 원칙을 명분으로 이를 거부했다. 이로써 1차 회의는 아무런 결실 없이 휴회에 들어갔다. 1947년 5월 21일 제2차 미소 공동 위원회가 열렸으나, 7월 신탁통치 반대 투쟁 단체를 둘러싼 논란과 미국 측의 소극적인 태도로 결렬되었다.

조선정판사 위폐 사건(朝鮮精版社僞幣事件) : 1945년 10월, 광복 직후의 혼란기를 틈타 조선공산당이 남한의 경제

교란과 남노당의 당비 마련을 위해 위조지폐를 인쇄하다 적발되었다. 서울 소공동 정판사 인쇄소에서 조선 은행권을 인쇄하던 일본인들이 철수하면서 인쇄판이 유출되었는데, 이를 이용하여 1945년 10월 하순부터 1946년 2월 상순까지 6차례에 걸쳐 1,200만 원의 위조지폐를 남발했다. 이 사건을 계기로 미 군정청은 남한 내에서의 공산당 활동을 불법화했다.

남조선과도입법의원(南朝鮮過渡立法議院): 1946년 5월 제1차 미소 공동 위원회가 휴회되자 미군정은 김규식(金奎植)·여운형(呂運亨) 등 온건한 좌우 양 파 지도자들에게 좌우 합작 운동을 주선했다. 군정 장관 A. L. 러치는 한국인이 요구하는 법령을 한국인이 제정할 수 있도록 주한 미군 사령관인 중장 J. R. 하지에게 입법 기관 창설을 건의, 8월 24일 군정법령 제118호로 남조선과도입법의원이 창설되었다. 미소 공동 위원회가 휴회되고 국내 정계가 매우 혼란한 상태였으므로 남조선 단독 정부 수립설, 중추원 재판설, 통일 정부 지연설, 군정 연장설 또는 합리화설, 국민 의회의 법통무시설 등 각종 비난이 난무했다. 총 90여 명(45명은 간접적인 민선이고, 45명은 하지가 임명한 관선임)의 입법 의원이 선출되었고, 1946년 12월 12일 개원했다. 의장에 김규식, 부의장에 최동오(崔東旿)·윤기섭(尹琦燮)이 선출되었고, 8개의 상임 위원회와 6개의 특별 위원회가 구성되어 각각 관계 법안을 제정·통과시켰다. 입법 의원에서 통과한 중요 법령은 '하곡수집법', '민족반역자·부일협력자·간상배에 대한 특별법', '사찰령 폐지에 관한 법령', '미곡수집령' 등이다.

🌏 남·북한 단독 정부 수립 및 남·남 갈등

Reference data
● 제헌 국회
● 최고인민회의
● 제주 4.3 사건
● 여수·순천 사건
● 대구 10월 사건

제2차 미소 공동 위원회가 결렬되자 미 국무장관 마셜은 한국 문제를 유엔 총회에 상정했다. 유엔의 힘으로 남한에 강력한 반공 정부가 수립되기를 의도한 것이었다. 유엔은 소련의 반대에도 불구하고 인구 비례에 의한 총선거 실시, 미·소 양군 철수, 이를 감시할 유엔 한국 임시 위원단 파견 등 안건을 가결했다(1947.11). 소련은 인구가 적은 북한이 불리하다고 판단하여 위원단의 북한 방문을 거부했다. 이에 유엔 소총회에서는 남한 단독 선거를 준비했다. 영구 분단을 우려한 김구와 김규식은 통일 정부 수립을 위한 남북 협상을 제의했다. 북쪽의 김일성(金日成)과 김두봉(金枓奉)이 이를 수락함에 따라 마침내 남북 조선 제 정당 사회단체 대표자 연석회의(南北朝鮮諸政黨社會團體代表者連席會議, 1948.4)가 평양에서 개최되었다. 하지만 협상은 실패했고, 이승만이 한국 임시

위원단 활동을 지지하면서 분단은 기정사실화되었다.

1948년 5월 10일 김구 등 남북 협상파가 불참한 가운데 남한 단독 선거가 실시되었고, 이승만과 한민당 계열이 압승했다. 7월 17일에는 제헌 국회(制憲國會)가 소집되어 헌법을 제정·공포했다. 정치 형태는 대통령 중심제에 내각 책임제를 혼합한 것이었다. 헌법에 따라 국회에서 이승만과 이시영을 각각 정·부통령에 선출했다(7.20). 그리고 8월 15일 광복 기념일을 기해 대한민국 정부를 수립하고, 이를 내외에 선포했다. 북한에서는 조만식을 비롯한 민족주의자들과 박헌영의 국내파 공산당, 허가이(許可而)의 소련파 공산당, 김일성의 갑산파(甲山派) 공산당, 김두봉과 무정의 연안파 공산당이 있었지만 소련군의 옹호를 받은 김일성이 소련파 및 연안파와 연합하여 북조선노동당(北朝鮮勞動黨, 1946.8)을 결성했고, 국회 격인 인민회의(人民會議) 대의원을 선출한 다음 조선민주주의인민공화국(1948.9.9)을 수립했다.

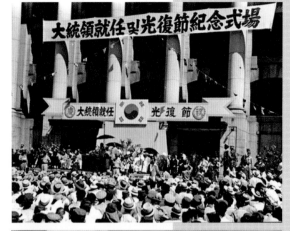

▲ 1948년 대통령 취임식
및 광복절 기념식(위)
▲ 맥아더 사령관과
이승만 대통령(아래)

이승만 정권은 출발부터 문제가 많았다. 미군정에 협조한 친일 세력을 자신들의 권력 기반으로 삼으면서 국내 정치 세력의 지지를 얻지 못했다. 또한, 제주도 4.3 사건(1948.4), 여수·순천 사건(1948.10), 대구 10월 사건(1946.10) 등의 연이은 시위로 사회가 어지러웠다. 또한 토지 개혁(1950.3)을 비롯한 경제 정책의 실패로 농민들의 불만을 크게 샀다. 이는 이승만 정권에 대한 비판으로 표출되어 2대 국회의원 선거

(1950.5.30)에서 참패하는 결과를 가져왔다. 북한 역시 토지의 무상몰수 무상분배(1946.3), 주요 산업 국유화 등 강압적인 경제 개혁 및 독재에 대한 주민들의 불만과 박헌영과의 권력 다툼 등 문제를 안고 있었다. 이러한 상황에 대한 돌파구가 1950년 6월 25일 한국 전쟁이었다.

R e f e r e n c e d a t a

| 남·북한 단독 정부 수립 및 남·남 갈등

제헌 국회(制憲國會) : 1948년 5월 10일 국제 연합(UN) 감시하의 총선거를 통해 구성되었다. 한국 제1대 국회로서 회기는 총 203일간(1948.5.31~12.18)이었다. 5.10 총선거는 총 200의석 중 제주도 2개 선거구를 제외한 전국 198개 선거구에서 국회의원이 선출되었다. 제주도는 4.3 사건으로 무기한 연기되었다. 대한독립촉성국민회(이승만 지지파)가 54석으로 가장 많은 의석을 차지했고, 투표율은 75% 정도였다. 7월 12일에 헌법을 제정하고, 20일에 이승만과 이시영을 제1공화정의 정·부통령에 선출했다. 초대 국회에서 제정·통과시킨 주요 법안은 정부 조직법을 비롯하여, 친일파 처벌을 목적으로 한 반민족 행위 처벌법, 농가 양곡의 정부 매입을 의무화한 양곡 매입 법안, 사상범 단속을 위한 국가 보안법안 및 지방 행정 조직법 등 20여 건이다.

최고인민회의(最高人民會議) : 국회에 해당하는 북한의 최고 주권 기관이자 입법 기관이다. 옛 소련의 '최고 소비에트'를 모방하여 1948년 8월 실시된 북한 인민 총선거에 의해 설치되었다. 북한은 헌법에서 '최고인민회의는 조선민주주의인민공화국의 최고 주권 기관이며, 입법권은 최고인민회의와 최고인민회의 상설회의가 행사한다.'고 규정했다. 일반·평등·직접·비밀 선거에 의해 인구 3만 명당 1명의 비율로 선출된 대의원들로 구성된다. ① 헌법 및 법령의 채택, ② 대내외 정책의 기본 원칙 수립, ③ 주석(主席) 선거 또는 소환, ④ 주석 제의에 따른 부주석·중앙인민위원회 서기장과 위원·정무원 총리·국방 위원회 부위원장 선거 및 소환, ⑤ 최고인민회의 상설회의 의원 선거 및 소환, ⑥ 중앙재판소 소장 선거 및 소환, 중앙검찰소 소장 임명 및 해임, ⑦ 인민 경제 발전 계획 승인, ⑧ 국가 예산 승인, ⑨ 전쟁과 평화에 대한 문제를 결정하는 등의 권한을 갖는다.

제주 4.3 사건(濟州四三事件) : 1947년 3월 1일을 기점으로 하여 1948년 4월 3일 발생한 소요 사태 및 1954년 9월 21일까지 제주도에서 발생한 무력 충돌과 진압 과정에서 많은 마을이 초토화되고, 수많은 주민들이 살상당한 사건이다. 광복 후 외지에 나가 있던 제주인 6만여 명이 귀환했다. 그러나 직업난, 생필품 부족, 콜레라 발병, 극심한 흉년, 일제에 부역한 경찰들의 득세, 군정 관리들의 부정 등 문제가 산적했다. 이런 상황에서 발발한 1947년 삼일절 시위에 경찰이 발포하고, 남로당 제주도당의 반경(反警) 활동이 조직적으로 전개되면서 크게 확대되었다.

여수·순천 사건 : 1948년 10월 19일 전라남도 여수에 주둔하고 있던 국방 경비대 제14연대에 소속 일부 군인들이 제주도 4.3 사건 진압 출동 거부와 통일 정부 수립을 내세우며 봉기했다. 이승만 정부는 이 사건을 계기로 국가보안법을 제정하고 반공 체제를 강화했다.

대구 10월 사건 : 1946년 10월 1일 대구에서 일어난 사건이다. 해방 이후 사회가 불안정한 상태에서 미군정(美軍政)의 식량 정책 실패로 시민들이 항의 시위에 나섰고 이에 미군정이 무력으로 개입하면서 발생했다.

🌀 한국 전쟁

해방 직후 소련과 중국의 지원을 받아 군사력을 증강한 북한은 무력에 있어 남한을 압도했다. 남한 내의 분열과 주한 미군 철수(1949), 미국 국무장관 애치슨이 미국의 태평양 지역 방위선에서 한국과 대만을 제외한다고 발표한 '애치슨 라인'은 적화 통일을 기도하던 북한의 도발을 고무시켰다. 북한 인민군은 1950년 6월 25일 새벽을 기해 남침을 감행했다. 미처 전쟁을 예상하지 못했던 남한은 전쟁 발발 3일 만에 경상도 일부를 제외한 전 지역을 인민군에게 내주었다. 미국은 즉각 유엔 안전보장 이사회(安全保障理事會)를 소집하여 북한의 남침을 침략 행위로 규정하고, 유엔군 파병을 결정했다. 유엔군에는 미국을 비롯한 16개국이 합세했다. 마침내 유엔군 사령관 맥아더가 지휘한 한국군과 유엔군은 인천 상륙작전(仁川上陸作戰, 1950.9)을 통해 전세를 반전시켰다. 이후 한국군과 유엔군은 압록강까지 북진하여 통일을 목전에 두었으나, 중공군의 개입으로(1950.10.25) 서울을 다시 내주게 되었다. 이후 서울을 재탈환하고(1951.3), 전선은 38도선에서 교착 상태에 빠졌다.

전쟁이 장기화되면서 확전을 우려한 소련이 유엔을 통해 휴전을 제의했다. 1951

Reference**data**
● 애치슨 라인

▼ 피난지 부산에서 열린 국회(1951.12)

6.25 전쟁으로 ▲
폐허가 된 세종로

년 7월, 개성에서 회담이 개최된 이래 2년 만인 1953년 7월 27일에 휴전이 성립되었다. 한국 정부와 국민은 휴전에 반대했지만 미국이 한미상호안전보장조약(韓美相互安全保障條約)과 장기간의 경제 및 군사 원조를 약속함에 따라 이를 수용했다. 휴전이 성립된 후 한국군이 불참한 상태에서 유엔군 · 북한군 · 중공군으로 구성된 군사 정전 위원회가 판문점에 설치되었다. 스위스 · 스웨덴 · 체코 · 폴란드로 구성된 중립국 감시 위원단도 함께 설치되었다. 한국 전쟁은 수많은 사상자를 내고, 전 국토가 초토화되는 막대한 피해를 남겼다. 더구나 남북의 첨예한 대립으로 분단이 고착화되고, 수백만 명의 월남과 인구의 도시 집중 등으로 전통 사회가 무너지는 등 격심한 사회 변동을 겪게 되었다.

전쟁 후 김일성과 이승만의 독재 체제는 강화되었다. 김일성은 주체 사상을 내세우며 남로당 · 연안파 · 소련파 등 정적을 차례로 제거한 후 1인 독재 체제를 구축했다. 이승만은 반공을 구실로 반대파를 탄압했다. 전쟁 복구 사업은 전쟁 중에도 시작되었다. 1951년부터 UNKRA(유엔한국재건단)가 미국 등 우방들이 출자한 자금으로 한국 재건과 구호 사업에 착수했다. 한국 정부도 산업복구국채(産業復舊國債)와 산업금융채권(産業金融債權)을 발행, 복구 자금을 조달하면서 산업 부흥에 힘썼다. 그러나 삼백 산업(三白産業) 등 소비재 중심의 경공업 건설에 치중하면서 생산재 부문이 부진했다. 이는 한국의 산업 체질을 기형으로 만드는 결과를 초래했다. 또한, 이승만 정권의 독재화 및 정경 유착을 통해 성장한 소수의 재벌이 국민 경제를 독점했다. 남한보다 파괴가 격심했던 북한도 인민경제복구3개년계획(1954~1956)을 수립하고, 중국과 소련의 원조를 받아 산업시설 재건에 나섰다. 1957년 말에는 전쟁 전 수준으로 회복하게 되었다.

R e f e r e n c e **d a t a**

| 한국 전쟁

애치슨 라인(Acheson line) : 1950년 1월 12일 애치슨이 전미국신문기자협회에서 행한 '아시아에서의 위기'라는 연설에서 스탈린과 마오쩌둥의 영토적 야심을 저지하기 위해 태평양에서의 미국 방위선은 알류샨 열도−일본−오키나와−필리핀을 연결하는 선이라고 밝혔다. 방위선 밖에 있는 한국과 타이완(臺灣)의 안보와 관련된 군사적 공격에 대해 보장할 수 없다는 내용이어서 한국 전쟁의 발발을 묵인했다는 비판을 받았다. 애치슨은 이 연설로 공화당의 비난을 받았지만 미국의 대아시아 정책이 군사 전략상 도서 방위선(島嶼防衛線) 전략임을 재확인했다.

자유당 독재와 4월 혁명

한국 전쟁 직전 5.30 선거에서 참패한 이승만은 이범석(李範奭)의 민족청년단을 중심으로 자유당(1951.11)을 조직하여 재집권을 획책했다. 국회에서 대통령을 선출하는 방식으로는 재선이 어렵게 되자 개헌안에 반대

Reference**data**
● 진보당 사건

4.19 혁명(좌) ▶

제3대 대통령 선거 벽보가
붙은 거리(1956.4)(위) ▶

3.15 부정 선거(아래) ▶
1960년 3월 정·부통령 선
거는 부정 선거 시비를 일
으켜 4.19 혁명의 도화선이
되었다.

하는 야당 의원을 감금한 정치 파동(1952.5.26)을 일으킨 뒤 대통령 직선
제를 골자로 한 발췌 개헌안(拔萃改憲案)을 통과시켰다(1952.7.4). 이승만은
제2대 대통령에 당선된 뒤에도 종신 집권을 기도했다. '초대 대통령에
한해 중임 제한 철폐'라는 대통령 중심제 개헌안을 통과시켰다(사사오입개
헌, 1954.11.28). 3대 대통령 선거에서는 민주당 후보 신익희(申翼熙)가 사망
하여 당선될 수 있었지만, 부통령 선거에서는 자유당의 이기붕을 누르
고 민주당의 장면(張勉)이 승리했다. 이에 충격받은 이승만은 진보당 사
건(進步黨事件, 1958.1)을 일으켜 조봉암(曺奉巖)을 처형하고, 보안법 개정안을
통과시켰으며, 『경향신문』을 폐간하는 등 언론을 통제했다. 4대 정·부
통령 선거에서도 야당 후보 조병옥(趙炳玉)의 급사로 이승만이 당선되었
다. 그러나 부통령에 이기붕을 당선시키려고 부정 선거(1960.3.15)를 자행
하다 4.19 혁명을 맞게 되었다.

　3월 15일 선거 당일 마산에서 부정 선거를 규탄하는 시민과 학생들

의 시위가 일어났다. 이때 진압 경찰의 발포로 많은 희생자가 발생했다. 이승만 정권은 공산주의 세력이 배후에 있다고 조작했지만, 시위는 전국적으로 확산되었다. 고려대 학생들의 데모(1958.4.18)에 이어 그 다음 날에는 시내 모든 대학생들이 부정 선거와 독재를 규탄하는 시위를 벌였다. 이승만은 부정 선거의 책임을 자유당에 전가시키면서 모면하려 했지만 4월 25일 대학 교수들의 시국 선언과 학생·시민들의 하야 요구에 굴복했다. 4.19 혁명은 한국 역사상 민중에 의해 성공한 최초의 혁명이었으며, 국민 주권주의의 승리였다.

▲ 대통령 하야 성명을 발표하고 이화장으로 가는 이승만 대통령(1960.4)

 R e f e r e n c e **d a t a**

| 자유당 독재와 4월 혁명

진보당 사건(進步黨事件) : 1956년 5월 15일 대통령 선거에서 야당의 조봉암이 216만 표를 얻어 이승만의 장기 집권 체제에 위협이 되자, 자유당 정권은 1958년 1월 13일 진보당 사건을 발표, 간부들을 구속하고 정당 등록을 취소했다. 당국의 발표는 '진보당은 북한의 주장과 유사한 국제 연합 감시하의 남북한 총선거를 주장했고, 북한 간첩들과 접선 하여 공작금을 받았으며, 공산당 동조자들을 국회의원에 당선시켜 대한민국을 음해하려 했다.'는 것이었다. 그러나 재판 결과 대부분의 사실이 조작되었음이 밝혀졌다. 7월 2일 선고 공판과 1959년 2월 27일 대법원 판결에서 대부분 의 간부들이 무죄를 선고받았으나, 조봉암은 사형을 선고받았다. 조봉암은 변호인단을 통해 재심을 청구하였으나 기 각되었으며, 7월 31일 사형이 집행되었다.

5.16 군사 정변과 박정희 정부 수립

Reference data
● 한일 기본 조약

5.16 군사 정변 ▶

자유당 정권 붕괴 후 허정(許政)을 수반으로 하는 과도 정부는 양원제(兩院制)와 내각 책임제(內閣責任制)를 골자로 하는 개헌안을 국회에서 통과시켰다. 이어서 실시된 국회의원 선거에서 민주당이 압승하여 제2공화국을 탄생시켰다. 그러나 민주당은 국무총리 자리를 놓고 구파인 김도연(金度演)과 신파인 장면(張勉)이 경합했다. 장면이 국무총리로 선출되자 이에 반발한 김도연 등 구파는 탈당하여 신민당(新民黨)을 만들었다. 민주당의 분열은 장면 내각의 기반을 약화시켰고, 자유당 정권의 치하에서 벌어진 각종 비리와 부정에 대한 조치 및 통일 운동에 소극적이었다. 이에 불만을 품은 시민과 학생들의 시위가 계속되었고, 급기야 국회의사당까지 점거하는 사태가 일어났다. 여기에 혁신계 정치 세력이 통일을 내세운 이념 정당으로 자리 잡자 학생들은 급진적인 통일 방안을 주장했다. 그러나 보수적인 장면 정권은 민주적인 분위기 속에서 표출되는 다양한 의견과 욕구를 소화시킬 능력이 없었다.

국가재건최고회의의
신임 장관 임명식
(1961.5)(좌)

제38회 국회 개원식에
참석한 윤보선 대통령
(1961.1)(우)

1961년 5월 16일 박정희(朴正熙) 소장을 중심으로 한 쿠데타 세력이 서울의 주요 시설을 점령하고, 전국에 계엄령을 선포했다. 이들은 군사혁명위원회(軍事革命委員會) 명의로 반공 체제 재정비 및 강화, 부패와 구악 일소, 민생고 해결과 자립 경제 건설 등 6개조의 공약을 발표했다. 이어서 군사혁명위원회를 국가재건최고회의(國家再建最高會議)로 개칭한 다음 정군 작업과 함께 대대적인 정치·사회 개혁을 실시했다. 이들은 모든 정당과 사회 단체를 해산하고, 장면 정부의 요인들을 체포했다. 또한 혁신계 정당들을 반국가 단체로 규정, 중심 인물들을 체포·처형했다. 사회 질서 회복을 위해 깡패들도 소탕했다. 그런데 민정을 요구하는 국민의 여론과 미국의 압력으로 박정희는 민정 이양 시기를 1963년 여름으로 발표했다(1961.8). 이어서 강력한 대통령 중심제 및 국회 단원제를 골자로 하는 새 헌법을 국민 투표를 거쳐 공포했으며(1962.12), 1963년을 기해 정치 활동을 허용했다.

　　박정희는 민주공화당을 창당하고(1963), 8월 전당 대회에서 대통령 후보로 지명되었다. 민주당은 여전히 신·구파로 분열되어 있었고, 박정희는 윤보선을 근소한 차이로 누른 뒤 제5대 대통령에 당선되었다. 이로써 군사 정권의 형식이 종결되고, 공화당 정권의 제3공화국이 출범했다. 공화당 정권은 세계의 정세 변화에 대응하기 위해 적극적인 외교를 추진했다. 특히, 경제 개발 자금 확보를 위해 국민들의 반일 감정을 누르고 한·일 국교 정상화를 시도했다. 학생·지식인·종교인·야당 인사들은 대일굴욕외교반대 범국민투쟁위원회(1964.3)를 결성하여 반대했다. 이에 공화당 정권은 계엄령 선포(1964.6.3), 학생과 언론인 체포(6.3 사태) 등을 거치면서 끝내 한일 협정에 조인했다(1965.6.22). 정부는 한일 협정 문제로 정국이 혼란한 와중에도 공산주

▼ 박정희 의장의
군정 연장 발표(1963.3)

의자들과 전쟁 중이던 월남에 국회의 동의를 얻어 군대 파병을 결정했다(1965.2). 이때 미국은 파병의 대가로 한국군 장비의 현대화와 각종 경제 원조를 약속했다. 하지만, 야당은 파병에 대해 미국의 용병(傭兵)이라며 극렬 반대했다.

R e f e r e n c e d a t a

| 5.16 군사 정변과 박정희 정부 수립

한일 기본 조약(韓日基本條約) : 이승만 정권 때부터 수차례 외무 회담이 진행되어 오다가 1965년 6월 22일 한국의 외무장관 이동원(李東元), 한일 회담 수석 대표 김동조(金東祚)와 일본 외무장관 시나 에쓰사부로(椎名悅三郎), 수석 대표 다카스기 신이치(高杉晉一) 사이에 조인된 '대한민국과 일본국 간의 기본 관계에 관한 조약'(기본 조약)과 이에 부속된 4개의 협정 및 25개의 문서의 총칭이다. 부속 협정은 ①어업에 관한 협정, ②재일 교포의 법적 지위 및 대우에 관한 협정, ③재산 및 청구권에 관한 문제의 해결과 경제 협력에 관한 협정, ④문화재 및 문화 협력에 관한 협정 등이다.

군사 정부는 한일 회담 타결에 역점을 두었고, 1962년 11월 12일 중앙정보부장 김종필(金鍾泌)은 도쿄(東京)에서 외무장관 오히라 마사요시(大平正芳)와 회담, 대일(對日) 청구권 문제와 평화선, 법적 지위 문제가 타협점에 도달하여 메모를 교환했다. 그러나 청구권 문제·어업 문제·문화재 반환 문제 등에서 한국 측의 지나친 양보가 국내에서 크게 논란이 되었다.

🌐 10월 유신과 민주주의의 왜곡

Reference data
● 7.4 남북 공동 성명

재집권에 성공한 박정희는 내부에서조차 반대했던 3선 개헌에 착수했다. 개헌안은 야당 의원들이 국회 본회의장에서 철야 농성을 벌이는 사이 국회 별관에서 공화당 의원들에 의해 통과되었고(1969.9), 국민 투표에서 가결됨으로써 확정되었다(1969.10.27). 1971년의 대통령 선거에서 박정희는 김대중과 경합을 벌인 끝에 당선되어 제7대 대통령이 되었다. 3선 개헌으로 인한 박정희 정권의 장기 집권 기도와 독재성에 대한 반발은 격렬했다. 그리고 닉슨 독트린에 의한 미군 철수, 닉슨의 중공 방문 등 해빙 기류는 박정희 정권에 부담으로 작용했다. 또 7.4 남북 공동 성명(南北共同聲明, 1972.7.4)과 그에 따른 남북조절위원회(南北調節委員會)가 설치되었지만 남북 대화는 진전되지 않았다.

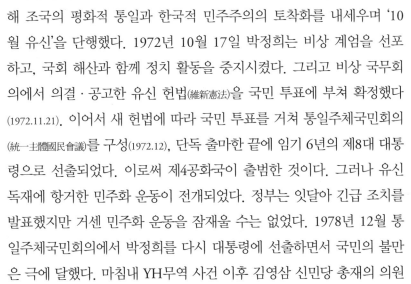

▲ YH무역 사건

박정희 정권은 불안한 정국을 수습하기 위해 조국의 평화적 통일과 한국적 민주주의의 토착화를 내세우며 '10월 유신'을 단행했다. 1972년 10월 17일 박정희는 비상 계엄을 선포하고, 국회 해산과 함께 정치 활동을 중지시켰다. 그리고 비상 국무회의에서 의결·공고한 유신 헌법(維新憲法)을 국민 투표에 부쳐 확정했다 (1972.11.21). 이어서 새 헌법에 따라 국민 투표를 거쳐 통일주체국민회의 (統一主體國民會議)를 구성(1972.12), 단독 출마한 끝에 임기 6년의 제8대 대통령으로 선출되었다. 이로써 제4공화국이 출범한 것이다. 그러나 유신 독재에 항거한 민주화 운동이 전개되었다. 정부는 잇달아 긴급 조치를 발표했지만 거센 민주화 운동을 잠재울 수는 없었다. 1978년 12월 통일주체국민회의에서 박정희를 다시 대통령에 선출하면서 국민의 불만은 극에 달했다. 마침내 YH무역 사건 이후 김영삼 신민당 총재의 의원직 제명을 계기로 부마 항쟁 (釜馬抗爭, 1979.10.16)이 일어났고, 연이어 박정희가 중앙정보부장 김재규에 의해 저격 당하는 10.26 사건이 발생하면서 유신 정권은 종지부를 찍었다.

◀ 10.26 사건
중앙정보부장 김재규에 의해 박정희가 피살되었다.

| 10월 유신과 민주주의의 왜곡

7.4 남북 공동 성명(七四南北共同聲明) : 1972년 7월 4일 남북한 당국이 국토 분단 이후 최초로 통일과 관련하여 합의 · 발표한 역사적인 공동 성명이다. 당시 이후락(李厚洛) 중앙정보부장과 김영주(金英柱) 노동당 조직지도부장이 서울과 평양에서 동시에 발표한 이 성명은 통일의 원칙으로 자주 · 평화 · 민족 대단결의 3대 원칙을 공식 천명했다. 이 외에도 상호 중상 비방과 무력 도발의 금지, 다방면에 걸친 교류 실시 등에 합의했다. 합의 사항 추진과 남북 간 문제 해결 그리고 통일 문제 해결을 목적으로 이후락 중앙정보부장과 김영주 조직지도부장을 공동 위원장으로 하는 남북조절위원회(南北調節委員會)를 구성, 운영하기로 했다. 남북 간에 획기적인 합의가 도출될 수 있었던 것은 1972년 2월의 미국과 중국 간 국교 정상화로 대표되는 국제적 데탕트 무드에 힘입은 바 크다. 그러나 남한의 10월 유신과 북한의 사회주의 헌법 채택(1972.12) 등에서 보이듯이 통일 논의를 권력 기반 강화에 이용하려는 정치적 의도로 인해 퇴색되었으며, 김대중 납치 사건(1973.8)을 계기로 조절위원회마저 중단되었다.

유신 헌법(維新憲法) : 한국 헌정사상 7차로 개정된 제4공화국의 헌법이다. 박정희(朴正熙) 대통령은 1972년 10월 17일 '우리 민족의 지상 과제인 조국의 평화적 통일'을 뒷받침하기 위하여 '우리의 정치 체제를 개혁한다.'고 선언했다. 이에 10월 27일 평화적 통일 지향, 한국적 민주주의의 토착화를 2대 특징으로 한 개헌안(改憲案)이 비상 국무회의에서 의결 · 공고되었고, 11월 21일 국민 투표에서 압도적 찬성(투표율 91.9%, 찬성 91.5%)으로 확정되었다. 사실상 유신 헌법은 박 대통령의 장기 집권을 위한 개헌이었고, 국민의 기본권 침해, 권력 구조상에 있어 대통령 권한의 비대로 독재를 가능하게 한 헌법이었다.

🌏 5.18 민주화 운동과 신군부

R e f e r e n c e **d a t a**
- 10.26 사건
- 12.12 사태
- 5.18 민주화 운동

10.26 사건은 민주 정치가 진전하는 계기가 되었다. 장기 독재의 종말은 정치 · 사회의 혼란을 수반했다. 유신 체제의 마지막 국무총리였던 최규하(崔圭夏)가 대통령에 취임하여 위기 관리를 했지만, 봇물처럼 쏟아지는 자율화 요구로 불안이 가중되었다. 이때 김재규(金載圭) 사건을 맡았던 합동 수사 본부의 전두환(全斗煥) 소장이 계엄 사령관이었던 정승화(鄭昇和) 육군 참모 총장을 체포하는 하극상이 일어났다(12.12 사태). 1980년 5월 유신 잔재 세력의 퇴진을 요구하는 대학생들의 시위가 광주항쟁으로 번지자 신군부는 비상 계엄령을 확대하여 무자비하게 진압했다. 이어서 신군부는 국가보위비상대책위원회(國家保衛非常對策委員會, 1980.6.1)를

설치하여 전권을 장악했다. 8월 16일에는 최규하가 대통령직을 사임하고, 통일주체국민회의에서 전두환이 제11대 대통령으로 선출되었다(1980.8.27). 이어서 임기 7년의 대통령 단임제를 골자로 하는 새 헌법안이 국민 투표를 거쳐 확정되었다(1980.10.22). 1981년 1월에는 민주정의당(民主正義黨)·민주한국당(民主韓國黨)·민주사회당(民主社會黨)·한국국민당(韓國國民黨)이 창당 대회를 가졌고, 2월에는 대통령 선거인단 선거에 이어 선거인단에 의해 전두환이 제12대 대통령에 당선되었다(제5공화국, 1981.2.25).

▼　5.18 민주화 운동

R e f e r e n c e **d a t a**

| 5.18 민주화 운동과 신군부

10.26 사건(十二六事件) : 1979년 10월 26일 저녁 7시 40분경 서울 종로구 궁정동 중앙정보부 안가(安家)에서 중앙정보부 부장 김재규(金載圭)가 박정희 대통령과 차지철 경호실장을 살해했다. 1972년에 시작된 유신 체제는 1인 장기 집권에 대한 강압 통치와 한국 인권 상황의 개선을 종용한 미국 카터 행정부와의 불화 등 모순이 반정부 시위로 폭발, 위기를 맞게 되었다. 이런 상황에서 10월 16일 부마 항쟁이 일어나자 이를 진압하기 위해 18일 부산에는 비상 계

엄령이, 20일 경남 마산·창원에는 위수령이 발동되었다. 여기에 부마 항쟁의 처리 문제를 놓고, 집권층 내부(강경파 대 온건파)에 일어난 갈등이 배경이다.

12.12 사태(十二十二事態) : 10.26 사건으로 합동 수사 본부장을 맡고 있던 보안 사령관 전두환과 육군 참모총장이자 계엄 사령관인 정승화 간에 사건 수사와 군 인사 문제를 놓고 갈등이 있었다. 전두환을 중심으로 한 신군부 세력은 군부 내 주도권을 장악하기 위해 정승화가 김재규로부터 돈을 받았다고 주장하고, 10.26 사건 수사에 소극적이고 비협조적임을 내세워 정승화를 강제 연행했다. 이는 최규하 대통령의 재가 없이 이루어졌다. 신군부 세력은 사후에 최규하에게 압력을 가하여 총장 연행 재가를 요청하였으나 거절당했다. 신군부 세력은 국방장관 노재현을 체포하여 그를 통해 대통령 재가를 설득했다. 이후 신군부 세력은 제5공화국의 중심 세력으로 등장했다. 사건의 주도 세력인 전두환과 노태우가 대통령으로 재임한 1993년 초까지는 12.12 사태가 정당화되었으나, 그 후 김영삼 정부는 하극상에 의한 쿠데타적 사건이라고 규정했다.

5.18 민주화 운동 : 1980년 5월 18일에서 27일까지 전라남도 및 광주 시민들이 계엄령 철폐와 전두환 퇴진, 김대중 석방 등을 요구하며 벌인 민주화 운동이다. 신군부 세력이 무력으로 군부와 정치권을 장악하면서 비상 계엄령을 선포하고 군사 통치 시대로 회귀했다. 유신 체제에 이어 민주 헌정이 정지되고, 민주 정치 지도자 투옥 등 군사 독재가 재발하자 국민의 불만은 극도에 달했다. 전국의 학생 연대는 1980년 5월 15일 서울역에 모여 대규모 민주 항쟁 시위를 벌였다. 신군부는 이를 기회로 1980년 5월 17일 비상 계엄령을 전국으로 확대했다. 전라남도 광주에서도 비상 계엄군이 각 대학을 장악하고 학생들의 등교를 저지했다. 이에 반발한 전남대학교 학생과 비상 계엄군 간에 충돌이 일어났다. 계엄군에게 구타를 당한 학생이 속출하자, '계엄 철폐' 및 '휴교령 철폐'를 외치며, 중심지인 금남로로 진출하면서 대규모 항쟁이 촉발되었다(1980.5.18). 이후 5.18 민주화 운동은 많은 사상자를 내면서 진압되었고, 여러 어려운 과정을 거치면서 희생자에 대한 보상과 명예 회복이 실현되었으며, 책임자에 대한 처벌도 함께 이루어졌다.

6월 민주 항쟁과 민주주의의 진전

Referencedata
● 6.29 민주화 선언

1987년 대통령 선거를 앞두고 야당은 군정 종식과 민주화를 주장했고, 학생들은 반체제 데모를 계속했다. 김영삼(金泳三)·김대중(金大中)계가 통일민주당(統一民主黨)을 창당하여 강력한 민주화 운동을 전개하면서 국민 여론은 더욱 격화되었다. 민정당 대통령 후보였던 노태우(盧泰愚)는 5년 단임의 대통령 직선제를 골자로 한 민주화 추진을 선언했다(6.29 민주화 선언). 이에 헌법이 개정되고, 12월 12일 직선제에 의한 대통령 선거를 실시하게 되었다. 그러나 김대중계가 통일민주당을 탈퇴하여 평화민주당

(平和民主黨)을 창당한 뒤 독자 출마함에 따라 민정당의 노태우 후보가 당선되었다. 4월에 실시한 총선에서는 집권 민정당이 과반수 의석을 확보하는 데 실패했고, 다당제에 의한 민주 정치가 구현되었다. 노태우 정부는 군정의 연장이라는 이미지를 탈피하기 위해 민간 주도형의 민주 정치 실현과 지역 감정 해소에 힘썼다.

R e f e r e n c e **d a t a**

| 6월 민주 항쟁과 민주주의의 진전

6.29 민주화 선언(六二九民主化宣言) : 1985년 2월 12일 총선 이후 야당과 재야 세력은 간선제로 선출된 제5공화국 대통령 전두환의 도덕성과 정통성의 결여 및 비민주성을 비판하면서 직선제 개헌을 주장했다. 전두환은 일체의 개헌 논의를 금지하는 호헌 조치(1987.4.13)를 발표했다. 이런 상황에서 서울대 학생 박종철(朴鍾哲)이 경찰 고문으로 사망하자(1987.1) 정국은 대결 국면으로 치달았다. 전국 18개 도시에서 민주헌법쟁취 국민운동본부가 주최하는 대규모 가두집회가 열리고(6.10), 학생과 시민들의 시위가 계속되었다. 26일 전국 37개 도시에서 사상 최대 인원인 100여만 명이 밤늦게까지 격렬한 시위를 벌였다. 경찰력이 마비되자 군 투입을 검토하였으나 온건론이 우세하여 국민들의 직선제 개헌 요구를 받아들이기로 하여, 6.29 선언이 발표되었다. 주요 내용은 ① 대통령 직선제 개헌을 통한 1988년 2월 평화적 정권 이양, ② 대통령 선거법 개정을 통한 공정한 경쟁 보장, ③ 김대중의 사면 복권과 시국 관련 사범들의 석방, ④ 인간 존엄성 존중 및 기본 인권 신장, ⑤ 자유 언론의 창달, ⑥ 지방 및 교육 자치 실시, ⑦ 정당의 건전한 활동 보장, ⑧ 과감한 사회 정화 조치의 단행 등이다. 민중 항쟁에 의한 급격한 변혁이나 지배층에 의한 점진적인 개혁과는 달리 양자가 타협한 결과물이라는 점에서 의의가 있다.

통일 정책과 남북한 교류

박정희 정부는 적극적인 외교를 통해 한국의 국제적 지위를 향상시켰다. 경제 개발에 필요한 자금 확보와 미국의 극동 전략이 맞물리긴 했지만 일본과의 국교를 정상화함으로써 한국 · 미국 · 일본의 3국 관계를 정립했다. 자유 진영의 일원으로 월남에 군대를 파견했고(1965), 미국과

Reference**data**
● 6.23 선언
● 6.15 남북 공동 선언

는 한미행정협정을 체결했다(1966). 1970년대에는 비동맹 국가 및 비적성 공산 국가와의 교섭을 통해 실리를 추구했다. 그런 한편 북한의 무력도발에 대비하여 군사력 강화에 힘썼으며, 닉슨 독트린(1969)에 의해 미군이 단계적으로 철수하자 자주 국방 정책을 추진했다. 이를 바탕으로 과감한 대북 교섭을 시도했다. 1970년 8월 15일에는 남북 간 인위적인 장벽을 단계적으로 제거하자는 8.15 선언을 했다. 이는 북한의 실체를 인정한 것임과 동시에 통일 문제에 있어서 자신감의 표현이었다.

1971년에는 대한적십자사(大韓赤十字社)의 남북 이산가족 찾기 회담(1971.8.12) 제의에 북한이 응함에 따라 남북 대화의 전기가 마련되었다. 1972년 8월 평양에서의 회의를 시작으로 1973년 7월까지 7차례의 회의가 열렸다. 이는 정치 회담으로 발전되어 1972년 서울과 평양에서 7.4 공동 성명(共同聲明)을 발표하기에 이르렀다. 이에 남북한 직통 전화가 개설되고, 판문점·서울·평양에서 남북조절위원회 공동위원장 회의가 개최되었다. 그러나 한국 정부가 남북한 동시 유엔 가입 및 호혜평등의 원칙 아래 모든 국가에 문호를 개방한다는 내용의 6.23 선언(1973)을 발표하자, 북한 측에서는 남북한이 고려연방공화국(高麗聯邦共和國)이라는 단일 이름으로 가입하자는 대안 제시와 함께 6.23 선언 철회를 요구하면서 대화가 중단되었다.

이후 여러 주장이 제기되다가 1984년 북측의 수해 구호품을 받아들이면서 대화가 재개되었다. 1985년 5월부터 남북 적십자 회담이 서울과 평양에서 3차례나 개최되었다. 9월에는 이산가족의 고향 방문단과 예술 공연단이 상호 방문하면서 분단 40년 만에 민간 교류가 이루어졌다. 그러나 1987년에 북한이 대한 항공기 폭파사건을 일으키면서 남북 관계는 다시 긴장 상태에 접어들었다. 1980년대의 해빙 추세는 동구권 공산주의 몰락과 동·서독 통일(1991.10)로 귀착되었다. 이러한 국제적 흐름은 한국에도 영향을 미쳤다. 노태우 대통령이 소련을 방문하고 (1990.12), 고르바초프가 내한했다(1991.4). 1992년 8월에는 한중 수교(韓中

修交)에 따른 대사 관계가 수립되었다. 북한도 분위기에 편승, 남북 고위급 회담 개최에 동의했고(1990.7), 서울과 평양에서 각각 한 차례씩 열렸다. 드디어 1991년 9월에는 남북한이 함께 유엔에 가입하고, 노태우 대통령이 유엔 총회에서 기조 연설을 했다. 이때 민간 차원에서도 적극적인 통일 노력이 전개되었다.

1998년 김대중 정부가 들어선 이후 남북 간에는 정부와 민간 차원의 교류가 크게 확대되었다. 2000년도에는 평양에서 정상 회담이 이루어져 6.15 남북 공동 선언이 발표되었다. 또한 금강산 관광과 경의선 연결, 개성공단 사업, 남북 이산가족 상봉 등 남북 간 긴장 완화와 화해 협력 노력이 한층 진전되었다. 노무현 정부도 2007년 10월 2일 평양에서 정상 회담을 갖고, 남북 관계 발전과 평화 번영을 선언했다. 그러나 선군 정책에 의존하는 북한의 체제적 한계로 인해 한반도 비핵화의 길이 난관에 봉착했으며, 남북 관계를 어렵게 하고 있는 실정이다.

R e f e r e n c e **d a t a**

| 통일 정책과 남북한 교류

6.23 선언(六二三宣言) : 1973년 박정희 대통령이 발표한 평화 통일 외교 정책에 관한 특별 성명이다. 총 7개항으로 구성되어 있는 내용은 '남북한은 서로 내정에 간섭하지 않으며, 남북한의 유엔 동시 가입 및 북한의 국제 기구 참여에 반대하지 않고, 호혜평등(互惠平等)의 원칙 아래 모든 국가에게 문호를 개방한다.'는 것이다. 이 선언은 기존의 '할슈타인 원칙'에 따른 적대적이고 폐쇄적인 통일 정책을 탈피한다는 정부의 적극적인 평화 통일 의지를 표방한 것이었다. 북한은 6.23 선언을 한반도에 두 개의 정부를 인정함으로써 분단을 영구화시키는 것이라고 비난하고, 모든 남북 대화 중단의 구실로 삼았다.

6.15 남북 공동 선언(六一五南北共同宣言) : 2000년도에 공식 발표되었다. 분단 55년 만에 처음 만난 남북한 정상이 백화원 영빈관에서 다음 5개항에 합의했다. ① 통일 문제의 자주적 해결, ② 1국가 2체제의 통일 방안 협의, ③ 이산가족 문제의 조속한 해결, ④ 경제 협력, ⑤ 남북간 교류의 활성화 등이다. 합의 사항 실천을 위한 실무 회담 개최와 김정일 국방위원장의 서울 방문 등도 합의 사항에 포함되었다.

03 경제와 사회·문화의 발전 ▶▮▮ ━━ ━━━

🏵 경제 성장과 자본주의 발전

Referencedata
● 외환 위기

박정희 정부는 독재 정치로 국민들의 비난을 받았고, 학생들의 데모가 계속되었지만 이에 아랑곳하지 않고 국민들을 교육시키고자 했다. 1968년에는 국민교육헌장(國民教育憲章)을 제정하여 교육에서 지향해야 할 국민상(國民像)을 제시했다. 1970년에는 인간주의(人間主義)·국가주의(國家主義)·발전주의(發展主義)에 입각한 장기 종합 교육 계획이 수립되었다. 1972년에는 주체성 교육이 강조되었다. 교육 외에 가장 중점을 둔 분야는 경제 성장이었다. 이는 독재 정권의 정당성을 확보하려는 의도에서 비롯되었다.

새마을 운동　　▼

　　1962년부터 5년 단위로 4차례의 경제 계획이 진행되는 동안 한국 경제는 비약적으로 발전했다. 이는 당시 전 세계적으로 경제가 성장하던 상황과도 맞닿아 있었다. 박정희 정권의 경제 개발 정책은 수출 주도형 성장 전략, 공업 건설 집중 지원, 전략 산업 육성, 정부 주도형, 외자를 통한 자본 조달 등이 특징이었다. 이는 박정희 정권 이전의 수입 대체 산업 건설과 무상 원조 정책에서 과감하게 탈피하는 것이었다. 그 결과 수출은 1960년도에 3,380만 달러이던 것이 1979년에는 150억 5,550만 달러로 급증했다. 1인당 국민 소득도 1960년도의 81달러에서 1979년에는 1,662달러로 20

배 가량 증가했다. 하지만 성장 위주의 정책에는 많은 부작용이 따랐다. 빈부의 격차, 계층 간의 갈등, 농촌의 낙후와 이농, 그에 따른 인구의 도시 집중 등 현상이 심화되었다. 또한, 정부 주도적인 경제 정책에 따라 민간 기업들이 정부에 기댔고, 외국의 자본과 기술에 대한 의존도가 높아 외채가 증가했다. 이를 개선하기 위해 1970년부터는 농촌 근대화의 일환으로 자립(自立)·자조(自助)·협동(協同)의 기치를 내건 새마을 운동을 전개했다. 이는 도시로도 확대되어 국민적인 정신 개혁 운동으로 발전했다.

전두환 정부는 소득 분배의 불균형에서 오는 빈부의 격차, 부유층의 사치, 황금 만능주의 등 역기능을 해소하기 위해 민주복지국가(民主福祉國家) 건설이라는 목표를 제시하면서 1982년도부터 제5차 5개년 계획을 수립했다. 양적 성장보다는 국민 경제의 체질을 개선함으로써 새로운 경제 질서로의 전환을 통한 장기 발전의 기반을 다진다는 것이었다. 5차 계획은 대체로 성공적이었다. 1인당 국민 총생산(GNP)은 당초 목표를 상회하여 2,300달러에 달했고, 1986년을 고비로 경상 수지가 흑자로 전환되었다. 외채도 전년에 비해 23억 달러가 감소되었으며, 물가도 안정되었다.

노태우 정부 들어서는 경상 수지가 오히려 적자로 후퇴했다. 이어서 김영삼의 문민정부하에서는 금융 실명제 실시(1993), 대전 엑스포 개최(1993.8~11) 등 개혁과 국제화 노력이 있었지만 외환 위기(IMF)를 초래하여(1997) 많은 기업이 도산되고, 엄청난 실업자를 낳게 하면서 큰 고통을 주었다. 그러나 외환 위기 극복을 위해 전 국민이 발벗고 나섰으며, 기업들도 혹독한 구조 조정 등 자구책을 마련했다. 그 결과 정보 통신 기술·자동차 공업·조선업·반도체 부문 등에서 괄목할 만한 성장을 보여 주었다.

| 경제 성장과 자본주의 발전

외환 위기(外換危機) : 1997년에 한국은 금융 기관의 부실과 차입 위주의 방만한 기업 발전 경영으로 인해 대기업의 연쇄 부도, 대외 신뢰도 하락, 단기 외채 급증 등 외환 위기를 맞았다. 한국 정부는 모라토리엄(채무 지불 유예) 상황에 몰리자 IMF에 구제 금융을 신청했다(1997.12). IMF로부터 195억 달러, 세계은행(IBRD)과 아시아개발은행(ADB)으로부터 각각 70억 달러와 37억 달러를 지원받으면서 고비를 넘겼다. 그러나 IMF는 재정과 금융의 긴축과 대외 개방, 금융 및 기업의 구조 조정, 기업의 투명성 제고 등 한국 경제가 나아가야 할 방향 외에도 미국식 감사 위원회의 도입, 높은 콜금리 수준 등 국내 상황에 맞지 않는 지원 조건을 내세웠다. 이후 한국은 외환 시장과 물가 안정을 위한 고금리 정책과 재정 긴축은 물론, 수요 억제를 통한 경상 수지 흑자 정책을 추진하여 구제 금융을 신청한 지 3년 8개월 만에(예정보다 3년 앞당겨) 빚을 정리했다. 이로써 외환 위기를 완전히 극복하고, 1997년 외환 위기 당시 39억 달러로 떨어졌던 외환 보유액이 2001년 기준 990억 달러가 넘는 세계 5위의 외환 보유국이 되었다.

R e f e r e n c e d a t a
● 우루과이 라운드

🌐 사회의 변화와 발전

산업화와 도시화의 진전은 도농 간의 격차를 벌렸고, 많은 사회 문제를 야기했다. 도시는 인구가 급증함에 따라 주택난 · 교통난 · 환경 오염 · 빈민가 형성 · 실업자 · 빈부의 격차 · 노사 문제 등을 초래했다. 이는 공동체 의식을 약화시켰으며, 계층 간 갈등을 심화시켰다. 박정희 정권의 저임금 정책과 열악한 노동 환경, 노동 3권의 유명무실화 등으로 노동자의 삶이 어려워졌다. 노동자들의 생존권 요구는 반독재 민주화 운동과 연결되었다. 1970년대에는 전태일의 분신 사건을 계기로 본격적인 노동 운동이 전개되었다. 여기에는 학생과 지식인들도 가담했다. 1980년대부터는 대다수의 직장에 노동 조합이 결성되었고, 1990년대의 노동계는 한국노총과 민주노총(1995)으로 양립되었다. 한편, 농촌에서는 1993년 우루과이 라운드 협상 타결로 농산물 시장이 개방되면서 경쟁력을 잃은 농민들의 부채가 늘어났다. 농민들은 위기를 타개하기 위해 농민 운동을 전개했다.

1980년대 후반에는 민주화의 진전과 경제 발전으로 중산층이 형성되

◀ 방직공장 내부 모습
(1957.11)

◀ 전태일 분신 사건
(1970.11)

었다. 이들은 사회 개혁·복지·환경·여성 문제 등 다양한 분야에서 목소리를 높였다. 산업화와 도시화로 오염 문제가 발생하자 환경 단체를 조직하여 이를 감시하는 한편, 정부의 정책을 비판하거나 제동을 걸었다. 여성들의 경제 활동 참여가 확대되면서 여성들의 사회적 지위도

대폭 향상되었다. 남녀 고용 평등법이 제정되고, 가족법이 개정되었으며, 여성부가 출범하여 여성들의 권익 향상을 위해 노력하고 있다. 노약자 · 빈민층 · 실업자 · 장애인 등 사회적 약자에 대한 국가의 보호가 강화되면서 의료 보험 · 산재 보험 · 국민연금 제도 · 국민기초생활 보장법 등이 마련되었다.

R e f e r e n c e d a t a

| 사회의 변화와 발전

우루과이 라운드(Uruguay Round) : 관세 및 무역에 관한 일반 협정(GATT)의 제8차 다자간 무역 협상이다. 과거 7차례의 다자간 협상과의 차이점은 우루과이 라운드(UR)가 새로운 시대 상황에 맞추어 매우 광범한 의제를 다루었다는 점이다. UR 협상은 상품 그룹 협상과 서비스 협상을 양 축으로 하여 15개의 의제로 구성되었다. ① GATT 체제의 확대와 관련된 것으로, 우선 농산물, 섬유류 교역이 있다. 이것은 그동안 GATT 체제 밖에 있었으나 UR를 통해 GATT 체제로 복귀하거나 흡수된 것이다. 다른 하나는 서비스, 무역 관련 투자 조치, 무역 관련 지적 재산권 등을 들 수 있는데, 이들 의제는 GATT 다자간 협상 의제에 처음으로 채택되었다. ② GATT 체제의 정비와 관련된 것이다. 여기에는 종전까지 현실에서 상당 부분 훼손되었던 GATT 규범을 재복원하고, 경우에 따라 현실에 맞게 새롭게 수정하는 데 중점을 둔 의제가 포함되었다. 세이프가드, 보조금 상계 관세, 반덤핑 관세 등이 여기에 속한다. ③ GATT 체제의 강화와 관련된 것으로, 각료급의 GATT 참여 확대, GATT와 국제 통화 및 금융 기구와의 관계 강화를 다루는 GATT 기능 강화가 대표적이다. 또한, 당초의 협상 의제에 포함되어 있지 않은 세계 무역 기구(WTO)의 설립 합의도 이 범주에 포함되었다. 이것은 협정 수준에 머물러 있던 GATT의 집행력을 강화시키는 데 일차적인 목적이 있다. 1986년 9월 우루과이에서 첫 회합이 열린 이래 여러 차례의 협상을 거쳐 1993년 12월에 타결되었고, 1995년부터 발효되었다. 그 결실로 세계 무역 기구가 출범했다.

🌐 현대 문화의 동향

Reference**data**
● 민족 문화
● 생명 윤리

1950년대 중반에는 역사학회, 국어 · 국문학회, 한국철학학회 등이 창립되어 연구 업적들이 축적되기 시작했다. 특히, 『우리말 큰사전』이 완간되어 국어 발전에 이바지했다. 1960년대부터는 식민 문화의 극복과 남북 통일이 주제로 부각되면서 한국학 연구는 민족주의적 성격이 강했다. 한편으론 서구 문화의 무비판적인 수용으로 전통문화가 위기를 맞게 되었다. 서구 문화는 물질 위주의 향락 문화를 조장했다. 1970년대부터는 이에 대한 반성이 일어났고, 전통문화와의 접목을 통해 자기화 움직임이 나타났다.

광복 후에는 신문과 잡지뿐만 아니라 라디오 · TV · CATV · 인터넷 · 모바일 등 정보 채널이 급속도로 팽창하여 정보의 독점을 막고, 여론을 강화시키는 역할을 하고 있다. 권위주의 시대에는 비판적인 언론에 대한 통제가 강화되었지만, 1987년 민주화가 진행되면서 언론의 자유는 크게 확대되었다. 1990년대 이후에는 오히려 대중 매체의 지나친 상업화와 선정성 그리고 인터넷의 익명성으로 인해 역기능이 심각한 실정이다.

광복 이후에는 대학을 비롯한 고등 교육 기관이 크게 늘어났다. 중학교까지 의무 교육이 실시되면서 문맹률도 크게 감소했다. 1950년대 후반부터는 유학이나 연수를 마친 전문 인력들이 고도성장의 중심 역할을 했다. 점차 일류 학교 진학을 위한 과열 경쟁으로 치달으면서 사교육비 부담이 크게 늘어났다. 입시 위주의 교육 풍토는 주요 과목에만 치중하는 등 공교육의 문제를 우려하고 있다. 이는 학벌과 학연을 중시하는 사회적 풍토에 기인한다 하겠다.

▼ 경기여고의 교실 풍경

미군정기와 한국 전쟁을 겪으면서 미국의 대중문화가 급속히 유입되었다. 1960년대부터 경제 발전과 대중 매체의 보급과 함께 본격적으로 성장했다. 1970년대에는 TV 방영으로 가요 · 코미디 · 드라마가 대중문화의 중심이 되었다. 청소년층이 대중문화 소비의 주체가 되었다. 1980년대에는 민주화와 사회적 평등을 열망하는 민중 문화가 대중문화

서울대학교에서 치러진 ▲
고등고시 시험 광경
(1955. 8)

에 영향을 미쳤다. 1990년대에는 한국적 특색이 반영된 영화가 세계 영화 시장에서 호평을 받기도 했다. 최근 우리의 문화는 한류라는 이름으로 일본·중국·동남아 등에서 각광을 받고 있다.

좌우익의 대립으로 전통문화 계승이 부진했던 문학은 한국 전쟁 이후에는 서정성을 중시하는 순수 문학이, 1960년대에는 민족 문학이 대두했다. 1970년대에는 다양한 문학 장르가 발전하여 독자층을 넓혔다. 민족 문학 운동은 1980년대 민주화와 보조를 맞추면서 더욱 확대되었다. 이 시기에는 전통문화에 대한 이해도 깊어졌다. 노동자·농민·통일에 대한 현실 인식을 바탕으로 민중 예술 활동이 활발해졌다.

종교계는 분단과 전쟁으로 상처난 대중의 심신을 어루만졌다. 1970년대에는 민주화에 앞장서거나 노동·농민·통일 운동을 적극 지원했다. 1990년대에는 시민운동 등에 다양하게 참여하면서 사회 통합을 위해 노력하고 있다.

체육 활동은 광복 후 국민을 단결시키는 데 크게 기여했다. 1960년대에 들어 박정희 정부를 비롯한 역대 정권들이 체육 활동을 적극 지원했다. 특히, 박정희 정권은 태릉 선수촌을 건립하여 체육 엘리트 양성을 체계적으로 추진했다. 그러한 투자를 바탕으로 제21회 몬트리올 올림픽의 레슬링 금메달 획득(1976), 제10회 아시아 경기 대회(1986)·제24회 서울 올림픽 대회(1988)·제17회 월드컵 축구 대회(2002) 개최 등 눈부신 발전을 거듭했다. 현재는 국민 건강과 삶의 질 향상 차원에서 사회 체육 활동으로 확산되고 있다. 체육 활동은 통일 축구(1990), 지바 세계 탁구 선수권 대회(1991) 단일팀 구성 등 남북을 연결시키는 역할도 했다.

과학 기술 분야는 정부의 지속적인 과학 육성책에 힘입어 비약적으로 발전했다. 1950년대 후반에 원자력연구소가 만들어지고, 1966년에는 한국과학기술연구소(KIST, 1966)가 설립되어 과학 기술 개발에 힘을 쏟고 있다. 특히, 통신 · 교통 · 컴퓨터 · 반도체 분야에서는 세계 최고의 수준이다. 우주 항공 분야에서는 아리랑호 · 무궁화 3호 등 다목적 위성을 발사하여 상용 서비스를 하고 있다. 여전히 기초 학문 분야에 대한 취약성과 유전 공학에 있어 생명 윤리 문제는 해결해야 할 과제이다.

R e f e r e n c e **d a t a**

| 현대 문화의 동향

민족 문학(民族文學) : 서구에서는 '국민 문학'이라고 부른다. 한국에서는 일제 강점기와 민족 분단을 겪으면서 '국민 문학'의 용어 왜곡으로 인해, 우리 민족의 역사적 과제를 내포하는 개념인 '민족 문학'이라 일컫는다. 1920년대 중엽에는 시조의 부흥 등 복고적 · 반민중적인 의미를 심어 주었다. 그 뒤 계급 문학과 하나 된 민족 문학을 세우려고 노력했다. 이때 발표된 작품들이 홍명희의 『임꺽정』, 채만식의 「태평천하」, 염상섭의 「삼대」이다. 1946년부터 좌우익의 문학 단체가 대립하면서 계열을 달리했다. 1970년대에 남한에서 다시 부활하여 백낙청(白樂晴)을 중심으로 한국 문학의 민족 문학적 발전 과정을 일반화시켜 나갔다. 백낙청은 시대적 정서에 의해 유동성을 강조하면서 민족적 위기 상황인 민족 분단을 극복하기 위한 민족 문학의 역할을 주장했다. 1980년 민주화 운동을 겪으면서 계급론적 시각이 대두되었고, 진보적 문학 운동 이념으로 발전했다. 1990년대 들어서는 민족의 현실을 극복하기 위한 사실주의적 실천을 가치로 내걸었다.

생명 윤리(Bioethics) : 생명에 관련된 윤리와 도덕의 문제를 다루는 철학이다. 생물학과 의학 분야의 기술적 발전에 따라 생명 복제 등 기존의 종교적 · 도덕적 관념과 배치될 수 있는 이슈가 대두되었다. 이 용어는 동물을 포함한 생물학 연구 분야에서 많은 논의와 논쟁이 있을 것으로 예상한 프리츠 야르(Fritz Jahr)에 의해 1927년에 만들어졌다. 인류와 다른 동물 모두의 생존을 위해 생물학, 생태학, 의학, 인간의 가치관 사이의 관계를 대표하는 규율이다.

창덕궁 (사적 제122호, 1997년 12월 유네스코 세계문화유산 등재)

창덕궁은 조선 왕조 제3대 태종 5년(1405) 경복궁의 이궁으로 지어진 궁궐이며, 창건 시 창덕궁의 정전인 인정전, 편전인 선정전, 침전인 희정당, 대조전 등 중요 전각이 완성되었다. 태종 12년(1412)에는 돈화문이 건립되었고, 세조 9년(1463)에는 약 6만 2천 평이던 후원을 15만여 평의 규모로 넓혀 궁의 경역을 크게 확장하였다.

임진왜란 때 소실된 것을 선조 40년(1607)에 중건하기 시작하여 광해군 5년(1613)에 공사가 끝났으나, 다시 1623년의 인조 반정 때 인정전을 제외한 대부분의 전각이 소실되었다가 인조 25년(1647)에 복구되었다. 그 후에도 여러 번 화재가 있었으며, 1917년에 대조전·희정당 일곽이 소실되어 1920년에 경복궁의 교태전·강녕전 등 많은 건물을 철거하여 창덕궁으로 이건하였다.

창덕궁은 1610년 광해군 때 정궁으로 쓰게 된 후 1868년 고종이 경복궁을 중건할 때까지 258년 동안 역대 제왕이 정사를 보살피는 법궁으로 이용되어 왔다.

한편, 건축 양식에 있어서도 정전 공간은 왕의 권위를 상징하여 높게 되어 있고, 침전은 정전보다 낮고 간결하며, 위락 공간인 후원은 자연 지형을 위압하지 않도록 작은 정자각을 많이 세웠다는 특징을 보인다.

현재 창덕궁 내에는 돈화문(보물 제383호), 인정문(보물 제813호), 인정전(국보 제225호), 대조전(보물 제816호), 선원전(보물 제817호), 선정전(보물 제814호), 희정당(보물 제815호), 향나무(천연기념물 제194호) 등이 있다.

세계 유산적 가치 동아시아 궁전 건축사에 있어 비정형적 조형미를 간직한 대표적 궁으로 주변 자연환경과의 완벽한 조화와 배치가 탁월하다.

수원 화성 (사적 제3호, 1997년 12월 유네스코 세계문화유산 등재)

수원 화성은 조선 왕조 제22대 정조가, 선왕인 영조의 둘째 왕자로 세자에 책봉되었으나 당쟁에 휘말려 왕위에 오르지 못하고 뒤주 속에서 생을 마감한 아버지 사도세자의 능침을 양주 배봉산에서 조선 최대의 명당인 수원의 화산으로 천봉하고, 화산 부근에 있던 읍치를 수원의 팔달산 아래 지금의 위치로 옮기며 축성되었다.

수원 화성은 정조의 효심이 축성의 근본이 되었을 뿐만 아니라 당쟁에 의한 당파 정치 근절과 강력한 왕도 정치의 실현을 위한 원대한 정치적 포부가 담긴 정치 구상의 중심지로 지어진 것이며, 수도 남쪽의 국방 요새로 활용하기 위한 것이었다.

또한 수원 화성은 거중기, 녹로 등 신기재를 특수하게 고안·사용하여 장대한 석재 등을 옮기며 쌓아 축성되었다. 따라서 중국, 일본 등지에서 찾아볼 수 없는 평산성의 형태로 군사적 방어 기능과 상업적 기능을 함께 보유하고 있다.

수원 화성 축성과 함께 부속 시설물로 화성행궁, 중포사, 내포사, 사직단 등을 건립하였으나 전란으로 소멸되고, 현재는 화성행궁의 일부인 낙남헌만 남아 있다. 축성 후 1801년에 발간된 '화성성역의궤'에는 축성 계획, 제도, 법식뿐 아니라 동원된 인력의 인적 사항, 재료의 출처 및 용도, 예산 및 임금 계산, 시공 기계, 재료 가공법, 공사 일지 등이 기록되어 있어 건축사에 큰 가치를 지니고 있다.

소장 문화재로 팔달문(보물 제402호), 화서문(보물 제403호), 장안문, 공심돈 등이 있다.

세계 유산적 가치 18세기에 완공된 짧은 역사의 유산이지만 동서양의 군사 시설 이론을 잘 배합시킨 독특한 성으로, 방어적 기능이 뛰어난 특징을 가지고 있다. 약 6km에 달하는 성벽 안에는 4개의 성문이 있으며, 모든 건조물의 모양과 디자인이 다른 다양성을 지니고 있다.

조선 왕릉 (2009년 6월 유네스코 세계문화유산 등재)

조선 왕릉이란 조선 왕조 시대의 총 27대 왕과 왕비 및 추존된 왕과 왕비의 무덤을 일컫는 말이다. 이는 우리나라의 유교적인 문화 전통이 확고하게 드러나는 문화유산이다. 특히, 조선 시대 때 강조되었던 '조상 숭배'의 유교 개념을 바탕으로 왕의 무덤을 신성화하는 전통이 형성되었다. 죽은 왕의 무덤을 웅장하게 만들고 참배함으로써 죽은 왕에 대한 숭배뿐만 아니라, 현재 살아 있는 왕의 권위까지도 더불어 강화시킬 수 있는 수단으로 활용됐던 것이다.

조선 왕릉은 전체 42기 가운데 북한에 있는 2기를 제외하고, 우리나라에 있는 40기 모두가 세계문화유산에 등재되었는데, 이 42기에는 폐위된 두 왕(제10대 연산군, 제15대 광해군)의 무덤은 포함되지 않았다.

한편, 조선 왕릉은 조선 시대부터 오늘날까지 600년 이상 제례 의식을 거행하면서 살아 있는 전통을 간직하고 있다.

세계 유산적 가치 '조선 왕릉'은 조선 왕조의 세계관, 종교관 및 자연관을 바탕으로 500년 이상 존속한 조선 왕조를 대표하는 건축 양식이다. 당대의 시대적 사상과 정치사뿐만 아니라, 조선 시대의 예술적 독창성이 뚜렷이 나타나 있다.

한국의 역사 마을 : 하회와 양동 (2010년 8월 유네스코 세계문화유산 등재)

안동 하회 마을은 조선 중기인 1600년대부터 풍산 류씨들이 모여 주택과 서원 등을 건축하고 마을을 조성한 풍산 류씨의 집성촌이다. 혈연을 중심으로 한 집성촌은 전국 여러 곳에 형성되었으나, 오늘날에는 대부분 소멸되거나 변형되어 그 본래의 모습을 찾아보기 힘들다.

이 마을에는 크고 작은 양반집들과 노비들의 주택인 가람집들, 그리고 원지정사와 병산 서원과 같은 독특한 건축물들이 자연 친화적인 마을 구성과 건축 배치를 이루면서 산재해 있고, 별신굿과 별신굿 때 쓰이던 하회탈, 부용대에서 벌어지는 줄불놀이 같은 독특한 민간놀이가 전승되고 있다. 또한 징비록(懲毖錄, 국보 제132호), 군문등록(軍門謄錄, 보물 제160호) 등을 비롯하여 서애 선생의 수많은 전적과 교지들이 영모각과 충효당에 소장되어 있다.

또한 양동 마을은 신라의 고도(古都) 경주에서 형상강을 따라 동북쪽으로 16km에 위치하고 있으며, 중요 민속 자료 제189호로 지정된 민속 마을이다. 이 마을은 조선 시대 초기에 입향(入鄕)한 이래 지금까지 세거(世居)해 온 월성 손씨와 여강 이씨가 양대 문벌을 이루고 있다. 양동 마을에는 월성 손씨의 종가인 서백당과 여강 이씨의 종가인 무첨당을 비롯하여 관가정, 향단 등 조선 시대 양반 주택들과 하인들이 살았던 초가집들 그리고 이향정, 수심정 등의 정자와 서당인 강학당 등 조선 시대를 대표하는 옛 건물들이 조선 시대부터 이어 온 민속과 함께 잘 보존되고 있다. 그리고 가람집들이 위치하고 있어, 조선 시대 신분 제도의 일면을 엿볼 수 있는 공간적 특징을 보여 주고 있다.

세계 유산적 가치 빼어난 건축미뿐 아니라 조선 시대의 생활 양식, 신분 제도, 사상 등이 농축돼 있다는 점에서 역사적 의미를 지니고 있다.

한국사 연표

선사 시대

고대 사회

중세 사회

근세 사회

근대 태동기 사회

근대 사회

현대 사회

시대	연도	한국	중국 / 일본
선사시대	70만 년 전	구석기 시대 시작	
			B.C. 13000~B.C. 300 : 일본의 조몬 문화 시작
	B.C. 8000	신석기 시대 시작	
	B.C. 5000		B.C. 5000~B.C. 3000 : 앙소 문화
	B.C. 4000		B.C. 4700~B.C. 2900 : 홍산 문화
	B.C. 2333	단군 조선 시작	
	B.C. 2000	청동기 문화의 보급	

시대	연도	중국	한사군	고조선	고구려
고대사회	B.C. 5C	403 : 전국 시대(戰國時代)		철기 문화 보급	
	B.C. 4C				
	B.C. 3C	221 : 진(秦) 중국 통일			
		220 : 전한(前漢) 멸망			
	B.C. 2C	141~87 : 무제	108 : 한사군 설치	194 : 위만 집권	
			82 : 진번, 임둔	108 : 멸망	
	B.C. 1C		75 : 현도, 푸순		37~19 : 주몽
	10	25 : 후한(後漢)			53~146 : 태조왕
	100				179~197 : 고국천왕
	200	220 : 위, 촉, 오			227~248 : 동천왕
		280 : 서진(西晉)에 오 멸망			오(吳)와 외교 수립
					244 : 관구검 침입
	300	316 : 5호 16국			300~331 : 미천왕
		317 : 동진(東晉)			313 : 낙랑군 멸망시킴
		386~534 : 북위(北魏)			331~371 : 고국원왕
					342 : 모용황 침입
					371 : 백제 침입
					371~384 : 소수림왕
					372 : 불교 수용
					373 : 율령 반포
					391~412 : 광개토대왕
					연호(영락) 사용
					400 : 왜군 격퇴
	400	420~479 : 송			412~491 : 장수왕
		439 : 북량(北涼) 멸망			427 : 평양 천도
					475 : 백제 한성 점령
					경당(최초 사학) 설치
					남조와 교류
					491~519 : 문자명왕
					494 : 동부여 편입

백제	신라	가야	발해
18 : 온조	57 : 박혁거세	42 : 수로왕	
234~286 : 고이왕			
346~375 : 근초고왕	356~402 : 내물마립간		
371 : 고국원왕 사살	364 : 왜구 침입		
마한 정복	395 : 말갈 침입		
가야 지배권 행사	399 : 백제, 왜 침입		
요서, 산둥, 규슈 진출			
부자상속제			
서기 편찬			
384~385 : 침류왕			
384 : 불교 공인			
427~455 : 비유왕	417~458 : 눌지마립간		
나제 동맹 결성	부자상속제		
455~475 : 개로왕	434 : 나제 동맹 결성		
475 : 고구려 침입	479~500 : 소지마립간		
475~477 : 문주왕	백제와 결혼 동맹		
475 : 웅진(공주) 천도			
476 : 탐라 조공받음			

시대	연도	중국	고구려	백제
고대사회				479~501 : 동성왕
				신라와 결혼 동맹
	500	589 : 수(隋) 고구려 침공 실패	590~618 : 영양왕	501~523 : 무령왕
			598 : 요서 지방 공격	남조의 양과 교류
				22담로 설치
				523~554 : 성왕
				538 : 사비 천도
				국호 남부여로 고침
				남조와 교류, 일본에 불교 전파
				551 : 한강 유역 확보
				나제 동맹 결렬
	600	618 : 수(隋) 멸망	612 : 살수대첩-양제	
		626 : 태종 즉위	618~642 : 영류왕	
		649 : 고종 즉위	624 : 도교 전래	
			631 : 천리장성 착공	
			642~668 : 보장왕	
			645 : 당태종 격퇴	
			647 : 천리장성 완성	
	700			
	800			

신라	가야	발해	통일신라
500~514 : 지증왕	532 : 금관가야, 신라		
한화 정책, 국호 확정	562 : 대가야, 신라		
512 : 우산국 정벌			
514~540 : 법흥왕			
율령 반포, 공복 제정			
골품 제도 정비			
527 : 불교 공인			
532 : 금관 가야 정복			
536 : 연호(건원) 사용			
540~576 : 진흥왕			
연호(개국, 대창, 홍제)			
한강 유역 확보			
대가야 정복, 원산 진출			
불교 교단 정비, 사상통			
579~632 : 진평왕			
수, 당과 외교 수립			
632~647 : 선덕여왕		698 : 대조영 진국(震國)	654~661 : 무열왕
친당 정책, 황룡사 9층 석탑			통일 전쟁 주도
647~654 : 진덕여왕			661~681 : 문무왕
좌우이방부 설치			670~676 : 나당 전쟁
			676 : 삼국 통일
			681~692 : 신문왕
			9주 5소경 완비, 관료전 지급, 녹읍 폐지
			국학 설립
		719~737 : 무왕	722(성덕왕 21) : 정전 지급
		737~793 : 문왕	757(경덕왕 16) : 녹읍 부활
		756 : 상경 천도	768(혜공왕 4) : 96각간의 난
		818~830 : 선왕, 해동성국	822(헌덕왕 14) : 김헌창의 난
			828 : 청해진 설치
			839(신무왕 1) : 장보고의 난

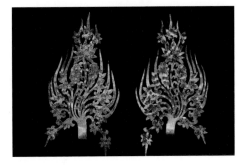

시대	연도	발해	통일신라	후백제
	850		889(진성왕 3) : 원종 · 애노의 난	900 : 견훤, 후백제 건국
	900	906~926 : 애왕, 고려에 귀순		927 : 견훤, 경애왕 살해
				936 : 후백제 멸망

시대	연도	정치	경제	사회
중세사회 고려시대	900	918 : 왕건, 고려 건국	919(태조 2) : 개경에 시전 설치	
		935 : 고려의 신라 병합	940(태조 23) : 역분전 분급	
		942 : 만부교 사건		
		945 : 왕규의 난		
	950	958 : 과거제 실시	976(경종) : 시정전시과 실시	956(광종 7) : 노비안검법 실시
		960(광종11) : 백관 공복 제정	986(성종 5) : 흑창을 보충하여 의창으로 바꿈	
		963 : 제위보 설치	993 : 상평창 설치	
		982(성종) : 최승로의 시무 28조 채택	996(성종 15) : 최초의 철전 건원중보 주조	
		983(성종 2) : 지방 관청에 공해전 지급,	998(목종) : 개정 전시과 실시	
		12목 설치 외관 파견		
	1000	1017(현종 9) : 지방 관제 완비,	1023(현종 14) : 연호미 징수	1039(정종) : 천자수모법 실시
		향리 공복 제정		
		1029 : 나성 축조		
		1033~1044 : 천리장성 축조		
	1050		1076(문종 30) : 경정 전시과 실시	
			1097(숙종 2) : 주전도감 설치	
	1100	1107(예종 2) : 9성 축조(윤관)	1101(숙종 6) : 활구 주조	
		1126(인종 4) : 이자겸의 난	1102 : 해동통보 · 해동중보 · 삼한통보	
		1135(인종 13) : 묘청의 난	· 삼한중보 · 동국통보 · 동국중보 주조	
			1112 : 혜민국 설치	
	1150	1170(의종 24) : 무신의 난,		1176 : 망이 · 망소이의 난
		정중부의 중방정치		1182 : 전주 관노의 난
		1173 : 김보당의 난		1193 : 김사미 · 효심의 난
		1174 : 조위총의 난, 교종의 반발		1198 : 만적의 난
		1179 : 경대승의 도방정치		
		1183 : 이의민 집권		
		1196 : 최충헌 집권, 교정도감 설치		
	1200	1232 : 강화도 천도		

후고구려	다른 나라
	일본 봉건제 성립
901 : 궁예, 후고구려 건국	

문화	국제
	907 : 당 멸망
	907~960 : 5대 10국 시대
	916~1125 : 거란(요) 건국
992(성종 11) : 국자감 설치,	960 : 송의 중국 통일
도서관(비서성·수서관) 설치	962 : 고려, 송과 수교
	993 : 거란 1차 침입
1013(현종 4) : 7대 실록 편찬	1004 : 거란과 송 강화 조약(전연의 맹약)
	1010 : 거란 2차 침입
	1018 : 거란 3차 침입
1087(선종 4) : 대장경 조판	
1096 : 속장경 조판	
1101 : 서적포 설치	1115~1234 : 여진(금) 건국
1113 : 예의상정소 설치	1125 : 여진에 의해 거란 멸망
1127(인종 5) : 향학 설치	
1145(인종) : 삼국사기(김부식)	
1192(명종) : 동명왕편(이규보)	
1215(고종) : 해동고승전(각훈)	1206~1368 : 몽골(원) 건국
1232(고종 19) : 몽골 2차 침입으로	1217 : 동진국 건국
대장경 소실	1219 : 강동의 역, 고려·몽골 협약
1234 : 상정고금예문 간행(금속활자)	1225 : 저고여 피살
1236(고종 23) : 향약구급방 편찬	1231(고종 18) : 몽골 1차 침입
	1232(고종 19) : 몽골 2차 침입
	1235 : 몽골 3차 침입

시대	연도	정치	경제	사회
중세사회 고려시대	1250	1258(고종 45) : 김준 집권, 최씨 정권 몰락, 쌍성총관부 설치 1268 : 임연, 임유무 집권 1270(원종11) : 무신정권 몰락, 개경 환도, 삼별초의 항쟁(~1273), 동녕부 설치 1273 : 탐라총관부 설치 1280(충렬왕 6) : 정동행성 설치	1271(원종 12) : 녹과전 지급	
	1300	1308 : 입성책동, 심양왕 제도 실시		
	1350	1351 : 공민왕 즉위 1374 : 우왕 즉위 1376 : 홍산대첩 1377 : 화통도감 설치 1380(우왕 6) : 진포대첩, 황산대첩 1388 : 위화도 회군	1363(공민왕 12) : 목면의 전래 1389 : 급전도감 설치 1391(공양왕 3) : 저화 발행(자섬 저화고), 과전법 공포	

시대	연도	정치	경제	사회
근세사회 조선시대	1350	1392 : 이성계 조선 건국 1394(태조 3) : 한양 천도 1398(태조 7) : 1차 왕자의 난		
	1400	1400(정종2) : 2차 왕자의 난, 사병 혁파, 도평의사사 폐지, 의정부 설치 1414(태종 14) : 6조 직계제 확립 1420(세종 2) : 집현전 설치 1434(세종 16) : 4군 6진 설치 1436(세종 18) : 육조 직계제 폐지, 의정부 서사제도 부활	1401(태종원년) : 저화 발행(사섬서) 1423(세종 5) : 조선통보 발행 1444(세종 26) : 공법 제정	1414년(태종 14) : 종부법 실시 1432(세종 14) : 종모법 시행(세조 때 폐지)
	1450	1453(단종 1) : 계유정난 1484(성종 15) : 경국대전 완성 1498(연산군 4) : 무오사화	1464(세조 10) : 전폐(팔방통보) 발행 1466(세조 12) : 직전법 실시	1485(성종 16) : 오가 작통법 실시
	1500	1504(연산군 10) : 갑자사화 1506(연산군 12) : 중종반정 1519(중종 14) : 기묘사화		1543(중종 38) : 백운동 서원 세움

문화	국제
1251 : 재조대장경(팔만대장경) 조판	1251 : 몽골 4차 침입
1281(충렬왕) : 삼국유사(일연)	1253 : 몽골 5차 침입
1287(충렬왕) : 제왕운기(이승휴)	1279 : 송 멸망
1308 : 국자감을 성균관으로 개칭	
1377 : 직지심체요절 간행(금속활자)	1359 : 홍건적 1차 침입
1392(공양왕 4) : 서적원 설치	1361 : 홍건적 2차 침입
1394(태조 3) : 조선경국전 편찬	1368 : 몽골 멸망, 명 건국
1395(태조 4) : 천상열차분야지도 완성	1388 : 철령위 사건
1397(태조 6) : 경제육전 편찬	1389 : 대마도 정벌(박위)

문화	국제
1413(태종 13) : 태조실록 간행	1419(세종 1) : 대마도 정벌
1420(세종 2) : 집현전 설치	1426(세종 8) : 삼포 개항
1430(세종 12) : 팔도지리지,	1443(세종 25) : 계해조약 체결
농사직설 간행	
1433(세종 15) : 향약집성방 편찬	
1434(세종 16) : 앙부일구 제작,	
갑인자 주조	
1441(세종 23) : 측우기 제작	
1445(세정 27) : 의방유취 간행	
1446(세종 28) : 훈민정음 반포	
1451(문종 1) : 고려사 편찬	
1452(문종 2) : 고려사절요 편찬	
1454(단종 2) : 세종실록지리지 편찬	
1481(성종 12) : 동국여지승람 편찬	
	1510(중종 5) : 삼포왜란
	1521(중종 7) : 임신약조
	1544(중종 39) : 사량진 왜변

시대	연도	정치	경제	사회
근세사회	1500	1545(명종즉위) : 을사사화		
	1550	1575(선조 8) : 동인 서인 분당		1559(명종 14) : 임꺽정의 난
		1589(선조 22) : 정여립 모반 사건,		1597(선조 30) : 파발 설치
		남인 북인 분당		
		1594(선조 37) : 삼수병 양성		
	1600	1623(인조원년) : 인조 반정	1608(광해군 즉위년) : 대동법 실시,	
		1624(인조 1) : 이괄의 난	선혜청 설치	
			1633년(인조 11) : 상평통보 1차 주조	
			1635(인조 13) : 영정법 실시	
			1649(효종) : 상평통보 2차 주조	
	1650	1680(숙종 6) : 경신 대출척	1651(효종 2) : 설점수세제 실시	1669(현종 10) : 종모법으로 변경
		1693(숙종 19) : 울릉도,	1678(숙종 4) : 상평통보 3차 주조,	1675(숙종 1) : 오가 작통법 21조 직성
		독도 조선 땅 확인	재유통	1677(숙종 3) : 공명첩 시행

시대	연도	정치	경제	사회
근대태동기	1700	1708 : 대동법 전국 확대 시행		
	1750	1755(영조 31) : 나주 괘서 사건	1750(영조 26) : 균역법 실시	1763 : 고구마 전래
		1762(영조 38) : 사도세자	1791(정조 15) : 신해통공 반포	1786 : 서학을 금함
		사사 사건(임오화변)		
		1776 : 규장각 설치		
	1800	1811(순조 11) : 홍경래의 난		1801(순조 1) : 궁방 소속 관노비 해방
	1850			
	1860	1862(철종13) : 임술 농민 봉기(진주 민란)	1866(고종) : 당백전 발행	1861 : 김정호, 대동여지도 제작
			1868 : 당백전 통용 금지(최익현 상소)	
	1870	1873 : 대원군 하야		

문화	국제
	1547(명종 2) : 정미약조
	1555(명종 10) : 을묘왜변
	1592(선조 25) : 임진왜란 발생, 한산도대첩, 1차 진주대첩
	1593(선조 26) : 행주대첩, 2차 진주대첩
	1597(선조 30) : 정유재란
1610(광해군 2) : 동의보감 간행	1607(선조 40) : 통신사 파견
	1609(광해군 원년) : 기유약조 체결
	1616 : 후금 건국
	1627(인조 5) : 정묘호란
	1636(인조 14) : 병자호란
	1644 : 명나라 멸망
	1654(효종 5) : 1차 나선 정벌
	1658(효종 9) : 2차 나선 정벌

문화	국제
1744(영조 20) : 속대전 편찬	1712(숙종 38, 강희 51) : 백두산정계비 건립
1783(정조 7) : 이승훈 세례	
1785(정조 9) : 대전통편 편찬,	
천주교 사교로 규정	
1791(정조 15) : 신해박해	
1797(정조 22) : 마과회통 간행	
1801(순조 1) : 신유사옥(신유박해)	1832 : 암허스트호 교역 요청
1839(헌종 5) : 기해박해	1840 : 영국선 2척 제주도 상륙
	1840~1842 : 아편 전쟁
	1842 : 난징조약
	1846 : 프랑스선 3척, 신부 처형 해명 요구
	1851 : 태평천국의 난
	1853~1877 : 메이지 유신(일본 근대화 과정)
	1854 : 미일 화친 조약
1860 : 최제우, 동학 창시	1860 : 베이징 함락, 러시아 연해주 차지
1863(철종14) : 동학을 사교로 규정	1861 : 신유정변(서태후 집권), 양무운동(중국 근대화)
1866(고종3) : 병인박해	1866 : 병인양요
1867(고종4) : 육전조례 편찬	1868 : 오페르트 남연군묘 도굴,
	일본 서계사건으로 정한론 대두
	1869 : 일본 외무성, 독도를 조선 영토로 기술
	1871 : 신미양요

시대	연도	정치	경제	사회
근대사회	1880	1881년(고종 18) : 별기군 창설 1882 : 임오군란, 울릉도 개척령 공포 1884(고종 21) : 갑신정변	1883(고종 20) : 당오전 발행, 해상공국 설립 1889(고종 26) : 방곡령 반포	1880 : 사회 진화론 전래 1886(고종 23) : 노비의 신분 세습법 폐지
	1890	1894 : 1~2차 갑오개혁, 고부 민란(동학 농민 운동) 1895 : 을미개혁, 을미의병 1896 : 독립협회 창립 1897 : 고종 경운궁 환궁, 대한제국 선포 1898 : 만민공동회 개최, 독립협회 해산 1899 : 대한국 국제 발표	1896 : 조선은행 설립(최초 민간 은행) 1897 : 한성은행 설립 1898 : 양지아문 설치, 지계 발급, 독립협회의 이권 수호 운동 1899 : 천일은행 설립	1892~3 : 교조 신원 운동 1894 : (갑오개혁)노비 법제적 해방
	1900	1900 : 울릉군 승격, 강원도 편입 1902 : 간도 함경도 편입 1905 : 을사의병 1906 : 울릉군 경상북도에 편입, 병오의병 1907 : 군대 해산, 정미의병 1908 : 스티븐스 살해, 의병 서울진공작전 1909 : 안중근 의거(이토 히로부미 사살) 일본의 남한대토벌 작전	1905 : 화폐 정리 사업 1907 : 국채보상운동	1903 : 하와이 이주(최초 합법적 이민) 1904 : 보안회 일본의 황무지 개간권 반대 1905 : 헌정연구회 활동 1906~7 : 대한자강회 활동 1907~10 : 대한협회 활동 1907 : 신민회 조직
	1910	(무단 통치-헌병 경찰) 1919 : 한성 정부, 대한국민의회, 대한민국 임시정부 수립	1910 : 회사령 공포 1911 : 산림령 공포 1912~18 : 토지 조사령, 토지 조사 사업 실시 1915 : 광업령 공포 1918 : 임야 조사령 공포	1911 : 105인 사건 1912~14 : 독립의군부 1913 : 흥사단 조직, 송죽회 조직 1915 : 조선 국권 회복단, 조선국민회, 자립단 1915~18 : 대한광복회 조직 1919 : 3.1 운동
	1920	(문화 통치-보통 경찰) 1920 : 봉오동 전투, 청산리 대첩 1921 : 자유시 참변 1923~25 : 3개 군정부 수립 1926 : 한인애국단 활동	1920 : 회사령 폐지 1918 : 대규모 쌀 폭동(일본) 1920~1934 : 산미 증식 계획 실시 1923 : 일본 상품 관세 철폐, 조선물산 장려회 1924 : 동양척식주식회사 소작쟁의	1920 : 간도 참변, 조선청년연합회 1924 : 조선청년동맹 1925 : 치안 유지법 제정 1927 : 신간회 창립, 근우회 창립 1926 : 6.10 만세 운동 1929 : 광주학생운동

420

문화	국제
	1875 : 운요호 사건
	1876 : 강화도 조약, 조일통상장정, 1차 수신사 파견
1880(고종17) : 동경대전 완간	1880 : 2차 수신사 파견
1883 : 박문국 설립(한성순보 발행),	1881 : 신사 유람단 파견(일), 영선사 파견(청)
원산학사 설립(근대 사학 효시)	1882 : 조미수호통상조약, 조청상민수륙무역장정,
1884 : 광인사 설립(최초의 민간 출판사)	조영수호통상조약, 제물포조약
1885 : 광혜원 설립(최초의 근대식 병원	1883 : 조독수호통상조약, 보빙사 파견(미),
→ 제중원)	조일통상장정 개정
1886 : 육영공원 설립(근대 관학 효시)	1884 : 조러수호통상조약, 청프 전쟁
1889 : 광제원 설립(지석영 종두법 보급)	1885 : 한성조약(조·일), 친진조약(청·일),
	거문도 사건, 조선 중립화론 대두
	1886 : 조불수호통상조약
1895 : 교육 입국 조서 반포	1898 : 변법 자강 운동(무술변법)
1896 : 독립문 건립, 독립신문 발행	1895 : 을미사변
1897 : 신교육령에 의해 소학교,	1896 : 아관파천
중학교, 사범 학교 설립	1899 : 통상장정 수정(대등한 관계)
1898 : 명동성당 완공, 전차 운행,	
황성신문 발행, 제국신문 발행,	
대한매일신보 발행	
1899 : 경인선 부설(최초의 철도)	
1904 : 세브란스 병원 설립	1902 : 1차 영일 동맹
1905 : 경부선·경의선 부설	1903 : 용암포 사건
1907 : 신문지법 공포	1904 : 한일 의정서, 1차 한일협약
1909 : 덕수궁 석조전 건립	1904~1905 : 러일 전쟁
	1905 : 2차 한일협약(을사조약), 러시아 페데르스부르크혁명,
	울릉도 일본에 강제 편입, 2차 영일 동맹, 포츠머스조약
	1907 : 한일 신협약(정미7조약), 헤이그 특사 파견
	1909 : 간도협약 체결(청·일), 기유각서
1910 : 고적조사위원회(어용)	1910 : 한일합방조약
1911 : 조선 교육령, 일본어 학습 강요,	1911 : 신해혁명
사립 학교·서당 억제	1914~1918 : 1차 세계 대전
1912 : 법전 조사국(어용)	1917 : 러시아 혁명
1918 : 서당 규칙 제정(설립 허가제)	1919 : 파리 강화 회의, 5.4 운동
1920 : 조선교육회, 조선여자교육회,	1922 : 중국 공산당 결성
조선일보·동아일보 발행	1924~1927 : 1차 국공 합작
1921 : 조선어연구회, 조선불교유신회	1925 : 미쓰야 협정(독립군 토벌)
1922 : 사범 학교 설치, 대학 교육 허용	1928 : 국민당 정부 수립(난징)
1923 : 민립 대학 기성회 조직	1929 : 세계 경제 공황
1924 : 과학문명보급회, 경성제국대학	

시대	연도	정치	경제	사회
근대사회			1927 : 산은행령(한국인 소유 은행 강제 합병)	
			1929 : 원산 노동자 총파업	
	1930	(민족말살통치)	1932 : 조선소작조정령	1931 : 만보산 사건(한 · 중 농민 충돌), 신간회 해체
		1932 : 이봉창, 윤봉길 의거	1934 : 조선농지령	
		1935 : 민족혁명당 결성	1938 : 국가 총동원령	1937 : 연해주 동포 중앙아시아 강제 이주
		1936 : 조국광복회 결성		1939 : 국민 징용령
		1937 : 보천보 전투		
		1938 : 조선의용대 결성		
		1940 : 한국광복군 창설, 한국독립당 결성		
	1940	1941 : 대한민국 건국 강령 제정 · 공포		1943 : 학도 지원병제
		1944.9 : 건국준비위원회 조직-여운형		1944 : 여자 정신대 근로령

시대	연도	정치	경제	사회
현대사회	1945	1945.8.15 : 광복		
		1945.9.6 : 조선인민공화국 선포- 건준위의 좌익 세력 중심		
		1945.9.7 : 미군 인천 상륙, 군정 선언- 친일분자 참여		
		1945.9 : 한국민주당 조직		
		1946.5 : 조선정판사 위폐 사건-극좌 세력 탄압		
		1946.7 : 좌우합작위원회 구성		
		1946.12 : 남조선과도입법의원 구성		
		1948 : 제주도 4.3 사건 발생		
		1948.4 : 남북지도자회의 개최		
		1948.5.10 : 남한 단독 선거 실시 남북 협상파 불참		
		1948.7.17 : 제헌 헌법 제정 · 반포		
		1948.7.20 : 국회 정 · 부통령 선거 실시		
		1948.8.15 : 대한민국 정부 수립		
		1948.9.22 : 반민족행위처벌법 국회 통과		
		1948.10.19 : 여수 · 순천 사건		
		1948.11 : 대구 10월 사건		
	1950	1952.5.26 : 정치 파동	1953.2 : 화폐 개혁 실시	1953 : 6.25 휴전 후 '베이비 붐' 현상 나타남
		1952.7.4 : 발췌 개헌,		

문화	국제
설립(일제)	
1925 : 조선사편수회(어용)	
1926 : 아리랑 상영	
1930 : 청구학회(어용)	1931 : 만주 사변
1931 : 조선어학회	1934~36 : 공산당 대장정
1932 : 맞춤법 통일안, 표준어,	1937 : 중일 전쟁, 2차 국공 합작
한글날 제정	
1938 : 우리말 및 국사 교육 금지,	
황국신민서사 제정·암송 제창 강요	
1943 : 민족 교육 기관 탄압	1941 : 태평양 전쟁(진주만 공습)
	1943 : 카이로 선언에서 독도를 일본 영토에서 제외
	1946~1949 : 국공 내전
	1941.12 : 대한민국 임시정부 대일본 선전 포고
	1943.11 : 카이로 선언–적당한 시기에 한국 해방·독립 결의

문화	국제
1945.8.16 : 좌익 문학 단체인 조선문학	1945.2 : 얄타 회담–38선 분할
건설본부 결성	1945.7 : 포츠담 선언, 한국 독립 재확인
1945.9.8 : 민족 진영의 조선문화협회 결성	1945.8.15 : 일본 항복
1945.9.17 : 조선프롤레타리아문학동맹	1945.12 : 모스크바 3상 회의,
결성	대한민국 신탁통치안 결정
1946.3.13 : 전조선문필가협회 결성	1946.3 : 1차 미소 공동 위원회 개최–결렬
1946.4.4 : 조선청년문학가협회 결성	1946.3 : 북한 토지 개혁 실시
1947 : 대한민국 국적의 라디오	1947 : 미·소 냉전 시작
최초 방송, 보스턴 국제 마라톤	1947.3 : 트루먼 독트린 및 마셜 플랜 발표
대회에서 우승	1947.5 : 2차 미소 공동 위원회 개최–결렬
	1947.11 : 유엔 총회, 남북한 총선거를 통한 한국 통일안
	가결
	1948 : 소련의 베를린 봉쇄
	1948.8 : 북한 지역만의 인민회의 대의원 선출
	1948.9.9 : 조선민주주의인민공화국 건립
	1949 : 중화인민공화국 수립, 애치슨 라인 발표
1954 : 라디오 민간 방송 시작	1950 : 중·소 우호 동맹
	1950 : 6,25 전쟁

시대	연도	정치	경제	사회
현대사회		대통령 직선제 및 내각 책임제 절충		
		1954.11.28 : 사사오입 개헌,		
		초대 대통령 중임제 제한 철폐		
	1955	1958.1 : 진보당 사건-조봉암 처형		
		1958.12.14 : 보안법 개정(2.4 파동)		
	1960	1960.3.15 : 정 · 부통령 선거에서	1962~1966 : 1차 경제 개발 5개년	1961 : 군사 정권, 신생활 재건 운동 추진
		부정 선거 자행, 4.19 혁명	계획 추진	1964 : 서울 마포에 아파트 단지 조성
		1961.5.16 : 군사 정변	1961 : 외자 도입에 관한 기본 지침 마련	
		1963 : 민주공화당 창당, 정권 장악		
	1965	1967 : 박정희 재선	1967~1971 : 1치 경제 개빌 5개년	
		1969.9 : 박정희 3선 개헌안 통과	계획 추진, 광 · 공업 비중 증대	
			1968 : 경부고속도로 착공, 포스코 설립	
	1970	1972.10.17 : 비상 계엄 선포,	1970 : 경부고속도로 개통,	1970.11 : 전태일 분신 사건
		국회 해산, 10월 유신 단행	새마을 운동 전개	
		1972.11.21 : 통일주체국민회의	1972~76 : 3차 경제 개발 계획 추진	
		구성-박정희 대통령 선출	1973 : 포스코 1차 공사 완료	
	1975	1979.10.16 : 부마 항쟁	1977~81 : 4차 경제 개발 계획 추진	1979 : YH 무역 사건
		1979.10.26 : 박정희 피살		
		1979.12.12 : 전두환의 신군부 군사권 장악		
	1980	1980.5.18 : 5.18 민주화 운동 전개		
		1980.6.1 : 신군부 국가보위비상대책		
		위원회 설치		
		1980.8.27 : 전두환 11대 대통령에 취임		
	1985	1987 : 4.13 호헌 조치,	1986 : 경상 수지 흑자 전환	
		6.29 민주화 선언,		
		5년 단임제 헌법 마련		
	1990	1993 : 김영삼 문민정부 출범	1993 : 금융 실명제 실시,	
			대전 엑스포 개최	

문화	국제
	1950.9 : 인천 상륙작전 감행
	1950.10 : 중공군 개입
	1951 : UNKRA(유엔한국재건단) 활동 개시
	1953.7.27 : 휴전 협정 체결
	1954.4 : 북한, 인민경제복구 3개년 계획 수립
	1955 : 박헌영 사형
	1956 : 스탈린 격하 운동
	1957 : 북한 전후 복구 성공
1961 : 전국적인 TV 방송	
1965 : 라디오 FM 방송 시작	1965.2 : 대한민국 군대 월남 파병
1966 : KIST 설립	1965.6.22 : 한 · 일 국교 정상화
1968 : 국민교육헌장 제정	1966.3 : 대한민국 전투부대 2만 명 월남 증파
	1966 : 한미행정협정 체결
	1969 : 닉슨 독트린 발표–주한 미군 단계적 철수
	1970 : 8.15 선언–북한 실체 인정
	1971.8.12 : 대한적십자사의
	남북 이산가족 찾기 회담 제의
	1972 : 닉슨 중국 방문
	1972 : 7.4 남북 공동 성명 발표,
	남북 조절 위원회 설치
	1972.12 : 북한, 국가 주석제 도입
	1973 : 6.23 선언 발표
1976 : 몬트리올 올림픽	
레슬링에서 최초로 금메달 획득	
1980 : 컬러TV 방송 시작	1982 : 1.22 제의–민족통일협회 구성 및 통일헌법
	제정 제의
1986 : 제10회 아시아 경기 대회 개최	1985.9 : 남북한 이산가족 서울과 평양 방문
1988 : 제24회 서울 올림픽 대회 개최	1987 : 대한항공기 폭파 사건
	1989 : 우루과이 라운드 타결
1990 : 남북 통일 축구 개최	1990 : 소련과 대사 관계 수교, 남북 고위급 회담 개최,
1991 : 일본 지바 세계 탁구 선수권	독일 통일
대회에 남북 단일팀 구성	1991.12 : 남북 화해와 불가침 및 교류 · 협력에 관한
1994 : 케이블TV 전국 방송 실시	합의서 채택, 한반도 비핵화 공동 선언 채택

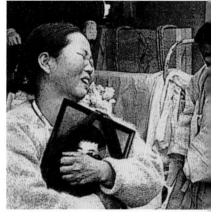

시대	연도	정치	경제	사회
현대사회	1995	1995 : 전두환 · 노태우 구속 1998 : 김대중 국민의 정부 출범	1997 : 외환 위기로 IMF(국제통화기금) 관리체제	
	2000	2000 : 6.15 남북 정상 회담 실현 2003 : 노무현 정부 출범		
	2005	2008 : 이명박 정부 출범 2009 : 노무현 서거, 김대중 서거	2007 : 군복무 기간 점진적 단축안 확정 2009.12 : 아랍에미리트 연합 원전 수주 2009.8 : 나로호 1차 발사 실패	2007.2 : 한미 FTA 협상 타결 2008 : 미국산 쇠고기 수입 반대 촛불 시위
	2010		2010.5 : 나로호 2차 발사 실패	

문화	국제
	1992 : 소련 해체
	1992.8 : 중국과 대사 관계 수교
	1994 : 김일성 사망
	1995 : WTO(세계무역기구) 출범
	1996 : 한국 유엔 비상임 이사국 선출
2000 : 시드니 올림픽 대회에	2000 : 6.15 남북 공동 선언 발표
태권도가 공식 종목으로 채택됨	2003 : 이라크전 파병
2002 : 일본과 공동으로 월드컵 축구	
대회 개최, 4강 진출, 거리 응원 문화	
	2006.10 : 북한 제1차 핵실험
	2007.10 : 남북 이산가족 상봉 중단
	2007.10.2 : 노무현 평양 방문
	2008 : 미국발 금융 위기
	2009.5 : 북한 제2차 핵실험
	2009.9 : 남북 이산가족 상봉 재개
	2010 : G20 세계 정상 회의
	2011 : 김정일 사망

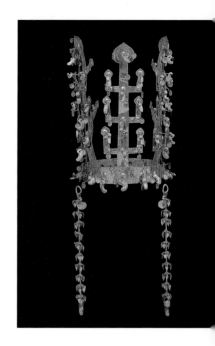

우리 역사에 대해 알고 싶은 모든 것을 총망라한 단 한 권의 책

정본 함께 읽는 바른 한국사

개정 1판 1쇄 발행 2015년 11월 10일

저자 김임천, 김형수
감수 주보돈

발행인 김형수
편집 권시정, 한보성, 김애란
디자인 여현미
펴낸 곳 도서출판 아이옥스
주소 서울시 마포구 월드컵로19길 62 403호
등록 2002년 8월 20일 제 10-1826호

공급처 프레도북스
전화 02-334-7048 **팩스** 02-334-7049
ISBN 978-89-5677-661-3 13900

＊이 책은 도서출판 아이옥스가 저작권자와의 계약에 따라 발행한 것이므로,
본사의 서면 동의 없이는 어떠한 형태나 수단으로도 이 책의 내용을 이용하지 못합니다.
＊잘못된 책은 바꾸어 드립니다.
＊책값은 뒤표지에 있습니다.